Zu diesem Buch gehört / gehören:

1 CD-Rom
CD 4806

LEHRE

Xpert.press

Die Reihe **Xpert.press** des Springer-Verlags vermittelt Professionals in den Bereichen Betriebs- und Informationssysteme, Software Engineering und Programmiersprachen aktuell und kompetent relevantes Fachwissen über Technologien und Produkte zur Entwicklung und Anwendung moderner Informationstechnologien.

Springer
*Berlin
Heidelberg
New York
Barcelona
Budapest
Hongkong
London
Mailand
Paris
Tokio*

Michael Welschenbach, Jahrgang 1956, hat Mathematik an der Universität Köln studiert. Er verfügt über langjährige Erfahrung als Sicherheitsberater und ist Mitglied der Geschäftsleitung von SRC Security Research & Consulting GmbH in Bonn. Er beschäftigt sich seit dem Studium mit theoretischen und praktischen Aspekten der Kryptographie, sein besonderes Interesse gilt dabei den Fragen der Implementierung.

Michael Welschenbach

Kryptographie in C und C++

Zahlentheoretische Grundlagen,
Computer-Arithmetik mit großen Zahlen,
kryptographische Tools

Zweite, überarbeitete und erweiterte Auflage

Michael Welschenbach
SRC Security Research & Consulting GmbH
E-mail: kryptographie@welschenbach.de

Mit 9 Abbildungen und 40 Tabellen

ISBN 3-540-42061-4 Springer-Verlag Berlin Heidelberg New York
ISBN 3-540-64404-0 (1. Auflage) Springer-Verlag Berlin Heidelberg New York

Die Deutsche Bibliothek - CIP-Einheitsaufnahme

Welschenbach, Michael:
Kryptographie in C und C++: zahlentheoretische Grundlagen,
Computer-Arithmetik mit großen Zahlen, kryptographische Tools/Michael
Welschenbach. – 2., überarb. und erw. Aufl. – Berlin; Heidelberg; New
York; Barcelona; Hongkong; London; Mailand; Paris; Singapur; Tokio:
Springer, 2001
  (Xpert.press)
  ISBN 3-540-42061-4

Dieses Werk ist urheberrechtlich geschützt. Die dadurch begründeten Rechte, insbesondere die der Übersetzung, des Nachdrucks, des Vortrags, der Entnahme von Abbildungen und Tabellen, der Funksendung, der Mikroverfilmung oder der Vervielfältigung auf anderen Wegen und der Speicherung in Datenverarbeitungsanlagen, bleiben, auch bei nur auszugsweiser Verwertung, vorbehalten. Eine Vervielfältigung dieses Werkes oder von Teilen dieses Werkes ist auch im Einzelfall nur in den Grenzen der gesetzlichen Bestimmungen des Urheberrechtsgesetzes der Bundesrepublik Deutschland vom 9. September 1965 in der jeweils geltenden Fassung zulässig. Sie ist grundsätzlich vergütungspflichtig. Zuwiderhandlungen unterliegen den Strafbestimmungen des Urheberrechtsgesetzes.

Springer-Verlag Berlin Heidelberg New York
ein Unternehmen der BertelsmannSpringer Science+Business Media GmbH
http://www.springer.de

© Springer-Verlag Berlin Heidelberg 1998, 2001
Printed in Germany

Die Wiedergabe von Gebrauchsnamen, Handelsnamen, Warenbezeichnungen usw. in diesem Werk berechtigt auch ohne besondere Kennzeichnung nicht zu der Annahme, daß solche Namen im Sinne der Warenzeichen- und Markenschutz-Gesetzgebung als frei zu betrachten wären und daher von jedermann benutzt werden dürften.

Umschlaggestaltung: KünkelLopka, Heidelberg
Satz: Reproduktionsfertige Vorlagen des Autors
SPIN 10837077 – Gedruckt auf säurefreiem Papier – 33/3142SR – 5 4 3 2 1 0

Für Helga, Daniel und Lukas

Vorwort von Albrecht Beutelspacher zur zweiten Auflage

Kryptographie ist uralt, weit über 2000 Jahre alt. Das Bedürfnis nach Geheimhaltung gab es schon immer, und Geheimhaltungsversuche gab es auch schon immer. Aber erst in den letzten 30 Jahren hat sich die Kryptographie zu der Wissenschaft entwickelt, die uns allen in unserem täglichen Leben die notwendige Sicherheit bietet. Ob es sich um Geldautomaten, Handys, Bezahlen im Internet oder Wegfahrsperren am Auto handelt: überall steckt Kryptographie drin. Ja, mehr noch: All diese Anwendungen würden ohne Kryptographie nicht funktionieren!

Die Geschichte der Kryptographie der letzten 30 Jahre ist eine einzige Erfolgsgeschichte. Das bedeutendste Ereignis war sicherlich die Erfindung der Public-Key-Kryptographie Mitte der 70-er Jahre. Eine echte Revolution: Wir wissen heute, dass Dinge möglich sind, an die wir vorher noch nicht einmal zu denken gewagt haben. Diffie und Hellman formulierten als erste öffentlich die Vision, dass auch sichere Kommunikation spontan möglich sein müsste. Vorher war es so, dass Sender und Empfänger vor einer geheimen Kommunikation einen gemeinsamen geheimen Schlüssel vereinbaren mussten. Diffie und Hellman fragten mit der Unschuld der Jugend, ob man auch ohne gemeinsames Geheimnis geheim kommunizieren könne. Ihre Idee war, dass man Nachrichten verschlüsseln kann, ohne ein Geheimnis zu benützen. Nur zum Entschlüsseln der Nachricht braucht der Empfänger einen geheimen Schlüssel, den aber niemand anderes kennen muss. Diese Idee war der Anfang der Public-Key-Kryptographie. Dass dies nicht nur eine Vision ist, sondern dass es das wirklich gibt, wurde ein paar Jahre später durch den RSA-Algorithmus nachgewiesen.

Die moderne Kryptographie ist möglich aufgrund einer außerordentlich erfolgreichen Zusammenarbeit von Mathematik und Informatik. Die Mathematik schafft die Grundlagen für die Entwicklung und die Analyse der Algorithmen. Ohne Mathematik, speziell ohne Zahlentheorie, wäre die Public-Key-Kryptographie unmöglich. Mathematik liefert die Ergebnisse, aufgrund derer die Algorithmen funktionieren.

Wenn die kryptographischen Algorithmen dann realisiert werden sollen, braucht man Verfahren, die den Umgang mit den großen Zahlen effizient ermöglichen: Die Algorithmen sollen nicht nur in der Theorie funktionieren, sondern sie müssen performant realisiert werden. Dies ist Aufgabe der Informatik.

Dieses Buch zeichnet sich vor allen anderen Büchern dadurch aus, dass es diese Verbindung von Mathematik und Informatik deutlich macht: Ich kenne kein Buch über Kryptographie, das mathematisch so gründlich argumentiert und das in so ausführlicher Weise Verfahren für praktische Anwendungen präsentiert – und das bei alledem noch gut lesbar bleibt.

Hier schreibt ein Meister seines Fachs. Er kennt die Theorie: Er stellt sie glasklar dar. Er kennt die Praxis: Er präsentiert eine Fülle von Verfahren zur Realisierung von Kryptographie. Er weiß viel, aber ist kein Besserwisser: Er argumentiert und schafft so dem Leser eine eigene Argumentationsbasis. Kurz: Ein Glücksfall eines wissenschaftlichen Buches.

Glückwunsch an den Autor! Und, vor allem: Glückwünsche an die Leser und Nutzer!

Gießen, im Mai 2001 *Albrecht Beutelspacher*

Vorwort des Autors zur zweiten Auflage

Mathematik ist nicht die Wissenschaft des Rechnens. Und Mathematiker verbringen ihre Zeit auch nicht damit, sich immer raffiniertere Multiplikationsmethoden auszudenken, schnellere Additionsweisen oder bessere Wurzelsysteme zu finden.

PAUL HOFFMANN: Der Mann, der die Zahlen liebte

'Wenn ich mit Zahlen zu tun habe, verkrieche ich mich in ein Erdloch. Ich werde lieber blind, um nichts zu sehen. Beim Anblick des Meeres oder eines Baumes oder einer Frau, und wäre es auch eine alte Schachtel, gehen alle meine Berechnungen zum Teufel. Die Zahlen fliegen davon, verflucht! Sie fliegen davon und verschwinden.'

NIKOS KAZANTZAKIS: Alexis Sorbas

Die zweite Auflage wurde in mancherlei Hinsicht überarbeitet und erweitert. Es wurden zusätzliche Beispiele kryptographischer Algorithmen aufgenommen, etwa die Verfahren von Rabin und ElGamal, und in die Realisierung des RSA-Verfahrens wurden die Hash-Funktion RIPEMD-160 und die Formatierung nach PKCS #1 ebenso einbezogen wie eine Diskussion möglicher Fehlerquellen, die zu einer Schwächung des Verfahrens führen können. Der Text wurde an vielen Stellen ergänzt oder präzisiert und um Fehler bereinigt. Dabei wurden verstärkt auch didaktische Gesichtspunkte berücksichtigt, was zur Folge hat, dass die Programme auf der CD-ROM sich in einigen Details von der für das Buch gewählten Darstellung unterscheiden. Nicht alle programmtechnischen Einzelheiten sind für das Verständnis gleichermaßen wichtig und der Wunsch nach schnellem und effizientem Code lässt sich auch nicht immer mit einer ansprechenden Programmierung in Einklang bringen.

Apropos Effizienz: In den Anhang wurden Rechenzeiten aufgenommen, die vergleichshalber für einige Funktionen der GNU Multiprecision Library gemessen wurden. Bei dieser Gegenüberstellung schneidet insbesondere die FLINT/C-Potenzierung nicht schlecht ab. Als weitere Ergänzung ist im Anhang eine Liste von Arithmetik- und Zahlentheoriepaketen mit Bezugsquellen enthalten.

Die Software wurde um etliche zusätzliche Funktionen ergänzt und stellenweise stark nachgearbeitet, wobei einige Fehler und Ungenauigkeiten beseitigt werden konnten. Zusätzliche Testfunktionen wurden entwickelt und vorhandene Testfunktionen wurden erweitert. Es wurde ein Sicherheitsmodus implementiert, in dem sicherheitskritische Variablen in den einzelnen Funktionen durch Überschreiben gelöscht werden. Alle C- und C++-Funktionen sind nun übersichtlich im Anhang aufgeführt und erläutert.

Da die gängigen Compiler unterschiedliche Entwicklungsstände hinsichtlich des C++-Standards aufweisen, wurden die C++-Module des FLINT/C-Paketes so ausgestattet, dass sowohl die herkömmlichen C++-Headerdateien xxxxx.h als auch die neuen ANSI-Headerdateien verwendet werden können. Aus dem gleichen Grund wird bei Verwendung des Operators new() nach wie vor geprüft, ob der NULL-Pointer zurückgegeben wird. Diese Art der Fehlerbehandlung verwendet zwar nicht die im ANSI-Standard vorgesehenen *Exceptions*, funktioniert jedoch bei den gängigen Compilern, während die standardkonforme Methode, bei der new() mittels throw() eine Ausnahme erzeugt, noch nicht durchgängig verfügbar ist.

Obwohl dieses Buch seinen Schwerpunkt bei den Grundlagen der asymmetrischen Kryptographie hat, hat mich die Entscheidung von NIST, den symmetrischen Blockalgorithmus *Rijndael* für den Advanced Encryption Standard zu nominieren, dazu bewogen, ein Kapitel mit einer ausführlichen Beschreibung des Algorithmus hinzuzufügen. Ich danke Gary Cornell von Apress, der mich hierzu ermuntert hat, sowie Vincent Rijmen, Antoon Bosselaers, Paulo Barreto und Brian Gladman für die Zustimmung, den Quellcode ihrer Implementierungen von Rijndael auf der dem Buch beiliegenden CD-ROM mit zu veröffentlichen.

Ich habe mir die Frage gestellt, inwieweit das Nachwort zum Thema Kryptoregulierung noch aktuell ist, da der Trend in der Politik zu Restriktionen erst einmal überwunden zu sein scheint. Muss man aber nicht über die Tagespolitik hinaus aufmerksam bleiben, die perspektivische Entwicklung der Dinge verfolgen, um sich jederzeit einmischen zu können? Die grundsätzliche Problematik bleibt ja bestehen, ist doch hinter der Kryptokontroverse das umfänglichere Spannungsfeld zwischen staatlicher Verantwortung und individueller Freiheit erkennbar. Sich dieser Tatsache bewusst zu bleiben kann gewiss nicht schaden, die kritische Auseinandersetzung mit dem Thema über tagesaktuelle Aspekte hinaus halte ich nach wie vor für angebracht.

Mein Dank gilt allen Leserinnen und Lesern, besonders denjenigen, die mich auf Fehler aufmerksam gemacht haben, mir Kommentare oder Verbesserungsvorschläge zugesendet haben, ihre Beiträge waren mir alle sehr willkommen. Wie immer trägt der Autor die Verantwortung für Fehler, die noch im Text oder in der Software verblieben oder unglücklicherweise neu hinzugekommen sein sollten.

Besonderer Dank gilt meinem amerikanischen Übersetzer David P. Kramer, der mit hervorragendem Sachverstand und viel Sorgfalt manchen wertvollen Hinweis auch für die deutsche Ausgabe dieses Buches beigesteuert hat.

Dem Springer-Verlag, insbesondere Herrn Hermann Engesser, Frau Dorothea Glaunsinger und Frau Ulrike Stricker danke ich herzlich für die engagierte Unterstützung und die überaus angenehme Zusammenarbeit.

Köln, im Frühjahr 2001 *Michael Welschenbach*

Vorwort zur ersten Auflage

Die Mathematik sei die Königin der Wissenschaften und die Arithmetik die Königin der Mathematik. Diese lasse sich dann öfter herab, der Astronomie und andern Naturwissenschaften einen Dienst zu erweisen, doch gebühre ihr unter allen Verhältnissen der erste Rang.

CARL FRIEDRICH GAUSS

Warum ein Buch über Kryptographie, das seinen Schwerpunkt in der Arithmetik mit natürlichen Zahlen, ihrer Anwendung und Programmierung hat? Handelt es sich hierbei nicht um ein eher unscheinbares Thema, verglichen mit den großen Problemen, zu deren Lösung üblicherweise Computer eingesetzt werden? Solange man sich in den Zahlbereichen bewegt, die durch die Standard-Typen einer Programmiersprache darstellbar sind, wird die Arithmetik einfach angewendet und tritt in Programmen allenfalls als Syntaxelemente +, −, /, * in Erscheinung. Benötigt man jedoch Ergebnisse weit jenseits der Zahlbereiche, die durch 16 oder 32 Bit darstellbar sind, dann wird es plötzlich spannend: Selbst die Grundrechenarten stehen für solche Fälle nicht mehr zur Verfügung – nichts geht mehr ohne erhebliche zusätzliche Aufwände in die Lösung von Problemen zu investieren, die man sonst nicht einmal als solche wahrnimmt. Wer sich beruflich oder privat mit Problemen der Zahlentheorie und deren Anwendungen beschäftigt, insbesondere mit Themen der modernen Kryptographie, dem ist diese Situation vertraut: Die arithmetischen Methoden der Schulzeit erfordern erneute Aufmerksamkeit, und es zeigt sich, dass es dabei um teilweise erstaunlich komplizierte Abläufe geht.

Für die Leserinnen und Leser, die in diesen Themenbereichen selbst Programme entwickeln und dabei das Rad nicht neu erfinden möchten, wird mit dem vorliegenden Buch ein Programmpaket zur Verfügung gestellt, das den Bedarf an leistungsfähigen Erweiterungen der populären Programmiersprachen C und C++ für Berechnungen mit großen Zahlen durchaus zu decken vermag. Dabei handelt es sich nicht um „So-geht-es-im-Prinzip"-Beispiele, sondern um eine umfassende Sammlung theoretisch fundierter Funktionen und Methoden, die sich hinsichtlich ihrer Verwendbarkeit, Stabilität und Performanz an professionellen Ansprüchen orientieren.

Die Verbindung von Theorie und Praxis ist das Ziel dieses Buches, das eine Lücke zwischen der theoretischen Literatur und den praktischen Problemen der Programmierung schließen soll. Schritt für Schritt werden in aufeinander folgenden Kapiteln die Grundrechenarten für große natürliche Zahlen, die Arithmetik in endlichen Ringen und Körpern sowie komplexere Funktionen der elementaren Zahlentheorie entwickelt, und es werden die vielfältigen Einsatzmöglichkeiten dieser Verfahren in der modernen Kryptographie verdeutlicht. Die mathematischen Grundlagen werden jeweils so ausführlich erläutert, wie es zum Verständnis der vorgestellten Programme erforderlich ist, und für darüber hinaus Interessierte werden viele Hinweise auf weiterführende Literatur gegeben. Die entwickelten Funktionen werden in einen gemeinsamen Zusammenhang gebracht und schließlich ausführlich getestet, so dass insgesamt eine sinnvoll und umfassend gestaltete Programmierschnittstelle entsteht.

Beginnend mit der programmtechnischen Darstellung großer Zahlen werden in den folgenden Kapiteln zunächst die Grundrechenarten behandelt. Für die Addition, Subtraktion, Multiplikation und Division großer Zahlen realisieren wir leistungsfähige Basisfunktionen. Hierauf aufbauend wird die modulare Arithmetik in Restklassenringen erklärt und in Programmfunktionen implementiert. Ein eigenes Kapitel beschäftigt sich mit der zeitintensiven Potenzierung, hier werden verschiedene, spezialisierte Algorithmen für unterschiedliche Anwendungsbereiche der modularen Potenzierung besprochen und programmiert.

Nach einigen weiteren Vorbereitungen, die auch die Ein- und Ausgabe großer Zahlen und deren Konvertierung in Darstellungen zu unterschiedlichen Basen umfassen, werden mit den zur Verfügung stehenden Grundfunktionen Algorithmen der elementaren Zahlentheorie studiert und als Programme entwickelt, beginnend mit solchen zur Berechnung des größten gemeinsamen Teilers großer Zahlen. Des Weiteren werden wir Legendre- und Jacobi-Symbole berechnen, Inverse und Quadratwurzeln in endlichen Ringen bestimmen sowie den Chinesischen Restsatz und dessen Anwendungsformen kennen lernen.

Im Anschluss hieran werden in einiger Ausführlichkeit die Prinzipien zur Erkennung großer Primzahlen erläutert, und es wird ein leistungsfähiger mehrstufiger Primzahltest programmiert.

Der Erzeugung von großen Zufallszahlen ist ein weiteres Kapitel gewidmet, in dem ein kryptographisch starker Bitgenerator entwickelt und hinsichtlich seiner statistischen Qualität getestet wird.

Zum Abschluss des ersten Teils beschäftigen wir uns mit dem Testen der arithmetischen und anderer Funktionen. Zu diesem Zweck werden spezielle Testmethoden aus den mathematischen Regeln der Arithmetik abgeleitet, und auch der Einsatz leistungsfähiger externer Werkzeuge wird besprochen.

Gegenstand des zweiten Teils ist die schrittweise Konstruktion der C++-Klasse LINT, in deren Verlauf wir die C-Funktionen des ersten Teils in die Syntax und Semantik der objektorientierten Programmiersprache C++ einbetten. Besonderer Wert wird dabei auf die formatierte Ein- und Ausgabe von LINT-Objekten mit flexiblen Stream-Funktionen und Manipulatoren gelegt, sowie auf eine Fehlerbehandlung mit *Exceptions*. Die Eleganz, mit der Algorithmen in C++ formuliert werden können, ist besonders dann beeindruckend, wenn sich die Grenzen zwischen den Standard-Typen und großen Zahlen als LINT-Objekten auflösen, was sich in der syntaktischen Nähe der Programme zu den implementierten Algorithmen und damit in großer Übersichtlichkeit und Transparenz niederschlägt.

Die Anwendung der erarbeiteten Methoden wird schließlich an einer Implementierung des RSA-Kryptosystems zur Verschlüsselung und zur Erzeugung digitaler Signaturen ausführlich demonstriert. Dazu wird die Theorie des RSA-Verfahrens und seiner Einsatzformen als prominentester Vertreter der asymmetrischen Kryptosysteme erläutert, und in einem geschlossenen Beispiel wird ein ausbaufähiger

Kern für Anwendungen dieses topaktuellen Kryptoverfahrens nach objektorientierten Prinzipien in der Programmiersprache C++ entwickelt.

Der angebotene Stoff wird durch einen Ausblick auf weitere Ausbaumöglichkeiten der Software-Bibliothek abgerundet. Als ein kleines Highlight zum Abschluss werden vier Funktionen in 80x86-Assembler für die Multiplikation und Division zur Verfügung gestellt, die noch einmal eine Steigerung der Performanz unserer Software bewirken. Angaben zu typischen Rechenzeiten ohne und mit Assembler-Unterstützung sind in tabellarischer Form im Anhang enthalten.

Alle Leserinnen und Leser sind herzlich eingeladen, diesen gesamten Weg mitzugehen, oder aber – je nach Interessenslage – sich in einzelne Kapitel oder Abschnitte zu vertiefen und die bereitgestellten Funktionen zu erproben. Nicht überheblich, sondern in diesem einladenden Sinne ist es gemeint, wenn der Autor „wir" sagt, um seine Leserinnen und Leser anzusprechen: Als wiederholte Ermunterung, aktiv an diesem Streifzug im Grenzbereich von Mathematik und Informatik teilzunehmen, die eigenen Schlüsse zu ziehen und so einen individuellen Nutzen zu erzielen. Was die Software anbetrifft, so sollte auf keinen Fall der Ehrgeiz fehlen, diese zu erweitern und womöglich die Rechengeschwindigkeit der einen oder anderen Funktion durch eigene Implementierungen zu übertreffen.

Ich danke dem Springer-Verlag und insbesondere Herrn Hermann Engesser, Frau Dorothea Glaunsinger und Frau Ulrike Stricker für das Interesse an der Veröffentlichung dieses Buches und für die freundliche und engagierte Zusammenarbeit. Die Durchsicht des Manuskriptes besorgten Jörn Garbers, Josef von Helden, Brigitte Nebelung, Johannes Ueberberg und Helga Welschenbach. Ihnen danke ich herzlich für alle kritischen Hinweise und Verbesserungsvorschläge, vor allem aber für ihre Sorgfalt und Geduld; sollte unseren gemeinsamen Bemühungen zum Trotz der eine oder andere Fehler noch im Text oder in der Software verblieben sein, so trägt der Autor hierfür die ungeteilte Verantwortung. Überaus dankbar bin ich meinen Freunden und Kollegen Robert Hammelrath, Franz-Peter Heider, Detlef Kraus und Brigitte Nebelung für die Einsichten in Zusammenhänge der Mathematik und der Informatik aus vielen Jahren der Zusammenarbeit, die mir so viel bedeuten.

Köln, im Frühjahr 1998 *Michael Welschenbach*

Inhalt

Teil 1: Arithmetik und Zahlentheorie in C++

1	Einleitung	3
2	Das Zahlformat – die Darstellung großer Zahlen in C	11
3	Schnittstellensemantik	15
4	Die Grundrechenarten	17
4.1	Addition und Subtraktion	18
4.2	Multiplikation	27
4.2.1	Die Schulmethode	28
4.2.2	Quadrieren geht schneller	33
4.2.3	Noch schneller mit Karatsuba?	38
4.3	Division mit Rest	43
5	Modulare Arithmetik – Rechnen mit Restklassen	57
6	Wo alles zusammenkommt: Modulare Potenzierung	69
6.1	Erste Ansätze	69
6.2	M-äre Potenzierung	74
6.3	Additionsketten und Fenster	88
6.4	Montgomery-Reduktion und Potenzierung	92
6.5	Kryptographische Anwendung der Potenzierung	105
7	Bitweise und logische Funktionen	111
7.1	Shift-Operationen	111
7.2	ALLES ODER NICHTS: Bitweise Verknüpfungen	117
7.3	Direkter Zugriff auf einzelne Binärstellen	121
7.4	Vergleichsoperationen	124
8	Eingabe, Ausgabe, Zuweisung, Konvertierung	129
9	Dynamische Register	139
10	Zahlentheoretische Grundfunktionen	147
10.1	Größter gemeinsamer Teiler	148
10.2	Multiplikative Inverse in Restklassenringen	155
10.3	Wurzel und Logarithmus	162
10.4	Quadratwurzeln in Restklassenringen	168
10.4.1	Das Jacobi-Symbol	169
10.4.2	Quadratwurzeln modulo p^k	176
10.4.3	Quadratwurzeln modulo n	181
10.4.4	Kryptographie mit quadratischen Resten	189
10.5	Ein Primzahltest	192
11	Große Zufallszahlen	211

12	Testen: Münchhausen lässt grüßen 223
	12.1 Statische Analyse. 226
	12.2 Tests zur Laufzeit 228

Teil 2: Arithmetik und Kryptographie in C++

13	Klasse, mit C++ ist alles viel einfacher... 237
	13.1 Not a public affair: Die Zahldarstellung in LINT. 242
	13.2 Konstruktoren 243
	13.3 Überladene Operatoren 246
14	Das LINT-Public-Interface: Members and Friends 255
	14.1 Arithmetik. 255
	14.2 Zahlentheorie. 263
	14.3 Stream-I/O von LINT-Objekten. 266
	14.3.1 Formatierte Ausgabe von LINT-Objekten 268
	14.3.2 Manipulatoren 275
	14.3.3 File-I/O von LINT-Objekten 278
15	Fehlerbehandlung. 283
	15.1 (don't) panic 283
	15.2 Benutzerdefinierte Fehlerbehandlung 285
	15.3 Ausnahmezustand: LINT-Exceptions 287
16	Ein Anwendungsbeispiel: Das RSA-Verfahren 293
	16.1 Asymmetrische Kryptosysteme 293
	16.2 Der RSA-Algorithmus 296
	16.3 Digitale RSA-Signaturen 309
	16.4 RSA-Klassen in C++ 317
17	Do it yourself: Test LINT. 325
18	Ansätze zum weiteren Ausbau 329
19	*Rijndael* – Nachfolger für den DES 331
	19.1 Arithmetik mit Polynomen 333
	19.2 Der Rijndael-Algorithmus. 337
	19.3 Berechnung der Rundenschlüssel 339
	19.4 Die S-Box 341
	19.5 Die ShiftRows-Transformation 343
	19.6 Die MixColumns-Transformation 344
	19.7 Der AddRoundKey-Schritt 344
	19.8 Die Verschlüsselung im Gesamtablauf. 345
	19.9 Die Entschlüsselung 348
	19.10 Performanz. 351
	19.11 Betriebsarten 352
20	Nachwort. 353

Teil 3: Anhänge

Anhang A: Verzeichnis der C-Funktionen 357
Anhang B: Verzeichnis der C++-Funktionen 365
Anhang C: Die Makros 381
Anhang D: Rechenzeiten 387
Anhang E: Notationen 391
Anhang F: Arithmetik- und Zahlentheoriepakete 393
Literaturverzeichnis 395
Index 403

Verzeichnis der Abbildungen und Tabellen

Abbildungen:

Abb. 1: Berechnungsschema für die Multiplikation 28
Abb. 2: Berechnungsschema für die Quadrierung 34
Abb. 3: Rechenzeiten für die Karatsuba-Multiplikation 42
Abb. 4: Berechnungsschema für die Division 44
Abb. 5: Periodisches Verhalten einer Pseudozufallsfolge 211
Abb. 6: Beispielhafter Aufbau eines Zertifikates 313
Abb. 7: Prüfung einer digitalen Signatur 315
Abb. 8: Schichtung von Transformationen der *Rijndael*-Runden 338
Abb. 9: Ableitungsschema für die *Rijndael*-Rundenschlüssel 341

Tabellen:

Tab. 1: FLINT/C-Fehlercodes und ihre Bedeutung 16
Tab. 2 und 3: Verknüpfungstabellen für die Arithmetik modulo 5 61
Tab. 4: Aufwände für die Potenzierung 75
Tab. 5: Anzahlen von Multiplikationen für typische Größen von
  Exponenten und unterschiedliche Basen 2^k 76
Tab. 6: Hilfswerte für die Zerlegung von Exponentenstellen 77
Tab. 7: Anzahlen von Multiplikationen für typische Größen von
  Exponenten und unterschiedliche Basen 2^k 79
Tab. 8: Potenzierungsfunktionen in FLINT/C 104
Tab. 9: Wertetabelle einer Boole'schen Funktion 117
Tab. 10 – 12: Wertetabellen der Funktionen `and_l()`, `or_l()`, `xor_l()` . . 118
Tab. 13: Diagnosewerte der Funktion `vcheck_l()` 138
Tab. 14: Die größten bekannten Primzahlen (Stand der Angaben Mai 2001) . 193
Tab. 15: Anzahlen von Primzahlen 198
Tab. 16: Anzahl von Durchläufen des Miller-Rabin-Tests zur Erreichung
  von Irrtumswahrscheinlichkeiten unterhalb von 2^{-80} und 2^{-60} 206
Tab. 17: Gruppengesetze der ganzen Zahlen als Testhilfen 232
Tab. 18: FLINT/C-Testfunktionen 234
Tab. 19: LINT-Konstruktoren 244
Tab. 20: Arithmetische Operatoren 248
Tab. 21: Bitweise Operatoren 248
Tab. 22: Logische Operatoren 248
Tab. 23: Zuweisungsoperatoren 248
Tab. 24: LINT-Statusfunktionen und ihre Wirkung 270
Tab. 25: LINT-Manipulatoren und ihre Wirkung 276
Tab. 26: LINT-Flags für die Ausgabeformatierung 277

Tab. 27: Fehlercodes der LINT-Funktionen 285
Tab. 28: Empfohlene Schlüssellängen nach Lenstra und Verheul 308
Tab. 29: Elemente in $\mathbb{F}_{2^3}$. 333
Tab. 30: Die Potenzen von $g(x) := x + 1$ 335
Tab. 31: Die Logarithmen zur Basis $g(x) := x + 1$ 336
Tab. 32: Anzahl der Rijndael-Runden 337
Tab. 33: Repräsentierung von Nachrichtenblöcken 339
Tab. 34: Konstanten $rc(j)$ 340
Tab. 35: Repräsentierung von Rundenschlüsseln 340
Tab. 36: Die Werte der S-Box 342
Tab. 37: Die Werte der invertierten S-Box 342
Tab. 38: ShiftRows für Blöcke der Länge 128 Bit. 343
Tab. 39: ShiftRows für Blöcke der Länge 192 Bit. 343
Tab. 40: ShiftRows für Blöcke der Länge 256 Bit. 343
Tab. 41: Distanzen der Zeilenrotationen in ShiftRows. 343
Tab. 42–44: Variablen- und Funktionsbezeichnungen 345
Tab. 45: Rijndael-Performance im Vergleich 351
Tab. 46: Eingabe/Ausgabe, Zuweisung, Konvertierungen, Vergleiche 357
Tab. 47: Grundrechenarten. 358
Tab. 48: Modulare Arithmetik 358
Tab. 49: Bitweise Operationen 360
Tab. 50: Zahlentheoretische Funktionen 361
Tab. 51: Erzeugung von Pseudozufallszahlen 362
Tab. 52: Register-Verwaltung 363
Tab. 53: Ein-/Ausgabe, Konvertierungen, Vergleiche: *member*-Funktionen. . 365
Tab. 54: Ein-/Ausgabe, Konvertierungen, Vergleiche: *friend*-Funktionen. . . 367
Tab. 55: Grundrechenarten: *member*-Funktionen 369
Tab. 56: Grundrechenarten: *friend*-Funktionen 370
Tab. 57: Modulare Arithmetik: *member*-Funktionen. 371
Tab. 58: Modulare Arithmetik: *friend*-Funktionen. 372
Tab. 59: Bitweise Operationen: *member*-Funktionen 373
Tab. 60: Bitweise Operationen: *friend*-Funktionen 374
Tab. 61: Zahlentheoretische *member*-Funktionen 375
Tab. 62: Zahlentheoretische *friend*-Funktionen 376
Tab. 63: Erzeugung von Pseudozufallszahlen. 379
Tab. 64: Sonstige Funktionen 379
Tab. 65: Fehlercodes und Statuswerte 381
Tab. 66: Weitere Konstanten. 382
Tab. 67: Makros mit Parametern 383
Tab. 68: Typische Rechenzeiten einiger C-Funktionen 387
Tab. 69: Rechenzeiten mit Assembler-Unterstützung 388
Tab. 70: Rechenzeiten einiger GMP-Funktionen 389

Teil 1
Arithmetik und Zahlentheorie in C++

Wie hoch von nöten sey Arithmetic / und die ganze Mathematische Kunst / kann man hierauß leichtlich ermessen / daß nichts bestehen mag / so nicht mit gewisser zahl und maß vereint ist / daß auch kein freye kunst ohn gewisse Mensuren und Proportion der zahlen seyn mag.

ADAM RIES: Rechenbuch, 1574

Typographical rules for manipulating numerals are actually arithmetical rules for operating on numbers.

D. R. HOFSTADTER: Gödel, Escher, Bach: An Eternal Golden Braid

Nichts Errechenbares würde dann noch menschliche Gehirne belasten! Alle begabten Menschen würden wieder nachdenken statt Zahlen zu kritzeln.

STEN NADOLNY: Die Entdeckung der Langsamkeit

1 Einleitung

Die ganze Zahl schuf der liebe Gott, alles andere ist Menschenwerk.

LEOPOLD KRONECKER

Betrachtet man die Null, sieht man nichts. Blickt man aber durch sie hindurch, so sieht man die Welt.

ROBERT KAPLAN: Die Geschichte der Null

Die Beschäftigung mit der modernen Kryptographie bedeutet unweigerlich, einzutauchen in die Zahlentheorie, in die Lehre der natürlichen Zahlen, als einen der schönsten Bereiche der Mathematik. Dabei werden wir nicht gleich zu Tiefseetauchern, die verborgene Schätze vom Grunde des mathematischen Ozeans heben, was für die Anwendung kryptographischer Verfahren auch nicht erforderlich ist. Andererseits sind dem Tiefgang, mit dem die Zahlentheorie in der Kryptographie zur Anwendung kommt, kaum Grenzen gesetzt, und viele der bedeutenden Mathematiker unserer Zeit haben hierzu Beiträge geleistet.

Die Wurzeln der Zahlentheorie reichen bis in die Antike zurück. Bereits die Pythagoreer, der griechische Mathematiker und Philosoph Pythagoras und seine Anhänger, haben sich im 6. Jh. v. Chr. in vielfältiger Weise mit den Beziehungen der Zahlen zueinander beschäftigt und dabei großartige mathematische Leistungen vollbracht, man denke an den Satz des Pythagoras, der zur mathematischen Grundausbildung eines jeden Schülers gehört. Mit religiösem Eifer haben sie aber auch die Auffasung vertreten, dass sich alle Zahlen aus den natürlichen Zahlen ableiten lassen, und gerieten mächtig in die Zwickmühle, als sie selbst erkannten, dass es solche „unvernünftige" Zahlen wie $\sqrt{2}$ gibt, die sich nicht als Bruch zweier natürlicher Zahlen darstellen lassen. Die Weltanschauung der Pythagoreer wurde durch diese Erkenntnis derart in Frage gestellt, dass sie ihre Verbreitung zu unterdrücken suchten – eine Verhaltensweise, die sich im Laufe der Menschheitsgeschichte oft wiederholt hat.

Zwei der ältesten Algorithmen der Zahlentheorie, die von den griechischen Mathematikern Euklid (ca. 300 v. Chr.) und Eratosthenes (276–195 v. Chr.) stammen, stehen in enger Beziehung zu den modernsten Verschlüsselungsverfahren, die wir heute zur Absicherung der Kommunikation in offenen Netzen (wie das Internet als das offenste aller Netze) einsetzen. Der „Euklidische Algorithmus" und das „Sieb des Eratosthenes" sind beide für unser Thema hochaktuell, ihre Theorie und Implementierung werden in den Abschnitten 10.1 und 10.5 dieses Buches besprochen.

Als die eigentlichen Begründer der modernen Zahlentheorie gelten so berühmte Mathematiker wie Pierre de Fermat (1601–1665), Leonhard Euler (1707–1783),

Adrien Marie Legendre (1752–1833), Carl Friedrich Gauß (1777–1855) und auch Ernst Eduard Kummer (1810–1893). Ihr Schaffen war die Voraussetzung für die Entfaltung dieses Forschungsgebietes und bildet auch die Grundlage für interessante Anwendungsbereiche wie eben die Kryptographie mit ihren so bezeichneten asymmetrischen Verfahren zur Verschlüsselung und Erzeugung digitaler Signaturen (vgl. Kap. 16). Viele weitere Namen bedeutender Mathematiker und Mathematikerinnen wären zu nennen, die bis zum heutigen Tage unter teilweise dramatischen Bedingungen entscheidende Ergebnisse zur Zahlentheorie beigetragen haben, und denjenigen, die an einer packenden Darstellung ihrer Geschichte (der Zahlentheorie ebenso wie die ihrer Protagonisten) interessiert sind, sei das Buch „Fermats letzter Satz" von Simon Singh wärmstens zur Lektüre empfohlen.

Sehen wir einmal davon ab, dass wir bereits als Kinder das Zählen als etwas Selbstverständliches gelernt haben und dass wir uns auf leichte Weise durch sinnliche Wahrnehmung davon überzeugen können, dass beispielsweise zwei plus zwei oder zwei mal zwei vier ist, so müssen wir auf überraschend abstrakte Gedankenkonstrukte zurückgreifen, um die theoretische Berechtigung für solche Aussagen herzuleiten. Die Mengenlehre beispielsweise schafft es, aus (beinahe) Nichts die Existenz und die Arithmetik der natürlichen Zahlen herzuleiten. Dieses *Beinahenichts* ist die leere Menge $\emptyset := \{\}$, also diejenige Menge, die kein Element enthält. Fasst man die leere Menge als die Zahl 0 auf, so findet sich der folgende Weg, um hieraus weitere Mengen zu konstruieren: Der so genannte *Nachfolger* 0^+ von 0 wird als diejenige Menge $0^+ := \{0\} = \{\emptyset\}$ erklärt, welche die Null als einziges Element enthält. Den Nachfolger von 0 nennen wir 1, und auch für diese Menge können wir nun mit $1^+ := \{\emptyset, \{\emptyset\}\}$ einen Nachfolger bestimmen. Den Nachfolger der 1, der die 0 und die 1 als Elemente enthält, bezeichnen wir mit 2. Die so gebildeten Mengen, denen wir vorauseilend die Namen 0, 1 und 2 gegeben haben, identifizieren wir – nichts liegt näher – mit den uns bekannten Zahlen 0, 1 und 2.

Dieses Bildungsprinzip fortsetzend, das für jede Zahl x einen Nachfolger $x^+ := x \cup \{x\}$ definiert indem x zu seinen Elementen hinzugefügt wird, können wir weitere Zahlen produzieren. Jede so gebildete Zahl mit Ausnahme der 0 ist hiernach also eine Menge, deren Elemente ihre Vorgänger sind; die 0 selbst hat keinen Vorgänger. Um sicherzustellen, dass dieses Verfahren ad infinitum funktioniert, formuliert die Mengenlehre eine spezielle Regel, das *Unendlichkeitsaxiom*:

> Es gibt eine Menge, die 0 und mit jedem ihrer Elemente auch dessen Nachfolger enthält.

Aus der hiermit angenommenen Existenz (mindestens) einer so genannten *Nachfolgermenge*, die ausgehend von der 0 alle Nachfolger enthält, leitet die Mengenlehre die Existenz einer minimalen Nachfolgermenge $\mathbb{N}$ ab, die selbst Teilmenge aller existierenden Nachfolgermengen ist. Diese minimale und hierdurch eindeu-

1 Einleitung

tig charakterisierte Nachfolgermenge $\mathbb{N}$ wird als die Menge der natürlichen Zahlen aufgefasst, in die wir ausdrücklich auch die Null als Element einbeziehen wollen[1].

Durch die folgenden Axiome nach Giuseppe Peano (1858–1932) werden die natürlichen Zahlen in einer Weise charakterisiert, die sich mit unserem intuitiven Verständnis natürlicher Zahlen deckt:

(I) Die Nachfolger zweier verschiedener natürlicher Zahlen sind verschieden: Aus $n \neq m$ folgt $n^+ \neq m^+$ für alle $n, m \in \mathbb{N}$.

(II) Jede natürliche Zahl mit Ausnahme der Null hat einen Vorgänger: $\mathbb{N}^+ = \mathbb{N} \setminus \{0\}$.

(III) Prinzip der *vollständigen Induktion*: Falls $S \subset \mathbb{N}$, $0 \in S$ und mit $n \in S$ auch immer $n^+ \in S$ ist, so ist $S = \mathbb{N}$.

Das Prinzip der vollständigen Induktion ermöglicht es, auch arithmetische Operationen mit natürlichen Zahlen herzuleiten, an denen wir ja besonders interessiert sind. Die Grundrechenarten der Addition und der Multiplikation lassen sich auf die folgende Weise rekursiv definieren, und wir beginnen mit der **Addition:**

Für jede natürliche Zahl $n \in \mathbb{N}$ existiert eine Funktion s_n von $\mathbb{N}$ in $\mathbb{N}$ so, dass

(i) $s_n(0) = n$

(ii) $s_n(x^+) = (s_n(x))^+$ für alle natürlichen Zahlen $x \in \mathbb{N}$.

Der Wert der Funktion $s_n(x)$ wird als die *Summe* $n + x$ von n und x bezeichnet.

Die Existenz solcher Funktionen s_n für alle natürlichen Zahlen $n \in \mathbb{N}$ muss allerdings bewiesen werden, da die enthaltene Unendlichkeitsaussage eine solche Annahme nicht a priori rechtfertigt. Der Existenzbeweis lässt sich auf das Prinzip der vollständigen Induktion entsprechend dem Peano-Axiom (III) zurückführen (vgl. [HALM], Kap. 11–13). Für die **Multiplikation** verfährt man entsprechend:

Für jede natürliche Zahl $n \in \mathbb{N}$ existiert eine Funktion p_n von $\mathbb{N}$ in $\mathbb{N}$ so, dass

(i) $p_n(0) = 0$

(ii) $p_n(x^+) = p_n(x) + n$ für alle natürlichen Zahlen $x \in \mathbb{N}$.

Der Wert der Funktion $p_n(x)$ wird als das *Produkt* $n \cdot x$ von n und x bezeichnet.

---

[1] Nicht ausschlaggebend für diese Entscheidung war, dass nach der Norm DIN 5473 die Null zu den natürlichen Zahlen gehört. Aus der Sicht der Informatik ist es aber praktisch, wenn man mit der Null anstatt mit der Eins zu zählen beginnt, was als Hinweis auf die besondere Rolle der Null als neutrales Element bezüglich der Addition zu deuten ist.

Die Multiplikation wird somit erwartungsgemäß auf die Addition zurückgeführt. Für die hierdurch definierten Operationen können durch wiederholte Anwendung der vollständigen Induktion nach x entsprechend Axiom (III) die bekannten arithmetischen Gesetzmäßigkeiten wie das Assoziativgesetz, das Kommutativgesetz oder das Distributivgesetz bewiesen werden (vgl. [HALM], Kap. 13). Abgesehen davon, dass wir diese Rechenregeln gewöhnlich stillschweigend anwenden, bedienen wir uns ihrer in umfänglicher Weise zum Testen unserer FLINT-Funktionen (vgl. Kap. 12 u. 17).

Auf gleiche Weise erhalten wir auch eine Definition der **Potenz**, die wir wegen der Bedeutung dieser Operation im weiteren Verlauf hier ebenfalls angeben:

Für jede natürliche Zahl $n \in \mathbb{N}$ existiert eine Funktion e_n von $\mathbb{N}$ in $\mathbb{N}$ so, dass

(i) $e_n(0) = 1$

(ii) $e_n(x^+) = e_n(x) \cdot n$ für alle natürlichen Zahlen $x \in \mathbb{N}$.

Der Wert der Funktion $e_n(x)$ wird als die x-te *Potenz* n^x von n bezeichnet.

Durch vollständige Induktion lassen sich die *Potenzgesetze*

$$n^x \cdot n^y = n^{x+y}, \quad n^x \cdot m^x = (n \cdot m)^x, \quad (n^x)^y = n^{xy}$$

beweisen, auf die wir in Kapitel 6 zurückkommen werden.

Zusätzlich zu den Rechenoperationen lässt sich auf der Menge $\mathbb{N}$ der natürlichen Zahlen eine Ordnungsrelation „<" definieren, die es gestattet, jeweils zwei Elemente $n, m \in \mathbb{N}$ miteinander zu vergleichen. Obwohl dieser Vorgang vom mengentheoretischen Standpunkt aus einige Aufmerksamkeit verdient, wollen wir es hier mit der Feststellung bewenden lassen, dass die Ordnung exakt diejenigen Eigenschaften hat, die wir kennen und stillschweigend verwenden.

Nachdem wir von der leeren Menge als einzigem Grundbaustein ausgegangen sind, ist nun der Anschluss an den Stoff hergestellt, mit dem wir uns im Weiteren beschäftigen wollen. Obwohl die Zahlentheorie üblicherweise die natürlichen und ganzen Zahlen als gegeben ansieht und sich ohne weitere Umschweife mit den Eigenschaften der Zahlen beschäftigt, ist es dennoch gerade für unser Thema interessant, wenigstens einmal einen Blick auf einen „mathematischen Zellteilungsprozess" geworfen zu haben, der uns nicht nur die natürlichen Zahlen, sondern auch die arithmetischen Operationen und Regeln hervorbringt, mit denen wir uns im Weiteren intensiv beschäftigen werden.

Zur Verwendung der Software

Die in diesem Buch beschriebene Software bildet in ihrer Gesamtheit ein Paket, eine so genannte *Bibliothek* von Funktionen, auf das vielfach referiert wird. Die Bibliothek hat die Bezeichnung FLINT/C erhalten, ein Name, der sich aus der Be-

1 Einleitung

schreibung <u>F</u>unctions for <u>L</u>arge <u>I</u>ntegers in <u>N</u>umber <u>T</u>heory and <u>C</u>ryptography ableitet. Die FLINT/C-Bibliothek beinhaltet u. a. die folgenden Module, die als Quellcode auf der beiliegenden CD-ROM gespeichert sind:

Arithmetik und Zahlentheorie in C im Verzeichnis flint/src

`flint.h`	Header-Datei für die Verwendung von Funktionen aus `flint.c`
`flint.c`	Arithmetik- und Zahlentheoriefunktionen in C
`kmul.{h,c}`	Funktionen für Karatsuba-Multiplikation und -Quadrierung
`ripemd.{h,c}`	Implementierung der Hash-Funktion RIPEMD-160

Arithmetik und Zahlentheorie in C++ im Verzeichnis flint/src

`flintpp.h`	Header-Datei für die Verwendung von Funktionen aus `flintpp.cpp`
`flintpp.cpp`	Die Arithmetik- und Zahlentheoriefunktionen in C++. Das Modul verwendet die Funktionen in `flint.c`

Arithmetik-Module in 80x86-Assembler (vgl. Kap. 18) im Verzeichnis flint/src/asm

`mult.asm`	Multiplikation, ersetzt die C-Funktion `mult()` in `flint.c`
`umul.asm`	Multiplikation, ersetzt die C-Funktion `umul()`
`sqr.asm`	Quadrierung, ersetzt die C-Funktion `sqr()`
`div.asm`	Division, ersetzt die C-Funktion `div_l()`

Arithmetik-Libraries in 80x86-Assembler (vgl. Kap. 18) im Verzeichnis flint/lib

`flinta.lib`	Library mit Assembler-Funktionen im OMF[3]-Format
`flintavc.lib`	Library mit Assembler-Funktionen im COFF[4]-Format
`flinta.a`	Archiv mit Assembler-Funktionen für emx/gcc unter OS/2
`libflint.a`	Archiv mit Assembler-Funktionen zur Verwendung unter LINUX

Testen (vgl. Kap. 12.2. und 17) im Verzeichnis flint/test

`testxxx.c[pp]`	Testprogramme in C und C++

RSA-Implementierung (vgl. Kap. 16) im Verzeichnis flint/rsa

`rsakey.h`	Header-Datei für die RSA-Klassen
`rsakey.cpp`	Implementierung der RSA-Klassen `RSAkey` und `RSApub`
`rsademo.cpp`	Anwendungsbeispiel der RSA-Klassen und ihrer Funktionen

Eine Auflistung der einzelnen Komponenten der FLINT/C-Software ist der Datei README auf der CD-ROM zu entnehmen. Die Software wurde mit den angegebenen Entwicklungswerkzeugen auf folgenden Plattformen getestet:

- GNU gcc unter Linux, SunOS 4.1 und Sun Solaris,
- GNU/EMX gcc unter OS/2 Warp, DOS und Windows (9x, NT),
- lcc-win32 unter Windows (9x, NT, 2000),
- Cygnus cygwin B20 unter Windows (9x, NT, 2000),
- IBM VisualAge unter OS/2 Warp und Windows (9x, NT, 2000),
- Microsoft C unter DOS, OS/2 Warp und Windows (9x, NT),
- Microsoft Visual C/C++ unter Windows (9x, NT, 2000),
- Watcom C/C++ unter DOS, OS/2 Warp und Windows (3.1, 9x, NT).

Die Assemblerprogramme können mit Microsoft MASM[2] oder mit Watcom WASM übersetzt werden. Sie sind in bereits übersetzter Form als Libraries im OMF[3]- bzw. COFF[4]-Format sowie als LINUX-Archiv auf der CD-ROM enthalten und werden anstelle der entsprechenden C-Funktionen verwendet, wenn beim Übersetzen von C-Programmen das Makro FLINT_ASM definiert wird und die Assembler-Objektmodule aus den Libraries bzw. Archiven mit gebunden werden.

Ein typischer Compiler-Aufruf, hier für den GNU-Compiler gcc, sieht folgendermaßen aus (unter Weglassung der Pfade zu den Quellverzeichnissen):

```
gcc -O2 -DFLINT_ASM -o rsademo rsademo.cpp rsakey.cpp
         flintpp.cpp flint.c ripemd.c -lflint -lstdc++
```

Die C++-Headerdateien nach ANSI-Standard werden verwendet, wenn beim Kompilieren das Makro FLINTPP_ANSI definiert ist, ansonsten werden die traditionellen Headerdateien xxxxx.h verwendet.

Je nach Rechnerplattform können sich Abweichungen hinsichtlich der benötigten Compilerschalter ergeben; zur Erreichung der größt möglichen Performanz sollten allerdings stets die Optionen zur zeitlichen Optimierung eingeschaltet werden. Aufgrund der Anforderungen an den Stapelspeicher (*Stack*) ist in manchen Umgebungen oder Anwendungen dessen Anpassung erforderlich[5]. Hinsichtlich der für die jeweiligen Applikationen erforderlichen Stackgröße beachte man die Hinweise zu den Potenzierungsfunktionen in Kapitel 6 bzw. in der Übersicht auf Seite 104. Der benötigte Stapelspeicher kann durch die Verwendung der Potenzierungsfunktionen mit dynamischer Speicherallokierung sowie weiterhin durch den Einsatz dynamischer Register (vgl. Kap. 9) verringert werden.

---

[2] Aufruf: ml /Cx /c /Gd <Dateinamen>
[3] Object Module Format
[4] Common Object File Format
[5] Anders als bei DOS braucht man diesem Punkt bei modernen Betriebssystemen mit virtuellem Speicher, insbesondere bei Unix- oder Linux-Systemen, meist keine Beachtung zu schenken.

Die C-Funktionen und -Konstanten wurden mit den Makros

    `__FLINT_API`   : Qualifizierung von C-Funktionen
    `__FLINT_API_A`   : Qualifizierung von Assembler-Funktionen
    `__FLINT_API_DATA` : Qualifizierung von Konstanten

versehen, wie in

```
extern int __FLINT_API add_l(CLINT, CLINT, CLINT);
extern USHORT __FLINT_API_DATA smallprimes[];
```

bzw. bei der Verwendung der Assembler-Funktionen

```
extern int __FLINT_API_A div_l(CLINT, CLINT, CLINT, CLINT);
```

Diese Makros sind normalerweise als leere Kommentare /**/ definiert. Mit ihrer Hilfe können durch entsprechende Definitionen Compiler- bzw. Linker-spezifische Angaben zu Funktionen und Daten gemacht werden: Falls die Assembler-Module eingesetzt werden und nicht der GNU-Compiler `gcc` verwendet wird, wird das Makro `__FLINT_API_A` durch `__cdecl` definiert, einige Compiler verstehen dies als Hinweis, dass die Assembler-Funktionen entsprechend der C-Namens- und -Aufrufkonvention aufzurufen sind.

Für Module, die unter Microsoft Visual C/C++ FLINT/C-Funktionen und -Konstanten aus einer Dynamic Link Library (DLL) importieren, müssen beim Übersetzen die Makros `-D__FLINT_API=__cdecl` und `-D__FLINT_API_DATA=__declspec(dllimport)` definiert sein. Dies ist in `flint.h` bereits berücksichtigt, es reicht in diesen Fällen beim Kompilieren das Makro `FLINT_USEDLL` zu definieren. Für andere Entwicklungsumgebungen sind jeweils entsprechende Definitionen einzusetzen.

Das Wenige, was zur Initialisierung einer FLINT/C-DLL zu tun ist, erledigt die Funktion FLINTInit_l(), welche die Zufallszahlengeneratoren mit Startwerten[6] versicht und einen Satz dynamischer Register erzeugt (vgl. Kap. 9). Die hierzu komplementäre Funktion FLINTExit_l() deallokiert die dynamischen Register. Sinnvollerweise wird die Initialisierung nicht jedem einzelnen Prozess überlassen, der die DLL verwendet, sondern sie erfolgt einmalig beim Start der DLL. In der Regel ist hierfür eine Funktion mit herstellerspezifischer Signatur und Aufrufkonvention zuständig, die ihrerseits beim Laden der DLL automatisch durch das Laufzeitsystem ausgeführt wird. Diese Funktion kann die FLINT/C-Initialisierung übernehmen und dazu die beiden obigen Funktionen verwenden. Alles dies sollte beim Erstellen einer DLL berücksichtigt werden.

Einiger Aufwand wurde getrieben, um die Software in sicherheitskritischen Anwendungen einsetzbar zu machen. Zu diesem Zweck werden im *Sicherheitsmodus* lokale Variablen in Funktionen, insbesondere CLINT- und LINT-Objekte, nach ihrer Verwendung durch Überschreiben mit Null gelöscht. Für die C-

---

[6] Die Startwerte werden als 32-Bit-Werte aus der Systemzeit gebildet. Für sicherheitskritische Anwendungen ist es ratsam, geeignetere Zufallswerte aus einem ausreichend großen Intervall als Startwerte zu verwenden.

Funktionen wird dies mit Hilfe des Makros PURGEVARS_L() und der dazu gehörigen Funktion purgevars_l() erledigt, für die C++-Funktionen ist der Destruktor ~LINT() entsprechend ausgerüstet. Die Assembler-Funktionen überschreiben ihren Arbeitsspeicher. Das Löschen von Variablen, die als Argumente an Funktionen übergeben werden, liegt dabei grundsätzlich in der Verantwortung der aufrufenden Funktionen.

Soll auf das Löschen von Variablen, das einen gewissen Mehraufwand an Rechenzeit verursacht, verzichtet werden, muss hierzu beim Kompilieren das Makro FLINT_UNSECURE definiert werden. Zur Laufzeit gibt die Funktion char* verstr_l() Auskunft über die beim Kompilieren festgelegten Betriebsarten, indem zusätzlich zur Versionskennung X.x die Buchstaben 'a' für Assemblerunterstützung und 's' für den Sicherheitsmodus in einer Zeichenkette ausgegeben werden, falls diese Betriebsarten eingeschaltet sind.

Rechtliche Rahmenbedingungen zur Nutzung der Software

Es wird das Recht zur Nutzung der Software ausschließlich für private Zwecke gewährt. Für solche Zwecke darf die Software verwendet und unter den Bedingungen geändert und weitergegeben werden, dass 1. die Copyright-Hinweise weder verändert noch entfernt und dass 2. alle Änderungen als solche in Kommentaren kenntlich gemacht werden. Alle anderen Nutzungsarten, insbesondere die Verwendung der Software für kommerzielle Zwecke, bedürfen der schriftlichen Genehmigung des Springer-Verlages bzw. des Autors.

Die Software wurde mit größtmöglicher Sorgfalt erstellt und getestet. Da sich Fehler allerdings nie gänzlich vermeiden lassen, übernehmen weder der Autor noch der Verlag irgendeine Haftung für unmittelbare oder mittelbare Schäden, die sich aus der Verwendung oder der Nichtverwendbarkeit der Software, gleich für welchen Zweck, ergeben sollten.

Um Hinweise auf Fehler, Kritik oder Kommentare bittet der Autor unter der E-Mail Adresse kryptographie@welschenbach.de

2 Das Zahlformat – die Darstellung großer Zahlen in C

> *Das Ärgerliche ist meiner Meinung nach, daß wir die Zahl 10 als Grundzahl benutzen. Das war vielleicht gut für Höhlenmenschen, aber wir Modernen sind schrecklich gebildet und kennen viele Zahlen, die für diesen Zweck geeigneter sind.*
>
> ISAAC ASIMOV: Adding a Dimension, 1964

> *Wir können uns den Vorgang, der zur Einheit dieser Form höherer Ordnung geführt hat, auch anders vorstellen.*
>
> J. WEBER: Gestalt Bewegung Farbe

Einer der ersten Schritte zur Erstellung einer Funktionsbibliothek zum Rechnen mit großen Zahlen besteht in der Festlegung der Art und Weise, wie wir große Zahlen im Hauptspeicher eines Rechners darstellen wollen. Hierzu ist etwas an grundlegender Planung erforderlich, da diesbezüglich getroffene Entscheidungen später nur schwer revidierbar sind. Änderungen der internen Strukturen einer Software-Bibliothek sind jederzeit möglich, die öffentliche Schnittstelle sollte jedoch im Sinne einer „Aufwärtskompatibilität" möglichst stabil sein.

Festzulegen sind also die Größenordnungen der zu verarbeitenden Zahlen und der Datentyp, der die Codierung der Zahlwerte aufnehmen soll.

Die Grundfunktion aller Routinen der FLINT/C-Bibliothek ist die Verarbeitung von natürlichen Zahlen mit einigen hundert Dezimalstellen, die die Kapazität der Standard-Datentypen bei weitem übersteigen. Wir benötigen also eine logische Ordnung von Speichereinheiten eines Computers, durch die sich derartig große Zahlen ausdrücken und berechnen lassen. In diesem Zusammenhang sind Strukturen vorstellbar, die automatisch ausreichend Speicherplatz für die darzustellenden Werte zur Verfügung stellen, jedoch nicht mehr, als tatsächlich benötigt wird. Ermöglicht würde ein solches ökonomisches Haushalten mit dem Hauptspeicher durch ein dynamisches Speichermanagement für große Zahlen, das im Rahmen von arithmetischen Operationen je nach Bedarf Speicher allokiert oder freigibt. Obwohl dies zweifellos realisierbar ist (vgl. etwa [SKAL]), kostet die Speicherverwaltung doch immer auch einiges an Rechenzeit, weshalb für die Zahldarstellung des FLINT/C-Paketes der einfacheren statischen Längendefinition der Vorzug gegeben wurde.

Für die Darstellung großer natürlicher Zahlen ist die Verwendung von Vektoren eines Standard-Datentyps nahe liegend. Aus Gründen der Effizienz drängt sich hier ein vorzeichenloser Datentyp auf, der es gestattet, Ergebnisse arithmetischer

Operationen auf diesem Typ verlustfrei als `unsigned long` (definiert in `flint.h` als `ULONG`), dem größten arithmetischen Standard-C-Datentyp, zu speichern (vgl. [HARB], Abschn. 5.1.1). Eine `ULONG`-Variable kann üblicherweise genau durch ein volles Registerwort der CPU dargestellt werden.

Unser Ziel ist, dass Operationen auf großen Zahlen durch den Compiler möglichst geradlinig auf die Register-Arithmetik der CPU zurückführbar sind – das sind dann die Anteile, die der Computer sozusagen „im Kopf" rechnet. Für das FLINT/C-Paket wurde die Darstellung großer Zahlen daher als Vektor vom Typ `unsigned short int` (im Folgenden `USHORT`) gewählt. Wir gehen davon aus, dass der Typ `USHORT` durch 16 Bit repräsentiert wird und dass der Typ `ULONG` Ergebnisse von arithmetischen Operationen mit `USHORT`-Typen vollständig aufnehmen kann, dass also insbesondere das salopp formulierte Größenverhältnis `USHORT` × `USHORT` ≤ `ULONG` gilt.

Ob diese Annahmen für einen bestimmten Compiler zutreffen, kann man der ISO-Header-Datei `limits.h` entnehmen (vgl. [HARB], Abschn. 2.7.1 und 5.1). Beispielsweise werden in der Datei `limits.h` des GNU C/C++-Compilers (vgl. [STLM]) folgende Angaben gemacht:

```
#define UCHAR_MAX    0xffU
#define USHRT_MAX    0xffffU
#define UINT_MAX     0xffffffffU
#define ULONG_MAX    0xffffffffUL
```

Man erkennt, dass hier hinsichtlich der Anzahl von Binärstellen tatsächlich nur drei Größen unterschieden werden. Der Typ `USHRT` (bzw. `USHORT` in unserer Bezeichnungsweise) lässt sich in einem 16 Bit CPU-Register darstellen, der Typ `ULONG` füllt die Wortlänge einer CPU mit 32-Bit Registern aus. `ULONG_MAX` gibt den größten durch skalare Typen (vgl. [HARB], S. 110) darstellbaren ganzzahligen vorzeichenlosen Wert an[7]. Der Wert des Produktes zweier Werte vom Typ `USHRT` beträgt maximal `0xffff * 0xffff = 0xfffe0001` und ist somit durch einen `ULONG`-Typ darstellbar, wobei der durch die niederwertigen 16 Bits dargestellte Anteil, im Beispiel der Wert 0x0001, durch eine *cast*-Operation auf den Typ `USHRT` isoliert werden kann. Die Implementierung der arithmetischen Grundfunktionen des FLINT/C-Pakets basiert auf dem hier betrachteten Größenverhältnis zwischen den Typen `USHORT` und `ULONG`.

Eine analoger Ansatz, der Datentypen mit 32-Bit und 64-Bit Länge in der Rolle von `USHORT` und `ULONG` der vorliegenden Implementierung verwendet, würde die Rechenzeiten für Multiplikation, Division und Potenzierung auf etwa 25 Prozent verkürzen. Diese Möglichkeiten erschließen sich durch Funktionen, die in Assembler geschrieben sind, mit unmittelbarem Zugriff auf 64-Bit Ergebnisse von Maschinenbefehlen zur Multiplikation oder Division, oder durch Prozessoren mit 64-Bit Registern, die auch C-Implementierungen die verlustfreie Speicherung sol-

---

[7] Abgesehen von so praktischen Non-Standard-Typen wie `unsigned long long` bei GNU C/C++ und einigen anderen C-Compilern.

cher Ergebnisse in einem ULONG-Typ gestatten würden. Das FLINT/C-Paket beinhaltet einige Beispiele dafür, welcher Geschwindigkeitsgewinn aus dem Einsatz von arithmetischen Assembler-Funktionen resultiert (vgl. Kap. 18).

Die nächste Frage dreht sich um die Anordnung der USHORT-Stellen innerhalb eines Vektors. Zwei Möglichkeiten sind hier denkbar: Von links nach rechts, mit einer von niedrigeren nach höheren Speicheradressen absteigenden Wertigkeit der Stellen, oder umgekehrt, mit einer von niedrigeren nach höheren Speicheradressen aufsteigenden Wertigkeit der Stellen. Die letztere Anordnung, umgekehrt zur natürlichen Schreibweise, hat den Vorteil, dass Größenveränderungen von Zahlen bei gleich bleibender Anfangsadresse durch einfaches Anhängen von Stellen erfolgen können, ohne dass die Zahlen im Speicher neu ausgerichtet werden müssen. Damit ist die Wahl klar: Die Wertigkeit der Stellen unserer Zahldarstellung steigt mit der Größe der Speicheradressen bzw. der Vektor-Indizierung.

Als ein weiteres Darstellungselement wird nun noch die Anzahl der Stellen hinzugenommen und im ersten Vektor-Element untergebracht. Die Darstellung langer Zahlen im Speicher verwendet somit das Format

$$n = (l n_1 n_2 \ldots n_l)_B \text{ mit } 0 \leq l \leq \text{CLINTMAXDIGIT}, 0 \leq n_i < B \ (i = 1,\ldots,l).$$

B bezeichnet hierbei die Basis der Zahldarstellung; für das FLINT/C-Paket gilt $B := 2^{16} = 65536$. Der Wert B wird uns von nun an begleiten und taucht im Folgenden immer wieder auf. Die Konstante CLINTMAXDIGIT gibt die maximale Stellenzahl eines CLINT-Objektes an.

Die Null wird durch ihre Stellenlänge $l = 0$ dargestellt. Der Wert n einer Zahl, die durch eine FLINT/C-Variable n_l dargestellt wird, errechnet sich somit aus

$$n = \sum_{i=1}^{n\_l[0]} \text{n\_l}[i] B^{i-1}, \text{ falls n\_l}[0] > 0 \text{ und}$$

$$n = 0 \qquad\qquad\qquad \text{sonst.}$$

Falls $n > 0$ ist, wird die niedrigstwertige Stelle von n zur Basis B durch n_l[1], die höchstwertige Stelle durch n_l[n_l[0]] angegeben. Die Stellenzahl von n_l[0] wird im Weiteren durch das Makro DIGITS_L (n_l) gelesen und durch das Makro SETDIGITS_L (n_l, l) zu l gesetzt. Ebenso wird der Zugriff auf die niederst- bzw. höchstwertige Stelle von n_l durch die Makros LSDPTR_L(n_l) und MSDPTR_L(n_l) vermittelt, die jeweils einen Zeiger auf diese Stelle zurückgeben. Die Verwendung der Makros, die in flint.h definiert sind, schafft Unabhängigkeit von der tatsächlichen Zahldarstellung.

Da wir für natürliche Zahlen kein Vorzeichen benötigen, haben wir nun alle für unsere Zahldarstellung erforderlichen Elemente erfasst. Den entsprechenden Datentyp definieren wir durch

```
typedef unsigned short clint;
typedef clint CLINT[CLINTMAXDIGIT + 1];
```

Gemäß dieser Festlegung werden große Zahlen deklariert durch

> `CLINT n_l;`

Die Deklaration von Funktionsparametern vom Typ `CLINT` kann ebenfalls durch die Angabe `CLINT n_l` im Funktionsheader erfolgen[8].

Die Definition eines Zeigers `myptr_l` auf ein `CLINT`-Objekt geschieht durch `CLINTPTR myptr_l` oder durch `clint *myptr_l`.

Die FLINT/C-Funktionen können aufgrund der Voreinstellung der Konstanten `CLINTMAXDIGIT` in `flint.h` Zahlen bis zu einer Stellenlänge von 4096 Bit verarbeiten, dies entspricht 1233 Dezimalstellen oder 256 Stellen zur Basis 2^{16}. Durch Veränderung von `CLINTMAXDIGIT` kann die maximale Stellenlänge einfach den jeweiligen Erfordernissen angepasst werden. Von diesem Parameter hängen weitere Konstantendefinitionen ab, z. B. wird Anzahl der `USHORT`s eines `CLINT`-Objekts angegeben durch

> `#define CLINTMAXSHORT CLINTMAXDIGIT + 1;`

und die Anzahl der maximal verarbeitbaren Binärstellen wird definiert durch

> `#define CLINTMAXBIT CLINTMAXDIGIT << 4;`

Da die Konstanten `CLINTMAXDIGIT` und `CLINTMAXBIT` häufiger verwendet werden, jedoch in typographischer Hinsicht etwas sperrig sind, verwenden wir für diese Konstanten von nun an die Abkürzungen MAX_B und MAX_2 (ausgenommen hiervon ist der Programmcode, wo wir die Konstanten unverändert belassen).

Mit diesen Definitionen gilt, dass `CLINT`-Objekte ganzzahlige Werte innerhalb des Intervalls $[0, B^{MAX_B} - 1]$ beziehungsweise $[0, 2^{MAX_2} - 1]$ annehmen können. Den Wert $B^{MAX_B} - 1 = 2^{MAX_2} - 1$, die größte natürliche Zahl, die wir in einem `CLINT`-Objekt darstellen können, bezeichnen wir im Weiteren mit N_{max}.

Für einige Funktionen ist die Verarbeitung von Zahlen erforderlich, die mehr Stellen besitzen, als ein `CLINT`-Objekt aufnehmen kann. Für diese Fälle werden Varianten des `CLINT`-Typs mittels

> `typedef unsigned short CLINTD[1+(CLINTMAXDIGIT<<1)];`

und

> `typedef unsigned short CLINTQ[1+(CLINTMAXDIGIT<<2)];`

definiert, die doppelt bzw. viermal so viele Stellen aufnehmen können.

Als bequeme Unterstützung bei der Programmierung sind im Modul `flint.c` die Konstanten `nul_l`, `one_l` und `two_l` definiert, welche die Zahlen 0, 1 und 2 im `CLINT`-Format repräsentieren, und in `flint.h` die dazugehörigen Makros `SETZERO_L()`, `SETONE_L()` und `SETTWO_L()`, welche `CLINT`-Objekte auf die jeweiligen Werte setzen.

---

[8] Man vergleiche hierzu die Kapitel 4 und 9 des äußerst lesenswerten Buches [LIND], wo ausführlich erläutert wird, wann Vektoren und Zeiger in C äquivalent sind, und vor allem, wann dies nicht der Fall ist, und welche Fehler aus der Missachtung dieser Umstände herrühren können.

3 Schnittstellensemantik

> *Gewöhnlich glaubt der Mensch, wenn er nur Worte*
> *hört, es müsse sich dabei doch auch was denken lassen.*
>
> J. W. v. GOETHE: Faust

Im Folgenden werden einige grundsätzliche Eigenschaften festgelegt, die das Schnittstellenverhalten und die Nutzung der FLINT/C-Funktionen betreffen. Dabei geht es zunächst um die textliche Darstellung von CLINT-Objekten und den FLINT/C-Funktionen, hauptsächlich aber werden einige Grundsätze der Implementierung erläutert, die für die Anwendung der Funktionen wichtig sind.

Die Funktionen des FLINT/C-Paketes besitzen als Namenskonvention die Endung „_l", beispielsweise bezeichnet add_l die Additionsfunktion. Bezeichner für CLINT-Objekte enden ebenfalls mit Unterstrich und einem angehängten l. Der Einfachheit halber werden wir ab nun, wenn es passt, ein CLINT-Objekt n_l mit dem von ihm repräsentierten Wert (vgl. S. 13) gleichsetzen.

Die Darstellungen der FLINT/C-Funktionen beginnen mit einem Kopf, der syntaktische und semantische Beschreibungen der Funktionsschnittstelle enthält. Ein solcher Funktionskopf sieht typischerweise folgendermaßen aus:

Funktion:	Kurzbeschreibung der Funktion
Syntax:	int f_l (CLINT a_l, CLINT b_l, CLINT c_l);
Eingabe:	a_l, b_l (Operanden)
Ausgabe:	c_l (Ergebnis)
Rückgabe:	E_CLINT_OK falls alles O. K.
	Fehlermeldung oder Warnung sonst

Unterschieden wird hierbei unter anderem zwischen *Ausgabe* und *Rückgabe*: Während **Ausgabe** sich auf solche Werte bezieht, die von der Funktion in den übergebenen Argumenten gespeichert werden, sind unter **Rückgabe** diejenigen Werte genannt, die die Funktion nach Beendigung mittels eines return-Befehls zurück gibt. Bis auf einige Ausnahmefälle (Beispiele: Funktionen ld_l(), Abschn. 10.3, oder twofact_l(), Abschn. 10.4.1), handelt es sich hierbei um Statusinformation bzw. Fehlermeldungen.

Parameter, die nicht unter **Ausgabe** aufgeführt sind, werden durch die Funktionen nicht verändert. Aufrufe der Form f_l(a_l, b_l, a_l), wobei a_l und b_l als Argumente verwendet werden und a_l am Ende der Berechnungen mit dem Ergebnis überschrieben wird, sind stets möglich, denn die Ergebnisvariable wird erst nach der vollständigen Ausführung der Operation mit dem Ergebnis belegt. Aus der Assembler-Programmierung stammt die Sprechweise, wonach in diesem Fall die Variable a_l als *Akkumulator* verwendet wird. Diese Betriebsart wird von allen FLINT/C-Funktionen unterstützt.

Ein CLINT-Objekt n_l besitzt *führende Nullen*, wenn für einen Wert l gilt

(DIGITS_L (n_l) == l) && (l > 0) && (n_l[l] == 0);

Führende Nullen sind redundant, da sie zwar die Darstellung einer Zahl verlängern, dabei aber nichts zu ihrem Wert beitragen. Zur Notierung von Zahlen sind führende Nullen jedoch durchaus zulässig, weshalb wir diese Möglichkeit nicht einfach ignorieren sollten. Die Akzeptanz führender Nullen ist zwar ein lästiges Implementierungsdetail, trägt aber zur Toleranz gegenüber Eingaben von außen und damit zur Stabilität aller Funktionen bei. CLINT-Zahlen mit führenden Nullen werden daher von allen FLINT/C-Funktionen akzeptiert, jedoch nicht erzeugt.

Eine weitere Festlegung betrifft das Verhalten von arithmetischen Funktionen im Falle eines *Überlaufs*, der dann eintritt, wenn das Ergebnis einer arithmetischen Operation zu groß ist, um durch den Ergebnistyp darstellbar zu sein. Obwohl in einigen Publikationen zu C das Verhalten eines Programms bei arithmetischem Überlauf als implementierungsabhängig bezeichnet wird, regelt der C-Standard doch gerade den Überlauf bei arithmetischen Operationen mit unsigned integer-Typen: Dort wird gesagt, dass die Arithmetik modulo 2^n auszuführen ist, wenn der Datentyp Zahlen von n Bit Länge darstellen kann (vgl. [HARB], Abschn. 5.1.2). Dementsprechend reduzieren die im Folgenden beschriebenen Funktionen der Grundrechenarten ihre Ergebnisse im Falle eines Überlaufs modulo $(N_{max}+1)$, was bedeutet, dass der Rest einer ganzzahligen Division durch $N_{max}+1$ als Ergebnis ausgegeben wird (vgl. hierzu Abschn. 4.3 und Kap. 5). Im Falle eines *Unterlaufs*, der dann auftritt, wenn das Ergebnis einer Operation negativ ist, wird ein positiver Rest modulo $(N_{max}+1)$ ausgegeben. Die FLINT/C-Funktionen verhalten sich somit konform zur Standard-C-Arithmetik.

Im Falle, dass ein Überlauf oder ein Unterlauf festgestellt wird, geben die arithmetischen Funktionen entsprechende Fehlercodes zurück. Diese und alle weiteren Fehlercodes der folgenden Tabelle sind in der Header-Datei flint.h definiert:

Fehlercode	*Bedeutung*
E_CLINT_BOR	Ungültige Basis in str2clint_l() (vgl. Kap. 8)
E_CLINT_DBZ	Division durch Null
E_CLINT_MAL	Fehler bei der Allokierung von Speicher
E_CLINT_MOD	Modulus nicht ungerade bei Montgomery-Multiplikation
E_CLINT_NOR	Register nicht vorhanden (vgl. Kap. 9)
E_CLINT_NPT	Null-Pointer als Argument übergeben
E_CLINT_OFL	Überlauf
E_CLINT_UFL	Unterlauf

Tab. 1: FLINT/C-Fehlercodes und ihre Bedeutung

4 Die Grundrechenarten

Also daß Rechnen ein fundament und grundt aller Künste ist.

ADAM RIES: Rechenbuch, 1574

Und du, arme Kreatur, du bist ja zu nichts nütze. Sieh mich an, mich braucht es zu allem.

AESOP: Die Fichte und der Brombeerstrauch

There is one small prerequisite for mastering the mathemagic tricks in this chapter – you need to know the multiplication tables through 10 ... backward and forward.

ARTHUR BENJAMIN, MICHAEL B. SHERMER: Mathemagics

Die Grundbausteine eines jeden Softwarepakets für Computer-Arithmetik sind Funktionen, welche die Grundrechenarten Addieren, Subtrahieren, Multiplizieren und Dividieren ausführen. An den beiden Letzteren hängt die Effizienz des gesamten Paketes, daher ist viel Sorgfalt bei der Auswahl und Implementierung der Algorithmen geboten. Glücklicherweise ist hierzu im Band 2 des Klassikers „The Art of Computer Programming" von Donald Knuth schon das meiste von dem ausgeführt, was für diesen Teil der FLINT/C-Funktionen wichtig ist.

Die in den folgenden Abschnitten entwickelten Funktionen verwenden im Vorgriff auf deren nachfolgende Darstellung die Operationen cpy_l(), die ein CLINT-Objekt auf ein anderes im Sinne einer Zuweisung kopiert, und cmp_l(), die einen Größenvergleich zweier CLINT-Werte vornimmt. Für deren genauere Erörterung wird auf Abschnitt 7.4 und auf Kapitel 8 verwiesen.

Als Ausblick sei erwähnt, dass die Funktionen für die Grundrechenarten in diesem Kapitel der Übersichtlichkeit halber zunächst „aus einem Guss" entwickelt werden, während es sich in Kapitel 5 als praktisch erweisen wird, einen Teil der Funktionen in ihre jeweilige arithmetische „Kernoperation" und darüber hinausgehende, zusätzliche Schritte wie die Eliminierung führender Nullen und die Behandlung von Überlauf- und Unterlauf-Situationen aufzuspalten, wobei allerdings die Syntax und die Semantik der Funktionen insgesamt erhalten bleiben. Für das Verständnis der in diesem Kapitel beschriebenen Zusammenhänge ist dies jedoch noch nicht relevant, so dass wir uns hier darüber zunächst keine weiteren Gedanken zu machen brauchen.

4.1 Addition und Subtraktion

> *Dieses „weiter Zählen" heisst: „zur Zahl n_1 die Zahl n_2 addiren", und diejenige Zahl s, zu welcher man bei jenem weiter Zählen gelangt, heisst das „Resultat der Addition" oder die „Summe von n_1 und n_2" und wird durch $n_1 + n_2$ dargestellt.*
>
> LEOPOLD KRONECKER: Über den Zahlbegriff

Da es sich bei Addition und Subtraktion im Prinzip um die gleichen Operationen mit unterschiedlichen Vorzeichen handelt, gleichen sich auch die zugrunde liegenden Algorithmen, und wir können beide zusammen in diesem Abschnitt abhandeln. Wir betrachten dazu die Operanden a und b mit den Darstellungen

$$a := (a_{m-1}a_{m-2}\ldots a_0)_B = \sum_{i=0}^{m-1} a_i B^i,\ 0 \leq a_i < B,$$

$$b := (b_{n-1}b_{n-2}\ldots b_0)_B = \sum_{i=0}^{n-1} b_i B^i,\ 0 \leq b_i < B,$$

wobei wir annehmen wollen, es gelte $a \geq b$. Diese Bedingung bedeutet für die Addition keine Einschränkung, sie kann durch Vertauschung der Summanden immer erreicht werden. Für die Subtraktion folgt hieraus, dass die Differenz positiv oder null und somit ohne Reduzierung modulo $(N_{max} + 1)$ wieder als CLINT-Objekt darstellbar ist.

Die Addition besteht im Wesentlichen aus den folgenden Schritten:

Algorithmus zur Addition $a + b$:

1. Setze $i \leftarrow 0$ und $c \leftarrow 0$.
2. Setze $t \leftarrow a_i + b_i + c$, $s_i \leftarrow t \bmod B$ und $c \leftarrow \lfloor t/B \rfloor$.
3. Setze $i \leftarrow i + 1$; falls $i \leq n - 1$ ist, gehe zu 2.
4. Setze $t \leftarrow a_i + c$, $s_i \leftarrow t \bmod B$ und $c \leftarrow \lfloor t/B \rfloor$.
5. Setze $i \leftarrow i + 1$; falls $i \leq m - 1$ ist, gehe zu 4.
6. Setze $s_m \leftarrow c$.
7. Ausgabe von $s = (s_m s_{m-1} \ldots s_0)_B$.

4.1 Addition und Subtraktion

Die Summandenstellen einschließlich der Überträge werden jeweils in Schritt 2 addiert, wovon der niederwertige Teil Anteil als Stelle der Summe gespeichert und der höherwertige Teil in die nächste Stelle übertragen wird. Ist die höchstwertige Stelle einer der Summanden erreicht, werden in Schritt 4 die eventuell übrigen Stellen des anderen nacheinander zu den verbleibenden Überträgen addiert. Bis die letzte Summandenstelle verarbeitet ist, wird der niederwertige Anteil jeweils als Stelle der Summe gespeichert und der höherwertige Anteil als nächster Übertrag verwendet. Zum Abschluss wird ein eventuell verbleibender Übertrag als höchstwertige Stelle der Summe gespeichert. Die Ausgabe dieser Stelle wird unterdrückt, falls sie den Wert Null hat.

Die Schritte 2 bzw. 4 des Algorithmus tauchen in ähnlicher Form auch bei der Subtraktion, der Multiplikation und der Division auf. Der zugehörige Code, der durch die folgende Zeile veranschaulicht wird, ist typisch für die arithmetischen Funktionen[9]:

```
s = (USHORT)(carry = (ULONG)a + (ULONG)b +
            (ULONG)(USHORT)(carry >> BITPERDGT));
```

Der im Algorithmus vertretene Zwischenwert `t` wird durch die Variable `carry` vom Typ `ULONG` repräsentiert, die jeweils die Summe der Stellen a_i und b_i sowie des Übertrags der vorherigen Operation aufnimmt. Im niederwertigen Teil von `carry` ist die neue Summenstelle s_i gespeichert, die dort durch einen *cast* auf `USHORT` entnommen wird. Der aus der Operation resultierende Übertrag wird im höherwertigen Teil von `carry` für die nächste Operation vorgehalten.

Die Implementierung dieses Algorithmus durch unsere Funktion `add_l()` behandelt zusätzlich einen eventuellen Überlauf der Summe, wobei in diesem Falle eine Reduktion der Summe modulo ($N_{max}+1$) vorgenommen wird (vgl. S. 16).

Funktion:	Addition
Syntax:	`int add_l (CLINT aa_l, CLINT bb_l, CLINT ss_l);`
Eingabe:	`aa_l, bb_l` (Summanden)
Ausgabe:	`ss_l` (Summe)
Rückgabe:	`E_CLINT_OK` falls alles O. K.
	`E_CLINT_OFL` bei Überlauf

```
int
add_l (CLINT aa_l, CLINT bb_l, CLINT ss_l)
{
  clint ss_l[CLINTMAXSHORT + 1];
  clint *msdptra_l, *msdptrb_l;
```

---

[9] Den C-Ausdruck in dieser kompakten Form habe ich von meinem Kollegen Robert Hammelrath übernommen.

```
clint *aptr_l, *bptr_l, *sptr_l = LSDPTR_L (ss_l);
ULONG carry = 0L;
int OFL = 0;
```

Die Zeiger für die Additionsschleifen werden gesetzt. Hierbei wird berücksichtigt, welcher der beiden Summanden mehr Stellen hat. Die Zeiger `aptr_l` und `msdaptr_l` werden so initialisiert, dass sie auf die niedrigstwertige bzw. höchstwertige Stelle desjenigen Summanden zeigen, der die meisten Stellen hat, oder auf diejenigen von a_l, falls beide Summanden gleich viele Stellen haben. Analog gilt dies für die Zeiger `bptr_l` und `msdbptr_l`, die auf die niedrigst- bzw. höchstwertige Stelle des kürzeren Summanden zeigen, bzw. auf die von b_l. Die Initialisierung erfolgt mit Hilfe des Makros `LSDPTR_L()` für die niedrigstwertige Stelle und mit `MSDPTR_L()` für die höchstwertige Stelle eines CLINT-Objekts. Das Makro `DIGITS_L (a_l)` gibt die Stellenzahl des CLINT-Objekts a_l an, mit `SETDIGITS_L (a_l, n)` wird die Stellenzahl von a_l auf den Wert n gesetzt:

```
if (DIGITS_L (a_l) < DIGITS_L (b_l))
  {
    aptr_l = LSDPTR_L (b_l);
    bptr_l = LSDPTR_L (a_l);
    msdptra_l = MSDPTR_L (b_l);
    msdptrb_l = MSDPTR_L (a_l);
    SETDIGITS_L (ss_l, DIGITS_L (b_l));
  }
else
  {
    aptr_l = LSDPTR_L (a_l);
    bptr_l = LSDPTR_L (b_l);
    msdptra_l = MSDPTR_L (a_l);
    msdptrb_l = MSDPTR_L (b_l);
    SETDIGITS_L (ss_l, DIGITS_L (a_l));
  }
```

In der ersten Schleife von `add_l` werden die Stellen von a_l und b_l addiert und in der Ergebnisvariablen ss_l gespeichert. Eventuell vorhandene führende Nullen stören nicht, sie werden einfach mit verarbeitet und am Ende beim kopieren des Ergebnisses nach s_l herausgefiltert. Die Schleife läuft von der niedrigstwertigen Stelle von b_l bis zur höchstwertigen Stelle von b_l. Das entspricht exakt der Vorgehensweise bei der schriftlichen Addition, wie sie in der Schule gelehrt wird. Wie angekündigt hier die Implementierung des Übertrages:

```
while (bptr_l <= msdptrb_l)
  {
    *sptr_l++ = (USHORT)(carry = (ULONG)*aptr_l++
        + (ULONG)*bptr_l++ + (ULONG)(USHORT)(carry >> BITPERDGT));
  }
```

4.1 Addition und Subtraktion

Die beiden USHORT-Werte *aptr und *bptr werden durch einen *cast* auf ULONG-Darstellungen abgebildet und addiert. Dazu wird der Übertrag aus dem letzten Schleifendurchgang addiert. Hierbei entsteht ein ULONG-Wert, der in seinem höherwertigen Wort den Übertrag des Additionsschrittes enthält. Dieser Wert wird der Variablen carry zugewiesen und dort für den nächsten Schleifendurchgang vorgehalten. Der Wert der Ergebnisstelle wird dem niederwertigen Wort des Additionsergebnisses durch den *cast* auf USHORT entnommen. Der im höherwertigen Wort von carry gespeicherte Übertrag wird im nächsten Schleifendurchgang durch ein Schieben nach rechts um die Anzahl BITPERDGT der für die Darstellung von USHORT verwendeten Bits und einen *cast* auf USHORT einbezogen.

In der zweiten Schleife werden nur noch die restlichen Stellen von a_l zu einem eventuell vorhandenen Übertrag addiert und in s_l gespeichert:

```
while (aptr_l <= msdptra_l)
  {
    *sptr_l++ = (USHORT)(carry = (ULONG)*aptr_l++
              + (ULONG)(USHORT)(carry >> BITPERDGT));
  }
```

Falls nach der zweiten Schleife ein Übertrag existiert, ist das Ergebnis um eine Stelle länger als a_l. Falls nun festgestellt wird, dass das Ergebnis den maximal durch den CLINT-Typ darstellbaren Wert N_{max} übersteigt, wird das Ergebnis modulo ($N_{max}+1$) reduziert (vgl. Kap. 5), analog zur Behandlung der Standard-unsigned-Typen. In diesem Fall wird als Statusmeldung der Fehlercode E_CLINT_OFL zurückgegeben:

```
if (carry & BASE)
  {
    *sptr_l = 1;
    SETDIGITS_L (ss_l, DIGITS_L (ss_l) + 1);
  }

if (DIGITS_L (ss_l) > (USHORT)CLINTMAXDIGIT)      /* Überlauf ? */
  {
    ANDMAX_L (ss_l);                              /* Reduziere modulo (Nmax + 1) */
    OFL = E_CLINT_OFL;
  }

cpy_l (s_l, ss_l);

return OFL;
}
```

Die Laufzeit t aller hier dargestellten Verfahren zur Addition und Subtraktion ist mit $t = O(n)$ proportional zur Stellenzahl des größeren der beiden Operanden.

Nach der Addition wird nun der Algorithmus zur Subtraktion zweier Zahlen a und b mit den Darstellungen $a = (a_{m-1}a_{m-2}...a_0)_B \geq b = (b_{n-1}b_{n-2}...b_0)_B$ zur Basis B angegeben:

Algorithmus zur Subtraktion $a - b$:

1. Setze $i \leftarrow 0$ und $c \leftarrow 1$.
2. Falls $c = 1$ setze $t \leftarrow B + a_i - b_i$, sonst setze $t \leftarrow B - 1 + a_i - b_i$.
3. Setze $s_i \leftarrow t \bmod B$ und $c \leftarrow \lfloor t / B \rfloor$.
4. Setze $i \leftarrow i + 1$; falls $i \leq n - 1$ ist, gehe zu 2.
5. Falls $c = 1$ setze $t \leftarrow B + a_i$, sonst setze $t \leftarrow B - 1 + a_i$.
6. Setze $s_i \leftarrow t \bmod B$ und $c \leftarrow \lfloor t / B \rfloor$.
7. Setze $i \leftarrow i + 1$; falls $i \leq m - 1$ ist, gehe zu 5.
8. Ausgabe von $s = (s_{m-1}s_{m-2}...s_0)_B$.

Die Implementierung der Subtraktion gleicht der Additionsfunktion, mit den folgenden Ausnahmen:

- Die ULONG-Variable `carry` wird dazu verwendet, um von der nächst höheren Minuenden-Stelle zu „borgen", wenn eine Stelle des Minuenden kleiner ist als die korrespondierende Stelle des Subtrahenden.
- Statt auf einen Überlauf wird auf einen etwaigen Unterlauf geachtet, wobei das Ergebnis der Subtraktion eigentlich negativ wäre; da CLINT jedoch ein unsigned-Typ ist, wird wieder modulo $(N_{max}+1)$ reduziert (vgl. Kap. 5). Die Funktion gibt den Fehlercode E_CLINT_UFL zurück, um diesen Umstand anzuzeigen.
- Zum Schluss werden eventuell entstandene führende Nullen beseitigt.

So erhalten wir die folgende Funktion, die eine CLINT-Zahl b_l von einer Zahl a_l subtrahiert:

Funktion:	Subtraktion
Syntax:	int sub_l (CLINT aa_l, CLINT bb_l, CLINT d_l);
Eingabe:	aa_l (Minuend), bb_l (Subtrahend)
Ausgabe:	d_l (Differenz)
Rückgabe:	E_CLINT_OK falls alles O. K. E_CLINT_UFL bei Unterlauf

4.1 Addition und Subtraktion

```
int
sub_l (CLINT aa_l, CLINT bb_l, CLINT d_l)
{
  CLINT b_l;
  clint a_l[CLINTMAXSHORT + 1]; /* Erlaube 1 zusätzliche Stelle in a_l */
  clint *msdptra_l, *msdptrb_l;
  clint *aptr_l = LSDPTR_L (a_l);
  clint *bptr_l = LSDPTR_L (b_l);
  clint *dptr_l = LSDPTR_L (d_l);
  ULONG carry = 0L;
  int UFL = 0;

  cpy_l (a_l, aa_l);
  cpy_l (b_l, bb_l);
  msdptra_l = MSDPTR_L (a_l);
  msdptrb_l = MSDPTR_L (b_l);
```

> Im Folgenden wird der Fall a_l < b_l berücksichtigt, in dem b_l nicht von a_l, sondern vom größtmöglichen Wert N_{max} subtrahiert wird. Zu dieser Differenz wird später der Wert (Minuend + 1) addiert, so dass insgesamt die Berechnung modulo $(N_{max}+1)$ ausgeführt wird. Zur Erzeugung des Wertes N_{max} wird die Hilfsfunktion setmax_l() verwendet.

```
  if (LT_L (a_l, b_l))
    {
      setmax_l (a_l);
      msdptra_l = a_l + CLINTMAXDIGIT;
      SETDIGITS_L (d_l, CLINTMAXDIGIT);
      UFL = E_CLINT_UFL;
    }
  else
    {
      SETDIGITS_L (d_l, DIGITS_L (a_l));
    }

  while (bptr_l <= msdptrb_l)
    {
      *dptr_l++ = (USHORT)(carry = (ULONG)*aptr_l++
              - (ULONG)*bptr_l++ - ((carry & BASE) >> BITPERDGT));
    }

  while (aptr_l <= msdptra_l)
    {
      *dptr_l++ = (USHORT)(carry = (ULONG)*aptr_l++
                    - ((carry & BASE) >> BITPERDGT));
    }

  RMLDZRS_L (d_l);
```

> Die im Falle eines Unterlaufs erforderliche Addition von (Minuend + 1) zu der in d_l gespeicherten Differenz $N_{max} - $ b_l wird vor der Ausgabe von d_l durchgeführt:

```
  if (UFL)
    {
      add_l (d_l, aa_l, d_l);
      inc_l (d_l);
    }

  return UFL;
}
```

Neben den Funktionen add_l() und sub_l() werden zwei weitere spezielle Funktionen für die Addition und Subtraktion zur Verfügung gestellt, die jeweils an der zweiten Stelle statt eines CLINT- ein USHORT-Argument verarbeiten. Diese werden als *gemischte Funktionen* bezeichnet und durch ein dem Funktionsnamen vorangestelltes „u" gekennzeichnet, wie in den folgenden Funktionen uadd_l() und usub_l(). Die Verwendung der Funktion u2clint_l() zur Konvertierung eines USHORT-Wertes in ein CLINT-Objekt erfolgt im Vorgriff auf deren Erläuterung in Kapitel 8:

Funktion:	Gemischte Addition eines CLINT-Typs und eines USHORT-Typs
Syntax:	int uadd_l (CLINT a_l, USHORT b, CLINT s_l);
Eingabe:	a_l, b (Summanden)
Ausgabe:	s_l (Summe)
Rückgabe:	E_CLINT_OK falls alles O. K. E_CLINT_OFL bei Überlauf

```
int
uadd_l (CLINT a_l, USHORT b, CLINT s_l)
{
  int err;
  CLINT tmp_l;

  u2clint_l (tmp_l, b);
  err = add_l (a_l, tmp_l, s_l);
  return err;
}
```

4.1 Addition und Subtraktion

Funktion:	Subtraktion eines USHORT-Typs von einem CLINT-Typ
Syntax:	int usub_l (CLINT a_l, USHORT b, CLINT d_l);
Eingabe:	a_l (Minuend), b (Subtrahend)
Ausgabe:	d_l (Differenz)
Rückgabe:	E_CLINT_OK falls alles O. K. E_CLINT_UFL bei Unterlauf

```
int
usub_l (CLINT a_l, USHORT b, CLINT d_l)
{
  int err;
  CLINT tmp_l;

  u2clint_l (tmp_l, b);
  err = sub_l (a_l, tmp_l, d_l);
  return err;
}
```

Zwei weitere nützliche Spezialfälle von Addition und Subtraktion sind in den Funktionen inc_l() und dec_l() realisiert, die einen CLINT-Wert um Eins vergrößern oder vermindern. Diese Funktionen sind als Akkumulator-Routinen ausgelegt: der Operand wird mit dem Ergebnis überschrieben, was sich bei der Implementierung vieler Algorithmen als praktisch erwiesen hat.

Es ist nicht überraschend, dass die Implementierungen von inc_l() und dec_l() den Funktionen add_l() und sub_l() ähnlich sind. Sie testen ebenfalls auf Überlauf bzw. Unterlauf und geben die entsprechenden Fehlercodes E_CLINT_OFL bzw. E_CLINT_UFL zurück:

Funktion:	Inkrement eines CLINT-Objekts um 1
Syntax:	int inc_l (CLINT a_l);
Eingabe:	a_l (Summand)
Ausgabe:	a_l (Summe)
Rückgabe:	E_CLINT_OK falls alles O. K. E_CLINT_OFL bei Überlauf

```
int
inc_l (CLINT a_l)
{
  clint *msdptra_l, *aptr_l = LSDPTR_L (a_l);
  ULONG carry = BASE;
  int OFL = 0;
  msdptra_l = MSDPTR_L (a_l);
```

```
  while ((aptr_l <= msdptra_l) && (carry & BASE))
    {
      *aptr_l = (USHORT)(carry = 1UL + (ULONG)*aptr_l);
      aptr_l++;
    }

  if ((aptr_l > msdptra_l) && (carry & BASE))
    {
      *aptr_l = 1;
      SETDIGITS_L (a_l, DIGITS_L (a_l) + 1);
      if (DIGITS_L (a_l) > (USHORT)CLINTMAXDIGIT)      /* Überlauf ? */
        {
          SETZERO_L (a_l);                 /* Reduziere modulo (Nmax + 1) */
          OFL = E_CLINT_OFL;
        }
    }

  return OFL;
}
```

Funktion:	Dekrement eines CLINT-Objekts um 1
Syntax:	int dec_l (CLINT a_l);
Eingabe:	a_l (Minuend)
Ausgabe:	a_l (Differenz)
Rückgabe:	E_CLINT_OK falls alles O. K.
	E_CLINT_UFL bei Unterlauf

```
int
dec_l (CLINT a_l)
{
  clint *msdptra_l, *aptr_l = LSDPTR_L (a_l);
  ULONG carry = DBASEMINONE;

  if (EQZ_L (a_l))                                     /* Unterlauf ? */
    {
      setmax_l (a_l);                        /* Reduziere modulo max_l */
      return E_CLINT_UFL;
    }

  msdptra_l = MSDPTR_L (a_l);
  while ((aptr_l <= msdptra_l) && (carry & (BASEMINONEL << BITPERDGT)))
    {
      *aptr_l = (USHORT)(carry = (ULONG)*aptr_l - 1L);
      aptr_l++;
    }

  RMLDZRS_L (a_l);
  return E_CLINT_OK;
}
```

4.2 Multiplikation

> *Sind die einzelnen Summanden n_1, n_2, n_3, ... n_r sämmtlich gleich einer und derselben Zahl n, so bezeichnet man die Addition als „Multiplication der Zahl n mit dem Multiplicator r" und setzt: $n_1 + n_2 + n_3 + \cdots + n_r = rn$.*
>
> LEOPOLD KRONECKER: Über den Zahlbegriff

Die Multiplikation ist hinsichtlich der hierfür benötigten Rechenzeit eine der kritischsten Funktionen des gesamten FLINT/C-Paketes, da sie zusammen mit der Division über die Ausführungszeiten vieler Algorithmen bestimmt. Im Gegensatz zu den vorher betrachteten Verfahren der Addition und Subtraktion sind die klassischen Algorithmen zur Multiplikation und Division quadratisch in der Stellenlänge der Argumente – nicht von ungefähr fragt D. Knuth in einer Kapitelüberschrift der Seminumerical Algorithms „*How fast can we multiply?*".

In der Literatur sind unterschiedliche Ansätze für schnelle Multiplikationen großer und sehr großer Zahlen veröffentlicht worden, darunter sind einige ziemlich diffizile Methoden. Ein Beispiel hierfür ist das von A. Schönhage und V. Strassen entwickelte Verfahren, um die Multiplikation großer Zahlen durch Anwendung der schnellen Fourier-Transformation über endlichen Körpern auszuführen. Dessen Laufzeit, bezogen auf die Stellenzahl n der Argumente, ist durch $O(n \log n \log \log n)$ nach oben beschränkt (vgl. [KNUT], Abschn. 4.3.3). Auf diesem Verfahren beruhen zwar die schnellsten bekannten Multiplikationsalgorithmen, jedoch ergeben sich Geschwindigkeitsvorteile gegenüber der im Folgenden beschriebenen, klassischen $O(n^2)$-Methode erst bei Zahlen ab etwa 8.000 bis 10.000 Binärstellen. Den Anforderungen an kryptographische Systeme zufolge liegen solche Stellenzahlen – zumindest derzeit – recht weit jenseits des vorgesehenen Anwendungsbereichs unserer Funktionen.

Unserer Realisierung der Multiplikation für das FLINT/C-Paket wollen wir zunächst die Schulmethode anhand des von Knuth angegebenen Algorithm M (vgl. [KNUT], Abschn. 4.3.1) zugrunde legen, und wir bemühen uns, eine möglichst effiziente Implementierung dieses Verfahrens zu erreichen. Danach werden wir uns näher mit der Berechnung von Quadraten befassen, die erhebliches Einsparungspotential bietet und für beide Fälle werden wir uns schließlich das Multiplikationsverfahren nach *Karatsuba* ansehen, das asymptotisch[10] günstiger als $O(n^2)$ ist. Die Karatsuba-Multiplikation weckt unsere Neugier, da sie einfach erscheint und sich gut an einem (verregneten) Sonntagnachmittag ausprobieren lässt. Wir werden sehen, ob das Verfahren etwas zur FLINT/C-Bibliothek beitragen kann.

---

[10] Wenn es heißt, die Rechenzeit sei „asymptotisch" günstiger, so wirkt sich dies umso stärker aus, je größer die Zahlen werden. Verfrühte Euphorie ist nicht angebracht, für unsere Anwendungszwecke muss dies noch nichts bedeuten.

4.2.1 Die Schulmethode

Betrachtet wird die Multiplikation zweier Zahlen a und b mit Darstellungen

$$a = (a_{m-1}a_{m-2}\ldots a_0)_B = \sum_{i=0}^{m-1} a_i B^i, \; 0 \le a_i < B,$$

$$b = (b_{n-1}b_{n-2}\ldots b_0)_B = \sum_{i=0}^{n-1} b_i B^i, \; 0 \le b_i < B,$$

zur Basis B. Nach dem in der Schule gelehrten Verfahren lässt sich das Produkt $a \cdot b$ wie im folgenden Beispiel für $m = n = 3$ berechnen:

			$(a_2a_1a_0)_B$	$\cdot$	$(b_2b_1b_0)_B$		
			c_{20}	p_{20}	p_{10}	p_{00}	
+			c_{21}	p_{21}	p_{11}	p_{01}	
+		c_{22}	p_{22}	p_{12}	p_{02}		
	(p_5	p_4	p_3	p_2	p_1	$p_0)_B$	

Abb. 1: Berechnungsschema für die Multiplikation

Hierbei werden zunächst die Partialprodukte $(a_2a_1a_0)_B \cdot b_j$ für $j = 0, 1, 2$ berechnet: Die Werte a_ib_j sind die niederwertigen Stellen der Terme (a_ib_j + Übertrag) mit den *inneren Produkten* a_ib_j, die c_{2j} sind die höherwertigen Stellen der p_{2j}. Die Partialprodukte werden am Ende zum Produkt $p = (p_5p_4p_3p_2p_1p_0)_B$ aufsummiert.

Im allgemeinen Fall hat das Produkt $p = a \cdot b$ den folgenden Wert:

$$p = \sum_{j=0}^{n-1} \sum_{i=0}^{m-1} a_i b_j B^{i+j}.$$

Das Ergebnis einer Multiplikation zweier Operanden mit Stellenzahlen m und n besitzt mindestens $m + n - 1$ und höchstens $m + n$ Stellen. Die Anzahl der erforderlichen elementaren Multiplikationsschritte (das sind Multiplikationen von Faktoren unterhalb der Basis B) beträgt $m \cdot n$.

Eine Multiplikationsfunktion, die genau dem im obigen Beispiel dargestellten Berechnungsschema folgt, würde zunächst alle Partialprodukte berechnen, zwischenspeichern und diese dann aufsummieren, versehen mit den entsprechenden Skalierungsfaktoren. Diese Schulmethode ist zwar für das Rechnen mit Papier und Bleistift gut geeignet, für die Möglichkeiten eines Computerprogramms ist sie jedoch etwas umständlich. Eine effizientere Alternative besteht darin, die inneren

4.2 Multiplikation

Produkte $a_i b_j$ jeweils sofort zu den in der Ergebnisstelle p_{i+j} kumulierten Werten zu addieren, dazu kommen die Überträge c aus den vorherigen Schritten. Der sich hieraus für jedes Paar (i, j) ergebende Wert wird einer Variablen t zugewiesen:

$$t \leftarrow p_{i+j} + a_i \cdot b_j + c;$$

t lässt sich darstellen als

$$t = k \cdot B + l, \ 0 \leq k, l < B,$$

denn es gilt

$$p_{i+j} + a_i \cdot b_j + c \leq B - 1 + (B-1)(B-1) + B - 1 = (B-1)B + B - 1 = B^2 - 1 < B^2.$$

Dieser Darstellung von t wird mit $p_{i+j} \leftarrow l$ der aktuelle Wert der Ergebnisstelle entnommen. Als neuer Übertrag wird $c \leftarrow k$ gesetzt.

Der Multiplikationsalgorithmus besteht also insgesamt aus einer äußeren Schleife zur Berechnung der Partialprodukte $a_i \cdot (b_{n-1} b_{n-2} \ldots b_0)_B$ und aus einer inneren Schleife zur Berechnung der inneren Produkte $a_i b_j$ ($j = 0, \ldots, n-1$) und der Werte t und p_{i+j}. Der Algorithmus sieht dann insgesamt wie folgt aus:

Algorithmus zur Multiplikation:

1. Setze $p_i \leftarrow 0$ für $i = 0, \ldots, n-1$.
2. Setze $i \leftarrow 0$.
3. Setze $j \leftarrow 0$ und $c \leftarrow 0$.
4. Setze $t \leftarrow p_{i+j} + a_i \cdot b_j + c$, $p_{i+j} \leftarrow t \bmod B$ und $c \leftarrow \lfloor t / B \rfloor$.
5. Setze $j \leftarrow j + 1$; falls $j \leq n - 1$ ist, gehe zu 4.
6. Setze $p_{i+n} \leftarrow c$.
7. Setze $i \leftarrow i + 1$; falls $i \leq m - 1$ ist, gehe zu 3.
8. Ausgabe von $p = (p_{m+n-1} p_{m+n-2} \ldots p_0)_B$.

Die nachfolgende Implementierung der Multiplikation beinhaltet im Kern diese Hauptschleife. Entsprechend der obigen Abschätzung ist in Schritt 4 die verlustfreie Repräsentation eines Wertes $< B^2$ in der Variablen t erforderlich. Analog zur Vorgehensweise bei der Addition werden die inneren Produkte t daher als ULONG-Typ dargestellt. Die Variable t wird jedoch nicht explizit verwendet, die Belegung der Ergebnisstellen p_{i+j} und des Übertrags c erfolgt vielmehr innerhalb eines einzigen Ausdrucks, analog zu der bereits im Zusammenhang mit der Additionsfunktion erläuterten Vorgehensweise (vgl. S. 19). Für die Initialisierung wird eine etwas effizientere Vorgehensweise gewählt, als in Schritt 1 des Algorithmus angezeigt:

Funktion:	Multiplikation
Syntax:	int mul_l (CLINT f1_l, CLINT f2_l, CLINT pp_l);
Eingabe:	f1_l, f2_l (Faktoren)
Ausgabe:	pp_l (Produkt)
Rückgabe:	E_CLINT_OK falls alles O. K. E_CLINT_OFL bei Überlauf

```
int
mul_l (CLINT f1_l, CLINT f2_l, CLINT pp_l)
{
  register clint *pptr_l, *bptr_l;
  CLINT aa_l, bb_l;
  CLINTD p_l;
  clint *a_l, *b_l, *aptr_l, *csptr_l, *msdptra_l, *msdptrb_l;
  USHORT av;
  ULONG carry;
  int OFL = 0;
```

Zuerst werden die Variablen deklariert; p_l wird zunächst das Ergebnis aufnehmen und erhält daher die doppelte Länge. Die ULONG-Variable `carry` wird den Übertrag aufnehmen. Im ersten Schritt wird der Fall abgehandelt, dass einer der Faktoren und damit das Produkt Null ist. Danach werden die Faktoren auf die Arbeitsfelder a_l und b_l kopiert, führende Nullen werden dabei entfernt.

```
  if (EQZ_L (f1_l) || EQZ_L (f2_l))
    {
      SETZERO_L (pp_l);
      return E_CLINT_OK;
    }
  cpy_l (aa_l, f1_l);
  cpy_l (bb_l, f2_l);
```

Nach den Deklarationen werden die Zeiger a_l und b_l mit den Adressen von aa_l und bb_l belegt, wobei eine logische Vertauschung erfolgt, wenn die Stellenzahl von aa_l kleiner ist als die von bb_l. Der Zeiger a_l zeigt immer auf den Operanden mit der größten Stellenzahl.

```
  if (DIGITS_L (aa_l) < DIGITS_L (bb_l))
    {
      a_l = bb_l;
      b_l = aa_l;
    }
  else
```

4.2 Multiplikation

```
  {
    a_l = aa_l;
    b_l = bb_l;
  }

msdptra_l = a_l + *a_l;
msdptrb_l = b_l + *b_l;
```

> Um etwas Rechenzeit zu sparen, wird anstatt des oben geforderten Initialisierungsschritts das Partialprodukt $(b_{n-1}b_{n-2}\ldots b_0)_B \cdot a_0$ einer Schleife berechnet und in den Stellen $p_n, p_{n-1}, \ldots, p_0$ gespeichert:

```
carry = 0;
  av = *LSDPTR_L (a_l);
  for (bptr_l = LSDPTR_L (b_l), pptr_l = LSDPTR_L (p_l);
       bptr_l <= msdptrb_l;
       bptr_l++, pptr_l++)
  {
    *pptr_l = (USHORT)(carry = (ULONG)av * (ULONG)*bptr_l +
                      (ULONG)(USHORT)(carry >> BITPERDGT));
  }

  *pptr_l = (USHORT)(carry >> BITPERDGT);
```

> Als Nächstes folgt die geschachtelte Multiplikationsschleife, beginnend bei der Stelle a_l[2] von a_l:

```
for (csptr_l = LSDPTR_L (p_l) + 1, aptr_l = LSDPTR_L (a_l) + 1;
                aptr_l <= msdptra_l; csptr_l++, aptr_l++)
  {
    carry = 0;
    av = *aptr_l;

    for (bptr_l = LSDPTR_L (b_l), pptr_l = csptr_l;
         bptr_l <= msdptrb_l;
         bptr_l++, pptr_l++)
      {
        *pptr_l = (USHORT)(carry = (ULONG)av * (ULONG)*bptr_l +
            (ULONG)*pptr_l + (ULONG)(USHORT)(carry >> BITPERDGT));
      }

    *pptr_l = (USHORT)(carry >> BITPERDGT);
  }
```

> Die größtmögliche Länge des Ergebnisses ist die Summe der Stellenzahlen von a_l und b_l. Hat das Ergebnis eine Stelle weniger, wird dies durch das Makro RMLDZRS_L festgestellt:

```
SETDIGITS_L (p_l, DIGITS_L (a_l) + DIGITS_L (b_l));
RMLDZRS_L (p_l);
```

> Falls das Ergebnis größer ist, als in einem CLINT-Objekt darstellbar, wird reduziert und das Fehlerflag OFL auf den Wert E_CLINT_OFL gesetzt. Danach wird dem Objekt pp_l das reduzierte Ergebnis zugewiesen:

```
  if (DIGITS_L (p_l) > (USHORT)CLINTMAXDIGIT)      /* Überlauf ? */
    {
      ANDMAX_L (p_l);                  /* Reduziere modulo (Nmax + 1) */
      OFL = E_CLINT_OFL;
    }

  cpy_l (pp_l, p_l);
  return OFL;
}
```

Die Laufzeit t der Multiplikation ist mit $t = O(m \cdot n)$ proportional zum Produkt der Stellenzahlen m und n der Operanden.

Auch für die Multiplikation wird die entsprechende gemischte Funktion implementiert, die einen CLINT-Typ und als zweites Argument einen USHORT-Typ verarbeitet. Diese Kurzversion der CLINT-Multiplikation benötigt nur $O(n)$ CPU-Multiplikationen, was natürlich nicht an der besonderen Raffinesse des Algorithmus, sondern an der Kürze des USHORT-Argumentes liegt. Wir werden diese Funktion später implizit innerhalb einer speziellen Potenzierungsroutine für USHORT-Basen einsetzen (vgl. Kap. 6, dort die Funktion wmexp_l()).

Zur Implementierung der umul_l()-Funktion greifen wir hauptsächlich auf einen Code-Abschnitt der mul_l()-Funktion zurück und übernehmen diesen mit leichten Modifikationen:

Funktion:	Multiplikation eines CLINT-Typs mit einem USHORT-Typ
Syntax:	int umul_l (CLINT aa_l, USHORT b, CLINT pp_l);
Eingabe:	aa_l, b (Faktoren)
Ausgabe:	pp_l (Produkt)
Rückgabe:	E_CLINT_OK falls alles O. K. E_CLINT_OFL bei Überlauf

```
int
umul_l (CLINT aa_l, USHORT b, CLINT pp_l)
{
  register clint *aptr_l, *pptr_l;
  CLINT a_l;
  CLINTD p_l;
  clint *msdptra_l;
  ULONG carry;
  int OFL = 0;
```

4.2 Multiplikation

```
cpy_l (a_l, aa_l);
if (EQZ_L (a_l) || 0 == b)
  {
    SETZERO_L (pp_l);
    return E_CLINT_OK;
  }
```

Nach den Präliminarien wird der CLINT-Faktor in einem Schleifendurchlauf mit dem USHORT-Faktor multipliziert und es wird am Ende der Carry in der höchstwertigen USHORT-Stelle des CLINT-Wertes gespeichert:

```
msdptra_l = MSDPTR_L (a_l);
carry = 0;

for (aptr_l = LSDPTR_L (a_l), pptr_l = LSDPTR_l (p_l);
     aptr_l <= msdptra_l;
     aptr_l++, pptr_l++)
  {
    *pptr_l = (USHORT)(carry = (ULONG)b * (ULONG)*aptr_l +
                       (ULONG)(USHORT)(carry >> BITPERDGT));
  }

*pptr_l = (USHORT)(carry >> BITPERDGT);

SETDIGITS_L (p_l, DIGITS_L (a_l) + 1);
RMLDZRS_L (p_l);

if (DIGITS_L (p_l) > (USHORT)CLINTMAXDIGIT)         /* Überlauf ? */
  {
    ANDMAX_L (p_l);                  /* Reduziere modulo (Nmax + 1) */
    OFL = E_CLINT_OFL;
  }

cpy_l (pp_l, p_l);
return OFL;
}
```

4.2.2 Quadrieren geht schneller

Die Berechnung eines großen Quadrats kommt mit wesentlich weniger elementaren Multiplikationen aus als die Langzahl-Multiplikation, was an der Symmetrie liegt, die sich aus der Multiplikation mit gleichen Operanden ergibt. Diese Beobachtung ist äußerst wichtig, da wir hieraus vor allem bei der Potenzierung, wo es nicht um eine, sondern um Hunderte von Quadrierungen geht, einen großen Geschwindigkeitsvorteil ziehen können. Wir betrachten wieder das bekannte Multiplikationsschema, diesmal mit zwei identischen Faktoren $(a_2 a_1 a_0)_B$:

		a_2a_0	a_1a_0	$\mathbf{a_0a_0}$
+		a_2a_1	$\mathbf{a_1a_1}$	a_0a_1
+	a_2a_2	a_1a_2	a_0a_2	
	$(p_5$ p_4	p_3	p_2 p_1	$p_0)_B$

$(a_2a_1a_0)_B \cdot (a_2a_1a_0)_B$

Abb. 2: Berechnungsschema für die Quadrierung

Wir erkennen, dass die inneren Produkte a_ia_j für $i = j$ einmal (in der obigen Darstellung fett) und für $i \neq j$ zweimal vorkommen (in der obigen Darstellung durch Rahmen gekennzeichnet). Wir können uns also drei von insgesamt neun Multiplikationen sparen, indem wir die Summe der $a_ia_jB^{i+j}$ für $i < j$ mit 2 multiplizieren. Die Summe der inneren Produkte eines Quadrats schreibt sich somit als

$$p = \sum_{i,j=0}^{n-1} a_ia_j B^{i+j} = 2 \sum_{i=0}^{n-2} \sum_{j=i+1}^{n-1} a_ia_j B^{i+j} + \sum_{i=0}^{n-1} a_i^2 B^{2i}.$$

Die Anzahl der erforderlichen Elementarmultiplikationen reduziert sich gegenüber der Schulmethode von n^2 auf $n(n + 1)/2$.

Eine nahe liegende algorithmische Darstellung der Quadrierung berechnet den obigen Ausdruck mit den beiden Summanden innerhalb zweier ineinander geschachtelter Schleifen:

Algorithmus 1 zur Quadrierung:

1. Setze $p_i \leftarrow 0$ für $i = 0,\ldots, n - 1$.
2. Setze $i \leftarrow 0$.
3. Setze $t \leftarrow p_{2i} + a_i^2$, $p_{2i} \leftarrow t \bmod B$ und $c \leftarrow \lfloor t/B \rfloor$.
4. Setze $j \leftarrow i + 1$.
5. Setze $t \leftarrow p_{i+j} + 2a_i \cdot a_j + c$, $p_{i+j} \leftarrow t \bmod B$ und $c \leftarrow \lfloor t/B \rfloor$.
6. Setze $j \leftarrow j + 1$; falls $j \leq n - 1$ ist, gehe zu 5.
7. Setze $p_{i+n} \leftarrow c$.
8. Setze $i \leftarrow i + 1$; falls $i \leq n - 1$ ist, gehe zu 3.
9. Ausgabe von $p = (p_{2n-1}p_{2n-2}\cdots p_0)_B$.

Zur Auswahl der für die Repräsentierung der Variablen erforderlichen Datentypen müssen wir beachten, dass t den Wert $(B - 1) + 2(B - 1)^2 + (B - 1) = 2B^2 - 2B$

4.2 Multiplikation

annehmen kann (in Schritt 5 des Algorithmus). Dies bedeutet jedoch, dass für die Darstellung von t zur Basis B mehr als zwei Stellen zur Basis B benötigt werden, denn es gilt $B^2 - 1 < 2B^2 - 2B < 2B^2 - 1$, ein ULONG-Typ reicht für die Speicherung von t also nicht aus (der obigen Ungleichung entnimmt man, dass eine Binärstelle mehr benötigt wird). Während dies für eine Assembler-Implementierung, in der man Zugriff auf das Carry-Bit der CPU hat, kein Problem darstellt, tut man sich in C schwer, die zusätzliche Binärstelle nachzuhalten. Um diesem Dilemma zu entgehen, ändern wir den Algorithmus so ab, dass die in Schritt 5 fällige Multiplikation mit 2 in einer separaten Schleife nachgezogen wird. Hierzu ist es dann auch erforderlich, dass Schritt 3 in einer eigenen Schleife danach ausgeführt wird, wodurch insgesamt zwar geringfügig mehr Aufwand für die Schleifenverwaltung entsteht, die zusätzliche Binärstelle bleibt uns jedoch erspart. Der Algorithmus ändert sich wie folgt:

Algorithmus 2 zur Quadrierung:

1. Initialisierung: Setze $p_i \leftarrow 0$ für $i = 0,\ldots, n-1$.
2. Berechnung der Produkte von Stellen ungleicher Indizes: Setze $i \leftarrow 0$.
3. Setze $j \leftarrow i + 1$ und $c \leftarrow 0$.
4. Setze $t \leftarrow p_{i+j} + a_i \cdot a_j + c$, $p_{i+j} \leftarrow t \bmod B$ und $c \leftarrow \lfloor t / B \rfloor$.
5. Setze $j \leftarrow j + 1$; falls $j \leq n - 1$ ist, gehe zu 4.
6. Setze $p_{i+n} \leftarrow c$.
7. Setze $i \leftarrow i + 1$; falls $i \leq n - 2$ ist, gehe zu 3.
8. Multiplikation der inneren Produkte mit 2: Setze $i \leftarrow 0$ und $c \leftarrow 0$.
9. Setze $t \leftarrow 2p_i + c$, $p_i \leftarrow t \bmod B$ und $c \leftarrow \lfloor t / B \rfloor$.
10. Setze $i \leftarrow i + 1$; falls $i \leq 2n - 2$ ist, gehe zu 9.
11. Addition der inneren Quadrate: Setze $i \leftarrow 0$ und $c \leftarrow 0$.
12. Setze $t \leftarrow p_{2i} + a_i^2 + c$, $p_{2i} \leftarrow t \bmod B$ und $c \leftarrow \lfloor t / B \rfloor$.
13. Setze $t \leftarrow p_{2i+1} + c$, $p_{2i+1} \leftarrow t \bmod B$ und $c \leftarrow \lfloor t / B \rfloor$.
14. Setze $i \leftarrow i + 1$; falls $i \leq n - 1$ ist, gehe zu 9.
15. Setze $p_{2n-1} \leftarrow c$; Ausgabe von $p = (p_{2n-1}p_{2n-2}\ldots p_0)_B$.

Bei der C-Funktion zur Quadrierung wird die Initialisierung in Schritt 1 ebenfalls, analog zur Multiplikation, durch die Berechnung und Speicherung des ersten Partialprodukts $a_0 \cdot (a_{n-1}a_{n-2}\ldots a_1)_B$ ersetzt:

Funktion:	Quadrierung
Syntax:	int sqr_l (CLINT f_l, CLINT pp_l);
Eingabe:	f_l (Faktor)
Ausgabe:	pp_l (Quadrat)
Rückgabe:	E_CLINT_OK falls alles O. K. E_CLINT_OFL bei Überlauf

```
int
sqr_l (CLINT f_l, CLINT pp_l)
{
  register clint *pptr_l, *bptr_l;
  CLINT a_l;
  CLINTD p_l;
  clint *aptr_l, *csptr_l, *msdptra_l, *msdptrb_l, *msdptrc_l;
  USHORT av;
  ULONG carry;
  int OFL = 0;

  cpy_l (a_l, f_l);
  if (EQZ_L (a_l))
    {
      SETZERO_L (pp_l);
      return E_CLINT_OK;
    }

  msdptrb_l = MSDPTR_L (a_l);
  msdptra_l = msdptrb_l - 1;
```

Die Initialisierung des durch pptr_l adressierten Ergebnisvektors erfolgt durch das Partialprodukt $a_0 \cdot (a_{n-1} a_{n-2} \ldots a_1)_B$, analog zur Multiplikation. Die Stelle p_0 wird hierdurch nicht belegt, sie muss gesondert zu Null gesetzt werden:

```
  *LSDPTR_L (p_l) = 0;
  carry = 0;
  av = *LSDPTR_L (a_l);
  for (bptr_l = LSDPTR_L (a_l) + 1, pptr_l = LSDPTR_L (p_l) + 1;
       bptr_l <= msdptrb_l;
       bptr_l++, pptr_l++)
    {
      *pptr_l = (USHORT)(carry = (ULONG)av * (ULONG)*bptr_l +
                       (ULONG)(USHORT)(carry >> BITPERDGT));
    }
  *pptr_l = (USHORT)(carry >> BITPERDGT);
```

Die Schleife zur Summierung der inneren Produkte $a_i a_j$:

```
  for (aptr_l = LSDPTR_L (a_l) + 1, csptr_l = LSDPTR_L (p_l) + 3;
                 aptr_l <= msdptra_l; aptr_l++, csptr_l += 2)
```

4.2 Multiplikation

```
    {
      carry = 0;
      av = *aptr_l;
      for (bptr_l = aptr_l + 1, pptr_l = csptr_l; bptr_l <= msdptrb_l;
                                                 bptr_l++, pptr_l++)
        {
          *pptr_l = (USHORT)(carry = (ULONG)av * (ULONG)*bptr_l +
              (ULONG)*pptr_l + (ULONG)(USHORT)(carry >> BITPERDGT));
        }
      *pptr_l = (USHORT)(carry >> BITPERDGT);
    }
  msdptrc_l = pptr_l;
```

Es folgt die Multiplikation des Zwischenergebnisses in pptr_l mit 2 durch Shift-Operationen (vgl. auch Abschn. 7.1):

```
  carry = 0;
  for (pptr_l = LSDPTR_L (p_l); pptr_l <= msdptrc_l; pptr_l++)
    {
      *pptr_l = (USHORT)(carry = (((ULONG)*pptr_l) << 1) +
                    (ULONG)(USHORT)(carry >> BITPERDGT));
    }
  *pptr_l = (USHORT)(carry >> BITPERDGT);
```

Nun wird die „Hauptdiagonale" berechnet:

```
  carry = 0;
  for (bptr_l = LSDPTR_L (a_l), pptr_l = LSDPTR_L (p_l);
       bptr_l <= msdptrb_l;
       bptr_l++, pptr_l++)
    {
      *pptr_l = (USHORT)(carry = (ULONG)*bptr_l * (ULONG)*bptr_l +
                  (ULONG)*pptr_l + (ULONG)(USHORT)(carry >> BITPERDGT));
      pptr_l++;
      *pptr_l = (USHORT)(carry = (ULONG)*pptr_l + (carry >> BITPERDGT));
    }
```

Alles Weitere folgt nun analog zur Multiplikation:

```
  SETDIGITS_L (p_l, DIGITS_L (a_l) << 1);
  RMLDZRS_L (p_l);

  if (DIGITS_L (p_l) > (USHORT)CLINTMAXDIGIT)        /* Überlauf ? */
    {
      ANDMAX_L (p_l);                    /* Reduziere modulo (Nmax + 1) */
      OFL = E_CLINT_OFL;
    }
  cpy_l (pp_l, p_l);

  return OFL;
}
```

Die Laufzeit der Quadrierung ist mit $O(n^2)$ ebenfalls quadratisch in der Stellenzahl der Operanden, beträgt jedoch für $n(n + 1)/2$ Elementarmultiplikationen nur etwa die Hälfte der Laufzeit für die Multiplikation.

4.2.3 Noch schneller mit Karatsuba?

> *Der Ungeist von Multiplikation und Division ließ es zur Gewohnheit werden, alles aufzutrennen und dann nur noch einem bestimmten Bruchstück davon Aufmerksamkeit zuzuwenden.*
>
> STEN NALDOLNY: Ein Gott der Frechheit

Wie angekündigt beschäftigen wir uns nun mit einer nach dem russischen Mathematiker A. Karatsuba benannten Multiplikationsmethode, der diese oder eine ähnliche Variante 1962 veröffentlicht hat (vgl. [KNUT], Abschn. 4.3.3). Wir nehmen dazu an, a und b seien natürliche Zahlen mit jeweils $n = 2k$ Stellen zu einer Basis B, so dass wir $a = (a_1 a_0)_{B^k}$ und $b = (b_1 b_0)_{B^k}$ mit Stellen a_0 und a_1 bzw. b_0 und b_1 zur Basis B^k schreiben können. Würde man in der herkömmlichen Weise a und b miteinander multiplizieren, so erhielten wir den Ausdruck

$$a \cdot b = B^{2k} a_1 \cdot b_1 + B^k (a_0 \cdot b_1 + a_1 \cdot b_0) + a_0 \cdot b_0 \ ,$$

mit vier Multiplikationen zur Basis B^k bzw. $n^2 = 4k^2$ Elementarmultiplikationen zur Basis B. Setzen wir hingegen

$$c_0 := a_0 \cdot b_0$$
$$c_1 := a_1 \cdot b_1$$
$$c_2 := (a_0 + a_1) \cdot (b_0 + b_1) - c_0 - c_1 \ ,$$

dann ist

$$a \cdot b = B^k (B^k c_1 + c_2) + c_0 \ .$$

Zur Berechnung von $a \cdot b$ sind nun offensichtlich nur noch drei Multiplikationen von Zahlen zur Basis B^k bzw. $3k^2$ Multiplikationen zur Basis B erforderlich, zuzüglich einiger Additionen und Schiebeoperationen (die Multiplikation mit B^k lässt sich durch Linksschieben um k Stellen zur Basis B erledigen, vgl. Abschn. 7.1). Nehmen wir an, die Stellenzahl n unserer Faktoren a und b sei eine Zweierpotenz, so sind durch rekursive Anwendung des Verfahrens auf die verbleibenden Teilprodukte schließlich nur noch elementare Multiplikationen zur Basis B auszuführen, und es ergibt sich eine Gesamtzahl von $3^{\log_2 n} = n^{\log_2 3} \approx n^{1,585}$ Elementarmultiplikationen gegenüber n^2 beim klassischen Verfahren, dazu kommen Zeiten für die Additionen und Schiebeoperationen.

Für die Quadrierung vereinfacht sich dieses Verfahren noch ein wenig: Mit

$$c_0 := a_0^2$$
$$c_1 := a_1^2$$
$$c_2 := (a_0 + a_1)^2 - c_0 - c_1 \;,$$

gilt

$$a^2 = B^k(B^k c_1 + c_2) + c_0 \;.$$

Zudem haben die Faktoren bei der Quadrierung vorteilhafterweise stets die gleiche Stellenzahl, was bei der Multiplikation im allgemeinen Fall nicht gegeben ist.

Gegenüber all diesen Vorteilen ist jedoch anzumerken, dass Rekursion innerhalb einer Programmfunktion immer einen gewissen Mehraufwand verursacht, so dass man auf eine tatsächliche Ersparnis an Rechenzeit gegenüber dem klassischen Verfahren, welches ohne die Bürde der Rekursion auskommt, erst für größere Zahlen hoffen kann.

Um Aufschluss über das tatsächliche Zeitverhalten der Karatsuba-Verfahren zu erlangen, wurden die Funktionen kmul() und ksqr() erstellt. Das Aufspalten der Faktoren in ihre Hälften erfolgt *in situ*, ein Umkopieren der Hälften ist nicht erforderlich, dazu ist es jedoch notwendig, dass an die Funktionen Zeiger auf die niedrigstwertigen Stellen der Faktoren und separat deren Stellenzahlen übergeben werden.

Die in experimenteller Form vorliegenden Funktionen verwenden das rekursive Verfahren für Faktoren oberhalb einer als Makro vorzugebenden Stellenzahl, für kleinere Faktoren wird auf die konventionelle Multiplikation bzw. Quadrierung zurückgegriffen. kmul() und ksqr() verwenden ihrerseits für den Rückfall auf die nichtrekursive Multiplikation die Hilfsfunktionen mult() bzw. sqr(), in der die Multiplikation bzw. Quadrierung als so genannte *Kernfunktionen* ohne die Unterstützung identischer Argument-Adressen (Akkumulator-Modus) oder die Reduzierung bei Überlauf implementiert sind (siehe hierzu auch Seite 62).

Funktion:	Karatsuba-Multiplikation zweier Zahlen a_l und b_l mit jeweils $2k$ Stellen zur Basis B

Syntax:	void kmul (clint *aptr_l, clint *bptr_l,
	           int len_a, int len_b,
	           CLINT p_l);

Eingabe:	aptr_l (Zeiger auf die niederstwertige Stelle des Faktors a_l) bptr_l (Zeiger auf die niederstwertige Stelle des Faktors b_l) len_a (Stellenzahl von a_l) len_b (Stellenzahl von b_l)
Ausgabe:	p_l (Produkt)

```
void
kmul (clint *aptr_l, clint *bptr_l, int len_a, int len_b, CLINT p_l)
{
  CLINT c01_l, c10_l;
  clint c0_l[CLINTMAXSHORT + 2];
  clint c1_l[CLINTMAXSHORT + 2];
  clint c2_l[CLINTMAXSHORT + 2];
  CLINTD tmp_l;
  clint *alptr_l, *blptr_l;
  int l2;

  if ((len_a == len_b)       &&
      (len_a >= MUL_SCHWELLE) &&
      (0 == (len_a & 1))            )
   {
```

Besitzen beide Faktoren die gleiche gerade Stellenzahl oberhalb des Wertes MUL_SCHWELLE, erfolgt der Eintritt in die Rekursion mit der Aufspaltung der Faktoren in Hälften. Weitergegeben werden Zeiger aptr_l, alptr_l, bptr_l, blptr_l auf die jeweils niederstwertige Stelle einer Hälfte. Durch den Verzicht auf ein Umkopieren der Hälften sparen wir wertvolle Zeit. Die Werte c_0 und c_1 werden durch rekursiven Aufruf von kmul() berechnet und in den CLINT-Variablen c0_l und c1_l gespeichert:

```
    l2 = len_a/2;

    alptr_l = aptr_l + l2;
    blptr_l = bptr_l + l2;

    kmul (aptr_l, bptr_l, l2, l2, c0_l);
    kmul (alptr_l, blptr_l, l2, l2, c1_l);
```

4.2 Multiplikation

$c_2 := (a_0 + a_1) \cdot (b_0 + b_1) - c_0 - c_1$ wird mit zwei Additionen, einem Aufruf von kmul() und zwei Subtraktionen berechnet. Die Hilfsfunktion addkar() akzeptiert Zeiger auf die niederstwertigen Stellen zweier gleich langer Summanden sowie deren Stellenzahl und gibt die Summe beider als CLINT-Wert aus:

```
addkar (a1ptr_l, aptr_l, l2, c01_l);
addkar (b1ptr_l, bptr_l, l2, c10_l);

kmul (LSDPTR_L (c01_l), LSDPTR_L (c10_l),
      DIGITS_L (c01_l), DIGITS_L (c10_l), c2_l);

sub (c2_l, c1_l, tmp_l);
sub (tmp_l, c0_l, c2_l);
```

Der Funktionszweig endet mit der Berechnung von $B^k(B^k c_1 + c_2) + c_0$. Dazu wird die Hilfsfunktion shiftadd() verwendet, die während der Addition den Ersten zweier CLINT-Summanden um eine anzugebende Anzahl von Stellen zur Basis B nach links schiebt:

```
    shiftadd (c1_l, c2_l, l2, tmp_l);
    shiftadd (tmp_l, c0_l, l2, p_l);
}
```

Falls eine der Eingangsbedingungen nicht erfüllt ist, wird die Rekursion abgebrochen und es wird die nichtrekursive Multiplikation mult() aufgerufen. Als Voraussetzung für den Aufruf von mult() werden die beiden Faktorhälften in aptr_l und bptr_l in das CLINT-Format gebracht:

```
else
  {
    memcpy (LSDPTR_L (c1_l), aptr_l, len_a * sizeof (clint));
    memcpy (LSDPTR_L (c2_l), bptr_l, len_b * sizeof (clint));

    SETDIGITS_L (c1_l, len_a);
    SETDIGITS_L (c2_l, len_b);

    mult (c1_l, c2_l, p_l);

    RMLDZRS_L (p_l);
  }
}
```

Die Karatsuba-Quadrierung geht analog hierzu und wird daher nicht gesondert dargestellt. Zum Aufruf von kmul() bzw. ksqr() verwenden wir die mit der Standardschnittstelle ausgestatteten Funktionen kmul_l() und ksqr_l():

Funktion:	Karatsuba-Multiplikation und Quadrierung
Syntax:	int kmul_l (CLINT a_l, CLINT b_l, CLINT p_l); int ksqr_l (CLINT a_l, CLINT p_l);
Eingabe:	a_l, b_l (Faktoren)
Ausgabe:	p_l (Produkt bzw. Quadrat)
Rückgabe:	E_CLINT_OK falls alles O. K. E_CLINT_OFL bei Überlauf

Die Implementierungen der Karatsuba-Funktionen sind in der Quelldatei kmul.c auf der beiliegenden CD-ROM enthalten.

Ausgiebige Tests mit diesen Funktionen[11] haben die besten Ergebnisse erzielt, wenn unterhalb einer Stellenzahl von 40 (entsprechend 640 Binärstellen) auf die nichtrekursiven Multiplikationsverfahren zurückgegriffen wird. Die Rechenzeiten unserer Implementierungen im Überblick (Abb. 3):

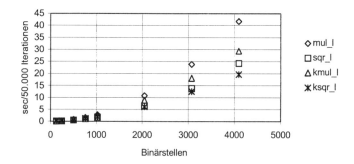

Abb. 3: Rechenzeiten für die Karatsuba-Multiplikation

Wir entnehmen dieser Übersicht erwartungsgemäß, dass zwischen der Standard-Multiplikation und der Quadrierung ein Performanzunterschied von etwa 40 Prozent liegt, und dass für Zahlen ab 2000 Binärstellen eine deutlichere Spreizung der gemessenen Rechenzeiten eintritt, bei der die Karatsuba-Verfahren die Nase vorn haben. Interessanterweise ist die „normale" Quadrierung sqr_l() deutlich schneller als die Karatsuba-Multiplikation kmul_l(), die Karatsuba-Quadrierung ksqr_l() sorgt erst ab etwa 3000 Binärstellen für Ordnung.

Die noch in der ersten Auflage dieses Buches festgestellten kräftigen Performanzverluste der Karatsuba-Funktionen für kleinere Zahlen konnten inzwischen eliminiert werden, dennoch gibt es bei diesen Verfahren weiteres Verbesserungspotential. Der in den Testreihen zu beobachtende unstetige Verlauf der Rechenzeiten für kmul_l() weist darauf hin, dass die Rekursion eher abbricht als der Schwellwert vorgibt, wenn die Faktoren einer Rekursionsstufe keine gerade Stel-

---

[11] auf einem Pentium III-Prozessor mit 500 MHz unter Linux

lenzahl haben. Im ungünstigsten Fall trifft dies bereits zu Beginn der Multiplikation zu und wir stehen auch für sehr große Zahlen nicht besser da als im Standardfall. Lohnenswert erscheinen daher Erweiterungen, die den Karatsuba-Funktionen auch die Verarbeitung von Argumenten mit unterschiedlichen und ungeraden Stellenzahlen ermöglichen.

J. Ziegler hat am Max-Planck-Institut für Informatik in Saarbrücken portable Implementierungen der Karatsuba-Multiplikation und -Quadrierung für eine 64-Bit CPU (Sun Ultra-1) entwickelt, welche die konventionellen Verfahren ab etwa 640 Binärstellen überholen. Bezogen auf die Quadrierung werden Performanzgewinne von 10% bei 1024 Binärstellen und 23% bei 2048 Binärstellen angegeben [ZIEG].

Von C. Burnikel und J. Ziegler wurde auch ein interessantes rekursives Divisionsverfahren auf Basis der Karatsuba-Multiplikation entwickelt, das ab etwa 250 Dezimalstellen zunehmend schneller wird als die Schulmethode (vgl. [BUZI]).

Nach wie vor allerdings scheint es, dass sich die Karatsuba-Funktionen für unsere kryptographischen Anwendungen ohne weitere Optimierungen nicht unbedingt aufdrängen, weshalb wir im Weiteren die in den Funktionen mul_l() und sqr_l() realisierten konventionellen Verfahren (und deren handoptimierte Varianten in Assembler, vgl. Kap. 18) vorziehen. Für Anwendungen, die eine Verwendung der Karatsuba-Funktionen zweckmäßig erscheinen lassen, können diese allerdings einfach anstelle von mul_l() bzw. von sqr_l() eingesetzt werden.

4.3 Division mit Rest

Die Multiplikation kann man in Deutschland lernen, für die Division muß man nach Italien gehen.

ANONYMUS

Als letzter Baustein zur Beherrschung der Grundrechenarten mit großen Zahlen fehlt uns noch die Division als ihr komplexester Vertreter. Da wir mit natürlichen Zahlen rechnen, stehen auch für die Darstellung von Divisionsergebnissen nur natürliche Zahlen zur Verfügung. Das hiermit vorgegebene Divisionsprinzip wird als *Division mit Rest* bezeichnet. Ihr liegt folgender Zusammenhang zugrunde:

Sind $a, b \in \mathbb{Z}$ ganze Zahlen, $b > 0$, so gibt es eindeutig bestimmte ganze Zahlen q und r, für die gilt:

$$a = q \cdot b + r \quad \text{mit } 0 \leq r < b;$$

q ist der Quotient, r ist der Rest von a bei der Division durch b.

Häufig geht es nur um die Berechnung des Divisionsrestes und es besteht gar kein Interesse am Quotienten. In Kapitel 5 wird deutlich, welch wichtige Operation die Restbildung ist, da sie in vielen Algorithmen stets in Verbindung mit Addition, Subtraktion, Multiplikation und der Potenzierung benötigt wird. Es lohnt sich also auch hier, über eine möglichst effiziente Implementierung der Division zu verfügen.

Für natürliche Zahlen a und b besteht die simpelste Art, eine Division mit Rest auszuführen, darin, den Divisor b so oft vom Dividenden a zu subtrahieren, bis der verbleibende Rest r kleiner ist als der Divisor. Indem wir mitzählen, wie oft die Subtraktion ausgeführt wurde, haben wir den Quotienten berechnet. Der Quotient q und der Rest r haben die Werte $q = \lfloor a/b \rfloor$ und $r = a - \lfloor a/b \rfloor \cdot b$.[12]

Diese Vorgehensweise der Division durch fortlaufende Subtraktion ist natürlich viel zu langwierig. Schon die aus der Grundschule bekannte *schriftliche Division* verwendet ein wesentlich effizienteres Verfahren, bei dem die Stellen des Quotienten einzeln bestimmt und als Faktoren für die Skalierung des Divisors verwendet werden; die Partialprodukte werden nacheinander vom Dividenden subtrahiert. Als Beispiel betrachten wir die folgende Divisionsaufgabe:

```
  354938  : 427 = 831, Rest 101
- 3416↓|
= 01333 |
-  1281↓
=  00528
-    427
=    101
```

Abb. 4: Berechnungsschema für die Division

Bereits die Bestimmung der ersten Quotientenstelle, 8, erfordert eine überschlägige Rechnung oder kommt einfach durch Probieren zustande. Macht man hierbei einen Fehler, so stellt man dies daran fest, dass entweder

❖ das Produkt „Quotientenstelle mal Divisor" zu groß ist (im Falle des Beispiels größer als 3549), oder

❖ der Rest nach Subtraktion des Partialproduktes von den betrachteten Stellen des Dividenden größer ist als der Divisor.

Im ersten Fall ist die Quotientenstelle zu groß, im zweiten Fall zu klein gewählt und muss jeweils entsprechend korrigiert werden.

Diese heuristische Vorgehensweise muss für die Implementierung eines Divisionsalgorithmus als Computerprogramm durch genauere Schritte ersetzt werden. Wie eine solche Überschlagsrechnung geeignet und effizient zu präzisieren ist, hat

---

[12] Am Rande sei bemerkt, dass sich die Division mit Rest für $a < 0$ mit $q = -\lceil |a|/b \rceil$ und $r = b - (|a| + q \cdot b)$ falls $a \nmid b$ bzw. $r = 0$ falls $a \mid b$ auf den Fall $a, b \in \mathbb{N}$ zurückführen lässt.

4.3 Division mit Rest

Donald Knuth in [KNUT], Abschn. 4.3.1 beschrieben. Betrachten wir die Aufgabenstellung noch etwas genauer:

Es seien $a = (a_{m+n-1} a_{m+n-2} \dots a_0)_B$ und $b = (b_{n-1} b_{n-2} \dots b_0)_B$ zwei natürliche Zahlen, dargestellt zur Basis B, und für b_{n-1}, die höchstwertige Stelle von b, gelte $b_{n-1} > 0$. Gesucht wird der Quotient q und der Rest r mit $a = q \cdot b + r$, $0 \leq r < b$.

Der obigen schriftlichen Division folgend wird zur Berechnung von q und r schrittweise jeweils eine Quotientenstelle $q_j := \lfloor R/b \rfloor < B$ ermittelt, wobei im ersten Schritt $R = (a_{m+n-1} a_{m+n-2} \dots a_k)_B$ aus den höchstwertigen Stellen des Dividenden gebildet wird, mit dem größten k, für das $1 \leq \lfloor R/b \rfloor$ ist (im obigen Beispiel ist zu Beginn $m + n - 1 = 3 + 3 - 1 = 5$, $k = 2$ und $R = 3549$). Danach wird jeweils $R := R - q_j \cdot b$ gesetzt, wobei als Kontrollmöglichkeit für die Richtigkeit von der Quotientenstelle q_j die Bedingung $0 \leq R < b$ zu gelten hat. R wird durch den Wert $R \cdot B +$ (nächste Dividendenstelle) ersetzt und die nächste Quotientenstelle ist wieder $\lfloor R/b \rfloor$. Die Division endet, wenn alle Dividendenstellen verarbeitet sind. Der Divisionsrest ist dann der zuletzt berechnete Wert R.

Als Voraussetzung für die Programmierung dieses Ablaufs geht es uns also darum, für jeweils zwei große Zahlen $R = (r_n r_{n-1} \dots r_0)_B$ und $b = (b_{n-1} b_{n-2} \dots b_0)_B$ mit $\lfloor R/b \rfloor < B$ den Quotienten $Q := \lfloor R/b \rfloor$ zu bestimmen ($r_n = 0$ ist möglich). Hierzu ziehen wir die von Knuth angegebene Näherung $\hat{q}$ von Q heran, die anhand der führenden Stellen von R und b berechnet wird:

$$\text{Sei } \hat{q} := \min\left(\left\lfloor \frac{r_n B + r_{n-1}}{b_{n-1}} \right\rfloor, B - 1\right). \tag{4.1}$$

Falls $b_{n-1} \geq \lfloor B/2 \rfloor$ ist, gilt für $\hat{q}$ (vgl. [KNUT], Abschn. 4.3.1, Theoreme A und B):

$$\hat{q} - 2 \leq Q \leq \hat{q} .$$

Unter der günstigen Voraussetzung, dass die führende Divisorstelle groß genug ist im Vergleich zu B, ist $\hat{q}$ als Näherung für Q demzufolge höchstens 2 zu groß und nie zu klein.

Durch eine entsprechende Skalierung der Operanden a und b lässt sich dies stets erreichen: Wir wählen ein $d > 0$ so, dass $d \cdot b_{n-1} \geq \lfloor B/2 \rfloor$ ist, und setzen weiter $\hat{a} := a \cdot d = (\hat{a}_{m+n} \hat{a}_{m+n-1} \dots \hat{a}_0)_B$ und $\hat{b} := b \cdot d = (\hat{b}_{n-1} \hat{b}_{n-2} \dots \hat{b}_0)_B$. Die Wahl von d erfolgt derart, dass sich die Stellenzahl von $\hat{b}$ gegenüber der von b nicht vergrößert. In der obigen Notation wurde berücksichtigt, dass dabei $\hat{a}$ möglicherweise eine Stelle mehr enthält als a (falls dies nicht der Fall ist, wird $\hat{a}_{m+n} = 0$ gesetzt). Auf jeden Fall ist es praktisch, d als Zweierpotenz zu wählen, da die Skalierung der Operanden in diesem Fall durch einfache Schiebeoperationen erfolgen kann. Da beide Operanden mit einem gemeinsamen Faktor multipliziert werden, ändert sich der Quotient nicht, es gilt $\lfloor \hat{a}/\hat{b} \rfloor = \lfloor a/b \rfloor$.

Die Wahl von $\hat{q}$ in (4.1), die wir nun auf die skalierten Operanden $\hat{a}$ bzw. $\hat{r}$ und $\hat{b}$ beziehen wollen, lässt sich durch den folgenden Test sogar noch so weit verbessern, dass $\hat{q} = Q$ oder $\hat{q} = Q + 1$ ist:

Falls nach der Wahl von $\hat{q}$ gilt $\hat{b}_{n-2}\hat{q} \geq (\hat{r}_n B + \hat{r}_{n-1} - \hat{q}\hat{b}_{n-1})B + \hat{r}_{n-2}$, so wird $\hat{q}$ um 1 vermindert und der Test wird wiederholt. Hierdurch werden alle Fälle behoben, in denen $\hat{q}$ anfänglich um 2 zu groß ist und nur in sehr seltenen Fällen ist $\hat{q}$ hiernach noch um 1 zu groß (vgl. [KNUT], Abschn. 4.3.1, exercises 19, 20). Letzteres wird bei der Subtraktion des Partialproduktes „Divisor mal Quotientenstelle" vom verbleibenden Rest des Dividenden festgestellt. Dann muss $\hat{q}$ letztmalig um 1 vermindert und der Rest korrigiert werden.

Der Algorithmus für die Division mit Rest besteht nun im Wesentlichen aus dem folgenden Ablauf:

Algorithmus zur Division mit Rest von $a = (a_{m+n-1}a_{m+n-2}...a_0)_B \geq 0$ durch $b = (b_{n-1}b_{n-2}...b_0)_B > 0$:

1. Bestimme den Skalierungsfaktor d wie oben angegeben.

2. Setze $r := (r_{m+n}r_{n+m-1}r_{m+n-2}...r_0)_B \leftarrow (0a_{m+n-1}a_{m+n-2}...a_0)_B$.

3. Setze $i \leftarrow m + n$, $j \leftarrow m$.

4. Setze $\hat{q} \leftarrow \min\left(\left\lfloor \dfrac{\hat{r}_i B + \hat{r}_{i-1}}{\hat{b}_{n-1}} \right\rfloor, B - 1\right)$

   mit den durch Skalierung mit d gewonnenen Stellen $\hat{r}_i$, $\hat{r}_{i-1}$ und $\hat{b}_{n-1}$ (vgl. oben). Falls $\hat{b}_{n-2}\hat{q} \geq (\hat{r}_i B + \hat{r}_{i-1} - \hat{q}\hat{b}_{n-1})B + \hat{r}_{i-2}$ ist, setze $\hat{q} \leftarrow \hat{q} - 1$ und wiederhole diesen Test.

5. Falls $r - b \cdot \hat{q} < 0$ setze $\hat{q} \leftarrow \hat{q} - 1$.

6. Setze $r := (r_i r_{i-1}...r_{i-n})_B \leftarrow (r_i r_{i-1}...r_{i-n})_B - b \cdot \hat{q}$ und $q_j \leftarrow \hat{q}$.

7. Setze $i \leftarrow i - 1$ und $j \leftarrow j - 1$; falls $i \geq n$ gehe zu 4.

8. Ausgabe von $q = (q_m q_{m-1}...q_0)_B$ und $r = (r_{n-1}r_{n-2}...r_0)_B$.

Falls der Divisor nur eine Stelle b_0 hat, lässt sich das Verfahren abkürzen, indem r mit $r \leftarrow 0$ initialisiert wird und jeweils zwei Stellen $(ra_i)_B$ durch b_0 mit Rest dividiert werden. Dabei wird r mit dem jeweiligen Divisionsrest $r \leftarrow (ra_i)_B - q_i \cdot b_0$ überschrieben und a_i durchläuft nacheinander alle Stellen des Dividenden. Zum Schluss enthält r den Rest und $q = (q_m q_{m-1}...q_0)_B$ bildet den Quotienten.

4.3 Division mit Rest

Nachdem für die Implementierung der Division nun alle Requisiten vorhanden sind, folgt jetzt die C-Funktion zum obigen Algorithmus.

Funktion:	Division mit Rest
Syntax:	int div_l (CLINT d1_l, CLINT d2_l, CLINT quot_l, CLINT rest_l);
Eingabe:	d1_l (Dividend), d2_l (Divisor)
Ausgabe:	quot_l (Quotient), rest_l (Rest)
Rückgabe:	E_CLINT_OK falls alles O. K. E_CLINT_DBZ bei Division durch 0

```
int
div_l (CLINT d1_l, CLINT d2_l, CLINT quot_l, CLINT rest_l)
{
  register clint *rptr_l, *bptr_l;
  CLINT b_l;
  /* Erlaube doppelt langen Rest + 1 Stelle */
  clint r_l[2 + (CLINTMAXDIGIT << 1)];
  clint *qptr_l, *msdptrb_l, *lsdptrr_l, *msdptrr_l;
  USHORT bv, rv, qdach, ri, ri_1, ri_2, bn, bn_1;
  ULONG right, left, rdach, borrow, carry, sbitsminusd;
  unsigned int d = 0;
  int i;
```

Der Dividend $a = (a_{m+n-1}a_{m+n-2}...a_0)_B$ und der Divisor $b = (b_{n-1}b_{n-2}...b_0)_B$ werden in die CLINT-Variablen r_l und b_l kopiert. Dabei werden eventuell vorhandene führende Nullen entfernt. Falls der Divisor danach gleich Null ist, wird die Funktion mit dem Fehlercode E_CLINT_DBZ beendet.

Wir lassen zu, dass der Dividend bis zum doppelten der in MAX_B festgelegten Stellenzahl besitzt. Dies ermöglicht uns den späteren Einsatz der Division in den Funktionen der modularen Arithmetik. Den Speicherplatz für einen doppelt langen Quotienten muss stets die aufrufende Funktion bereitstellen:

```
  cpy_l (r_l, d1_l);
  cpy_l (b_l, d2_l);

  if (EQZ_L (b_l))
    return E_CLINT_DBZ;
```

Es wird geprüft, ob einer der einfachen Fälle Dividend = 0, Dividend < Divisor oder Dividend = Divisor vorliegt. In diesen Fällen sind wir schon fertig:

```
  if (EQZ_L (r_l))
    {
      SETZERO_L (quot_l);
```

```
      SETZERO_L (rest_l);
      return E_CLINT_OK;
   }

i = cmp_l (r_l, b_l);
if (i == -1)
   {
      cpy_l (rest_l, r_l);
      SETZERO_L (quot_l);
      return E_CLINT_OK;
   }
else if (i == 0)
   {
      SETONE_L (quot_l);
      SETZERO_L (rest_l);
      return E_CLINT_OK;
   }
```

Als nächster Schritt wird geprüft, ob der Divisor nur eine Stelle hat. In diesem Fall wird zu einer schnelleren Variante der Division verzweigt, die weiter unten besprochen wird:

```
if (DIGITS_L (b_l) == 1)
   goto shortdiv;
```

Nun beginnt die eigentliche Division. Zunächst wird der Skalierungsfaktor d als Exponent einer Zweierpotenz ermittelt. Solange, bis $b_{n-1} \geq \text{BASEDIV2} := \lfloor B/2 \rfloor$ ist, wird nun die höchstwertige Stelle b_{n-1} des Divisors um ein Bit nach links geschoben, wobei d ausgehend von $d = 0$ jeweils um 1 inkrementiert wird. Dazu wird der Zeiger msdptrb_l auf die höchstwertige Stelle des Divisors gesetzt. Der Wert BITPERDGT $- d$ wird später des Öfteren verwendet und deshalb in der Variablen sbitsminusd gespeichert:

```
msdptrb_l = MSDPTR_L (b_l);
bn = *msdptrb_l;
while (bn < BASEDIV2)
   {
      d++;
      bn <<= 1;
   }
sbitsminusd = (int)(BITPERDGT - d);
```

Falls $d > 0$ ist, werden die beiden höchstwertigen Stellen $\hat{b}_{n-1}\hat{b}_{n-2}$ von $d \cdot b$ ausgerechnet und in bn und bn_1 gespeichert. Dabei werden die beiden Fälle unterschieden, dass der Divisor b genau zwei oder *mehr als* zwei Stellen hat. Im ersten Fall werden in $\hat{b}_{n-2}$ von rechts binäre Nullen eingeschoben, im zweiten Fall kommen die niederwertigen Bits von $\hat{b}_{n-2}$ aus b_{n-3}:

4.3 Division mit Rest

```
if (d > 0)
  {
    bn += *(msdptrb_l - 1) >> sbitsminusd;
    if (DIGITS_L (b_l) > 2)
      {
        bn_1 = (USHORT)(*(msdptrb_l - 1) << d) + (*(msdptrb_l - 2) >>
                                                        sbitsminusd);
      }
    else
      {
        bn_1 = (USHORT)(*(msdptrb_l - 1) << d);
      }
  }
else
  {
    bn_1 = (USHORT)(*(msdptrb_l - 1));
  }
```

Nun werden Zeiger `msdptrr_l` und `lsdptrr_l` auf die höchst- bzw. niederstwertige Stelle von $(a_{m+n}a_{m+n-1}...a_{m+1})_B$ im CLINT-Vektor `r_l` gesetzt, der den Divisionsrest repräsentieren wird; an der Stelle a_{m+n} wird `r_l` mit 0 initialisiert. Der Zeiger `qptr_l` wird auf die höchste Quotientenstelle gesetzt:

```
msdptrb_l = MSDPTR_L (b_l);

msdptrr_l = MSDPTR_L (r_l) + 1;
lsdptrr_l = MSDPTR_L (r_l) - DIGITS_L (b_l) + 1;
*msdptrr_l = 0;

qptr_l = quot_l + DIGITS_L (r_l) - DIGITS_L (b_l) + 1;
```

Es folgt der Eintritt in die Hauptschleife. Der Zeiger `lsdptrr_l` läuft dabei über die Stellen $a_m, a_{m-2},..., a_0$ des Dividenden in `r_l` und der (implizite) Index i über die Werte $i = m + n,..., n$:

```
while (lsdptrr_l >= LSDPTR_L (r_l))
  {
```

Als Vorbereitung zur Bestimmung von $\hat{q}$ werden nun die drei höchstwertigen Stellen des mit dem Skalierungsfaktor d multiplizierten Teils $(a_i a_{i-1}...a_{i-n})_B$ des Dividenden berechnet und in den Variablen `ri`, `ri_1` und `ri_2` gespeichert. Der Fall, in dem der zu betrachtende Teil des Dividenden nur noch drei Stellen hat, wird dabei gesondert behandelt. Im ersten Schleifendurchgang sind dort mindestens drei Stellen vorhanden: Aufgrund der Annahme, dass der Divisor b selbst mindestens zwei Stellen hat, existieren die höchstwertigen Stellen a_{m+n-1} und a_{m+n-2} des Dividenden, und die Stelle a_{m+n} wurde bei der Initialisierung von `r_l` zu Null gesetzt.

```
ri   = (USHORT)((*msdptrr_1 << d) + (*(msdptrr_1 - 1) >>
                                                    sbitsminusd));
ri_1 = (USHORT)((*(msdptrr_1 - 1) << d) + (*(msdptrr_1 - 2) >>
                                                    sbitsminusd));

if (msdptrr_1 - 3 > r_1)    /* Vier Dividendenstellen vorhanden */
  {
    ri_2 = (USHORT)((*(msdptrr_1 - 2) << d) + (*(msdptrr_1 - 3) >>
                                                    sbitsminusd));
  }
else                        /* Nur drei Dividendenstellen vorhanden */
  {
    ri_2 = (USHORT)(*(msdptrr_1 - 2) << d);
  }
```

Nun folgt die Bestimmung von $\hat{q}$, gespeichert in der Variablen qdach. Hierbei werden die Fälle ri ≠ bn (häufig) und ri = bn (selten) unterschieden:

```
if (ri != bn)                                      /* fast immer */
  {
    qdach = (USHORT)((rdach = ((ULONG)ri << BITPERDGT) +
                                          (ULONG)ri_1) / bn);
    right = ((rdach = (rdach - (ULONG)bn * qdach)) <<
                                          BITPERDGT) + ri_2;
```

Falls bn_1 * qdach > right gilt, ist qdach mindestens um 1 und höchstens um 2 zu groß.

```
    if ((left = (ULONG)bn_1 * qdach) > right)
      {
        qdach--;
```

Der Test wird nur wiederholt, falls der aufgrund der Dekrementierung von qdach anzupassende Wert rdach = rdach + bn < BASE ist (andernfalls gilt schon bn_1 * qdach < BASE^2 ≤ rdach * BASE):

```
        if ((rdach + bn) < BASE)
          {
            if ((left - bn_1) > (right + ((ULONG)bn << BITPERDGT)))
              {
                qdach--;
              }
          }
      }
  }
else
```

Im zweiten, seltenen Fall ri = bn wird $\hat{q}$ zunächst auf den Wert BASE − 1 = $2^{16} - 1$ = BASEMINONE gesetzt. In diesem Fall gilt für rdach

4.3 Division mit Rest

> rdach = ri * BASE + ri_1 - qdach * bn = ri_1 + bn.
>
> Falls rdach < BASE ist, wird getestet, ob qdach zu groß ist. Andernfalls gilt schon bn_1 * qdach < BASE² ≤ rdach * BASE. Unter der gleichen Bedingung wie oben wird der Test von qdach wiederholt:

```
{
  qdach = BASEMINONE;
  right = ((ULONG)(rdach = (ULONG)bn + (ULONG)ri_1) <<
                                      BITPERDGT) + ri_2;
  if (rdach < BASE)
    {
      if ((left = (ULONG)bn_1 * qdach) > right)
        {
          qdach--;
          if ((rdach + bn) < BASE)
            {
              if ((left - bn_1) > (right + ((ULONG)bn <<
                                            BITPERDGT)))
                {
                  qdach--;
                }
            }
        }
    }
}
```

Es folgt die Subtraktion des Produktes qdach · b vom Teil $u := (a_i a_{i-1} \ldots a_{i-n})_B$ des Dividenden, der durch die so berechnete Differenz ersetzt wird. Multiplikation und Subtraktion erfolgen pro Stelle in einem Schritt. Dabei sind zwei Dinge zu beachten:

❖ Die Produkte qdach·b_j können zwei Stellen besitzen. Beide Stellen des Produktes werden in der ULONG-Variablen carry zwischengespeichert.

Die höherwertige Stelle von carry wird bei der Subtraktion von der nächst höheren Stelle als Übertrag berücksichtigt.

❖ Für den Fall, dass die Differenz $u - $ qdach·b negativ ist, weil hier qdach noch um 1 zu groß ist, wird vorsorglich der Wert $u' := B^{n+1} + u - $ qdach·b berechnet und das Ergebnis modulo B^{n+1} als das B-Komplement $\overline{u}$ von u aufgefasst. Nach der Subtraktion steht die höchste Stelle u'_{i+1} von u' im höherwertigen Wort der ULONG-Variablen borrow.

Dass qdach hier noch um 1 zu groß ist, wird daran erkannt, dass $u'_{i+1} \neq 0$ ist. In diesem Fall wird das Ergebnis durch die Addition $u \leftarrow u' + b$ modulo B^{n+1} korrigiert. Diese eventuell notwendige Korrektur erfolgt weiter unten:

```
borrow = BASE;
```

```
carry = 0;
for (bptr_l = LSDPTR_L (b_l), rptr_l = lsdptrr_l;
     bptr_l <= msdptrb_l;
     bptr_l++, rptr_l++)
{
   if (borrow >= BASE)
      {
         *rptr_l = (USHORT)(borrow = ((ULONG)*rptr_l + BASE -
                     (ULONG)(USHORT)(carry = (ULONG)*bptr_l *
                        qdach + (ULONG)(USHORT)(carry >> BITPERDGT))));
      }
   else
      {
         *rptr_l = (USHORT)(borrow = ((ULONG)*rptr_l + BASEMINONEL -
                     (ULONG)(USHORT)(carry = (ULONG)*bptr_l * qdach +
                        (ULONG)(USHORT)(carry >> BITPERDGT))));
      }
}
if (borrow >= BASE)
   {
      *rptr_l = (USHORT)(borrow = ((ULONG)*rptr_l + BASE -
                  (ULONG)(USHORT)(carry >> BITPERDGT)));
   }
else
   {
      *rptr_l = (USHORT)(borrow = ((ULONG)*rptr_l + BASEMINONEL -
                  (ULONG)(USHORT)(carry >> BITPERDGT)));
   }
```

> Die Quotientenstelle wird gespeichert, unbenommen einer evtl. noch erforderlichen Korrektur:

```
*qptr_l = qdach;
```

> Wie angekündigt wird jetzt geprüft, ob die Quotientenstelle noch um 1 zu groß ist. Dies ist äußerst selten der Fall (weiter unten werden spezielle Testdaten hierzu angegeben) und wird hier dadurch angezeigt, dass das höherwertige Wort der ULONG-Variablen borrow gleich Null ist, dass also borrow < BASE gilt. Falls dies so ist, wird $u \leftarrow u' + b$ modulo B^{n+1} berechnet (Notation wie oben):

```
if (borrow < BASE)
   {
      carry = 0;
      for (bptr_l = LSDPTR_L (b_l), rptr_l = lsdptrr_l;
           bptr_l <= msdptrb_l;
           bptr_l++, rptr_l++)
         {
            *rptr_l = (USHORT)(carry = ((ULONG)*rptr_l +
                        (ULONG)*bptr_l + (ULONG)*bptr_l +
                        (ULONG)(USHORT)(carry >> BITPERDGT)));
         }
```

4.3 Division mit Rest

```
        *rptr_l += (USHORT)(carry >> BITPERDGT);
        (*qptr_l)--;
      }
```

Weitersetzen der Zeiger auf die Stellen des Restes und des Quotienten und zurück zum Beginn der Hauptschleife:

```
      msdptrr_l--;
      lsdptrr_l--;
      qptr_l--;
    }
```

Die Längen des Restes und des Quotienten werden bestimmt. Die Stellenzahl des Quotienten beträgt maximal 1 mehr als die Stellenzahl des Dividenden minus die des Divisors. Der Rest besitzt maximal die Stellenzahl des Divisors. In beiden Fällen ergibt sich die genaue Länge durch Entfernung führender Nullen:

```
    SETDIGITS_L (quot_l, DIGITS_L (r_l) - DIGITS_L (b_l) + 1);
    RMLDZRS_L (quot_l);

    SETDIGITS_L (r_l, DIGITS_L (b_l));
    cpy_l (rest_l, r_l);

    return E_CLINT_OK;
```

Bei der „Kurzen Division" besitzt der Divisor nur eine Stelle b_0, durch die jeweils zwei Stellen $(ra_i)_B$ dividiert werden, wobei a_i nacheinander alle Stellen des Dividenden durchläuft. r wird mit $r \leftarrow 0$ initialisiert und nimmt die Differenz $r \leftarrow (ra_i)_B - q \cdot b_0$ auf. r wird durch die USHORT-Variable rv repräsentiert. Der Wert von $(ra_i)_B$ wird in der ULONG-Variablen rdach gespeichert:

```
shortdiv:
  rv = 0;
  bv = *LSDPTR_L (b_l);
  for (rptr_l = MSDPTR_L (r_l), qptr_l = quot_l + DIGITS_L (r_l);
       rptr_l >= LSDPTR_L (r_l);
       rptr_l--, qptr_l--)
    {
      *qptr_l = (USHORT)((rdach = ((((ULONG)rv) << BITPERDGT) +
                                    (ULONG)*rptr_l)) / bv);
      rv = (USHORT)(rdach - (ULONG)bv * (ULONG)*qptr_l);
    }
  SETDIGITS_L (quot_l, DIGITS_L (r_l));
  RMLDZRS_L (quot_l);

  u2clint_l (rest_l, rv);

  return E_CLINT_OK;
}
```

Die Laufzeit t der Division entspricht mit $t = O(m \cdot n)$ dem zeitlichen Aufwand für die Multiplikation, wobei m und n die Stellenzahlen des Dividenden bzw. des Divisors zur Basis B sind.

Im Weiteren wird eine Reihe von Varianten der Division mit Rest beschrieben, die sämtlich auf der allgemeinen Divisions-Funktion basieren. Zunächst folgt die gemischte Version der Division eines CLINT-Typs durch einen USHORT-Typ. Hierfür wird noch einmal auf die Routine für kleine Divisoren der Funktion div_l() zurückgegriffen, indem diese nahezu unverändert in eine eigene Funktion verpackt wird. Wir geben daher nur die Schnittstelle der Funktion an:

Funktion:	Division eines CLINT-Typs durch einen USHORT-Typ
Syntax:	int udiv_l (CLINT dv_l, USHORT uds, CLINT q_l, CLINT r_l);
Eingabe:	dv_l (Dividend), uds (Divisor)
Ausgabe:	q_l (Quotient), r_l (Rest)
Rückgabe:	E_CLINT_OK falls alles O. K. E_CLINT_DBZ bei Division durch 0

Es wurde bereits darauf hingewiesen, dass für eine Berechnung der Quotient einer Division oftmals nicht benötigt wird und es nur auf den Divisionsrest ankommt. Rechenzeit in nennenswertem Umfang lässt sich aufgrund dessen zwar nicht einsparen, jedoch ist in diesen Fällen zumindest die Übergabe eines Zeigers auf den Speicher für den Quotienten lästig. Es liegt also nahe, eine eigene Funktion für die Restbildung zu erstellen. Auf den mathematischen Hintergrund zur Verwendung dieser Funktion werden wir in Kapitel 5 noch ausführlich zurückkommen:

Funktion:	Restbildung (Reduktion modulo n)
Syntax:	int mod_l (CLINT d_l, CLINT n_l, CLINT r_l);
Eingabe:	d_l (Dividend), n_l (Divisor bzw. Modulus)
Ausgabe:	r_l (Rest)
Rückgabe:	E_CLINT_OK falls alles O. K. E_CLINT_DBZ bei Division durch 0

Einfacher als der allgemeine Fall ist die Restbildung modulo einer Zweierpotenz 2^k, die sich ebenfalls zur Implementierung als eine eigene Funktion emp-

4.3 Division mit Rest

fiehlt. Der Rest des Dividenden bei einer Division durch 2^k ergibt sich durch das Abschneiden dessen Binärstellen nach dem k-ten Bit, wobei von 0 an gezählt wird. Dieses Abschneiden entspricht einer bitweisen Verknüpfung des Dividenden mit $2^k - 1 = (111111\ldots1)_2$, der Wert mit k-vielen binären Einsen, durch ein logisches UND (vgl. hierzu Abschn. 7.2). Die Operation konzentriert sich also auf diejenige Stelle des Dividenden in seiner Darstellung zur Basis B, die das k-te Bit enthält; alle höherwertigen Dividendenstellen entfallen. Zur Angabe des Divisors wird der folgenden Funktion mod_l () nur der Exponent k übergeben:

Funktion:	Restbildung modulo einer Zweierpotenz (Reduktion modulo 2^k)
Syntax:	int mod2_l (CLINT d_l, ULONG k, CLINT r_l);
Eingabe:	d_l (Dividend), k (Exponent des Divisors bzw. Modulus)
Ausgabe:	r_l (Rest)

```
int
mod2_l (CLINT d_l, ULONG k, CLINT r_l)
{
  int i;
```

Da $2^k > 0$ ist, entfällt die Prüfung auf Division durch 0. Als Erstes wird d_l nach r_l kopiert und es wird getestet, ob k die maximale Binärlänge einer CLINT-Zahl übersteigt; in diesem Fall ist die Funktion bereits beendet.

```
  cpy_l (r_l, d_l);
  if (k > CLINTMAXBIT)
    return E_CLINT_OK;
```

Die Stelle in r_l wird bestimmt, in der sich etwas ändert und als Index in i gespeichert. Übersteigt i die Stellenzahl von r_l, sind wir schon hier fertig.

```
  i = 1 + (k >> LDBITPERDGT);
  if (i > DIGITS_L (r_l))
    return E_CLINT_OK;
```

Nun wird die ermittelte Stelle von r_l (gezählt von 1 an) mit dem Wert $2^k \bmod \text{BITPERDGT} - 1$ ($= 2^k \bmod 16 - 1$ in dieser Implementierung) durch UND verknüpft. Die neue Länge i von r_l wird in r_l[0] gespeichert. Nach der Entfernung eventuell vorhandener führender Nullen ist die Funktion beendet:

```
  r_l[i] &= (1U << (k & (BITPERDGT - 1))) - 1U;
  SETDIGITS_L (r_l, i);
  RMLDZRS_L (r_l);

  return E_CLINT_OK;
}
```

Die gemischte Variante der Restbildung verarbeitet einen USHORT-Typ als Divisor und stellt den Rest wiederum als USHORT-Typ dar, wobei wir hier auch nur die Schnittstelle angeben und für den Code der kurzen Funktion auf die FLINT/C-Quellen verweisen:

Funktion:	Restbildung, Division eines CLINT- durch einen USHORT-Typ
Syntax:	USHORT umod_l (CLINT dv_l, USHORT uds);
Eingabe:	dv_l (Dividend), uds (Divisor)
Rückgabe:	Rest ≥ 0 falls alles O. K.
	0xFFFF bei Division durch 0

Zum Testen der Division sind – wie für alle anderen Funktionen auch – einige Überlegungen erforderlich (vgl. hierzu Kap. 12). Insbesondere ist es jedoch wichtig, dass der Schritt 5 explizit getestet wird, der in zufällig gewählten Testfällen nur mit einer Wahrscheinlichkeit von annähernd $2/B$ ($= 2^{-15}$ für unsere Implementierung) durchlaufen wird (vgl. [KNUT], Abschn. 4.3.1, exercise 21).

Der im Folgenden angegebene Dividend a und der Divisor b mit zugehörigem Quotienten q und dem Rest r bewirken, dass die zu Schritt 5 des Divisionsalgorithmus gehörige Programmsequenz gleich zweimal durchlaufen wird, und können daher als Testdaten besonders für diesen Fall verwendet werden. Weitere Werte mit dieser Eigenschaft beinhaltet das Testprogramm testdiv.c.

Die Darstellung der Testzahlen zeigt deren Stellen in hexadezimaler Schreibweise, in der Wertigkeit von rechts nach links aufsteigend, ohne Längenangaben:

Testwerte für Schritt 5 der Division

a = e3 7d 3a bc 90 4b ab a7 a2 ac 4b 6d 8f 78 2b 2b f8 49 19 d2
91 73 47 69 0d 9e 93 dc dd 2b 91 ce e9 98 3c 56 4c f1 31 22
06 c9 1e 74 d8 0b a4 79 06 4c 8f 42 bd 70 aa aa 68 9f 80 d4
35 af c9 97 ce 85 3b 46 57 03 c8 ed ca

b = 08 0b 09 87 b7 2c 16 67 c3 0c 91 56 a6 67 4c 2e 73 e6 1a 1f
d5 27 d4 e7 8b 3f 15 05 60 3c 56 66 58 45 9b 83 cc fd 58 7b
a9 b5 fc bd c0 ad 09 15 2e 0a c2 65

q = 1c 48 a1 c7 98 54 1a e0 b9 eb 2c 63 27 b1 ff ff f4 fe 5c 0e
27 23

r = ca 23 12 fb b3 f4 c2 3a dd 76 55 e9 4c 34 10 b1 5c 60 64 bd
48 a4 e5 fc c3 3d df 55 3e 7c b8 29 bf 66 fb fd 61 b4 66 7f
5e d6 b3 87 ec 47 c5 27 2c f6 fb

5 Modulare Arithmetik – Rechnen mit Restklassen

> *Multiplicir die Zahl die da kommen ist mit der / damit du dividirt hast / addir darzu ob etwas überblieben ist / so dann dein fürgenommene Zahl wider kompt / so hast du ihm recht gethan.*
>
> ADAM RIES: Rechenbuch, 1574

Zu Beginn des vorangehenden Abschnitts wurde das Prinzip der Division mit Rest vorgestellt. Hieran anknüpfend wird nun erläutert, welche Bedeutung Divisionsreste haben, welche Anwendungsmöglichkeiten sich mit ihnen verbinden und wie man mit ihnen rechnen kann. Um die nachfolgend angegebenen Funktionen und ihre Anwendungen nachzuvollziehen, ist ein wenig Algebra erforderlich.

Wir haben gesehen, dass bei der Division mit Rest einer ganzen Zahl $a \in \mathbb{Z}$ durch eine natürliche Zahl $0 < m \in \mathbb{N}$ die eindeutig bestimmte Darstellung

$$a = q \cdot m + r, \text{ mit } 0 \leq r < m$$

entsteht; dabei heißt r *Rest von a bei Division durch m* oder *Rest von a modulo m* und es gilt die Aussage „m teilt $a - r$ ohne Rest" oder in mathematischer Schreibweise

$$m \mid (a - r) \,.$$

Für diese Teilbarkeitsaussage wurde von Gauß[13] die folgende Schreibweise als Analogon zum Gleichheitszeichen „=" eingeführt:

$$a \equiv r \bmod m \quad (\text{sprich: „}a \text{ ist } \textit{kongruent} \text{ zu } r \text{ modulo } m\text{"}).$$

Die Kongruenz modulo einer natürlichen Zahl m ist eine so genannte *Äquivalenzrelation* über der Menge der ganzen Zahlen. Dies bedeutet, dass die Menge $R := \{(a, b) \mid a \equiv b \bmod m\}$ von ganzzahligen Paaren mit $m \mid (a - b)$ die folgenden Eigenschaften hat, die sich unmittelbar aus der Division mit Rest ergeben:

(i) R ist *reflexiv*: Für alle ganzen Zahlen a ist (a, a) ein Element von R,
 d. h. es gilt $a \equiv a \bmod m$.

(ii) R ist *symmetrisch*: Mit (a, b) aus R ist auch (b, a) aus R,
 d. h. mit $a \equiv b \bmod m$ gilt auch $b \equiv a \bmod m$.

---

[13] Carl Friedrich Gauß, 1777–1855, gilt als einer der größten Mathematiker, die die Welt gesehen hat. Er hat viele bedeutende Entdeckungen in der Mathematik wie in den Naturwissenschaften gemacht, und hat insbesondere in seinem berühmten, im Alter von 24 Jahren publizierten Werk *Disquisitiones Arithmeticae* die moderne Zahlentheorie begründet.

(iii) R ist *transitiv*: Sind (a, b) und (b, c) aus R, so ist auch (a, c) aus R,
d. h. aus $a \equiv b \mod m$ und $b \equiv c \mod m$ folgt $a \equiv c \mod m$.

Durch die Äquivalenzrelation R wird die Menge der ganzen Zahlen in elementfremde Teilmengen, so genannte *Äquivalenzklassen*, zerlegt:
Für einen vorgegebenen Rest r und für eine natürliche Zahl $m > 0$ heißt die Menge

$$\overline{r} := \{a \mid a \equiv r \mod m\} ,$$

oder in anderer Schreibweise $r + m\mathbb{Z}$, die *Restklasse von r modulo m*. Sie beinhaltet alle ganzen Zahlen, die bei der Division durch m den Rest r haben.
Ein Beispiel hierzu: Seien $m = 7$, $r = 5$; die Teilmenge der ganzen Zahlen, die bei der Division durch 7 den Rest 5 haben, ist die Restklasse

$$\overline{5} = 5 + 7 \cdot \mathbb{Z} = \{\ldots, -9, -2, 5, 12, 19, 26, 33, \ldots\} .$$

Zwei Restklassen modulo eines festen Wertes m sind entweder gleich oder disjunkt[14]. Daher können Restklassen eindeutig durch Angabe eines ihrer Elemente identifiziert werden. Die Elemente einer Restklasse heißen deshalb auch *Vertreter* ihrer Restklasse; jedes Element ist sozusagen „alleinvertretungsberechtigt". Der Gleichheitsbegriff für Restklassen ist somit äquivalent zum Kongruenzbegriff für ihre Vertreter. Da bei der Division mit Rest die Reste kleiner sind als der Divisor, kann es zu jedem m nur endlich viele verschiedene Restklassen geben.
Wir kommen nun zum Grund für die ausführliche Darstellung dieses Themas: Restklassen sind Objekte, mit denen man Arithmetik treiben kann, und zwar über ihre Vertreter. Das Rechnen mit Restklassen hat eine große Bedeutung für die Algebra und die Zahlentheorie und damit auch für Anwendungsbereiche wie die Codierungstheorie und die moderne Kryptographie. Wir wollen uns im Folgenden die algebraischen Aspekte des modularen Rechnens verdeutlichen:
Es seien a, b und m ganze Zahlen, $m > 0$. Für Restklassen $\overline{a}$ und $\overline{b}$ modulo m werden folgende Verknüpfungen „+" und „·" festgelegt, die praktischerweise als Addition und Multiplikation (von Restklassen) bezeichnet werden, da sie auf die vertrauten Operationen mit ganzen Zahlen zurückgeführt werden:

$$\overline{a} + \overline{b} := \overline{a+b} \quad \text{(Die Summe der Klassen ist gleich der Klasse der Summe)}$$

$$\overline{a} \cdot \overline{b} := \overline{a \cdot b} \quad \text{(Das Produkt der Klassen ist gleich der Klasse des Produktes).}$$

Beide Verknüpfungen sind wohldefiniert, da sie in jedem Fall wieder Restklassen modulo m ergeben. Die Menge $\mathbb{Z}_m := \{\overline{r} \mid r \text{ ist Rest modulo } m\}$ der Restklassen modulo m bildet mit diesen Verknüpfungen einen *endlichen kommutativen Ring*

---

[14] Zwei Mengen werden als *disjunkt* bezeichnet, wenn sie keine gemeinsamen Elemente haben.

5 Modulare Arithmetik – Rechnen mit Restklassen

$(\mathbb{Z}_m, +, \cdot)$ mit Einselement, was im Einzelnen die Gültigkeit der folgenden Axiome bedeutet:

(i) *Abgeschlossenheit bzgl. der Addition*:
Die Summe zweier Elemente aus $\mathbb{Z}_m$ liegt in $\mathbb{Z}_m$.

(ii) *Assoziativität der Addition*:
Für $\bar{a}, \bar{b}, \bar{c}$ aus $\mathbb{Z}_m$ gilt $\bar{a} + (\bar{b} + \bar{c}) = (\bar{a} + \bar{b}) + \bar{c}$.

(iii) *Existenz des neutralen Elements bzgl. der Addition*:
Für $\bar{a}$ aus $\mathbb{Z}_m$ gilt $\bar{a} + \bar{0} = \bar{a}$.

(iv) *Existenz des inversen Elements bzgl. der Addition*:
Für ein Element $\bar{a}$ aus $\mathbb{Z}_m$ existiert ein eindeutig bestimmtes Element $\bar{b}$ aus $\mathbb{Z}_m$, so dass gilt $\bar{a} + \bar{b} = \bar{0}$.

(v) *Kommutativität der Addition*:
Für $\bar{a}, \bar{b}$ aus $\mathbb{Z}_m$ gilt $\bar{a} + \bar{b} = \bar{b} + \bar{a}$.

(vi) *Abgeschlossenheit der Multiplikation*:
Das Produkt zweier Elemente aus $\mathbb{Z}_m$ liegt in $\mathbb{Z}_m$.

(vii) *Assoziativität der Multiplikation*:
Für $\bar{a}, \bar{b}, \bar{c}$ aus $\mathbb{Z}_m$ gilt $\bar{a} \cdot (\bar{b} \cdot \bar{c}) = (\bar{a} \cdot \bar{b}) \cdot \bar{c}$.

(viii) *Existenz des neutralen Elements bzgl. der Multiplikation*:
Für $\bar{a}$ aus $\mathbb{Z}_m$ gilt $\bar{a} \cdot \bar{1} = \bar{a}$.

(ix) *Kommutativität der Multiplikation*:
Für $\bar{a}, \bar{b}$ aus $\mathbb{Z}_m$ gilt $\bar{a} \cdot \bar{b} = \bar{b} \cdot \bar{a}$.

(x) In $(\mathbb{Z}_m, +, \cdot)$ gilt das *Distributivgesetz*
$\bar{a} \cdot (\bar{b} + \bar{c}) = \bar{a} \cdot \bar{b} + \bar{a} \cdot \bar{c}$.

Mit den Eigenschaften (i) bis (v) ist $(\mathbb{Z}_m, +)$ auch eine *abelsche Gruppe*, wobei der Zusatz *abelsch* auf die Gültigkeit des Kommutativgesetzes (v) hinweist. Aus (iv) lässt sich die Subtraktion in $\mathbb{Z}_m$ wie üblich als Addition des inversen Elementes erklären: Ist $\bar{c}$ das Inverse von $\bar{b}$ bezüglich der Addition, gilt also $\bar{b} + \bar{c} = \bar{0}$, so definiert man für ein beliebiges $\bar{a} \in \mathbb{Z}_m$

$$\bar{a} - \bar{b} := \bar{a} + \bar{c}.$$

In $(\mathbb{Z}_m, \cdot)$ gelten die Gruppengesetze (vi), (vii), (viii) und (ix) in analoger Weise für die Multiplikation, das neutrale Element ist die $\bar{1}$. Allerdings existiert in $\mathbb{Z}_m$ nicht unbedingt zu jedem Element ein multiplikatives Inverses, daher ist $(\mathbb{Z}_m, \cdot)$ im Allgemeinen keine Gruppe, sondern lediglich eine kommutative *Halbgruppe*[15] mit Einselement. Erst wenn wir alle Elemente aus $\mathbb{Z}_m$ entfernen, die mit m gemeinsame Teiler haben, erhalten wir eine Struktur, die dann auch bezüglich der Multiplikation eine endliche abelsche Gruppe bildet (vgl. Abschn. 10.2). Diese Struktur, in der insbesondere die $\bar{0}$ nicht enthalten ist, wird als reduziertes Restsystem bezeichnet und als $(\mathbb{Z}_m^\times, \cdot)$ notiert.

Die Bedeutung einer algebraischen Struktur wie $(\mathbb{Z}_m, +, \cdot)$ hinsichtlich der hiermit erzielbaren Ergebnisse lässt sich anhand anderer bekannter Beispiele für kommutative Ringe veranschaulichen: Die Mengen der ganzen Zahlen $\mathbb{Z}$, der rationalen Zahlen $\mathbb{Q}$ und der reellen Zahlen $\mathbb{R}$ sind kommutative Ringe mit 1 (die reellen Zahlen bilden sogar einen Körper, was noch mehr an interner Ordnung bedeutet), mit dem Unterschied, dass diese nicht endlich sind. Die oben aufgeführten Rechengesetze sind uns denn auch wohl bekannt, da sie tagtäglich stillschweigend verwendet werden. Auf die Rechengesetze kommen wir übrigens in Kapitel 12 noch einmal zurück. Dort sind sie uns treue Verbündete, wenn es ums Testen der arithmetischen Funktionen geht. Hierzu haben wir in diesem Kapitel wichtige Voraussetzungen zusammengetragen.

Für das Rechnen mit Restklassen halten wir uns also vollständig an deren Vertreter. Wir wählen für jede Restklasse modulo m genau einen Repräsentanten aus und erhalten damit ein so genanntes *vollständiges Restsystem*, in dem alle modulo m ausführbaren Berechnungen ausgeführt werden können. Das kleinste nichtnegative vollständige Restsystem modulo m ist die Menge $R_m := \{0, 1, \ldots, m-1\}$. Die Menge derjenigen Zahlen r mit $-\frac{1}{2}m < r \leq \frac{1}{2}m$ wird als *absolut kleinstes vollständiges Restsystem modulo m* bezeichnet.

Als ein Beispiel hierzu betrachten wir $\mathbb{Z}_{26} = \{\bar{0}, \bar{1}, \ldots, \overline{25}\}$. Das kleinste nichtnegative Restsystem modulo 26 ist $R_{26} = \{0, 1, \ldots, 25\}$, das absolut kleinste Restsystem modulo 26 ist die Menge $\{-12, -11, \ldots, 0, 1, \ldots, 13\}$. Der Zusammenhang zwischen der Arithmetik mit Restklassen und der „modularen Arithmetik mit Restsystemen" wird durch die folgenden Aussagen verdeutlicht:

$\overline{18} + \overline{24} = \overline{18 + 24} = \overline{16}$ ist gleich bedeutend mit $18 + 24 \equiv 42 \equiv 16 \bmod 26$

und

$\overline{9} - \overline{15} = \overline{9 + 11} = \overline{20}$ ist gleich bedeutend mit $9 - 15 \equiv 9 + 11 \equiv 20 \bmod 26$.

---

[15] Eine Halbgruppe (H,∗) ist bereits dann gegeben, wenn für eine auf einer Menge H wohldefinierten Verknüpfung ∗ das Assoziativgesetz gilt.

5 Modulare Arithmetik – Rechnen mit Restklassen

Die Identifikation des Alphabetes mit dem Restklassenring $\mathbb{Z}_{26}$ oder des ASCII-Zeichensatzes mit $\mathbb{Z}_{256}$ erlaubt es, mit Zeichen zu rechnen. Ein einfaches Verschlüsselungssystem, das zu jedem Buchstaben eines Textes eine Konstante aus $\mathbb{Z}_{26}$ addiert, wird Julius Caesar zugeschrieben, der die Konstante $\overline{3}$ bevorzugt haben soll; alle Buchstaben des Alphabetes werden so um drei Positionen nach rechts verschoben, X wird auf A, Y auf B und Z auf C abgebildet[16].

Das Rechnen in Restklassenringen lässt sich auch durch so genannte *Verknüpfungstabellen* verdeutlichen, im Folgenden dargestellt für „+" und „·" in $\mathbb{Z}_5$:

+	0	1	2	3	4
0	0	1	2	3	4
1	1	2	3	4	0
2	2	3	4	0	1
3	3	4	0	1	2
4	4	0	1	2	3

·	1	2	3	4
1	1	2	3	4
2	2	4	1	3
3	3	1	4	2
4	4	3	2	1

Tab. 2 und 3: Verknüpfungstabellen für die Arithmetik modulo 5

Die Tatsache, dass Restklassenringe endlich sind, liefert gegenüber nicht endlichen Strukturen (etwa dem Ring $\mathbb{Z}$ der ganzen Zahlen) den schönen Vorteil, dass die Ergebnisse arithmetischer Ausdrücke in ihrer Darstellung innerhalb eines Computerprogramms nicht überlaufen, wenn durch Restbildung ein geeigneter Vertreter gewählt wird. Diese Operation, wie sie beispielsweise durch die Funktion mod_l() durchgeführt wird, bezeichnet man als *Reduktion* (modulo m). Wir können daher mit der statisch begrenzten Zahldarstellung und den Funktionen des FLINT/C-Pakets nach Herzenslust in einem vollständigen Restsystem modulo m herumrechnen, solange $m \leq N_{max}$ gilt. Wir wählen stets die positiven Vertreter und stützen uns auf nichtnegative Restsysteme. Aufgrund dieser Eigenschaften von Restklassen kommt das FLINT/C-Paket bis auf wenige Situationen, auf die jeweils gesondert eingegangen wird, mit der CLINT-Darstellung für große natürliche Zahlen aus.

So viel zur Theorie der Arithmetik mit Restklassen, nun werden die Funktionen für die modulare Arithmetik entwickelt. Wir erinnern uns zunächst an die Funktionen mod_l() und mod2_l() aus Abschnitt 4.3, die den Rest einer Reduktion modulo m bzw. modulo 2^k liefern, und behandeln nun nacheinander die modulare Addition und Subtraktion, sowie die modulare Multiplikation und Quadrierung. Aufgrund ihrer besonderen Komplexität ist der modularen Potenzierung ein eige-

---

[16] Vgl. AULUS GELLIUS, XII, 9 und SUETON, Caes. LVI.

nes Kapitel gewidmet. Die Schreibweise $\bar{a}$ für eine Restklasse werden wir übrigens im Weiteren vernachlässigen, indem wir den Querstrich weglassen und nur noch den Vertreter a der Restklasse angeben, wenn dadurch keine Missverständnisse entstehen.

Der Ablauf der modularen arithmetischen Funktionen besteht im Wesentlichen darin, dass die entsprechende nichtmodulare Funktion auf den Operanden ausgeführt wird und danach eine Reduktion mittels Division mit Rest durchgeführt wird. Allerdings ist anzumerken, dass dabei Zwischenergebnisse mit bis zu $2 \cdot MAX_B$ vielen Stellen entstehen können, die aufgrund ihrer Größe oder – im Falle der Subtraktion – wegen eines negativen Vorzeichens nicht in einem CLINT-Objekt darstellbar sind; diese Fälle haben wir bereits vorher als Überlauf bzw. Unterlauf bezeichnet. Die arithmetischen Grundfunktionen besitzen Mechanismen zur Behandlung von Überlauf- bzw. Unterlauf-Situationen, die diese Zwischenergebnisse modulo $(N_{max}+1)$ reduzieren (vgl. Kap. 3 und 4). Diese würden auch dann wirksam, wenn das Ergebnis der vollständigen *modularen* Operation aufgrund der durchzuführenden Reduzierung modulo m durch einen CLINT-Typ darstellbar wäre. Um in diesen Fällen zu korrekten Ergebnissen zu gelangen, werden, wie bereits in Kapitel 4 angekündigt, aus den bereits bekannten Funktionen für die Grundrechenarten so bezeichnete *Kernfunktionen*

```
void add (CLINT, CLINT, CLINT);

void sub (CLINT, CLINT, CLINT);

void mult (CLINT, CLINT, CLINT);

void umul (CLINT, USHORT, CLINT);

void sqr (CLINT, CLINT);
```

zur Addition, Subtraktion, Multiplikation und Quadrierung herausgezogen. Die Kernfunktionen beinhalten die dorthin ausgelagerten arithmetischen Operationen der oben bereits vorgestellten Funktionen add_l(), sub_l(), mul_l() und sqr_l(). In diesen Funktionen verbleiben lediglich die Abläufe zur Beseitigung führender Nullen, zur Unterstützung des Akkumulatorbetriebs und die Behandlung eventueller Überlauf- bzw. Unterlauf-Situationen, während für die eigentlichen arithmetischen Operationen die Kernfunktionen aufgerufen werden. Syntax und Semantik der bereits bekannten Funktionen werden hierdurch nicht verändert, die Funktionen können weiterhin wie beschrieben verwendet werden.

Am Beispiel der Multiplikation mul_l() führt dieser Ansatz zu folgender Funktion (vgl. hierzu die Implementierung der Funktion mul_l() auf Seite 30):

5 Modulare Arithmetik – Rechnen mit Restklassen

Funktion:	Multiplikation
Syntax:	int mul_l (CLINT f1_l, CLINT f2_l, CLINT pp_l);
Eingabe:	f1_l, f2_l (Faktoren)
Ausgabe:	pp_l (Produkt)
Rückgabe:	E_CLINT_OK falls alles O. K. E_CLINT_OFL bei Überlauf

```
int
mul_l (CLINT f1_l, CLINT f2_l, CLINT pp_l)
{
  CLINT aa_l, bb_l;
  CLINTD p_l;
  int OFL = 0;
```

Entfernung führender Nullen und Unterstützung des Akkumulatorbetriebes:

```
  cpy_l (aa_l, f1_l);
  cpy_l (bb_l, f2_l);
```

Aufruf der Kernfunktion für die Multiplikation:

```
  mult (a_l, b_l, p_l);
```

Feststellung und Behandlung von Überlauf:

```
  if (DIGITS_L (p_l) > (USHORT)CLINTMAXDIGIT)      /* Überlauf ? */
    {
      ANDMAX_L (p_l);                  /* Reduziere modulo (Nmax + 1) */
      OFL = E_CLINT_OFL;
    }
  cpy_l (pp_l, p_l);
  return OFL;
}
```

Für die übrigen Funktionen add_l(), sub_l() und sqr_l() sind die Veränderungen ähnlich. Die arithmetischen Kernfunktionen selbst enthalten keine neuen Bestandteile und brauchen daher hier nicht mehr gesondert dargestellt zu werden, für die Details sei auf die Implementierungen in flint.c verwiesen.

Die Kernfunktionen lassen einen Überlauf zu und führen keine Reduzierung modulo (N_{max}+1) durch. Sie sind für die interne Verwendung durch die FLINT/C-Funktionen vorgesehen und daher als static deklariert. Bei ihrer Benutzung muss allerdings beachtet werden, dass sie nicht für den Umgang mit führenden Nullen ausgestattet sind und dass sie nicht im Akkumulatorbetrieb (vgl. Kap. 3) eingesetzt werden können. Die Verwendung von sub() setzt voraus, dass die Differenz positiv ist, andernfalls ist das Ergebnis nicht definiert; eine diesbezügliche Kontrolle durch `sub()` erfolgt nicht. Schließlich müssen die aufrufenden Funktionen genügend Speicherplatz für die Ausgabe überlanger Zwischenergebnisse zur Verfügung stellen. Insbesondere verlangt `sub()`, dass die Ergebnisvariable mindestens so viel Speicher zur Verfügung stellt, wie die Darstellung des Minuenden erfordert. Wir sind nun gerüstet, um die Funktionen `madd_l()`, `msub_l()`, `mmul_l()` und `msqr_l()` der modularen Arithmetik zu entwickeln:

Funktion: Modulare Addition

Syntax: int madd_l (CLINT aa_l, CLINT bb_l, CLINT c_l, CLINT m_l);

Eingabe: aa_l, bb_l (Summanden), m_l (Modulus)

Ausgabe: c_l (Rest)

Rückgabe: E_CLINT_OK falls alles O. K.
E_CLINT_DBZ bei Division durch 0

```
int
madd_l (CLINT aa_l, CLINT bb_l, CLINT c_l, CLINT m_l)
{
  CLINT a_l, b_l;
  clint tmp_l[CLINTMAXSHORT + 1];

  if (EQZ_L (m_l))
    {
      return E_CLINT_DBZ;
    }

  cpy_l (a_l, aa_l);
  cpy_l (b_l, bb_l);

  if (GE_L (a_l, m_l) || GE_L (b_l, m_l))
    {
      add (a_l, b_l, tmp_l);
      mod_l (tmp_l, m_l, c_l);
    }
  else
```

Falls a_l und b_l beide unterhalb von m_l liegen, haben wir eine Division gespart:

```
    {
      add (a_l, b_l, tmp_l);

      if (GE_L (tmp_l, m_l))
        {
          sub_l (tmp_l, m_l, tmp_l);       /* Unterlauf ausgeschlossen */
        }
```

5 Modulare Arithmetik – Rechnen mit Restklassen

> Beim vorangegangenen Aufruf von sub_l() ist Vorsicht angebracht: Wie füttern sub_l() mit dem Argument tmp_l, das hier als Summe von a_l und b_l möglicherweise um eine Stelle größer ist, als die Konstante MAX_B erlaubt. Innerhalb der Funktion sub_l() kann hierdurch nichts passieren, solange wir Speicherplatz für eine zusätzliche Stelle auf der Ergebnisseite bereitstellen. Daher lassen wir das Ergebnis in tmp_l speichern und nicht unmittelbar in c_l, wie man meinen könnte. Am Ende von sub_l() hat tmp_l aufgrund der Vorbedingungen höchstens MAX_B-viele Stellen:

```
     cpy_l (c_l, tmp_l);
   }
  return E_CLINT_OK;
}
```

Die modulare Subtraktion msub_l() verwendet nur die positiven Zwischenergebnisse der Funktionen add_l(), sub_l() und mod_l(), um innerhalb eines positiven Restsystems zu bleiben:

Funktion:	Modulare Subtraktion
Syntax:	int msub_l (CLINT aa_l, CLINT bb_l, CLINT c_l, CLINT m_l);
Eingabe:	aa_l (Minuend), bb_l (Subtrahend), m_l (Modulus)
Ausgabe:	c_l (Rest)
Rückgabe:	E_CLINT_OK falls alles O. K.
	E_CLINT_DBZ bei Division durch 0

```
int
msub_l (CLINT aa_l, CLINT bb_l, CLINT c_l, CLINT m_l)
{
  CLINT a_l, b_l, tmp_l;

  if (EQZ_L (m_l))
    {
      return E_CLINT_DBZ;
    }
  cpy_l (a_l, aa_l);
  cpy_l (b_l, bb_l);
```

> Wir unterscheiden die Fälle a_l ≥ b_l und a_l < b_l. Der erste Fall ist eine Standardsituation; im zweiten Fall berechnen wir (b_l - a_l), reduzieren modulo m_l und subtrahieren einen positiven Rest von m_l:

```
      if (GE_L (a_l, b_l))                           /* a_l - b_l ≥ 0 */
        {
          sub (a_l, b_l, tmp_l);
          mod_l (tmp_l, m_l, c_l);
        }
      else                                            /* a_l - b_l < 0 */
        {
          sub (b_l, a_l, tmp_l);
          mod_l (tmp_l, m_l, tmp_l);
          if (GTZ_L (tmp_l))
            {
              sub (m_l, tmp_l, c_l);
            }
          else
            {
              SETZERO_L (c_l);
            }
        }
      return E_CLINT_OK;
}
```

Nun folgen die Funktionen mmul_l() und msqr_l() zur modularen Multiplikation und Quadrierung, von denen wir hier nur die Multiplikation darstellen:

Funktion:	Modulare Multiplikation
Syntax:	int mmul_l (CLINT aa_l, CLINT bb_l, CLINT c_l, CLINT m_l);
Eingabe:	aa_l, bb_l (Faktoren), m_l (Modulus)
Ausgabe:	c_l (Rest)
Rückgabe:	E_CLINT_OK falls alles O. K. E_CLINT_DBZ bei Division durch 0

```
int
mmul_l (CLINT aa_l, CLINT bb_l, CLINT c_l, CLINT m_l)
{
  CLINT a_l, b_l;
  CLINTD tmp_l;

  if (EQZ_L (m_l))
    {
      return E_CLINT_DBZ;
    }
  cpy_l (a_l, aa_l);
  cpy_l (b_l, bb_l);
  mult (a_l, b_l, tmp_l);
  mod_l (tmp_l, m_l, c_l);
  return E_CLINT_OK;
}
```

Die Funktionen für die modulare Multiplikation und Quadrierung sind sich so ähnlich, dass für die modulare Quadrierung nur die Schnittstelle der Funktion angegeben wird:

Funktion:	Modulare Quadrierung
Syntax:	int msqr_l (CLINT aa_l, CLINT c_l, CLINT m_l);
Eingabe:	aa_l (Faktor), m_l (Modulus)
Ausgabe:	c_l (Rest)
Rückgabe:	E_CLINT_OK falls alles O. K.
	E_CLINT_DBZ bei Division durch 0

Zu jeder dieser Funktionen (natürlich mit Ausnahme der Quadrierung) existiert die zugehörige gemischte Funktion, die als zweites Argument einen USHORT-Typ verarbeitet. Als Beispiel wird im Folgenden die Funktion umadd_l() dargestellt. Die Funktionen umsub_l() und ummul_l() arbeiten nach genau dem gleichen Strickmuster, auf deren detaillierte Beschreibung wird daher verzichtet:

Funktion:	Modulare Addition eines CLINT- und eines USHORT-Typs
Syntax:	int umadd_l (CLINT a_l, USHORT b, CLINT c_l, CLINT m_l);
Eingabe:	a_l, b (Summanden), m_l (Modulus)
Ausgabe:	c_l (Rest)
Rückgabe:	E_CLINT_OK falls alles O. K.
	E_CLINT_DBZ bei Division durch 0

```
int
umadd_l (CLINT a_l, USHORT b, CLINT c_l, CLINT m_l)
{
  int err;
  CLINT tmp_l;

  u2clint_l (tmp_l, b);
  err = madd_l (a_l, tmp_l, c_l, m_l);
  return err;
}
```

Die Reihe der gemischten Funktionen mit einem USHORT-Argument wird im folgenden Kapitel um weitere zwei Funktionen zur Potenzierung ergänzt.

Zum Abschluss des Kapitels wollen wir mit Hilfe der modularen Subtraktion noch eine weitere nützliche Hilfsfunktion bilden, die feststellt, ob zwei CLINT-

Werte als Vertreter einer Restklasse modulo m gleich sind. Die folgende Funktion `mequ_l()` leistet dies, indem sie die Definition der Kongruenzenbeziehung

$$a \equiv b \bmod m :\Leftrightarrow m|(a - b)$$

verwendet. Um festzustellen, ob zwei CLINT-Objekte `a_l` und `b_l` modulo `m_l` gleich sind, müssen wir nichts weiter tun, als `msub_l(a_l, b_l, r_l, m_l)` anzuwenden und zu prüfen, ob der Rest `r_l` dieser Operation gleich Null ist:

Funktion:	Test auf Gleichheit modulo m
Syntax:	int mequ_l (CLINT a_l, CLINT b_l, CLINT m_l);
Eingabe:	a_l, b_l (Operanden), m_l (Modulus)
Rückgabe:	1 falls (a_l == b_l) modulo m_l 0 sonst

```
int
mequ_l (CLINT a_l, CLINT b_l, CLINT m_l)
{
  CLINT r_l;

  if (EQZ_L (m_l))
    {
      return E_CLINT_DBZ;
    }

  msub_l (a_l, b_l, r_l, m_l);
  return ((0 == DIGITS_L (r_l))?1:0);
}
```

6 Wo alles zusammenkommt: Modulare Potenzierung

> *'Welchen Weg?' fragte die Krähe. 'Es gibt hundert und tausend Wege.'*
>
> JANOSCH: Oh, wie schön ist Panama

Zusätzlich zu den Rechenregeln für Addition, Subtraktion und Multiplikation lässt sich für Restklassenringe das Potenzieren als Verknüpfung definieren, wobei der Exponent angibt, wie oft die Basis mit sich selbst multipliziert wird. Das Potenzieren wird wie üblich rekursiv auf die Multiplikation zurückgeführt:

$$\text{Für } a \text{ aus } \mathbb{Z}_m \text{ gilt } a^0 := \overline{1},\ a^{e+1} := a \cdot a^e$$

Es ist leicht einzusehen, dass für das Potenzieren in $\mathbb{Z}_m$ die bekannten Rechenregeln gelten (vgl. Kap. 1):

$$a^e \cdot a^f = a^{e+f},\ a^e \cdot b^e = (a \cdot b)^e,\ (a^e)^f = a^{ef}.$$

6.1 Erste Ansätze

Der einfachste Ansatz für die Potenzierung besteht darin, der oben rekursiv definierten Rechenregel zu folgen und die Basis a e-mal mit sich selbst zu multiplizieren. Dies erfordert $e - 1$ modulare Multiplikationen und ist für unsere Zwecke viel zu aufwendig.

Eine effizientere Vorgehensweise lässt sich an folgenden Beispielen zeigen, bei denen die Binärdarstellung des Exponenten berücksichtigt wird:

$$a^{15} = a^{2^3 + 2^2 + 2 + 1} = ((a^2) \cdot a)^2 \cdot a)^2 \cdot a$$

$$a^{16} = a^{2^4} = (((a^2)^2)^2)^2$$

Die Potenzierung mit 15 erfordert hier nur sechs Multiplikationen gegenüber vierzehn nach der erstgenannten Methode; die Hälfte davon sind Quadrierungen, von denen wir wissen, dass sie nur etwas mehr als die Hälfte des Rechenaufwandes regulärer Multiplikationen benötigen. Die Potenzierung mit 16 kommt sogar mit nur vier Quadrierungen aus.

Algorithmen für die Potenzbildung $a^e \bmod m$, die mit der Binärdarstellung des Exponenten rechnen, sind im Allgemeinen erheblich günstiger als die erstgenannte Vorgehensweise, wie wir im Folgenden sehen werden. Zunächst ist jedoch festzustellen, dass die Zwischenergebnisse von mehrfach hintereinander ausgeführten ganzzahlige Multiplikationen schnell Stellenzahlen erreichen, die eine Darstellung in den Speichern aller Computer dieser Welt unmöglich machen, denn aus

$$p = a^b$$

folgt

$$\log p = b \cdot \log a \; ,$$

die Stellenzahl der Potenz ist also das Produkt des Exponenten und der Stellenzahl der Basis. Findet die Berechnung von a^e dagegen in einem Restklassenring $\mathbb{Z}_m$ statt, also mittels *modularer* Multiplikationen, haben wir dieses Problem nicht. In der Tat erfordern die meisten Anwendungen eine Potenzierung modulo m, so dass wir uns im Weiteren auf diesen Fall konzentrieren.

Ist $e = (e_{n-1}e_{n-2}\ldots e_0)_2$ mit $e_{n-1} > 0$ die binäre Darstellung des Exponenten e, so benötigt der folgende *binäre Algorithmus* $\lfloor \log_2(e) \rfloor = n$ modulare Quadrierungen und $(\delta(e) - 1)$-viele modulare Multiplikationen, wobei $\delta(e) := \sum_{i=0}^{n-1} e_i$ die Anzahl der Einsen in der Binärdarstellung von e angibt. Nimmt man an, dass jede Stelle mit der gleichen Wahrscheinlichkeit den Wert 0 oder 1 annimmt, so ergibt sich für $\delta(e)$ der Erwartungswert $\delta(e) = \frac{n}{2}$ und insgesamt die Anzahl von $\frac{2}{3} \cdot \lfloor \log_2(e) \rfloor$ Multiplikationen für den Algorithmus:

Binärer Algorithmus zur Potenzierung $a^e \bmod m$:

1. Setze $p \leftarrow a^{e_{n-1}}$ und $i \leftarrow n - 2$.
2. Setze $p \leftarrow p^2 \bmod m$.
3. Falls $e_i = 1$ setze $p \leftarrow p \cdot a \bmod m$.
4. Setze $i \leftarrow i - 1$; falls $i \geq 0$ gehe zu 2.
5. Ausgabe von p.

Die folgende Implementierung dieses Algorithmus leistet bereits gute Dienste für kleine Exponenten, die noch als USHORT-Typ darstellbar sind:

6.1 Erste Ansätze

Funktion:	Gemischte modulare Potenzierung mit USHORT-Exponent
Syntax:	int umexp_l (CLINT bas_l, USHORT e, CLINT p_l, CLINT m_l);
Eingabe:	bas_l (Basis), e (Exponent), m_l (Modulus)
Ausgabe:	p_l (Potenzrest)
Rückgabe:	E_CLINT_OK falls alles O. K.
	E_CLINT_DBZ bei Division durch 0

```
int
umexp_l (CLINT bas_l, USHORT e, CLINT p_l, CLINT m_l)
{
  CLINT tmp_l, tmpbas_l;
  USHORT k = BASEDIV2;
  int err = E_CLINT_OK;

  if (EQZ_L (m_l))
    {
      return E_CLINT_DBZ;                  /* Division durch Null */
    }
  if (EQONE_L (m_l))
    {
      SETZERO_L (p_l);                     /* Modulus = 1 ==> Rest = 0 */
      return E_CLINT_OK;
    }
  if (e == 0)                              /* Exponent = 0 ==> Rest = 1 */
    {
      SETONE_L (p_l);
      return E_CLINT_OK;
    }
  if (EQZ_L (bas_l))
    {
      SETZERO_L (p_l);
      return E_CLINT_OK;
    }
  mod_l (bas_l, m_l, tmp_l);
  cpy_l (tmpbas_l, tmp_l);
```

Nach den diversen Kontrollen wird die Position der führenden 1 des Exponenten e ermittelt. Dabei wird die Variable k zur Maskierung der einzelnen Binärstellen von e verwendet. Danach wird k noch um eine Stelle weiter nach rechts geschoben; dies entspricht der Setzung von $i \leftarrow n - 2$ in Schritt 1 des Algorithmus:

```
  while ((e & k) == 0)
    {
      k >>= 1;
    }
  k >>= 1;
```

> Für die verbleibenden Stellen von e werden die Schritte 2 und 3 durchlaufen. Als Schleifenzähler dient die Maske k, die wir jeweils um eine Stelle nach rechts schieben. Wir multiplizieren mit der mod m_l reduzierten Basis:

```
   while (k != 0)
      {
         msqr_l (tmp_l, tmp_l, m_l);
         if (e & k)
            {
               mmul_l (tmp_l, tmpbas_l, tmp_l, m_l);
            }
         k >>= 1;
      }
   cpy_l (p_l, tmp_l);
   return err;
}
```

Der binäre Algorithmus zur Potenzierung bietet insbesondere Vorteile bei seiner Verwendung mit kleinen Basen. Ist die Basis vom Typ USHORT, so sind alle anfallenden Multiplikationen $p \leftarrow p \cdot a \mod m$ in Schritt 3 des binären Algorithmus von der Art CLINT * USHORT mod CLINT, wodurch ein deutlicher Geschwindigkeitsvorteil gegenüber anderen Algorithmen erzielbar ist, die auch in diesem Fall Multiplikationen zweier CLINT-Typen erfordern würden. Die Quadrierungen beziehen sich zwar auch hier auf CLINT-Objekte, aber wir verfügen ja über die günstige Quadrierungsfunktion.

Wir realisieren also im Folgenden die zu umexp_l() duale Potenzierungsfunktion wmexp_l(), die eine Basis vom Typ USHORT akzeptiert. Das Ausmaskieren der Bits des Exponenten ist eine gute Vorübung im Hinblick auf die nachfolgenden „großen" Funktionen zur Potenzierung. Die Vorgehensweise besteht im Wesentlichen darin, nacheinander jede Exponentenstelle e_i gegen einen im höchstwertigen Bit zu 1 initialisierte Variable b zu testen, b dann nach rechts zu schieben und den Test zu wiederholen, solange bis b gleich 0 ist.

Die folgende Funktion wmexp_l() bietet für kleine Basen und Exponenten beispielsweise der Länge von 1000 Bit einen Geschwindigkeitsvorteil von ca. 10% gegenüber den universellen Verfahren, die wir danach angehen werden:

Funktion:	Modulare Potenzierung einer USHORT-Basis
Syntax:	int wmexp_l (USHORT bas, CLINT e_l, CLINT rest_l, CLINT m_l);
Eingabe:	bas (Basis), e_l (Exponent), m_l (Modulus)
Ausgabe:	rest_l (Rest von bas$^{e\_l}$ mod m_l)
Rückgabe:	E_CLINT_OK falls alles O. K. E_CLINT_DBZ bei Division durch 0

6.1 Erste Ansätze

```
int
wmexp_l (USHORT bas, CLINT e_l, CLINT rest_l, CLINT m_l)
{
  CLINT p_l, z_l;
  USHORT k, b, w;

  if (EQZ_L (m_l))
    {
      return E_CLINT_DBZ;                   /* Division durch Null */
    }

  if (EQONE_L (m_l))
    {
      SETZERO_L (rest_l);                   /* Modulus = 1 ==> Rest = 0 */
      return E_CLINT_OK;
    }

  if (EQZ_L (e_l))
    {
      SETONE_L (rest_l);
      return E_CLINT_OK;
    }

  if (0 == bas)
    {
      SETZERO_L (rest_l);
      return E_CLINT_OK;
    }

  SETONE_L (p_l);
  cpy_l (z_l, e_l);
```

Beginnend mit dem höchstwertigen Bit $\neq 0$ im höchstwertigen Wort des Exponenten z_l werden die Bits des Exponenten abgearbeitet, wobei stets zuerst eine Quadrierung und danach gegebenenfalls eine Multiplikation erfolgt. Die Bits des Exponenten werden im Ausdruck if ((w & b) > 0) durch Ausmaskieren mittels einer bitweisen UND-Verknüpfung auf ihren Wert getestet. Die Variable b wird dazu als Maske verwendet:

```
b = 1 << ((ld_l (z_l) - 1) & (BITPERDGT - 1UL));
w = z_l[DIGITS_L (z_l)];
for (; b > 0; b >>= 1)
  {
    msqr_l (p_l, p_l, m_l);
    if ((w & b) > 0)
      {
        ummul_l (p_l, bas, p_l, m_l);
      }
  }
```

Nun werden die restlichen Stellen des Exponenten abgearbeitet:

```
    for (k = DIGITS_L (z_l) - 1; k > 0; k--)
      {
        w = z_l[k];
        for (b = BASEDIV2; b > 0; b >>= 1)
          {
            msqr_l (p_l, p_l, m_l);
            if ((w & b) > 0)
              {
                ummul_l (p_l, bas, p_l, m_l);
              }
          }
      }
    cpy_l (rest_l, p_l);

    return E_CLINT_OK;
}
```

6.2 *M*-äre Potenzierung

Durch eine Verallgemeinerung des binären Algorithmus auf Seite 70 lässt sich die Anzahl modularer Multiplikationen für die Potenzierung noch weiter drücken. Die Idee dabei ist, den Exponenten zu einer größeren Basis als 2 darzustellen und die Multiplikation mit a in Schritt 3 durch die Multiplikation mit Potenzen von a zu ersetzen. Die Darstellung des Exponenten e sei dazu $e = (e_{n-1}e_{n-2}...e_0)_M$, zu einer noch zu bestimmenden Basis M. Der folgende Algorithmus berechnet die Potenzen $a^e \bmod m$:

„*M*-ärer" Algorithmus zur Potenzierung $a^e \bmod m$:

1. Berechne und speichere $a^2 \bmod m$, $a^3 \bmod m$,..., $a^{M-1} \bmod m$ als Tabelle.

2. Setze $p \leftarrow a^{e_{n-1}} \bmod m$ und $i \leftarrow n - 2$.

3. Setze $p \leftarrow p^M \bmod m$.

4. Falls $e_i \neq 0$ setze $p \leftarrow p \cdot a^{e_i} \bmod m$.

5. Setze $i \leftarrow i - 1$; falls $i \geq 0$ ist gehe zu 3.

6. Ausgabe von p.

Die Anzahl der benötigten modularen Multiplikationen hängt offensichtlich von der Stellenzahl des Exponenten e und damit von der Wahl von M ab. Daher gilt es, M so zu bestimmen, dass die Potenzierung in Schritt 3 möglichst durch Quadrierungen wie im obigen Beispiel für die Berechnung von 2^{16} durchgeführt werden kann und die Anzahl an Multiplikationen bei vertretbarem Aufwand an Speicherplatz für die Tabelle mit den vorberechneten Potenzen von a minimiert wird.

6.2 M-äre Potenzierung

Die erste Bedingung legt es nahe, M als Zweierpotenz $M = 2^k$ zu wählen. Im Hinblick auf die zweite Bedingung betrachten wir die Anzahl an modularen Multiplikationen in Abhängigkeit von M:

Benötigt werden

$$\lfloor \log_M(e) \rfloor \cdot \log_2(M) = \lfloor \log_2(e) \rfloor \qquad (6.1)$$

Quadrierungen in Schritt 3 und im Mittel

$$\lfloor \log_M(e) \rfloor \cdot \mathrm{p}(e_i \neq 0) = \left\lfloor \frac{\log_2(e)}{k} \right\rfloor \cdot \mathrm{p}(e_i \neq 0) \qquad (6.2)$$

modulare Multiplikationen in Schritt 4, wobei $\mathrm{p}(e_i \neq 0) = \left(1 - \frac{1}{M}\right)$ die Wahrscheinlichkeit bezeichnet, dass eine Stelle e_i von e ungleich Null ist. Bezieht man die $M - 2$ Multiplikationen zur Vorberechnung der Tabelle mit ein, erfordert der M-äre Algorithmus im Mittel

$$\mu_1(k) := 2^k - 2 + \lfloor \log_2(e) \rfloor + \left\lfloor \frac{\log_2(e)}{k} \right\rfloor \cdot \left(1 - \frac{1}{2^k}\right) \qquad (6.3)$$

$$= 2^k - 2 + \lfloor \log_2(e) \rfloor \cdot \left(1 + \frac{2^k - 1}{k \cdot 2^k}\right) \qquad (6.4)$$

viele modulare Quadrierungen und Multiplikationen.

Für Exponenten e und Moduli m beispielsweise in der Größenordnung von 512 Binärstellen und $M = 2^k$ ergeben sich hieraus die in der folgenden Tabelle angegebenen Anzahlen von modularen Multiplikationen für die Berechnung von $a^e \bmod m$. Die Tabelle zeigt ebenfalls den für die Speicherung der vorberechneten Potenzen von $a \bmod m$ benötigten Speicherplatz an, der sich aus dem Produkt $(2^k - 2) \cdot \text{CLINTMAXSHORT} \cdot \text{sizeof(USHORT)}$ ergibt:

k	Multiplikationen	Speicher (in Byte):
1	766	0
2	704	1028
3	666	3084
4	644	7196
5	640	15420
6	656	31868

Tab. 4: Aufwände für die Potenzierung

Man entnimmt der Tabelle, dass die im Mittel erforderliche Anzahl an Multiplikationen bei $k=5$ mit 640 ein Minimum erreicht, wobei der benötigte Speicherplatz für jedes nächst größere k um etwa den Faktor 2 wächst. Wie aber sieht der Rechenzeitbedarf bei anderen Größenordnungen des Exponenten aus?

Hierüber gibt die nächste Tabelle Aufschluss. Sie stellt den Aufwand an modularen Multiplikationen bei Potenzierungen mit Exponenten mit unterschiedlichen Anzahlen von Binärstellen und für verschiedene $M = 2^k$ dar. Die Stellenlänge 768 des Exponenten wurde mit in die Reihe aufgenommen, da sie eine gebräuchliche Schlüssellänge für das RSA-Verfahren (vgl. Kap. 16) darstellt. Die jeweils günstigsten Anzahlen an Multiplikationen sind fett hervorgehoben:

	Anzahl der Binärstellen des Exponenten							
k	32	64	128	512	768	1024	2048	4096
1	45	93	190	766	1150	1534	3070	6142
2	**44**	88	176	704	1056	1408	2816	5632
3	46	**87**	170	666	996	1327	2650	5295
4	52	91	**170**	644	960	1276	2540	5068
5	67	105	181	**640**	945	1251	2473	4918
6	98	135	209	656	954	1252	**2444**	4828
7	161	197	271	709	1001	1294	2463	**4801**
8	288	324	396	828	1116	1404	2555	4858

Tab. 5: Anzahlen von Multiplikationen für typische Größen von Exponenten und unterschiedliche Basen 2^k

Im Hinblick auf die Zahlbereiche, für die das FLINT/C-Paket in erster Linie entwickelt wurde, scheint zunächst mit $k=5$ ein universeller Wert für die Basis $M = 2^k$ gefunden, womit allerdings bereits ein recht hoher Bedarf an Speicherplatz von 15 KByte für die vorzuberechnenden Potenzen $a^2, a^3, ..., a^{31}$ der Potenzbasis a verbunden ist. Der M-äre Algorithmus lässt sich jedoch gemäß [COHE], Abschn. 1.2 insofern verbessern, als dass nicht $M-2$, sondern nur $M/2$ viele Vormultiplikationen und demzufolge auch nur der halbe Aufwand an Speicher erforderlich sind. Die Aufgabenstellung besteht weiterhin in der Berechnung der Potenz $a^e \bmod m$; $e = (e_{n-1}e_{n-2}...e_0)_M$ sei die Darstellung von des Exponenten zur Basis $M = 2^k$:

„M-ärer" Algorithmus zur Potenzierung mit reduzierter Anzahl an Vormultiplikationen:

1. Berechne und speichere $a^3 \bmod m$, $a^5 \bmod m$, $a^7 \bmod m$, ..., $a^{2^k-1} \bmod m$.

6.2 M-äre Potenzierung

2. Falls $e_{n-1} = 0$ ist, setze $p \leftarrow 1$.
   Falls $e_{n-1} \neq 0$ ist, zerlege $e_{n-1} = 2^t \cdot u$ mit ungeradem u. Setze $p \leftarrow a^u \bmod m$.
   In jedem Falle setze $i \leftarrow n - 2$.

3. Falls $e_i = 0$ setze $p \leftarrow p^{2^k} \bmod m$ durch Berechnung von $(\cdots((p^2)^2)^2 \cdots)^2 \bmod m$ (k-fache Quadrierung mod m).
   Falls $e_i \neq 0$ ist, zerlege $e_i = 2^t \cdot u$ mit ungeradem u; setze $p \leftarrow p^{2^{k-t}} \bmod m$
   und danach $p \leftarrow p \cdot a^u \bmod m$; setze nun $p \leftarrow p^{2^t} \bmod m$.

4. Setze $i \leftarrow i - 1$; falls $i \geq 0$ ist, gehe zu 3.

5. Ausgabe von p.

Der Trick dieses Algorithmus besteht darin, die in Schritt 3 erforderlichen Quadrierungen so geschickt aufzuteilen, dass die Potenzierung von a mit dem geradzahligen Anteil 2^t von e_i gleich mit erledigt wird. Inmitten der Quadrierungen bleibt die Potenzierung von a mit dem ungeraden Anteil u von e_i übrig. Das Verhältnis zwischen Multiplikationen und Quadrierungen wird so zugunsten der günstigeren Quadrierungen verschoben und es müssen nur die Potenzen von a mit ungeradem Exponenten vorberechnet und gespeichert werden.

Für diese Aufteilung wird jeweils die eindeutig bestimmte Darstellung $e_i = 2^t \cdot u$, u ungerade, der Exponentenstellen e_i benötigt. Zum schnellen Zugriff auf die Werte t und u wird eine Tabelle verwendet, die beispielsweise für $k = 5$ folgende Werte enthält:

e_i	t	u	e_i	t	u	e_i	t	u
0	0	0	11	0	11	22	1	11
1	0	1	12	2	3	23	0	23
2	1	1	13	0	13	24	3	3
3	0	3	14	1	7	25	0	25
4	2	1	15	0	15	26	1	13
5	0	5	16	4	1	27	0	27
6	1	3	17	0	17	28	2	7
7	0	7	18	1	9	29	0	29
8	3	1	19	0	19	30	1	15
9	0	9	20	2	5	31	0	31
10	1	5	21	0	21			

Tab. 6: Hilfswerte für die Zerlegung der Exponentenstellen in Produkte aus einer Zweierpotenz und einem ungeraden Faktor

Zur Berechnung dieser Werte kann die Hilfsfunktion twofact_l() verwendet werden, die in Abschnitt 10.4.1 vorgestellt wird.

Als Voraussetzung für die Programmierung des verbesserten M-ären Algorithmus bleibt nur noch ein Problem zu lösen: Wie erhält man auf effiziente Weise, ausgehend von der Binärdarstellung des Exponenten bzw. der Darstellung zur Basis $B = 2^{16}$, dessen Darstellung zur Basis $M = 2^k$ für ein variables $k > 0$? Hier hilft es uns weiter, ein wenig mit den verschiedenen Indizes zu jonglieren, und wir können die jeweils benötigten Stellen e_i zur Basis M aus der Darstellung von e zur Basis B „ausmaskieren". Dazu treffen wir folgende Festlegungen:

Es sei $(\varepsilon_{r-1}\varepsilon_{r-2}\ldots\varepsilon_0)_2$ die Darstellung des Exponenten e zur Basis 2 (diese benötigen wir wegen der Anzahl r der Binärstellen), mit $(e_{u-1}e_{u-2}\ldots e_0)_B$ sei die Darstellung von e als CLINT-Typ zur Basis $B = 2^{16}$ und mit $(e'_{n-1}e'_{n-2}\ldots e'_0)_M$ die Darstellung von e zur Basis $M = 2^k$, $k \leq 16$ bezeichnet (M soll sinnvollerweise nicht größer werden als unsere Basis B). Die Darstellung von e als CLINT-Objekt e_l im Speicher entspricht der Folge $[u+1], [e_0], [e_1],\ldots, [e_{u-1}], [0]$ von USHORT-Werten e_l[i] für i = 0,..., u + 1; zu beachten ist die Hinzunahme der führenden Null.

Es sei $f := \left\lfloor \dfrac{r-1}{k} \right\rfloor$ und für $i = 0,\ldots,f$ seien $s_i := \left\lfloor \dfrac{k \cdot i}{16} \right\rfloor$ und $d_i := k \cdot i \bmod 16$. Mit diesen Festlegungen gelten folgende Aussagen:

(i) Es gibt $f + 1$ Stellen in $(e'_{n-1}e'_{n-2}\ldots e'_0)_M$, d. h. $n - 1 = f$.

(ii) e_{s_i} enthält das niedrigstwertige Bit der Stelle e'_i.

(iii) d_i gibt die Position des niedrigstwertigen Bit von e'_i in e_{s_i} an (Zählung der Positionen beginnend bei 0). Falls $i < f$ und $d_i > 16 - k$ sind, liegen nicht alle Binärstellen von e'_i in e_{s_i}; die restlichen (höherwertigen) Bits von e'_i liegen in e_{s_i+1}. Die gesuchte Stelle e'_i entspricht also den k niedrigstwertigen Binärstellen von $\lfloor (e_{s_i+1}B + e_{s_i})/2^{d_i} \rfloor$.

Als Resultat ergibt sich für $i \in \{0,\ldots,f\}$ folgender Ausdruck zur Bestimmung von e'_i:

$$e'_i = (\,(\text{e\_l}[s_i+1]\ |\ (\text{e\_l}[s_i+2] << \text{BITPERDGT})\,) >> d_i)\,\&\,(2^k-1); \qquad (6.5)$$

Da der Einfachheit halber e_l[s_f+2] $\leftarrow$ 0 gesetzt wurde, gilt dieser Ausdruck auch für $i = f$.

6.2 M-äre Potenzierung

Wir haben hiermit eine effiziente Methode gefunden, um auf Stellen des Exponenten in seiner CLINT-Darstellung zugreifen zu können, die sich aus dessen Darstellung zu einer Zweierpotenzbasis 2^k mit $k \leq 16$ ergeben, wodurch uns eine explizite Umwandlung des Exponenten erspart bleibt.

Die Anzahl der benötigten Multiplikationen und Quadrierungen für die Potenzierung beträgt nun

$$\mu_2(k) := 2^{k-1} + \lfloor \log_2(e) \rfloor \cdot (1 + \frac{2^k - 1}{k \cdot 2^k}), \tag{6.6}$$

wobei sich gegenüber $\mu_1(k)$ (vgl. S. 75) der Aufwand für die Vorberechnungen um die Hälfte reduziert hat. Die Tabelle zur Ermittlung der günstigsten Werte für k ergibt nun ein etwas anderes Bild:

k	Anzahl der Binärstellen des Exponenten							
	32	64	128	512	768	1024	2048	4096
1	47	95	191	767	1151	1535	3071	6143
2	**44**	88	176	704	1056	1408	2816	5632
3	**44**	85	168	664	994	1325	2648	5293
4	46	85	**164**	638	954	1270	2534	5062
5	53	91	167	**626**	931	1237	2459	4904
6	68	105	179	**626**	924	**1222**	2414	4798
7	99	135	209	647	939	1232	**2401**	4739
8	162	198	270	702	990	1278	2429	**4732**

Tab. 7: Anzahlen von Multiplikationen für typische Größen von Exponenten und unterschiedliche Basen 2^k

Die günstigsten Werte für k sind ab der Binärstellenzahl des Exponenten von 768 Bit um 1 größer als in der Tabelle für die vorige Version des Potenzierungsalgorithmus angegeben, wobei sich die Anzahl der erforderlichen modularen Multiplikationen leicht verringert hat. Es ist zu erwarten, dass dieses Verfahren insgesamt günstiger ist, als die vorher betrachtete Variante.

Der Implementierung des Algorithmus steht nun nichts mehr im Wege. Um die Realisierung der erarbeiteten Grundlagen zu demonstrieren, wählen wir ein adaptives Verfahren, das den jeweils optimalen Wert für k verwendet. Um dieses zu ermitteln, halten wir uns wieder an [COHE] und suchen wie dort angegeben nach dem kleinsten ganzzahligen Wert k, der die Ungleichung

$$\log_2(e) \leq \frac{k(k+1)2^{2k}}{2^{k+1} - k - 2} \tag{6.7}$$

erfüllt, die sich aus der obigen Formel $\mu_2(k)$ für die Anzahl der benötigten Multiplikationen aufgrund der Bedingung $\mu_2(k + 1) - \mu_2(k) \geq 0$ ergibt. Die für alle bisher vorgestellten Algorithmen zur Potenzierung konstante Anzahl $\lfloor \log_2(e) \rfloor$ an modularen Quadrierungen wird hierbei nicht mitbetrachtet; entschieden wird nur anhand der „echten" modularen Multiplikationen.

Die Implementierung der Potenzierung mit variablem k benötigt viel Hauptspeicher für die Aufnahme der vorzuberechnenden Potenzen von a; für $k = 8$ werden zur Speicherung von 127 CLINT-Variablen nahezu 64 KByte benötigt (dies errechnet sich aus $(2^7 - 1)$ * sizeof(USHORT) * CLINTMAXSHORT), wobei zwei weitere automatische CLINT-Arbeitsfelder nicht mitgezählt wurden. Bei Anwendungen für Prozessoren oder Speichermodelle mit segmentierter 16-Bit Architektur reicht dies bereits an die Grenzen des Möglichen (vgl. hierzu etwa [DUNC], Kap. 12, oder [PETZ], Kap. 7).

Je nach Systemplattform sind daher unterschiedliche Strategien für die Bereitstellung des Speichers zweckmäßig. Während der für die Funktion mexp5_l() benötigte Speicher vom Stack (als automatische CLINT-Variablen) genommen wird, wird bei jedem Aufruf der folgenden Funktion mexpk_l() der Speicher vom Heap allokiert. Um den hiermit verbundenen Aufwand zu sparen, ist auch eine Variante vorstellbar, bei der innerhalb einer einmaligen Initialisierung der maximal benötigte Speicher bereitgestellt und erst am Ende des gesamten Programms wieder freigegeben wird. In jedem Fall ist es möglich, die Speicherverwaltung den konkreten Erfordernissen anzupassen und sich dazu an den Kommentaren des folgenden Codes zu orientieren.

Noch eine Anmerkung für die Praxis: Es wird empfohlen, jeweils zu prüfen, ob es ausreicht, den Algorithmus mit der Basis $M = 2^5$ zu verwenden. Die Ersparnis an Rechenzeit durch größere Werte von k ist relativ zur Gesamtrechenzeit nicht so erheblich, dass sie den höheren Speicherbedarf und das dadurch erforderliche Speichermanagement in jedem Falle rechtfertigt. Typische Rechenzeiten für die verschiedenen Potenzierungsalgorithmen, anhand derer über ihre Verwendung entschieden werden kann, sind in Anhang D angegeben.

Der Algorithmus, implementiert mit $M = 2^5$, ist als Funktion mexp5_l() im FLINT/C-Paket enthalten. Über das in flint.h enthaltene Makro MEXP_L() kann eingestellt werden, welche der Potenzierungsfunktionen verwendet wird, mexp5_l() oder die folgende Funktion mexpk_l() mit variablem k:

6.2 M-äre Potenzierung

Funktion:	Modulare Potenzierung
Syntax:	int mexpk_l (CLINT bas_l, CLINT exp_l, CLINT p_l, CLINT m_l);
Eingabe:	bas_l (Basis), exp_l (Exponent), m_l (Modulus)
Ausgabe:	p_l (Potenzrest)
Rückgabe:	E_CLINT_OK falls alles O. K. E_CLINT_DBZ bei Division durch 0 E_CLINT_MAL bei malloc()-Fehler

Zunächst ein Ausschnitt der Tabelle zur Darstellung von $e_i = 2^t u$, u ungerade, $0 \leq e_i < 2^8$. Die Tabelle wird in der Form von zwei Vektoren dargestellt; der Erste, twotab[] enthält die Exponenten t der Zweianteile 2^t und der Zweite, oddtab[], die ungeraden Anteile u einer Stelle $0 \leq e_i < 2^5$. Die vollständige Tabelle ist natürlich im FLINT/C-Quellcode enthalten.

```
static int twotab[] =
{0,0,1,0,2,0,1,0,3,0,1,0,2,0,1,0,4,0,1,0,2,0,1,0,3,0,1,0,2,0,1,0,5, ...};
static USHORT oddtab[]=
{0,1,1,3,1,5,3,7,1,9,5,11,3,13,7,15,1,17,9,19,5,21,11,23,3,25,13, ...};

int
mexpk_l (CLINT bas_l, CLINT exp_l, CLINT p_l, CLINT m_l)
{
```

Die Definitionen stellen Speicher für den Exponenten zuzüglich der führenden Null bereit, sowie einen Zeiger clint **aptr_l auf noch zu allokierenden Speicher, der Zeiger auf die vorzuberechnenden Potenzen von bas_l aufnehmen wird. In acc_l werden die Zwischenergebnisse der Potenzierung gespeichert:

```
CLINT a_l, a2_l;
clint e_l[CLINTMAXSHORT + 1];
CLINTD acc_l;
clint **aptr_l, *ptr_l;
int noofdigits, s, t, i;
unsigned int k, lge, bit, digit, fk, word, pow2k, k_mask;
```

Es folgt die übliche Prüfung auf Division durch Null und Reduktion mit 1:

```
if (EQZ_L (m_l))
  {
    return E_CLINT_DBZ;
  }
```

```
if (EQONE_L (m_l))
  {
    SETZERO_L (p_l);                    /* Modulus = 1 ==> Rest = 0 */
    return E_CLINT_OK;
  }
```

Basis und Exponent werden auf die Arbeitsvariablen a_l und e_l kopiert, dabei werden eventuell vorhandene führende Nullen entfernt:

```
cpy_l (a_l, bas_l);
cpy_l (e_l, exp_l);
```

Nun folgt die Bearbeitung der einfachen Fälle $a^0 = 1$ und $0^e = 0$ ($e > 0$):

```
if (EQZ_L (e_l))
  {
    SETONE_L (p_l);
    return E_CLINT_OK;
  }

if (EQZ_L (a_l))
  {
    SETZERO_L (p_l);
    return E_CLINT_OK;
  }
```

Als Nächstes wird der optimale Wert für k ermittelt; in pow2k wird der Wert 2^k und in k_mask der Wert 2^{k-1} gespeichert. Hierzu wird die Funktion ld_l() verwendet, welche die Anzahl der Binärstellen ihres Arguments liefert:

```
lge = ld_l (e_l);
k = 8;
while (k > 1 && ((k - 1) * (k << ((k - 1) << 1))/((1 << k ) - k - 1))
                                                          >= lge - 1)
  {
    --k;
  }
pow2k = 1U << k;
k_mask = pow2k - 1U;
```

Für die Zeiger auf die vorzuberechnenden Potenzen von a_l wird Speicher allokiert. Die Basis a_l wird modulo m_l reduziert:

```
if ((aptr_l = (clint **) malloc (sizeof(clint *) * pow2k)) == NULL)
  {
    return E_CLINT_MAL;
  }

mod_l (a_l, m_l, a_l);
```

6.2 M-äre Potenzierung

```
aptr_l[1] = a_l;
```

> Falls $k > 1$ wird Speicher für die vorzuberechnenden Potenzen allokiert. Dies ist für $k = 1$ nicht erforderlich, da dann keine Potenzen vorberechnet werden. Bei der danach folgenden Belegung der Zeiger `aptr_l[i]` ist zu beachten, dass bei der Addition eines Offset zu einem Zeiger p eine Skalierung des Offset durch den Compiler erfolgt, so dass er Objekte des Zeigertyps von p zählt.
> Bereits oben wurde darauf hingewiesen, dass die Allokierung von Arbeitsspeicher alternativ auch als einmalige Initialisierung durchführbar ist. Die Zeiger auf die `CLINT`-Objekte würden in diesem Falls in globalen Variablen außerhalb der Funktion oder in `static`-Variablen innerhalb von `mexpk_l()` gehalten.

```
if (k > 1)
  {
    if ((ptr_l = (clint *) malloc (sizeof(CLINT) *
                       ((pow2k >> 1) - 1))) == NULL)
      {
        return E_CLINT_MAL;
      }
    aptr_l[2] = a2_l;
    for (aptr_l[3] = ptr_l, i = 5; i < (int)pow2k; i+=2)
      {
        aptr_l[i] = aptr_l[i - 2] + CLINTMAXSHORT;
      }
```

> Es folgt die Vorberechnung der Potenzen des in `a_l` gespeicherten Wertes a. Berechnet werden $a^3, a^5, a^7, \ldots, a^k - 1$ (a^2 wird nur hilfsweise benötigt):

```
    msqr_l (a_l, aptr_l[2], m_l);
    for (i = 3; i < (int)pow2k; i += 2)
      {
        mmul_l (aptr_l[2], aptr_l[i - 2], aptr_l[i], m_l);
      }
  }
```

> Die Fallunterscheidung für $k > 1$ ist hier beendet. Der Exponent wird um die führende Null verlängert:

```
*(MSDPTR_L (e_l) + 1) = 0;
```

> Bestimmung des Wertes f (repräsentiert durch die Variable `noofdigits`):

```
noofdigits = (lge - 1)/k;
fk = noofdigits * k;
```

> Wortposition s_i und Bitposition d_i der Stelle e_i in den Variablen `word` und `bit`:

```
word = fk >> LDBITPERDGT;                /* fk div 16 */
bit = fk & (BITPERDGT-1U);                /* fk mod 16 */
```

Berechnung der Stelle e_{n-1} mit der oben hergeleiteten Formel; e_{n-1} wird repräsentiert durch die Variable `digit`:

```
switch (k)
  {
    case 1:
    case 2:
    case 4:
    case 8:
      digit = ((ULONG)(e_l[word + 1] ) >> bit) & k_mask;
      break;
    default:
      digit = ((ULONG)(e_l[word + 1] | ((ULONG)e_l[word + 2]
                      << BITPERDGT)) >> bit) & k_mask;
  }
```

Erster Durchlauf von Schritt 3 des Algorithmus, Fall `digit` $= e_{n-1} \neq 0$:

```
if (digit != 0)                              /* k-digit > 0 */
{
   cpy_l (acc_l, aptr_l[oddtab[digit]]);
```

Berechnung von p^{2^t}, t wird über die Tabelle `twotab[`e_{n-1}`]` auf den Zweianteil von e_{n-1} gesetzt; p wird repräsentiert durch `acc_l`:

```
   t = twotab[digit];
   for (; t > 0; t--)
   {
      msqr_l (acc_l, acc_l, m_l);
   }
}
else                                         /* k-digit == 0 */
{
   SETONE_L (acc_l);
}
```

Schleife über `noofdigits` beginnend bei $f-1$:

```
for (--noofdigits, fk -= k; noofdigits >= 0; noofdigits--, fk -= k)
{
```

Wortposition s_i und Bitposition d_i der Stelle e_i in den Variablen `word` und `bit`:

```
   word = fk >> LDBITPERDGT;                 /* fk div 16 */
   bit  = fk & (BITPERDGT - 1U);             /* fk mod 16 */
```

Berechnung der Stelle e_i mit der oben hergeleiteten Formel; e_i wird repräsentiert durch die Variable `digit`:

6.2 M-äre Potenzierung

```
switch (k)
  {
    case 1:
    case 2:
    case 4:
    case 8:
      digit = ((ULONG)(e_l[word + 1] ) >> bit) & k_mask;
      break;
    default:
      digit = ((ULONG)(e_l[word + 1] | ((ULONG)e_l[word + 2]
                                  << BITPERDGT)) >> bit) & k_mask;
  }
```

Schritt 3 des Algorithmus, Fall `digit` = $e_i \neq 0$;
t wird über die Tabelle `twotab[`e_i`]` auf den Zweianteil von e_i gesetzt:

```
if (digit != 0)                                    /* k-digit > 0 */
  {
    t = twotab[digit];
```

Berechnung von $p^{2^{k-t}} \cdot a^u$ in `acc_l`. Der Zugriff auf a^u mit dem ungeraden Anteil u von e_i erfolgt über `aptr_l[oddtab[`e_i`]]`:

```
    for (s = k - t; s > 0; s--)
      {
        msqr_l (acc_l, acc_l, m_l);
      }

    mmul_l (acc_l, aptr_l[oddtab[digit]], acc_l, m_l);
```

Berechnung von p^{2^t}; p wird weiterhin repräsentiert durch `acc_l`:

```
    for (; t > 0; t--)
      {
        msqr_l (acc_l, acc_l, m_l);
      }
  }
  else                                              /* k-digit == 0 */
  {
```

Schritt 3 des Algorithmus, Fall $e_i = 0$: Berechne p^{2^k}:

```
    for (s = k; s > 0; s--)
      {
        msqr_l (acc_l, acc_l, m_l);
      }
  }
}
```

Ende der Schleife, Ausgabe von `acc_l` als Potenzrest modulo `m_l`:

```
cpy_l (p_l, acc_l);
```

Zum Schluss wird der allokierte Speicher freigegeben:

```
  free (aptr_l);
  if (ptr_l != NULL)
    free (ptr_l);
  return E_CLINT_OK;
}
```

Die Abläufe der M-ären Potenzierung lassen sich sehr anschaulich an einem Zahlenbeispiel nachvollziehen. Dazu wird die Berechnung der Potenz 1234^{667} mod 18577 betrachtet, die durch die Funktion `mexpk_l()` in den folgenden Schritten ausgeführt wird:

1. **Vorberechnungen**

    Die Darstellung des Exponenten $e = 667$ erfolgt zur Basis 2^k mit $k = 2$ (vgl. Algorithmus zur M-ären Potenzierung auf S. 76), der Exponent e erhält somit die Darstellung $e = (10\ 10\ 01\ 10\ 11)_{2^2}$.
    Die Potenz a^3 mod 18577 hat den Wert 17354. Weitere Potenzen von a fallen bei der Vorberechnung aufgrund des kleinen Exponenten nicht an.

2. **Potenzierungsschleife**

Exponenten-Stelle $e_i = 2^t \cdot u$	$2^{1 \cdot 1}$	$2^{1 \cdot 1}$	$2^{0 \cdot 1}$	$2^{1 \cdot 1}$	$2^{0 \cdot 3}$
$p \leftarrow p^2 \bmod n$	–	14132	13261	17616	13599
$p \leftarrow p^{2^2} \bmod n$	–	–	4239	–	17343
$p \leftarrow p \cdot a^u \bmod n$	1234	13662	10789	3054	4445
$p \leftarrow p^2 \bmod n$	18019	7125	–	1262	–

3. **Ergebnis**

    $p = 1234^{667} \bmod 18577 = \underline{4445}$.

Als Ergänzung zum allgemeinen Fall wird nun noch eine spezielle Version der Potenzierung mit einer Zweierpotenz 2^k als Exponenten nachgeschoben. Aus den

6.2 M-äre Potenzierung

vorangegangenen Überlegungen wissen wir, dass sich diese Funktion durch *k*-fache Hintereinanderausführung der Quadrierung höchst einfach realisieren lässt. Der Exponent 2^k wird nur durch *k* angegeben:

Funktion:	Modulare Potenzierung mit Zweierpotenz-Exponenten
Syntax:	int mexp2_l (CLINT a_l, USHORT k, CLINT p_l, CLINT m_l);
Eingabe:	a_l (Basis), k (Exponent von 2), m_l (Modulus)
Ausgabe:	p_l (Rest von $\text{a\_l}^{2^k} \mod \text{m\_l}$)
Rückgabe:	E_CLINT_OK falls alles O. K.
	E_CLINT_DBZ bei Division durch 0

```
int
mexp2_l (CLINT a_l, USHORT k, CLINT p_l, CLINT m_l)
{
  CLINT tmp_l;

  if (EQZ_L (m_l))
    {
      return E_CLINT_DBZ;
    }
```

Falls k > 0 ist, wird a_l k-mal modulo m_l quadriert:

```
  if (k > 0)
    {
      cpy_l (tmp_l, a_l);
      while (k-- > 0)
        {
          msqr_l (tmp_l, tmp_l, m_l);
        }
      cpy_l (p_l, tmp_l);
    }
  else
```

Ansonsten, falls k = 0 ist, brauchen wir nur modulo m_l zu reduzieren:

```
    {
      mod_l (a_l, m_l, p_l);
    }
  return E_CLINT_OK;
}
```

6.3 Additionsketten und Fenster

In der Literatur sind eine ganze Reihe unterschiedlicher Algorithmen für die Potenzierung veröffentlicht, die teilweise für Spezialfälle und andernteils für beliebige Operanden konzipiert sind. Das generelle Ziel ist es jedenfalls, Verfahren zu finden, die mit möglichst wenigen Multiplikationen und Divisionen auskommen, so wie der Übergang von der binären zur M-ären Potenzierung die Anzahl der Operationen reduziert.

Die binäre und die M-äre Potenzierung selbst sind Spezialfälle der Bildung so genannter *Additionsketten* (vgl. [KNUT], 4.6.3, „Addition chains"). Wir haben bereits ausgenutzt, dass die Potenzgesetze additive Zerlegungen des Exponenten einer Potenz erlauben: $e = k + l \Rightarrow a^e = a^{k+l} = a^k a^l$. Die binäre Potenzierung zerlegt den Exponenten in eine Summe

$$e = e_{k-1} \cdot 2^{k-1} + e_{k-2} \cdot 2^{k-2} + \ldots + e_0,$$

der die Potenzierung in der Hintereinanderausführung von Quadrierungen und Multiplikationen folgt (vgl. S. 70):

$$a^e \bmod n = (\cdots((((a^{e_{k-1}})^2)a^{e_{k-2}})^2)\cdots)^2 a^{e_0} \bmod n.$$

Die zugehörige Additionskette erhält man durch Betrachtung der Exponenten zu den Potenzen von a, die als Zwischenergebnisse durch diesen Prozess entstehen:

$$e_{k-1},$$
$$e_{k-1} \cdot 2,$$
$$e_{k-1} \cdot 2 + e_{k-2},$$
$$(e_{k-1} \cdot 2 + e_{k-2}) \cdot 2,$$
$$(e_{k-1} \cdot 2 + e_{k-2}) \cdot 2 + e_{k-3},$$
$$((e_{k-1} \cdot 2 + e_{k-2}) \cdot 2 + e_{k-3}) \cdot 2,$$
$$\vdots$$
$$(\cdots(e_{k-1} \cdot 2 + e_{k-2}) \cdot 2 + \cdots + e_1) \cdot 2 + e_0.$$

Hierbei entfallen Folgenglieder, wenn für ein j $e_j = 0$ ist. Für den Wert 123 beispielsweise ergibt sich aufgrund der binären Methode folgende Additionskette mit 12 Elementen:

$$1, 2, 3, 6, 7, 14, 15, 30, 60, 61, 122, 123.$$

Allgemein wird eine Zahlenfolge $1 = a_0, a_1, a_2, \ldots, a_r = e$, für die zu jedem $i = 1, \ldots, r$ ein Paar (j, k) mit $j \le k < i$ existiert, so dass $a_i = a_j + a_k$ gilt, als *Additionskette zu e mit der Länge r* bezeichnet.

Die M-äre Methode verallgemeinert dieses Prinzip zur Darstellung des Exponenten auf andere Basen. Beide Methoden haben das Ziel, möglichst kurze Addi-

6.3 Additionsketten und Fenster

tionsketten zu erzeugen, um den Berechnungsaufwand für die Potenzierung zu minimieren. Die Additionskette zu 123, die durch die 2^3-äre Methode erzeugt wird, lautet

$$1, 2, 3, 4, 7, 8, 15, 30, 60, 120, 123;$$

durch die 2^4-äre Methode wird die Additionskette

$$1, 2, 3, 4, 7, 11, 14, 28, 56, 112, 123$$

gebildet. Die letzteren beiden Additionsketten sind erwartungsgemäß kürzer als die der binären Methode, was sich bei größeren Zahlen natürlich deutlicher auswirkt als bei diesem Beispiel. Hinsichtlich des realen Zeitgewinns muss man jedoch berücksichtigen, dass die M-ären Methoden im Zuge der Initialisierung zur Berechnung von a^e mod n die Potenzen a^2, a^3, a^5, a^{M-1} auch für diejenigen Exponenten bilden, die nicht unter den Koeffizienten der Darstellung von e zur Basis M vorkommen bzw. zur Bildung der Additionskette nicht benötigt werden.

Die binäre Potenzierung repräsentiert den „worst case" einer Additionskette: Aus ihrer Betrachtung ergibt sich die Beschränkung der größtmöglichen Länge einer Additionskette durch $\log_2 e + H(e) - 1$, wobei $H(e)$ das Hamming-Gewicht[17] von e bezeichnet. Die Länge einer Additionskette zu e ist nach unten durch $\log_2 e + \log_2 H(e) - 2{,}13$ beschränkt; eine kürzere Additionskette zu e lässt sich demnach nicht finden (vgl. [SCHÖ], bzw. [KNUT], Abschn. 4.6.3, exercises 28, 29). Für unser Beispiel bedeutet dies, dass die kürzeste Additionskette zu $e = 123$ mindestens die Länge 8 besitzt, die obigen Ergebnisse der M-ären Methoden scheinen also noch nicht die bestmöglichen zu sein.

Die Suche nach der jeweils kürzesten Additionskette ist ein Problem, für das bis heute kein Verfahren mit polynomialer Rechenzeit bekannt ist. Es liegt in der Komplexitätsklasse **NP** derjenigen Probleme, die in Polynomzeit durch nichtdeterministische Verfahren, also durch „Raten", zu lösen sind, im Gegensatz zur Klasse **P** von Problemen, die in polynomialer Zeit deterministisch zu lösen sind. Es ist einleuchtend, dass **P** eine Teilmenge von **NP** ist, da alle in Polynomzeit deterministisch lösbaren Probleme auch nichtdeterministisch gelöst werden können.

Bei der Bestimmung kürzester Additionsketten handelt es sich sogar um ein so genanntes **NP**-*vollständiges Problem*, also eines, das mindestens so schwer zu lösen ist, wie alle anderen Probleme aus **NP** (vgl. [HKW], S. 302). Die **NP**-vollständigen Probleme sind deshalb von besonderem Interesse, da, falls nur für eines von diesen ein deterministisches polynomiales Verfahren gefunden würde, alle anderen Probleme in **NP** ebenfalls in Polynomzeit lösbar wären: In diesem Fall würden die Klassen **P** und **NP** zusammenfallen. Die bisher ungelöste Frage, ob **P** = **NP** gilt, ist ein zentrales Problem der Komplexitätstheorie. Es wird heute allerdings vermutet, dass **P** ≠ **NP** ist.

---

[17] Besitzt n eine Darstellung $n = (n_{k-1} n_{k-2} \ldots n_0)_2$, so ist $H(n)$ definiert als $\sum_i n_i$ ([HEQU], Kap. 8).

Vor diesem Hintergrund ist es klar, dass alle praktischen Verfahren zur Generierung von Additionsketten nur auf *Heuristiken* beruhen können, mathematischen „Daumenregeln", wie beispielsweise die Bestimmung des Exponenten k für die 2^k-äre Potenzierung, von denen man weiß, dass sie günstigere Rechenzeiten bewirken, als andere Methoden.

Beispielsweise hat Y. Yacobi 1990 in [YACO] einen Zusammenhang zwischen der Bildung von Additionsketten und der Kompression von Daten nach dem Lempel-Ziv-Verfahren beschrieben; dort wird auch ein an diesem Kompressionsverfahren sowie an der *M*-ären Methode orientierter Potenzierungsalgorithmus angegeben.

Auf der Suche nach möglichst kurzen Additionsketten lässt sich auch die *M*-äre Potenzierung noch weiter verallgemeinern, worauf wir im Folgenden noch etwas näher eingehen wollen. Die so genannten *Fenster-Methoden* stellen den Exponenten nicht wie das *M*-äre Verfahren durch Stellen zu einer festen Basis *M* dar, sondern lassen Stellen mit unterschiedlichen Binärlängen zu. So können beispielsweise lange Sequenzen von binären Nullen, so genannte *0-Fenster*, als Stellen des Exponenten auftreten. Wenn wir uns den *M*-ären Algorithmus von Seite 76 vergegenwärtigen, ist es klar, dass für ein 0-Fenster der Länge l nur die l-fache Wiederholung der Quadrierung erforderlich ist; der entsprechende Schritt lautet dann

3. Setze $p \leftarrow p^{2^l}$ mod $m = (\cdots((p^2)^2)^2 \cdots)^2$ (l-mal) mod m.

Von Null verschiedene Stellen werden je nach Vorgehensweise entweder als Fenster fester Länge gebildet, oder als variable Fenster mit einer maximalen Länge. Wie beim *M*-ären Verfahren ist für jedes Nicht-Null-Fenster (im Folgenden nicht ganz treffend als *1-Fenster* bezeichnet) einer Länge t neben der wiederholten Quadrierung eine zusätzliche Multiplikation mit einem vorberechneten Faktor erforderlich, analog zum entsprechenden Schritt des 2^k-ären Verfahrens:

3'. Setze $p \leftarrow p^{2^t}$ mod m und danach setze $p \leftarrow p \cdot a^{e_i}$ mod m.

Die Anzahl vorzuberechnender Faktoren hängt von der zugelassenen maximalen Länge der 1-Fenster ab. Man beachte, dass die 1-Fenster in der niedrigstwertigen Position immer eine 1 haben und daher stets ungerade sind; die im Algorithmus auf Seite 76 vorzunehmende Zerlegung der Exponentenstelle in einen geraden und einen ungeraden Faktor wird also zunächst nicht benötigt. Andererseits wird im Laufe der Potenzierung der Exponent von links nach rechts abgearbeitet, was für die Implementierung bedeutet, dass zuerst die *vollständige* Zerlegung des Exponenten durchzuführen und zu speichern ist, bevor die eigentliche Potenzierung erfolgen kann. Beginnen wir demgegenüber die Zerlegung des Exponenten bei der höchstwertigen Binärstelle und gehen von links nach rechts, so kann jedes 0- oder 1-Fenster sofort verarbeitet werden, nachdem es komplett ist. Dies bedeutet zwar, dass wir auch 1-Fenster mit geradem Wert erhalten werden, aber darauf ist der Potenzierungsalgorithmus vorbereitet.

6.3 Additionsketten und Fenster

Beide Richtungen der Zerlegung eines Exponenten in 1-Fenster mit fester Länge l verlaufen im Wesentlichen nach dem gleichen Algorithmus, den wir im Folgenden für die Zerlegung von rechts nach links formulieren:

Zerlegung einer Zahl e in 0-Fenster und 1-Fenster mit fester Länge l:

1. Falls die niedrigstwertige Binärstelle gleich 0 ist, beginne hiermit ein 0-Fenster und gehe zu 2, ansonsten beginne ein 1-Fenster und gehe zu 3.
2. Sammle die nächst höherwertigen Binärstellen in einem 0-Fenster, solange hierbei keine 1 auftritt. Falls eine 1 auftaucht, schließe das 0-Fenster, beginne ein 1-Fenster und gehe zu 3.
3. Sammle weitere $l-1$ Binärstellen in einem 1-Fenster. Falls dann die nächst höherwertige Stelle eine 0 ist, beginne ein 0-Fenster und gehe zu 2, ansonsten beginne ein 1-Fenster und gehe zu 3. Falls unterwegs alle Stellen von e abgearbeitet wurden, beende den Algorithmus.

Die Zerlegung von links nach rechts beginnt bei der höchstwertigen Binärstelle und verläuft ansonsten analog. Wenn wir unterstellen, dass e keine führenden binären Nullen enthält, kann der Algorithmus innerhalb von Schritt 2 nicht das Ende der Darstellung von e erreichen, und das Verfahren terminiert in Schritt 3 unter der gleichen Bedingung wie dort angegeben. Die folgenden Beispiele veranschaulichen dieses Verfahren:

Es seien $e = 1896837 = (111001111000110000101)_2$ und $l = 3$. Beginnend bei der niedrigstwertigen Binärstelle wird e folgendermaßen zerlegt:

$$e = \underline{111}\,\underline{001}\,\underline{111}\,00\,\underline{011}\,0000\,\underline{101}\,.$$

Die Wahl von $l = 4$ führt zu folgender Zerlegung von e:

$$e = \underline{111}\,00\,\underline{1111}\,0\,\underline{0011}\,000\,\underline{0101}\,.$$

Die vorher betrachtete 2^k-äre Potenzierung liefert beispielsweise für $k = 2$ folgende Zerlegung:

$$e = \underline{01}\,\underline{11}\,00\,\underline{11}\,\underline{11}\,00\,\underline{01}\,\underline{10}\,00\,\underline{01}\,\underline{01}\,.$$

Die Fenster-Zerlegung von e für $l = 3$ beinhaltet fünf, die für $l = 4$ nur vier 1-Fenster, hierfür sind jeweils die gleichen Anzahlen an zusätzlichen Multiplikationen erforderlich. Demgegenüber enthält die 2^2-äre Zerlegung von e sogar acht 1-Fenster, erfordert die doppelte Anzahl zusätzlicher Multiplikationen gegenüber dem Fall $l = 4$ und ist damit deutlich ungünstiger.

Das gleiche Verfahren, jedoch beginnend bei der höchstwertigen Binärstelle, liefert für $l = 4$ und $e = 123$ die folgende Zerlegung

$$e = \underline{1110}\,0\,\underline{1111}\,000\,\underline{1100}\,00\,\underline{101}$$

mit ebenfalls vier 1-Fenstern, die dann, wie bereits oben festgestellt, nicht alle ungerade sind.

Insgesamt lässt sich die Potenzierung mit einer Fensterzerlegung des Exponenten durch den folgenden Algorithmus formalisieren. Beide Richtungen der Fensterzerlegung werden berücksichtigt:

Algorithmus zur Potenzierung a^e mod m mit der Darstellung von e in Fenstern der (maximalen) Länge l für ungerade 1-Fenster:

1. Zerlege den Exponenten e in 0- und 1-Fenster $(\omega_{k-1}\ldots\omega_0)$ der jeweiligen Längen $l_{k-1},\ldots, l_0$.
2. Berechne und speichere a^3 mod m, a^5 mod m, a^7 mod m, $\ldots, a^{2^l-1}$ mod m.
3. Setze $p \leftarrow a^{\omega_{k-1}}$ mod m und $i \leftarrow k-2$.
4. Setze $p \leftarrow p^{2^{l_i}}$ mod m.
5. Falls $\omega_i \neq 0$ setze $p \leftarrow p \cdot a^{\omega_i}$ mod m.
6. Setze $i \leftarrow i-1$; falls $i \geq 0$ ist, gehe zu 4.
7. Ausgabe von p.

Falls nicht alle 1-Fenster ungerade sind, werden die Schritte 3 bis 6 durch folgende ersetzt, und Schritt 7 entfällt:

3'. <u>Falls $\omega_{k-1} = 0$</u> setze $p \leftarrow p^{2^{l_{k-1}}}$ mod $m = (\cdots((p^2)^2)^2\cdots)^2$ (l_{k-1}-mal) mod m.
   <u>Falls $\omega_{k-1} \neq 0$</u> ist, zerlege $\omega_{k-1} = 2^t \cdot u$ mit ungeradem u; setze $p \leftarrow a^u$ mod m und danach $p \leftarrow p^{2^t}$ mod m.
   In jedem Falle setze $i \leftarrow k-2$.

4'. <u>Falls $\omega_i = 0$</u> setze $p \leftarrow p^{2^{l_i}}$ mod $m = (\cdots((p^2)^2)^2\cdots)^2$ (l_i-mal) mod m.
   <u>Falls $\omega_i \neq 0$</u> ist, zerlege $\omega_i = 2^t \cdot u$ mit ungeradem u; setze $p \leftarrow p^{2^{l_i-t}}$ mod m und danach $p \leftarrow p \cdot a^u$ mod m; setze nun $p \leftarrow p^{2^t}$ mod m.

5'. Setze $i \leftarrow i-1$; falls $i \geq 0$ ist, gehe zu 4'.
6'. Ausgabe von p.

6.4 Montgomery-Reduktion und Potenzierung

Wir verlassen nun die Additionsketten und wenden uns noch einem weiteren Vorschlag zu, der vor allem auch vom algebraischen Standpunkt aus interessant ist. Er ermöglicht es, die Multiplikationen modulo einer ungeraden Zahl n durch Multiplikationen modulo einer Zweierpotenz 2^k zu ersetzen, die keine explizite Divisi-

6.4 Montgomery-Reduktion und Potenzierung

on benötigt und daher effizienter ist, als eine Reduzierung modulo einer beliebigen Zahl n. Diese nutzbringende Methode zur modularen Reduktion wurde 1985 von P. Montgomery in [MONT] veröffentlicht und ist mittlerweile in praktischen Anwendungen sehr weit verbreitet. Sie beruht auf folgender Beobachtung:

Es seien n und r teilerfremde ganze Zahlen, r^{-1} sei das multiplikative Inverse von r modulo n und n^{-1} das multiplikative Inverse von n modulo r, und es seien weiter $n' := -n^{-1} \bmod r$ sowie $m := t \cdot n' \bmod r$. Für ganze Zahlen t gilt dann

$$(t + m \cdot n)/r \equiv t \cdot r^{-1} \bmod n. \qquad (6.8)$$

Man beachte, dass auf der linken Seite der Kongruenz eine Restbildung modulo r und eine Division durch r erfolgt, nicht aber eine Restbildung modulo n. Bei der Wahl von r als Zweierpotenz 2^s ist die Reduktion einer Zahl x modulo r durch einfaches Abschneiden von x nach dem s-ten Bit (gezählt vom niederstwertigen Bit an) und die Division von x durch r mittels Schieben von x um s Bitpositionen nach rechts auszuführen. Die linke Seite von (6.8) erfordert also deutlich weniger Rechenaufwand als die rechte Seite, was der Gleichung ihren Charme verleiht. Für die beiden benötigten Operationen können wir die Funktionen mod2_l() (vgl. Abschn. 4.3) und shift_l() (vgl. Abschn. 7.1) einsetzen.

Dieses Prinzip zur Berechnung der Reduktion modulo n wird als *Montgomery-Reduktion* bezeichnet. Wir werden die Montgomery-Reduktion im Folgenden dazu einsetzen, um insbesondere die modulare Potenzierung gegenüber unseren bisherigen Ergebnissen deutlich zu beschleunigen. Aufgrund der geforderten Teilerfremdheit von n und r ist allerdings n als ungerade vorauszusetzen. Zunächst sind dazu jedoch noch einige Vorüberlegungen erforderlich.

Wir können uns die Richtigkeit der obigen Kongruenz anhand einfachen Nachrechnens klar machen. Dazu setzen wir auf der linken Seite von (6.8) für m den Ausdruck $t \cdot n' \bmod r$ ein (6.10), ersetzen weiter $t \cdot n' \bmod r$ durch $t \cdot n' - r \cdot \left\lfloor \dfrac{t \cdot n'}{r} \right\rfloor \in \mathbb{Z}$ zu (6.11), setzen danach in (6.11) für n' den ganzzahligen Ausdruck $(r' \cdot r - 1)/n$ mit einem gewissen $r' \in \mathbb{Z}$ ein und erhalten (6.12). Nach Reduktion modulo n ergibt sich das Ergebnis (6.13):

$$(t + m \cdot n)/r \qquad (6.9)$$

$$\equiv \frac{t + n(t \cdot n' \bmod r)}{r} \qquad (6.10)$$

$$\equiv \frac{t + n \cdot t \cdot n'}{r} - n \cdot \left\lfloor \frac{t \cdot n'}{r} \right\rfloor \qquad (6.11)$$

$$\equiv \frac{t+t(r\cdot r'-1)}{r} \qquad (6.12)$$

$$\equiv t\cdot r^{-1} \bmod n . \qquad (6.13)$$

Als Resümee aus Gleichung (6.8) halten wir Folgendes fest: Es seien $n, t, r \in \mathbb{Z}$ mit $\mathrm{ggT}(n, r) = 1$, $n' := -n^{-1} \bmod r$. Für

gilt
$$f(t) := t + (t\cdot n' \bmod r)\cdot n \qquad (6.14)$$

$$f(t) \equiv t \bmod n \qquad (6.15)$$

$$f(t) \equiv 0 \bmod r . \qquad (6.16)$$

Auf dieses Ergebnis werden wir weiter unten noch einmal zurückkommen.

Zur Anwendung der Montgomery-Reduktion verlagern wir die Berechnungen modulo n in das vollständige Restsystem (vgl. Kap. 5)

$$R := R(r, n) := \{i\cdot r \bmod n \mid 0 \leq i < n\}$$

mit einem geeigneten $r := 2^s > 0$, so dass $2^{s-1} \leq n < 2^s$ ist. Dazu wird zunächst das so bezeichnete *Montgomery-Produkt* $\times$ zweier Werte a und b aus R definiert:

$$a \times b := a\cdot b\cdot r^{-1} \bmod n$$

mit r^{-1} als multiplikatives Inverses von r modulo n. Es gilt

$$a \times b \equiv (i\cdot r)(j\cdot r)r^{-1} \equiv (i\cdot j)r \bmod n \in R ,$$

das Ergebnis der Verknüpfung zweier Werte aus R mit $\times$ liegt also wieder in R. Das Montgomery-Produkt bilden wir unter Verwendung der Montgomery-Reduktion, wobei wieder $n' := -n^{-1} \bmod r$ sei. Den Wert n' entnehmen wir der Darstellung $1 = \mathrm{ggT}(n, r) = r'\cdot r - n'\cdot n$, die wir im Vorgriff auf Abschnitt 10.2 mittels des Erweiterten Euklidischen Algorithmus berechnen. Aus dieser Darstellung der 1 folgt sofort

$$1 \equiv r'\cdot r \bmod n$$

und
$$1 \equiv -n'\cdot n \bmod r ,$$

so dass demnach $r' = r^{-1} \bmod n$ das multiplikative Inverse von r modulo n und $n' = -n^{-1} \bmod r$ das Negative des Inversen von n modulo r ist (wir greifen hier etwas vor, vgl. Abschn. 10.2). Die Berechnung des Montgomery-Produktes geschieht nun nach folgendem Algorithmus:

6.4 Montgomery-Reduktion und Potenzierung

Berechnung des Montgomery-Produktes $a \times b$ in $R(r, n)$:

1. Setze $t \leftarrow a \cdot b$.
2. Setze $m \leftarrow t \cdot n' \bmod r$.
3. Setze $u \leftarrow (t + m \cdot n)/r$ (der Quotient ist ganzzahlig, siehe oben).
4. Falls $u \geq n$, gebe $u - n$ und sonst u als Ergebnis aus. Aufgrund der obigen Wahl der Parameter gilt $a, b < n$ sowie $m, n < r$ und schließlich $u < 2n$ (vgl. (6.22) auf Seite 97).

Das Montgomery-Produkt erfordert drei Langzahl-Multiplikationen, eine in Schritt 1 und zwei weitere für die Reduktion in den Schritten 2 und 3. Ein Beispiel mit kleinen Zahlen verdeutlicht die Vorgehensweise:

Es seien $a = 386$, $b = 257$ und $n = 533$. Sei weiter $r = 2^{10}$. Dann ist $n' = -n^{-1} \bmod r = 707$, $m = 6$, $t + m \cdot n = 102400$ und $u = 100$.

Eine modulare Multiplikation $a \cdot b \bmod n$ mit ungeradem n lässt sich nun berechnen, indem wir zunächst $a' \leftarrow a \cdot r \bmod n$ und $b' \leftarrow b \cdot r \bmod n$ nach R transformieren, dort das Montgomery-Produkt $p' \leftarrow a' \times b' = a' \cdot b' \cdot r^{-1} \bmod n$ bilden und dann mit $p \leftarrow p' \times 1 = p' \cdot r^{-1} = a \cdot b \bmod n$ das gewünschte Ergebnis erhalten. Die durch den letzten Schritt bewirkte Rücktransformierung können wir allerdings einsparen, indem wir sofort $p \leftarrow a' \times b$ bilden und damit auf die Transformierung von b verzichten, so dass sich insgesamt der folgende Algorithmus ergibt:

Berechnung von $p = a \cdot b \bmod n$ (n ungerade) mit Montgomery-Produkt:

1. Bestimme $r := 2^s$ mit $2^{s-1} \leq n < 2^s$. Berechne $1 = r' \cdot r - n' \cdot n$ mit dem Erweiterten Euklidischen Algorithmus.
2. Setze $a' \leftarrow a \cdot r \bmod n$.
3. Setze $p \leftarrow a' \times b$ und gebe p aus.

Wiederum ein Beispiel mit kleinen Zahlen zur Veranschaulichung: Es seien $a = 123$, $b = 456$, $n = 789$, $r = 2^{10}$. Dann ist $n' = -n^{-1} \bmod r = 963$, $a' = 501$ und $p = a' \times b = 69 = a \cdot b \bmod n$.

Da die Vorberechnungen von r' und n' in den Schritten 1 und 2 im Vergleich zu den übrigen Operationen sehr zeitaufwendig sind und die Montgomery-Reduktion in dieser Fassung dazu noch mit zwei Langzahl-Multiplikationen zu Buche schlägt, ergibt sich insgesamt sogar ein erhöhter Rechenaufwand gegenüber der „normalen" modularen Multiplikation, so dass sich die Berechnung *einzelner* Produkte mit Hilfe der Montgomery-Reduktion nicht lohnt.

In Fällen allerdings, wo *viele* modulare Multiplikationen mit einem *konstanten* Modulus benötigt werden, für die also die zeitaufwendigen Vorberechnungen nur einmal anfallen, dürfen wir ein günstigeres Zeitverhalten erwarten. Besonders gut für den Einsatz des Montgomery-Produktes eignet sich die modulare Potenzierung, wozu wir den M-ären Algorithmus auf passende Weise umformulieren. Dazu seien wieder $e = (e_{m-1}e_{m-2}\ldots e_0)_B$ und $n = (n_{l-1}n_{l-2}\ldots n_0)_B$ die Darstellungen des Exponenten e und des Modulus n zur Basis $B = 2^k$. Der folgende Algorithmus berechnet Potenzen $a^e \bmod n$ in $\mathbb{Z}_n$ mit ungeradem n unter Verwendung der Montgomery-Multiplikation; die bei der Potenzierung anfallenden Quadrate werden dabei zu Montgomery-Produkten $a \times a$, zu deren Berechnung wir ebenfalls die Vorteile der Quadrierung nutzen können:

Potenzierung modulo n (n ungerade) mit Montgomery-Produkt:

1. Setze $r \leftarrow B^l = 2^{kl}$. Berechne $1 = r \cdot r' - n \cdot n'$ mit dem Euklidischen Algorithmus.

2. Setze $\bar{a} \leftarrow a \cdot r \bmod n$. Berechne und speichere die Potenzen $\bar{a}^3, \bar{a}^5, \ldots, \bar{a}^{2^k-1}$ unter Verwendung des Montgomery-Produktes $\times$ in $R(r, n)$.

3. Falls $e_{m-1} \neq 0$ ist, zerlege $e_{m-1} = 2^t \cdot u$ mit ungeradem u. Setze $\bar{p} \leftarrow (\bar{a}^u)^{2^t}$.

   Falls $e_{m-1} = 0$ ist, setze $\bar{p} \leftarrow r \bmod n$.

   In jedem Falle setze $i \leftarrow m - 2$.

4. Falls $e_i = 0$ setze $\bar{p} \leftarrow \bar{p}^{2^k} = (\cdots((\bar{p}^2)^2)^2\cdots)^2$ (k-fache Quadrierung $\bar{p}^2 = \bar{p} \times \bar{p}$).

   Falls $e_i \neq 0$ zerlege $e_i = 2^t \cdot u$ mit ungeradem u. Setze $\bar{p} \leftarrow (\bar{p}^{2^{k-t}} \times \bar{a}^u)^{2^t}$.

5. Falls $i \geq 0$ setze $i \leftarrow i - 1$ und gehe zu 4.

6. Ausgabe des Montgomery-Produktes $\bar{p} \times 1$.

Weiteres Potential zur Rationalisierung liegt weniger beim Potenzierungsalgorithmus, als in der Realisierung des Montgomery-Produktes selbst, wie S. R. Dussé und B. S. Kaliski in [DUKA] feststellen:

Bei der Berechnung des Montgomery-Produktes auf Seite 95 in Schritt 2 kann bei der Zuweisung $m \leftarrow t \cdot n' \bmod r$ auf die Reduktion modulo r verzichtet werden. Darüber hinaus reicht es sogar, mit $n'_0 := n' \bmod B$ statt mit n' zu rechnen, um die Montgomery-Reduktion auszuführen. Wir können jeweils eine Stelle $m_i \leftarrow t_i \cdot n'_0$ modulo B bilden, diese mit n multiplizieren, mit dem Faktor B^i skalieren und zu t addieren. Zur Berechnung von $a \cdot b \bmod n$ mit $a, b < n$ habe wie oben der Modulus n die Darstellung $n = (n_{l-1}n_{l-2}\ldots n_0)_B$, und es seien $r := B^l$ sowie $r \cdot r' - n \cdot n' = 1$ und $n'_0 := n' \bmod B$:

6.4 Montgomery-Reduktion und Potenzierung

Berechnung des Montgomery-Produktes $a \times b$ nach Dussé und Kaliski:

1. Setze $t \leftarrow a \cdot b$, $n_0' \leftarrow n' \bmod B$, $i \leftarrow 0$.
2. Setze $m_i \leftarrow t_i \cdot n_0' \bmod B$ (m_i ist eine einstellige Zahl).
3. Setze $t \leftarrow t + m_i \cdot n \cdot B^i$.
4. Setze $i \leftarrow i + 1$; falls $i \leq l - 1$ gehe zu 2.
5. Setze $t \leftarrow t/r$.
6. Falls $t \geq n$, gebe $t - n$ und sonst t als Ergebnis aus.

Als Begründung für diese pfiffige Vereinfachung stellen Dussé und Kaliski fest, dass diesem Algorithmus der Ansatz der Montgomery-Reduktion zugrunde liegt, t als ein Vielfaches von r zu entwickeln, auf einen Beweis wird jedoch großzügig verzichtet. Bevor wir dieses Verfahren verwenden, wollen wir uns daher genauer klar machen, wieso es zur Berechnung von $a \times b$ ausreicht. Die folgende Darstellung orientiert sich an einem Beweis von Christoph Burnikel [ZIEG]:

Der Algorithmus berechnet in den Schritten 2 und 3 eine Folge $(t^{(i)})_{i=0,...,l}$ mittels der Rekursion

$$t^{(0)} = a \cdot b, \qquad (6.17)$$

$$t^{(i+1)} = f(t^{(i)}/B^i) \cdot B^i \ (i = 0, ..., l-1) \qquad (6.18)$$

wobei $f(t) = t + ((t \bmod B) \cdot (-n^{-1} \bmod B) \bmod B) \cdot n$ die bereits bekannte Abbildung ist, die durch die Montgomery-Gleichung induziert wird (vgl. Seite 94 (6.14) und setze dort in $f(t)$ $r \leftarrow B$ ein). Die Folgenglieder $t^{(i)}$ haben die Eigenschaften

$$t^{(i)} \equiv 0 \bmod B^i \qquad (6.19)$$

$$t^{(i)} \equiv a \cdot b \bmod n \qquad (6.20)$$

$$t^{(l)}/r \equiv a \cdot b \cdot r^{-1} \bmod n \qquad (6.21)$$

$$t^{(l)}/r < 2n. \qquad (6.22)$$

Die Eigenschaften (6.19) und (6.20) ergeben sich induktiv aus (6.15), (6.16), (6.17) und (6.18); aus (6.19) folgt $B^l \mid t^{(l)} \Leftrightarrow r \mid t^{(l)}$. Hieraus und aus $t^{(l)} \equiv a \cdot b \bmod n$ folgt (6.21) und zuletzt gilt (6.22) wegen $t^{(l)} = t^{(0)} + n \sum_{i=0}^{l-1} m_i B^i < 2nB^l$ (man beachte hier, dass $t^{(0)} = a \cdot b < n^2 < nB^l$ ist).

Der Aufwand für die Reduktion wird jetzt im Wesentlichen durch eine Multiplikation von Zahlen der Größenordnung des Moduls bestimmt. Diese Variante der Montgomery-Multiplikation lässt sich elegant unter Verwendung des Codes erstellen, der den Kern der Multiplikationsroutine mul_l() (vgl. S. 30) bildet:

Funktion:	Montgomery-Produkt
Syntax:	void mulmon_l (CLINT a_l, CLINT b_l, CLINT n_l, USHORT nprime, USHORT logB_r, CLINT p_l);
Eingabe:	a_l, b_l (Faktoren a und b) n_l (Modulus $n > a, b$) nprime (n' mod B) logB_r (Logarithmus von r zur Basis $B = 2^{16}$, es muss gelten $B^{\text{logB\_r}-1} \leq n < B^{\text{logB\_r}}$)
Ausgabe:	p_l (Montgomery-Produkt $a \times b = a \cdot b \cdot r^{-1}$ mod n)

```
void
mulmon_l (CLINT a_l, CLINT b_l, CLINT n_l, USHORT nprime, USHORT logB_r,
          CLINT p_l)
{
  CLINTD t_l;
  clint *tptr_l, *nptr_l, *tiptr_l, *lasttnptr, *lastnptr;
  ULONG carry;
  USHORT mi;
  int i;

  mult (a_l, b_l, t_l);
  lasttnptr = t_l + DIGITS_L (n_l);
  lastnptr = MSDPTR_L (n_l);
```

Die obige Verwendung der Funktion mult() ermöglicht die Multiplikation von a_l und b_l, ohne dass es zu einem Überlauf kommt (vgl. S. 62); für die Montgomery-Quadrierung setzen wir hier einfach sqr() ein. Das Ergebnis findet in t_l genügend Platz. Als Nächstes wird t_l mit führenden Nullen auf die doppelte Stellenzahl von n_l gebracht, falls diese von t_l unterschritten wird:

```
  for (i = DIGITS_L (t_l) + 1; i <= (DIGITS_L (n_l) << 1); i++)
    {
      t_l[i] = 0;
    }

  SETDIGITS_L (t_l, MAX (DIGITS_L (t_l), DIGITS_L (n_l) << 1));
```

Innerhalb der folgenden Doppelschleife werden nacheinander die Partialprodukte $m_i \cdot n \cdot B^i$ mit $m_i := t_i \cdot n'_0$ berechnet und zu t_l addiert. Hier findet sich im Wesentlichen der Code unserer Multiplikationsfunktion mul_l() wieder:

6.4 Montgomery-Reduktion und Potenzierung

```
for (tptr_l = LSDPTR_L (t_l); tptr_l <= lasttnptr; tptr_l++)
  {
    carry = 0;
    mi = (USHORT)((ULONG)nprime * (ULONG)*tptr_l);

    for (nptr_l = LSDPTR_L (n_l), tiptr_l = tptr_l;
         nptr_l <= lastnptr; nptr_l++, tiptr_l++)
      {
        *tiptr_l = (USHORT)(carry = (ULONG)mi * (ULONG)*nptr_l +
            (ULONG)*tiptr_l + (ULONG)(USHORT)(carry >> BITPERDGT));
      }
```

In der folgenden inneren Schleife wird ein eventueller Übertrag bis zur höchstwertigen Stelle von t_l transportiert, und t_l erhält eine zusätzliche Stelle, falls erforderlich. Dieser Schritt ist notwendig, da t_l zu Beginn der Hauptschleife mit einem Wert belegt und nicht wie die Variable p_l bei der Multiplikation mit 0 initialisiert war:

```
    for ( ;
         ((carry >> BITPERDGT) > 0) && tiptr_l <= MSDPTR_L (t_l);
         tiptr_l++)
      {
        *tiptr_l = (USHORT)(carry = (ULONG)*tiptr_l +
                 (ULONG)(USHORT)(carry >> BITPERDGT));
      }

    if (((carry >> BITPERDGT) > 0))
      {
        *tiptr_l = (USHORT)(carry >> BITPERDGT);
        INCDIGITS_L (t_l);
      }
  }
```

Es folgt die Division durch B^l, dazu schieben wir t_l um logB_r Stellen nach rechts, bzw. ignorieren die logB_r niederwertigen Stellen von t_l. Danach wird gegebenenfalls der Modulus n_l von t_l subtrahiert, bevor t_l als Ergebnis in p_l zurückgegeben wird:

```
tptr_l = t_l + (logB_r);
SETDIGIT_L (tptr_l, DIGITS_L (t_l) - (logB_r));

if (GE_L (tptr_l, n_l))
  {
    sub_l (tptr_l, n_l, p_l);
  }
else
  {
    cpy_l (p_l, tptr_l);
  }
}
```

Die *Montgomery-Quadrierung* sqrmon_l() unterscheidet sich von dieser Funktion nur unwesentlich: Es fehlt der Parameter b_l im Funktionsaufruf und statt der Multiplikation mit mult (a_l, b_l, t_l) verwenden wir die Quadrierung sqr (a_l, t_l), die ebenfalls einen eventuellen Überlauf ignoriert. Allerdings ist bei der Modularen Quadrierung mittels der Montgomery-Methode zu berücksichtigen, dass nach der Berechnung von $p' \leftarrow a' \times a'$ die Rücktransformation $p \leftarrow p' \times 1 = p' \cdot r^{-1} = a^2 \bmod n$ explizit berechnet werden muss (vgl. S. 95):

Funktion:	Montgomery-Quadrat
Syntax:	void sqrmon_l (CLINT a_l, CLINT n_l, USHORT nprime, USHORT logB_r, CLINT p_l);
Eingabe:	a_l (Faktor *a*) n_l (Modulus *n* > *a*) nprime (*n*' mod *B*) logB_r (Logarithmus von *r* zur Basis $B = 2^{16}$, es muss gelten $B^{\text{logB\_r}-1} \leq n < B^{\text{logB\_r}}$)
Ausgabe:	p_l (Montgomery-Quadrat $a^2 \cdot r^{-1} \bmod n$)

Dussé und Kaliski geben in ihrem Aufsatz des Weiteren die folgende Variante des in Abschnitt 10.2 im Detail behandelten Erweiterten Euklidischen Algorithmus zur Berechnung von $n'_0 = n' \bmod B$ an, mit welcher der Aufwand für die Vorberechnungen reduziert werden kann. Der Algorithmus berechnet $-n^{-1} \bmod 2^s$ für ein $s > 0$ und ein ungerades n und erfordert hierzu keine Langzahl-Arithmetik:

Algorithmus zur Berechnung des Inversen $-n^{-1} \bmod 2^s$ für $s > 0$, n ungerade:

1. Setze $x \leftarrow 2$, $y \leftarrow 1$ und $i \leftarrow 2$.
2. Falls $x < n \cdot y \bmod x$ ist, setze $y \leftarrow y + x$.
3. Setze $x \leftarrow 2x$ und $i \leftarrow i + 1$; falls $i \leq s$ ist, gehe zu Schritt 2.
4. Gebe $x - y$ aus.

Mittels vollständiger Induktion kann gezeigt werden, dass in Schritt 2 dieses Algorithmus stets $y \cdot n \equiv 1 \bmod x$ gilt, also $y \equiv n^{-1} \bmod x$. Nachdem in Schritt 3 x den Wert 2^s angenommen hat, erhalten wir mit $2^s - y \equiv -n^{-1} \bmod 2^s$ das gewünschte Ergebnis, wenn wir s so wählen, dass $2^s = B$ ist. Die kurze Funktion hierzu ist unter dem Namen invmon_l() in den FLINT/C-Quellen enthalten. Sie nimmt lediglich den Modulus n als Argument und gibt den Wert $-n^{-1} \bmod B$ aus.

6.4 Montgomery-Reduktion und Potenzierung

Die vorangehenden Überlegungen sind in die Erstellung der beiden Funktionen mexp5m_l() und mexpkm_l() eingeflossen, für die wir hier nur die Schnittstellen angeben, zusammen mit einem Rechenbeispiel:

Funktion:	Modulare Potenzierung mit ungeradem Modulus (2^5- bzw. 2^k-äre Methode mit Montgomery-Produkt)
Syntax:	int mexp5m_l (CLINT bas_l, CLINT exp_l, CLINT p_l, CLINT m_l);
	int mexpkm_l (CLINT bas_l, CLINT exp_l, CLINT p_l, CLINT m_l);
Eingabe:	bas_l (Basis), exp_l (Exponent), m_l (Modulus)
Ausgabe:	p_l (Potenzrest)
Rückgabe:	E_CLINT_OK falls alles O. K.
	E_CLINT_DBZ bei Division durch 0
	E_CLINT_MAL bei malloc()-Fehler
	E_CLINT_MOD bei geradem Modulus

Diese Funktionen nutzen die Routinen invmon_l(), mulmon_l() und sqrmon_l() zur Berechnung von Montgomery-Produkten. Ihre Implementierung beruht auf den nach dem oben angegebenen Potenzierungsalgorithmus modifizierten Funktionen mexp5_l() und mexpk_l().

Die Abläufe der Montgomery-Potenzierung in mexpkm_l() wollen wir am gleichen Zahlenbeispiel nachvollziehen, das wir für die M-äre Potenzierung betrachtet haben (vgl. S. 86). Die Potenz $1234^{667} \bmod 18577$ wird in den folgenden Schritten ausgerechnet:

1. **Vorberechnungen**

    Die Darstellung des Exponenten $e = 667$ erfolgt zur Basis 2^k mit $k = 2$ (vgl. Algorithmus zur Montgomery-Potenzierung auf S. 96), der Exponent e erhält somit die Darstellung $e = (10\ 10\ 01\ 10\ 11)_{2^2}$.
    Der Wert r für die Montgomery-Reduktion beträgt $r = 2^{16} = B = 65536$.
    Der Wert n'_0 (vgl. S. 97) berechnet sich zu $n'_0 = 34703$.
    Die Transformation der Basis a in das Restsystem $R(r, n)$ (vgl. S. 94) erfolgt durch $\bar{a} = a \cdot r \bmod n = 1234 \cdot 65536 \bmod 18577 = 5743$.
    Die Potenz $\bar{a}^3$ in $R(r, n)$ hat den Wert $\bar{a}^3 = 9227$. Weitere Potenzen von $\bar{a}$ fallen bei der Vorberechnung aufgrund des kleinen Exponenten nicht an.

2. Potenzierungsschleife

Exponenten-Stelle $e_i = 2^t \cdot u$	$2^1 \cdot 1$	$2^1 \cdot 1$	$2^0 \cdot 1$	$2^1 \cdot 1$	$2^0 \cdot 3$
$\bar{p} \leftarrow \bar{p}^2$	–	16994	3682	14511	11066
$\bar{p} \leftarrow \bar{p}^{2^2}$	–	–	6646	–	12834
$\bar{p} \leftarrow \bar{p} \times \bar{a}^u$	5743	15740	8707	16923	1583
$\bar{p} \leftarrow \bar{p}^2$	9025	11105	–	1628	–

3. Ergebnis

Wert der Potenz p nach der Normalisierung:

$p = \bar{p} \times 1 = \bar{p} \cdot r^{-1} \bmod n = 1583 \cdot r^{-1} \bmod n = \underline{4445}$.

Wer sich mit der Codierung der Funktionen mexp5m_l() und mexpkm_l() im Detail befassen und die Berechnungsschritte des Beispiels anhand der Funktion mexpkm_l() nachvollziehen möchte, sei hierzu auf den FLINT/C-Quellcode verwiesen.

Zu Beginn dieses Kapitels haben wir die Funktion wmexp_l() entwickelt, die speziell bei der Potenzierung von kleinen Basen Vorteile hat, da stets nur Multiplikationen $p \leftarrow p \cdot a \bmod m$ von der Art CLINT * USHORT mod CLINT vorkommen. Um auch bei dieser Funktion von dem Montgomery-Verfahren zu profitieren, stellen wir die modulare Quadrierung auf die Montgomery-Quadrierung um, wie bei mexpkm_l() unter Verwendung der schnellen Invertierungsfunktion invmon_l(), lassen jedoch die Multiplikation unverändert. Dies können wir tun, da wir mit den Rechenschritten zur Montgomery-Quadrierung und zur konventionellen Multiplikation modulo n

$$(a^2 \cdot r^{-1}) \cdot b \equiv (a^2 \cdot b) \cdot r^{-1} \bmod n$$

das oben eingeführte Restsystem $R(r, n) = \{i \cdot r \bmod n \mid 0 \leq i < n\}$ nicht verlassen. Diese Vorgehensweise liefert uns sowohl die Funktion wmexpm_l() als auch die hierzu duale Funktion umexpm_l() für USHORT-Exponenten, jeweils für ungerade Moduli, die uns gegenüber den beiden konventionellen Funktionen wmexp_l() und umexp_l() noch einmal einen deutlich messbaren Gewinn an Rechengeschwindigkeit bescheren. Auch für diese Funktionen stellen wir hier lediglich die Schnittstelle und ein Zahlenbeispiel dar, für die Details der Implementierung wird wiederum auf die FLINT/C-Quellen verwiesen.

6.4 Montgomery-Reduktion und Potenzierung

Funktion:	Modulare Potenzierung mit Montgomery-Reduktion für USHORT-Basis bzw. USHORT- Exponenten und ungeraden Modulus

Syntax:	`int wmexpm_l (USHORT bas, CLINT e_l,`
	`                CLINT p_l, CLINT m_l);`
	
	`int umexpm_l (CLINT bas_l, USHORT e,`
	`                CLINT p_l, CLINT m_l);`

Eingabe:	bas, bas_l (Basis) e, e_l (Exponent) m_l (Modulus)
Ausgabe:	p_l (Rest von bas$^{e\_l}$ mod m_l bzw. von bas_l^e mod m_l)
Rückgabe:	E_CLINT_OK falls alles O. K. E_CLINT_DBZ bei Division durch 0 E_CLINT_MOD bei geradem Modulus

Die Funktion wmexpm_l() ist wie maßgeschneidert für unseren Primzahltest in Abschnitt 10.5, wo wir von den hier geleisteten Vorarbeiten profitieren werden. Der Ablauf der Funktion wird durch das bereits verwendete Beispiel der Berechnung von 1234^{667} mod 18577 dokumentiert:

1. **Vorberechnungen**

   Die Binärdarstellung des Exponenten ist $e = (1010011011)_2$.
   Der Wert r für die Montgomery-Reduktion beträgt $r = 2^{16} = B = 65536$.
   Der Wert n'_0 (vgl. S. 97) berechnet sich wie oben zu $n'_0 = 34703$.
   Der Startwert für $\bar{p}$ wird gesetzt zu $\bar{p} \leftarrow p \cdot r$ mod 18577.

2. **Potenzierungsschleife**

Exponenten-Bit	1	0	1	0	0	1	1	0	1	1
$\bar{p} \leftarrow \bar{p} \times \bar{p}$ in $R(r, n)$	9805	9025	16994	11105	3682	6646	14511	1628	11066	9350
$\bar{p} \leftarrow \bar{p} \cdot a$ mod n	5743	–	15740	–	–	8707	16923	–	1349	1583

4. **Ergebnis**

   Wert der Potenz p nach der Normalisierung:
   $p = \bar{p} \times 1 = \bar{p} \cdot r^{-1}$ mod $n = 1583 \cdot r^{-1}$ mod $n = \underline{4445}$.

Eine detaillierte Analyse des Zeitverhaltens der Montgomery-Reduktion unter Berücksichtigung der verschiedenen Optimierungen ist in [BOSS] enthalten; dort wird eine Zeitersparnis von 10 bis 20 Prozent bei der modularen Potenzierung durch Verwendung der Montgomery-Multiplikation versprochen. Wie die in Anhang D enthaltene Übersicht über typische Rechenzeiten der FLINT/C-Funktionen zeigt, bestätigen unsere Implementierungen dies voll und ganz. Zwar gilt die Einschränkung, dass die Potenzierungsfunktionen, welche die Montgomery-Reduktion verwenden, nur für ungerade Moduli einsetzbar sind; für viele Anwendungen jedoch, beispielsweise für die Ver- und Entschlüsselung sowie die Berechnung digitaler Signaturen nach dem RSA-Verfahren (vgl. Kap. 16), sind die Funktionen mexp5m_l() bzw. mexpkm_l() die Alternativen der Wahl.

Insgesamt verfügen wir nun über eine Reihe von leistungsfähigen Funktionen zur modularen Potenzierung. Um den Überblick zu behalten, werden die Funktionen zum Abschluss des Kapitels mit ihren jeweiligen speziellen Eigenschaften und Anwendungsbereichen in der folgenden Tabelle zusammengefasst:

Funktion	Anwendungsbereich
mexp5_l()	Allgemeine 2^5-äre Potenzierung, ohne Speicherallokierung, hoher Stack-Bedarf.
mexpk_l()	Allgemeine 2^k-äre Potenzierung mit optimalem k für CLINT-Zahlen, mit Speicherallokierung, geringer Stack-Bedarf.
mexp5m_l()	2^5-äre Montgomery-Potenzierung für ungerade Moduli, ohne Speicherallokierung, hoher Stack-Bedarf.
mexpkm_l()	2^k-äre Montgomery-Potenzierung für ungerade Moduli, mit optimalem k für CLINT-Zahlen bis 4096 Binärstellen, mit Speicherallokierung, geringer Stack-Bedarf.
umexp_l()	Gemischte binäre Potenzierung einer CLINT-Basis mit USHORT-Exponenten, geringer Stack-Bedarf.
umexpm_l()	Gemischte binäre Potenzierung einer CLINT-Basis mit USHORT-Exponenten und Montgomery-Reduktion, daher nur ungerade Moduli, geringer Stack-Bedarf.
wmexp_l()	Gemischte binäre Potenzierung einer USHORT-Basis mit CLINT-Exponenten, geringer Stack-Bedarf.
wmexpm_l()	Gemischte binäre Potenzierung mit Montgomery-Quadrierung einer USHORT-Basis mit CLINT-Exponenten, ungerade Moduli, geringer Stack-Bedarf.
mexp2_l()	Gemischte Potenzierung mit einem Zweierpotenz-Exponenten, geringer Stack-Bedarf.

Tab. 8: Potenzierungsfunktionen in FLINT/C

6.5 Kryptographische Anwendung der Potenzierung

Nun, da wir ein so langes Kapitel über die Berechnung von Potenzen nahezu hinter uns gebracht haben, ist die Frage berechtigt, was man denn alles Kryptographisches mit der modularen Potenzierung anfangen kann. Als Beispiel wäre da natürlich zunächst das RSA-Verfahren zu nennen, das für die Ver- und Entschlüsselung – die passenden Schlüssel vorausgesetzt – jeweils eine modulare Potenzierung erfordert. Der Autor bittet die Leserinnen und Leser allerdings noch um etwas Geduld, da für das RSA-Verfahren erst einige weitere Dinge im Laufe der folgenden Kapitel zusammengetragen werden. Wir kommen hierauf ausführlich in Kapitel 16 zurück.

Für diejenigen, die nicht solange warten mögen, werden als Beispiele für die Anwendung der Potenzierung zwei wichtige Algorithmen vorgestellt, das 1976 von Martin E. Hellman und Whitfield Diffie vorgeschlagene Verfahren zum Austausch kryptographischer Schlüssel (vgl. [DIFF]), sowie das Verschlüsselungsverfahren von Taher ElGamal als eine Erweiterung des Diffie-Hellman-Verfahrens.

Beim Diffie-Hellman-Verfahren handelt es sich um eine Pionierleistung, nämlich um das erste der so genannten *Public-Key-* oder *asymmetrischen* Kryptoverfahren (vgl. Kap. 16), das veröffentlicht wurde, bevor zwei Jahre später Rivest, Shamir und Adleman das RSA-Verfahren publizierten (vgl. [RIVE]). Unterschiedliche Varianten des Diffie-Hellman-Verfahrens werden heute für die Schlüsselverteilung in den Kommunikations- bzw. Sicherheitsprotokollen IPSec, IPv6 und SSL des Internet eingesetzt, die zur Sicherung bei der Übertragung von Datenpaketen der IP-Protokollschicht bzw. von Daten der Anwendungsebene, beispielsweise aus den Bereichen des Electronic Commerce bzw. des E-Business, entwickelt wurden. Dieses Prinzip der Schlüsselverteilung, besitzt damit eine kaum zu überschätzende praktische Bedeutung[18].

Mit Hilfe des Diffie-Hellman-Protokolls können zwei Kommunikationspartner $\mathcal{A}$ und $\mathcal{B}$ auf einfache Weise einen geheimen Schlüssel aushandeln, der dann im Weiteren zur Verschlüsselung der Kommunikation zwischen beiden verwendet werden kann. Nachdem $\mathcal{A}$ und $\mathcal{B}$ sich hierzu auf eine große Primzahl p und eine Primitivwurzel a modulo p (wir kommen hierauf weiter unten zurück) geeinigt haben, läuft das Diffie-Hellman-Protokoll wie folgt ab:

Protokoll zum Schlüsselaustausch nach Diffie-Hellman

1. $\mathcal{A}$ wählt einen beliebigen Wert $x_\mathcal{A} \leq p - 1$ und sendet $y_\mathcal{A} := a^{x_\mathcal{A}} \bmod p$ als seinen öffentlichen Schlüssel an $\mathcal{B}$.

---

[18] IP Security (IPSec), entwickelt durch die Internet Engineering Task Force (IETF), ist als umfangreiches Sicherheitsprotokoll Bestandteil des zukünftigen Internet Protokolls IPv6. Es wurde so gestaltet, dass es auch im Rahmen des derzeitigen Internet-Protokolls (IPv4) verwendet werden kann. Secure Socket Layer (SSL) ist ein von Netscape entwickeltes Sicherheitsprotokoll oberhalb des TCP-Protokolls, das Ende-zu-Ende-Sicherheitsdienste für Anwendungen wie HTTP, FTP oder SMTP zur Verfügung stellt (für alles vgl. [STAL], Kap. 13 und 14).

2. $\mathcal{B}$ wählt einen beliebigen Wert $x_\mathcal{B} \leq p-1$ und sendet $y_\mathcal{B} := a^{x_\mathcal{B}} \bmod p$ als seinen öffentlichen Schlüssel an $\mathcal{A}$.

3. $\mathcal{A}$ berechnet den geheimen Schlüssel $s_\mathcal{A} := y_\mathcal{B}^{x_\mathcal{A}} \bmod p$.

4. $\mathcal{B}$ berechnet den geheimen Schlüssel $s_\mathcal{B} := y_\mathcal{A}^{x_\mathcal{B}} \bmod p$.

Wegen $s_\mathcal{A} \equiv y_\mathcal{B}^{x_\mathcal{A}} \equiv a^{x_\mathcal{B} x_\mathcal{A}} \equiv y_\mathcal{A}^{x_\mathcal{B}} \equiv s_\mathcal{B} \bmod p$ verfügen $\mathcal{A}$ und $\mathcal{B}$ nach Schritt 4 über einen gemeinsamen geheimen Schlüssel. Die Werte p und a müssen selbst nicht geheim gehalten werden, auch nicht die in den Schritten 1 und 2 ausgetauschten Werte $y_\mathcal{A}$ und $y_\mathcal{B}$. Die Sicherheit des Verfahrens hängt an der Schwierigkeit der Berechnung diskreter Logarithmen[19] in endlichen Körpern, das Brechen des Systems ist höchstens so schwer wie die Berechnung von $x_\mathcal{A}$ oder $x_\mathcal{B}$ aus $y_\mathcal{A}$ oder $y_\mathcal{B}$ in $\mathbb{Z}_p$. Dass jedoch die Berechnung von a^{xy} aus a^x und a^y in einer endlichen zyklischen Gruppe (das sogenannte Diffie-Hellman-Problem) genauso schwer ist wie die Berechnung diskreter Logarithmen und damit *äquivalent* zu diesem Problem ist, wird zwar vermutet, konnte jedoch bisher nicht bewiesen werden.

Um unter diesen Annahmen die Sicherheit des Verfahrens zu gewährleisten, ist jedenfalls der Modulus p ausreichend groß zu wählen (1024 Bit oder mehr, vgl. hierzu S. 308), und es ist zu beachten, dass $p-1$ einen großen Primteiler nahe bei $(p-1)/2$ enthält, um bestimmte Berechnungsverfahren für diskrete Logarithmen auszuschließen (ein Konstruktionsverfahren für solche Primzahlen wird in Kapitel 16 angegeben, im Zusammenhang mit der Erzeugung so genannter *starker Primzahlen*, beispielsweise für das RSA-Verfahren).

Das Verfahren besitzt den Vorteil, dass geheime Schlüssel jeweils bei Bedarf Ad-hoc erzeugt werden können, ohne dass hierzu die Speicherung von Geheimnissen über längere Zeit notwendig wäre. Auch sind über die Vereinbarung der Parameter a und p hinaus keine weiteren Infrastrukturelemente erforderlich, um das Verfahren anwenden zu können. Dennoch besitzt das obige Protokoll einige nachteilige Eigenschaften, als deren gravierendste das Fehlen von Authentizitätsnachweisen für die auszutauschenden Parameter $y_\mathcal{A}$ und $y_\mathcal{B}$ anzusehen ist. Dies macht das Verfahren anfällig für so genannte *Man-in-the-middle*-Attacken, wobei ein Angreifer $\mathcal{X}$ die Nachrichten von $\mathcal{A}$ und $\mathcal{B}$ mit deren öffentlichen Schlüsseln $y_\mathcal{A}$ und $y_\mathcal{B}$ abfängt durch gefälschte Nachrichten an $\mathcal{A}$ und $\mathcal{B}$ ersetzt, die jeweils den eigenen öffentlichen Schlüssel $y_\mathcal{X}$ enthalten. Hiermit berechnen $\mathcal{A}$ und $\mathcal{B}$ die „geheimen" Schlüssel $s'_\mathcal{A} := y_\mathcal{X}^{x_\mathcal{A}} \bmod p$ und $s'_\mathcal{B} := y_\mathcal{X}^{x_\mathcal{B}} \bmod p$. $\mathcal{X}$ seinerseits berechnet $s'_\mathcal{A}$ aus $y_\mathcal{A}^{x_\mathcal{X}} \equiv a^{x_\mathcal{A} x_\mathcal{X}} \equiv a^{x_\mathcal{X} x_\mathcal{A}} \equiv y_\mathcal{X}^{x_\mathcal{A}} \equiv s'_\mathcal{A} \bmod p$ und $s'_\mathcal{B}$ analog hierzu. Das Diffie-Hellman-Protokoll ist nun nicht zwischen $\mathcal{A}$ und $\mathcal{B}$, sondern zwischen $\mathcal{X}$ und $\mathcal{A}$ sowie $\mathcal{X}$ und $\mathcal{B}$ ausgeführt worden. $\mathcal{X}$ ist damit in der Lage, von $\mathcal{A}$ oder $\mathcal{B}$ stammende Nachrichten zu entschlüsseln und durch gefälschte Nachrichten an $\mathcal{A}$ oder

---

[19] Zum Berechnungsproblem diskreter Logarithmen vergleiche [SCHN], Kap. 11.6, sowie [ODLY].

$\mathcal{B}$ zu ersetzen. Fatal ist, dass die Teilnehmer $\mathcal{A}$ und $\mathcal{B}$ aus kryptographischer Sicht keinerlei Hinweise auf derartige Vorgänge erhalten.

Um diese Nachteile auszugleichen ohne die Vorteile aufgeben zu müssen, wurden einige Varianten und Erweiterungen für den Einsatz im Internet entwickelt. Sie alle berücksichtigen die Notwendigkeit, Schlüsselinformationen so auszutauschen, dass ihre Authentizität nachprüfbar ist. Dies kann unter anderem dadurch erreicht werden, dass die öffentlichen Schlüssel durch die Teilnehmer digital signiert werden und die zugehörigen Zertifikate einer Zertifizierungsinstanz mitgeschickt werden (vgl. hierzu S. 314, Abschn. 16.3), wie es etwa im SSL-Protokoll realisiert wurde. IPSec und IPv6 verwenden ein aufwendig konstruiertes Verfahren mit der Bezeichnung ISAKMP/Oakley[20], das sämtliche Nachteile des puren Diffie-Hellmann-Protokolls beseitigt (zu den Details vgl. [STAL], S. 422f).

Zur Bestimmung einer Primitivwurzel modulo p, das heißt eines Wertes a, dessen Potenzen $a^i \bmod p$ mit $i = 0, 1, \ldots, p - 2$ sämtliche Elemente der multiplikativen Gruppe $\mathbb{Z}_p^\times = \{1, \ldots, p-1\}$ sind (vgl. hierzu auch Abschnitt 10.2), kann der folgende kurze Algorithmus verwendet werden (vgl. [KNUT], Abschn. 3.2.1.2, Theorem C). Es wird angenommen, dass die Zerlegung $p - 1 = p_1^{e_1} \cdot \ldots \cdot p_k^{e_k}$ der Ordnung von $\mathbb{Z}_p^\times$ in Primfaktoren bekannt sei:

Bestimmung einer Primitivwurzel modulo p

1. Wähle zufällig ein $a \in [0, p-1]$ und setze $i \leftarrow 1$.
2. Berechne $t \leftarrow a^{(p-1)/p_i} \bmod p$.
3. Falls $t = 1$ ist gehe zu Schritt 1. Ansonsten setze $i \leftarrow i + 1$. Falls $i \leq k$ ist, gehe zu Schritt 2. Falls $i > k$ ist, gebe a aus und beende den Algorithmus.

Der Algorithmus ist in der folgenden Funktion realisiert:

Funktion:	Ad-hoc Erzeugung einer Primitivwurzel modulo p ($2 < p$ Primzahl)
Syntax:	`int primroot_l (CLINT a_l, unsigned noofprimes,` `                 clint **primes_l);`
Eingabe:	`noofprimes` (Anzahl verschiedener Primfaktoren der Gruppenordnung $p-1$) `primes_l` (Vektor von Zeigern auf CLINT-Objekte, beginnend mit $p-1$, danach folgen die Primteiler $p_1, \ldots, p_k$ der Gruppenordnung $p - 1 = p_1^{e_1} \cdot \ldots \cdot p_k^{e_k}$, mit $k = $ `noofprimes`)
Ausgabe:	`a_l` (Primitivwurzel modulo `p_l`)
Rückgabe:	`E_CLINT_OK` falls alles O. K. `-1` falls $p - 1$ ungerade und p daher keine Primzahl ist

---

[20] ISAKMP: Internet Security Association and Key Management Protocol

```
int
primroot_l (CLINT a_l, unsigned int noofprimes, clint *primes_l[])
{
  CLINT p_l, t_l, junk_l;
  ULONG i;

  if (ISODD_L (primes_l[0]))
    {
      return -1;
    }
```

primes_l[0] enthält $p - 1$, hieraus gewinnen wir den Modulus in p_l:

```
  cpy_l (p_l, primes_l[0]);
  inc_l (p_l);
  SETONE_L (a_l);

  do
    {
      inc_l (a_l);
```

Als Kandidaten a für die gesuchte Primitivwurzel werden natürliche Zahlen größer gleich 2 getestet. Falls a ein Quadrat ist, kann a keine Primitivwurzel modulo p sein, denn dann ist bereits $a^{(p-1)/2} \equiv 1 \bmod p$ und die Ordnung von a daher kleiner $p - 1$; in diesem Fall also wird a_l erneut inkrementiert. Ob a_l ein Quadrat ist, testen wir mit der Funktion issqr_l() (vgl. Abschn. 10.3):

```
      if (issqr_l (a_l, t_l))
        {
          inc_l (a_l);
        }
      i = 1;
```

Die Berechnung von $t \leftarrow a^{(p-1)/p_i} \bmod p$ erfolgt in zwei Schritten, nacheinander werden alle Primfaktoren p_i getestet; wir verwenden die Montgomery-Potenzierung. Falls eine Primitivwurzel gefunden wurde, wird diese in a_l ausgegeben.

```
      do
        {
          div_l (primes_l[0], primes_l[i++], t_l, junk_l);
          mexpkm_l (a_l, t_l, t_l, p_l);
        }
      while ((i <= noofprimes) && !EQONE_L (t_l));
    }
  while (EQONE_L (t_l));

  return E_CLINT_OK;
}
```

6.5 Kryptographische Anwendung der Potenzierung

Als zweites Beispiel für die Anwendung der Potenzierung betrachten wir das Verschlüsselungsverfahren von ElGamal, das als Erweiterung des Diffie-Hellman-Verfahrens seine Sicherheit ebenfalls an die Schwierigkeit der Berechnung diskreter Logarithmen knüpft, denn das Brechen dieses Verfahrens ist äquivalent zur Lösung des Diffie-Hellman-Problems (vgl. S. 106). *Pretty Good Privacy* (PGP), das weltweit bekannte und weithin eingesetzte Werkzeug zur Verschlüsselung und Signierung von E-Mails und Dokumenten, dessen Entwicklung im Wesentlichen auf die Leistung von Phil Zimmermann zurückgeht, verwendet das ElGamal-Verfahren für das Schlüsselmanagement (vgl. [STAL], Abschn. 12.1).

Ein Teilnehmer $\mathcal{A}$ wählt einen öffentlichen und den dazugehörigen privaten Schlüssel wie folgt:

ElGamal-Schlüsselerzeugung

1. $\mathcal{A}$ wählt eine große Primzahl p, so dass $p - 1$ einen großen Primteiler nahe bei $(p - 1)/2$ enthält (vgl. S. 303f.), und eine Primitivwurzel a der multiplikativen Gruppe $\mathbb{Z}_p^\times$ wie oben (vgl. S. 107).

2. $\mathcal{A}$ wählt eine Zufallszahl x mit $1 \leq x < p - 1$ und berechnet $b := a^x \bmod p$ mit Hilfe der Montgomery-Potenzierung.

3. Als öffentlichen Schlüssel verwendet $\mathcal{A}$ das Tripel $\langle p, a, b \rangle_\mathcal{A}$, der zugehörige geheime Schlüssel ist $\langle p, a, x \rangle_\mathcal{A}$.

Mit Hilfe des öffentlichen Schlüssels $\langle p, a, b \rangle_\mathcal{A}$ kann nun eine Teilnehmerin $\mathcal{B}$ eine Nachricht $M \in \{1, \ldots, p - 1\}$ verschlüsseln und an $\mathcal{A}$ senden. Dazu geht sie folgendermaßen vor:

Protokoll zur Verschlüsselung nach ElGamal

1. $\mathcal{B}$ wählt eine Zufallszahl y mit $1 \leq y < p - 1$.

2. $\mathcal{B}$ berechnet $\alpha := a^y \bmod p$ und $\beta := M \cdot b^y \bmod p = M \cdot (a^x)^y \bmod p$.

3. $\mathcal{B}$ sendet das Kryptogramm $C := (\alpha, \beta)$ an $\mathcal{A}$.

4. $\mathcal{A}$ berechnet aus C den Klartext mittels $M = \beta/\alpha^x$ modulo p.

Wegen $\beta/\alpha^x \equiv \beta/(a^x)^y \equiv M \cdot (a^x)^y /(a^x)^y \equiv M \bmod p$ funktioniert das Verfahren, die Berechnung von β/α^x wird durch eine Multiplikation $\beta \cdot \alpha^{p-1-x}$ modulo p ausgeführt.

Die Größe von p sollte je nach Anwendungsbereich 1024 Bit oder mehr betragen (vgl. S. 308) und es sollten für die Verschlüsselung unterschiedlicher Nachrichten M_1 und M_2 unterschiedliche Zufallswerte $y_1 \neq y_2$ verwendet werden, da ansonsten aus $\beta_1/\beta_2 = M_1 \cdot b^y/(M_2 \cdot b^y) = M_1/M_2$ folgen würde – mit M_1 wäre dann auch M_2 bekannt und umgekehrt. Hinsichtlich der Praktikabilität des Verfahrens bleibt anzumerken, dass das Kryptogramm C von der doppelten Größe des Klartextes M ist, was gegenüber anderen Verfahren zu einem erhöhten Aufwand für die Übertragung führt.

Das Verfahren von ElGamal weist in der hier vorgestellten Form allerdings eine interessante Schwäche auf, die darin besteht, dass ein Angreifer in geringem Umfang Information über den Klartext gewinnen kann. Dazu beobachten wir, dass die zyklische Gruppe $\mathbb{Z}_p^\times$ die Untergruppe $U := \{a^x|\ x \text{ ist gerade}\}$ besitzt mit der Ordnung $(p-1)/2$ (vgl. [FISC], Kap. I). Falls nun $b = a^x$ oder $\alpha = a^y$ in U liegen, so gilt dies natürlich auch für $b\alpha = a^{xy}$. Ist dies der Fall und liegt auch der Chiffretext β in U, so ist auch $M = \beta \cdot a^{-xy}$ in U enthalten. Das Gleiche gilt, wenn a^{xy} und β beide nicht in U enthalten sind. In den anderen beiden Fällen, in denen entweder a^{xy} oder β nicht in U liegt, ist auch M nicht in U enthalten. Folgende Kriterien geben Aufschluss über die Lage:

1. $a^{xy} \in U \Leftrightarrow (a^x \in U \text{ oder } a^y \in U)$. Dies, und ob zusätzlich $\beta \in U$ ist, testet man mit

2. Für alle $u \in \mathbb{Z}_p^\times$ gilt $u \in U \Leftrightarrow u^{(p-1)/2} = 1$.

Man mag sich fragen, wie bedenklich es wohl sei, wenn ein Angreifer derartig Information über M gewinnen kann. Aus Sicht der Kryptologie ist dies jedenfalls ein schwer hinnehmbarer Umstand, da der zu durchsuchende Nachrichtenraum mit wenig Aufwand auf die Hälfte reduziert wird. Ob dies in der Praxis hinnehmbar ist oder nicht hängt sicherlich auch vom jeweiligen Anwendungsfall ab. Sicherlich ist dies ein triftiger Grund dafür, die Schlüssellänge großzügig zu bemessen.

Im Übrigen kann man etwas gegen die Schwäche des Verfahrens tun, hoffentlich ohne dabei eine neue, unbekannte Schwachstelle zu erzeugen: Die Multiplikation $M \cdot b^y$ mod p in Schritt 2 des Algorithmus kann durch eine Verschlüsselungsoperation $V(H(a^{xy}), M)$ unter Anwendung eines geeigneten symmetrischen Verschlüsselungsverfahrens V ersetzt werden, wie etwa Triple-DES, IDEA oder Rijndael (vgl. Kap. 19), und einer Hash-Funktion H (vgl. S. 313), die den Wert a^{xy} so komprimiert, dass er als Schlüssel für V verwendbar ist.

So weit unsere Beispiele für die Einsatz der modularen Potenzierung. In der Zahlentheorie und damit auch in der Kryptographie ist die modulare Potenzierung eine Standard-Operation, und wir begegnen ihr weiterhin insbesondere in den Kapiteln 10 und 16 auf Schritt und Tritt. Darüber hinaus sei auf die Darstellungen und zahlreichen Anwendungen in [SCHR] sowie in den enzyklopädischen Werken [SCHN] und [MOV] verwiesen.

7 Bitweise und logische Funktionen

> *'Contrariwise,' continued Tweedledee, 'if it was so, it might be; and if it were so, it would be: but if it isn't, it ain't. That's logic.'*
>
> LEWIS CARROLL: Through the Looking-Glass

In diesem Kapitel werden Funktionen bereitgestellt, die bitweise Operationen auf CLINT-Objekten ausführen, und es werden auch die Funktionen zur Feststellung der Gleichheit und zum Größenvergleich von CLINT-Objekten nachgeliefert, die bereits so ausgiebig verwendet wurden.

Zu den bitweisen Funktionen zählen so genannte *Schiebe-Operationen*, die ein CLINT-Argument in seiner binären Darstellung um einzelne Bit-Positionen verschieben, und einige andere Funktionen mit zwei CLINT-Argumenten, die es ermöglichen, unmittelbar die binäre Darstellung von CLINT-Objekten zu manipulieren. Wie man derartige Operationen für arithmetische Zwecke einsetzen kann, sieht man am deutlichsten an den im Folgenden beschriebenen Schiebe-Operationen, aber auch das bitweise UND lässt sich zur Reduzierung modulo von Zweierpotenzen einsetzen, was wir bereits in Abschnitt 4.3 ausgenutzt haben.

7.1 Shift-Operationen

> *'Oh, das Doppelte', rief der kleine Tiger, 'Wir haben ab jetzt immer Glück, Bär, siehst du. Jetzt haben wir genau das Doppelte. Ist das nicht schön, du?'*
>
> JANOSCH: Komm, wir finden einen Schatz

Die einfachste Form, eine Zahl a der Darstellung $a = (a_{n-1}a_{n-2}...a_0)_B$ zur Basis B mit einer Potenz B^e zu multiplizieren, besteht darin, a um e Stellen nach „links zu schieben". Dies funktioniert bei einer binären Darstellung genauso, wie beim Dezimalsystem, wo uns das Prinzip aus der täglichen Anwendung vertraut ist:

$$a \cdot B^e = (\hat{a}_{n+e-1}\hat{a}_{n+e-2}...\hat{a}_e\hat{a}_{e-1}...\hat{a}_0)_B$$

wobei gilt

$$\hat{a}_{n+e-1} = a_{n-1}, \hat{a}_{n+e-2} = a_{n-2}, ..., \hat{a}_e = a_0, \hat{a}_{e-1} = 0, ..., \hat{a}_0 = 0.$$

Für $B = 2$ entspricht dies der Multiplikation einer binär dargestellten Zahl mit 2^e, für $B = 10$ dem Multiplizieren mit Zehnerpotenzen im Dezimalsystem.
Bei dem analogen Verfahren für die ganzzahlige Division durch Potenzen von B werden die Stellen einer Zahl „nach rechts" geschoben:

$$\lfloor a/B^e \rfloor = (\hat{a}_{n-1}\ldots\hat{a}_{n-e}\hat{a}_{n-e-1}\hat{a}_{n-e-2}\ldots\hat{a}_0)_B ,$$

wobei gilt

$$\hat{a}_{n-1} = \ldots = \hat{a}_{n-e} = 0, \hat{a}_{n-e-1} = a_{n-1}, \hat{a}_{n-e-2} = a_{n-2}, \ldots, \hat{a}_0 = a_e .$$

Für $B = 2$ entspricht dies der ganzzahligen Division einer binär dargestellten Zahl durch 2^e, entsprechendes gilt für andere Basen.

Da die Stellen von CLINT-Objekten im Speicher binär repräsentiert sind, können CLINT-Objekte leicht mit Zweierpotenzen multipliziert werden, indem ihre Binärstellen nach links geschoben werden, wobei die aus jeder Stelle nach links herausgeschobenen Binärstellen in die nächst höherwertige Stelle rechts „eingeschoben" und von rechts frei werdende Binärstellen mit 0 aufgefüllt werden.

Auf entsprechende Weise können CLINT-Objekte durch Zweierpotenzen dividiert werden, indem die aus jeder Stelle nach rechts herausgeschobenen Binärstellen in die nächst niederwertige Stelle eingeschoben werden. Von links frei werdende Stellen werden mit 0 aufgefüllt bzw. als führende Nullen ignoriert, und bei jedem Takt (d. h. Schieben um eine Stelle) geht die jeweils niedrigstwertige Stelle verloren.

Der Vorteil dieser Verfahren liegt auf der Hand: Multiplikation und Division eines CLINT-Objekts a mit bzw. durch eine Zweierpotenz 2^e sind einfach und benötigen höchstens $e \cdot \lceil \log_B(a) \rceil$ viele Schiebeoperationen jeweils eines USHORT-Wertes um eine Binärstelle. Multiplikation und Division von a mit bzw. durch eine Potenz B^e benötigen sogar nur $\lceil \log_B(a) \rceil$ viele Operationen zum Umspeichern von USHORT-Werten.

Im Folgenden werden hierzu drei Funktionen vorgestellt. Die Funktion shl_1() führt eine schnelle Multiplikation einer CLINT-Zahl mit 2 aus, die Funktion shr_1() dividiert eine CLINT-Zahl durch 2 und hinterlässt den ganzzahligen Quotienten.

Die Funktion shift_1() schließlich multipliziert oder dividiert einen CLINT-Typ a mit bzw. durch Zweierpotenzen 2^e. Welche Operation ausgeführt wird, bestimmt das Vorzeichen des Exponenten e der Zweierpotenz, der als Argument mit übergeben wird. Ist der Exponent positiv, wird multipliziert, ist er negativ, wird dividiert. Besitzt e eine Darstellung $e = B \cdot k + l, l < B$, so führt shift_1() die Multiplikation bzw. Division in $(l + 1) \lceil \log_B(a) \rceil$ Operationen auf USHORT-Werten aus.

Alle drei Funktionen operieren modulo $(N_{max} + 1)$ auf Objekten vom CLINT-Typ. Sie sind als Akkumulator-Funktionen realisiert, sie verändern also ihren

7.1 Shift-Operationen

CLINT-Operanden, indem sie diesen mit dem Ergebnis der jeweiligen Operation überschreiben. Die Funktionen testen auf Über- beziehungsweise auf Unterlauf. Beim Schieben kann allerdings nicht wirklich ein Unterlauf auftreten, denn in den Fällen, wo um mehr Positionen geschoben werden soll, als Stellen da sind, ist das Ergebnis einfach Null – fast wie im richtigen Leben. Der Statuswert für Unterlauf E_CLINT_UFL zeigt dann lediglich an, dass weniger zu schieben war, als verlangt wurde, oder mit anderen Worten, dass die Zweierpotenz, durch die dividiert wurde, größer war, als der Dividend; der Quotient ist daher Null. Die drei Funktionen sind folgendermaßen implementiert:

Funktion:	Schieben nach links (Multiplikation mit 2)
Syntax:	int shl_1 (CLINT a_l);
Eingabe:	a_l (Multiplikand)
Ausgabe:	a_l (Produkt)
Rückgabe:	E_CLINT_OK falls alles O. K. E_CLINT_OFL bei Überlauf

```
int
shl_1 (CLINT a_l)
{
  clint *ap_l, *msdptra_l;
  ULONG carry = 0L;
  int error = E_CLINT_OK;

  RMLDZRS_L (a_l);
  if (ld_l (a_l) >= (USHORT)CLINTMAXBIT)
    {
      SETDIGITS_L (a_l, CLINTMAXDIGIT);
      error = E_CLINT_OFL;
    }
  msdptra_l = MSDPTR_L (a_l);
  for (ap_l = LSDPTR_L (a_l); ap_l <= msdptra_l; ap_l++)
    {
      *ap_l = (USHORT)(carry = ((ULONG)*ap_l << 1) | (carry >> BITPERDGT));
    }

  if (carry >> BITPERDGT)
    {
      if (DIGITS_L (a_l) < CLINTMAXDIGIT)
        {
          *ap_l = 1;
          SETDIGITS_L (a_l, DIGITS_L (a_l) + 1);
          error = E_CLINT_OK;
        }
      else
        {
```

```
                    error = E_CLINT_OFL;
                }
        }
    RMLDZRS_L (a_l);
    return error;
}
```

Funktion:	Schieben nach rechts (Ganzzahlige Division durch 2)
Syntax:	int shr_l (CLINT a_l);
Eingabe:	a_l (Dividend)
Ausgabe:	a_l (Quotient)
Rückgabe:	E_CLINT_OK falls alles O. K. E_CLINT_UFL bei „Unterlauf"

```
int
shr_l (CLINT a_l)
{
    clint *ap_l;
    USHORT help, carry = 0;

    if (EQZ_L (a_l))
        return E_CLINT_UFL;

    for (ap_l = MSDPTR_L (a_l); ap_l > a_l; ap_l--)
        {
            help = (USHORT)((USHORT)(*ap_l >> 1) | (USHORT)(carry <<
                                                    (BITPERDGT - 1)));
            carry = (USHORT)(*ap_l & 1U);
            *ap_l = help;
        }

    RMLDZRS_L (a_l);
    return E_CLINT_OK;
}
```

Funktion:	Links-/Rechts-Schift (Multiplikation/Division mit Zweierpotenzen)
Syntax:	int shift_l (CLINT n_l, long int noofbits);
Eingabe:	n_l (Operand), noofbits (Exponent der Zweierpotenz)
Ausgabe:	n_l (Produkt bzw. Quotient, in Abhängigkeit des Vorzeichens von noofbits)
Rückgabe:	E_CLINT_OK falls alles O. K. E_CLINT_UFL bei „Unterlauf" E_CLINT_OFL bei Überlauf

7.1 Shift-Operationen

```
int
shift_l (CLINT n_l, long int noofbits)
{
  USHORT shorts = (USHORT)((ULONG)(noofbits < 0 ? -noofbits :
                                    noofbits) / BITPERDGT);
  USHORT bits = (USHORT)((ULONG)(noofbits < 0 ? -noofbits :
                                  noofbits) % BITPERDGT);
  long int resl;
  USHORT i;
  int error = E_CLINT_OK;

  clint *nptr_l;
  clint *msdptrn_l;

  RMLDZRS_L (n_l);
  resl = (int) ld_l (n_l) + noofbits;
```

Falls `n_l == 0` ist, brauchen wir nur den Fehlercode richtig zu setzen, und wir sind fertig. Das Gleiche gilt, falls `noofbits == 0` ist:

```
  if (*n_l == 0)
    {
      return ((resl < 0) ? E_CLINT_UFL : E_CLINT_OK);
    }

  if (noofbits == 0)
    {
      return E_CLINT_OK;
    }
```

Als Nächstes wird geprüft, ob ein Über- oder Unterlauf zu melden ist. Danach wird je nach Vorzeichen von `noofbits` nach links oder nach rechts geschoben:

```
  if ((resl < 0) || (resl > (long) CLINTMAXBIT))
    {
      error = ((resl < 0) ? E_CLINT_UFL : E_CLINT_OFL);/* Unter-/Überlauf */
    }

  msdptrn_l = MSDPTR_L (n_l);

  if (noofbits < 0)
    {
```

Falls `noofbits < 0` ist, wird `n_l` durch 2^{noofbits} dividiert. Die Anzahl der zu schiebenden Stellen von `n_l` wird auf `DIGITS_L (n_l)` begrenzt. Zuerst werden die ganzen Stellen verschoben, danach mit `shr_l ()` die letzten Bits:

```
      shorts = MIN (DIGITS_L (n_l), shorts);
      msdptrn_l = MSDPTR_L (n_l) - shorts;
      for (nptr_l = LSDPTR_L (n_l); nptr_l <= msdptrn_l; nptr_l++)
        {
```

```
         *nptr_l = *(nptr_l + shorts);
       }

   SETDIGITS_L (n_l, DIGITS_L (n_l) - (USHORT)shorts);
   for (i = 0; i < bits; i++)
     {
       shr_l (n_l);
     }
  }
else
  {
```

> Falls noofbits > 0 ist, wird n_l mit 2^{noofbits} multipliziert. Falls die Anzahl shorts der zu schiebenden Stellen größer ist als MAX_B, ist das Ergebnis Null. Ansonsten wird zunächst die Stellenzahl des neuen Wertes ermittelt und gespeichert, danach werden die ganzen Stellen verschoben, und die frei gewordenen Stellen werden mit Nullen aufgefüllt. Die Anfangsposition im Operand n_l zur Aufnahme der verschobenen Stellen wird in nptr_l gespeichert. Zur Vermeidung eines Überlaufs wird die Anfangsposition auf den Bereich bis zur Adresse n_l + MAX_B begrenzt:

```
    if (shorts < CLINTMAXDIGIT)
      {
        SETDIGITS_L (n_l, MIN (DIGITS_L (n_l) + shorts, CLINTMAXDIGIT));
        nptr_l = n_l + DIGITS_L (n_l);
        msdptrn_l = n_l + shorts;

        while (nptr_l > msdptrn_l)
          {
            *nptr_l = *(nptr_l - shorts);
            --nptr_l;
          }

        while (nptr_l > n_l)
          {
            *nptr_l-- = 0;
          }

        RMLDZRS_L (n_l);
        for (i = 0; i < bits; i++)
          {
            shl_l (n_l);
          }
      }
    else
      {
        SETZERO_L (n_l);
      }
  }
 return error;
}
```

7.2 ALLES ODER NICHTS: Bitweise Verknüpfungen

Das FLINT/C-Paket beinhaltet Funktionen, welche die bitweisen Verknüpfungen der in C eingebauten Operatoren &, | und ^ auch für den Typ CLINT verfügbar machen. Bevor wir diese Funktionen jedoch programmieren, wollen wir verstehen, was unsere Implementierung leisten soll.

Mathematisch gesehen handelt es sich bei den betrachteten Verknüpfungen um Verallgemeinerungen Boole'scher Funktionen $f:\{0,1\}^k \to \{0,1\}$, die k-Tupel $(x_1,\ldots,x_k) \in \{0,1\}^k$ auf die Werte 0 oder 1 abbilden. Die Wirkungsweise von Boole'schen Funktionen wird meist durch Wertetabellen der folgenden Form dargestellt:

x_1	x_2	$\cdots$	x_k	$f(x_1,\ldots,x_k)$
0	0	$\cdots$	0	0
1	0	$\cdots$	0	1
0	1	$\cdots$	0	0
$\vdots$	$\vdots$	$\vdots$	$\vdots$	$\vdots$
1	1	$\cdots$	1	1

Tab. 9: Wertetabelle einer Boole'schen Funktion

Bei den bitweisen Verknüpfungen von CLINT-Typen werden zunächst die Variablen als Bitvektoren $(x_1,\ldots,x_n)$ aufgefasst, und es werden des Weiteren die Funktionswerte von Boole'schen Funktionen aneinander gereiht. Hierdurch entstehen Funktionen

$$\bar{f}:\{0,1\}^n \times \{0,1\}^n \to \{0,1\}^n ,$$

die zwei n-Bit Variablen $\bar{x}_1 := (x_1^1, x_2^1, \ldots, x_n^1)$ und $\bar{x}_2 := (x_1^2, x_2^2, \ldots, x_n^2)$ durch

$$\bar{f}(\bar{x}_1,\bar{x}_2) := (f_1(\bar{x}_1,\bar{x}_2), f_2(\bar{x}_1,\bar{x}_2), \ldots, f_n(\bar{x}_1,\bar{x}_2)), \text{ mit } f_i(\bar{x}_1,\bar{x}_2) := f(x_i^1, x_i^2)$$

wiederum auf eine n-Bit Variable $(x_1,\ldots,x_n)$ abbilden, die dann als Zahl vom CLINT-Typ interpretiert wird.

Entscheidend für die Wirkungsweise der Funktion $\bar{f}$ ist die Definition der Partialfunktionen f_i, die über jeweils eine Boole'sche Funktion f erfolgt. Für die CLINT-Funktionen and_l(), or_l() und xor_l() sind die dort implementierten Boole'schen Funktionen f folgendermaßen definiert:

and_l()			or_l()			xor_l()		
x_1	x_2	$f(x_1,x_2)$	x_1	x_2	$f(x_1,x_2)$	x_1	x_2	$f(x_1,x_2)$
0	0	0	0	0	0	0	0	0
0	1	0	0	1	1	0	1	1
1	0	0	1	0	1	1	0	1
1	1	1	1	1	1	1	1	0

Tab. 10 – 12: Wertetabellen der CLINT-Funktionen and_l(), or_l(), xor_l()

Die Implementierungen dieser Boole'schen Funktionen in den folgenden drei C-Funktionen and_l(), or_l() und xor_l() gehen nicht wirklich bitweise vor, sondern verarbeiten die Stellen von CLINT-Variablen mittels der Standard-C-Operatoren &, | und ^. Jede der Funktionen akzeptiert drei Argumente vom CLINT-Typ, wobei die ersteren beiden die Operanden und das jeweils Letzte die Ergebnisvariable angeben:

Funktion:	Verknüpfung durch bitweises UND
Syntax:	void and_l (CLINT a_l, CLINT b_l, CLINT c_l);
Eingabe:	a_l, b_l (Zu verknüpfende Argumente)
Ausgabe:	c_l (Wert der UND-Verknüpfung)

```
void
and_l (CLINT a_l, CLINT b_l, CLINT c_l)
{
  CLINT d_l;
  clint *r_l, *s_l, *t_l;
  clint *lastptr_l;
```

Zunächst werden die Zeiger r_l und s_l auf die jeweils erste Stelle der Argumente gesetzt. Ist die Stellenzahl der Argumente unterschiedlich, zeigt s_l auf das kürzere der beiden Argumente. Der Zeiger msdptra_l zeigt auf die letzte Stelle von a_l:

```
if (DIGITS_L (a_l) < DIGITS_L (b_l))
    {
      r_l = LSDPTR_L (b_l);
      s_l = LSDPTR_L (a_l);
      lastptr_l = MSDPTR_L (a_l);
    }
  else
    {
      r_l = LSDPTR_L (a_l);
      s_l = LSDPTR_L (b_l);
```

7.2 ALLES ODER NICHTS: Bitweise Verknüpfungen

```
    lastptr_l = MSDPTR_L (b_l);
  }
```

Nun wird der Zeiger t_l so gesetzt, dass er auf die erste Stelle des Ergebnisses zeigt, und die maximale Länge des Ergebnisses wird in d_l[0] gespeichert:

```
t_l = LSDPTR_L (d_l);
SETDIGITS_L (d_l, DIGITS_L (s_l - 1));
```

Die eigentliche Operation läuft in der folgenden Schleife über die Stellen des kürzeren Argumentes ab. Mehr Stellen kann das Ergebnis nicht haben:

```
while (s_l <= lastptr_l)
  {
    *t_l++ = *r_l++ & *s_l++;
  }
```

Nach dem Kopieren des Ergebnisses nach c_l, wobei eventuelle führende Nullen beseitigt werden, ist die Funktion beendet:

```
  cpy_l (c_l, d_l);
}
```

Funktion:	Verknüpfung durch bitweises ODER
Syntax:	void or_l (CLINT a_l, CLINT b_l, CLINT c_l);
Eingabe:	a_l, b_l (Zu verknüpfende Argumente)
Ausgabe:	c_l (Wert der ODER-Verknüpfung)

```
void
or_l (CLINT a_l, CLINT b_l, CLINT c_l)
{
  CLINT d_l;
  clint *r_l, *s_l, *t_l;
  clint *msdptrr_l;
  clint *msdptrs_l;
```

Wie oben werden die Zeiger r_l und s_l gesetzt:

```
  if (DIGITS_L (a_l) < DIGITS_L (b_l))
    {
      r_l = LSDPTR_L (b_l);
      s_l = LSDPTR_L (a_l);
      msdptrr_l = MSDPTR_L (b_l);
      msdptrs_l = MSDPTR_L (a_l);
    }
  else
    {
```

```
        r_l = LSDPTR_L (a_l);
        s_l = LSDPTR_L (b_l);
        msdptrr_l = MSDPTR_L (a_l);
        msdptrs_l = MSDPTR_L (b_l);
     }

     t_l = LSDPTR_L (d_l);
     SETDIGITS_L (d_l, DIGITS_L (r_l - 1));
```

Die eigentliche Operation findet innerhalb einer Schleife über die Stellen des kürzeren der beiden Argumente statt:

```
  while (s_l <= msdptrs_l)
    {
      *t_l++ = *r_l++ | *s_l++;
    }
```

Die verbleibenden Stellen des längeren Arguments werden in das Ergebnis übernommen. Nach dem Kopieren des Ergebnisses nach c_l, wobei eventuelle führende Nullen beseitigt werden, ist die Funktion beendet:

```
  while (r_l <= msdptrr_l)
    {
      *t_l++ = *r_l++;
    }
  cpy_l (c_l, d_l);
}
```

Funktion:	Verknüpfung durch bitweises exklusives ODER (XOR)
Syntax:	void xor_l (CLINT a_l, CLINT b_l, CLINT c_l);
Eingabe:	a_l, b_l (Zu verknüpfende Argumente)
Ausgabe:	c_l (Wert der XOR-Verknüpfung)

```
void
xor_l (CLINT a_l, CLINT b_l, CLINT c_l)
{
  CLINT d_l;
  clint *r_l, *s_l, *t_l;
  clint *msdptrr_l;
  clint *msdptrs_l;

  if (DIGITS_L (a_l) < DIGITS_L (b_l))
    {
      r_l = LSDPTR_L (b_l);
      s_l = LSDPTR_L (a_l);
      msdptrr_l = MSDPTR_L (b_l);
      msdptrs_l = MSDPTR_L (a_l);
    }
```

```
  else
    {
      r_l = LSDPTR_L (a_l);
      s_l = LSDPTR_L (b_l);
      msdptrr_l = MSDPTR_L (a_l);
      msdptrs_l = MSDPTR_L (b_l);
    }

  t_l = LSDPTR_L (d_l);
  SETDIGITS_L (d_l, DIGITS_L (r_l - 1));
```

Nun findet die eigentliche Operation statt. Die Schleife läuft über die Stellen des kürzeren der beiden Argumente:

```
  while (s_l <= msdptrs_l)
    {
      *t_l++ = *r_l++ ^ *s_l++;
    }
```

Wie oben werden die verbleibenden Stellen das anderen Arguments kopiert:

```
  while (r_l <= msdptrr_l)
    {
      *t_l++ = *r_l++;
    }
  cpy_l (c_l, d_l);
}
```

Die Funktion and_l() kann zur Reduzierung eines Wertes a modulo einer Zweierpotenz 2^k eingesetzt werden, indem man eine CLINT-Variable a_l auf den Wert a, eine CLINT-Variable b_l auf den Wert $2^k - 1$ setzt und and_l(a_l, b_l, c_l) ausführt. Diese Operation ist jedoch schneller mit der speziell hierfür erstellten Funktion mod2_l() auszuführen, die berücksichtigt, dass die Binärdarstellung von $2^k - 1$ aus lauter 1'en besteht (vgl. Abschn. 4.3).

7.3 Direkter Zugriff auf einzelne Binärstellen

Gelegentlich ist es von Nutzen, wenn man unmittelbar auf einzelne Binärstellen einer Zahl zugreifen kann, um diese zu lesen oder zu ändern. Als Beispiel hierfür sei die Initialisierung eines CLINT-Objekts als Zweierpotenz genannt, die man durch das Setzen eines einzelnen Bit mit geringstem Aufwand bewerkstelligen kann.

Im Folgenden werden die drei Funktionen setbit_l(), testbit_l() und clearbit_l() entwickelt, die ein einzelnes Bit setzen, ein bestimmtes Bit testen oder ein einzelnes Bit löschen. setbit_l() und clearbit_l() geben jeweils den Zustand des angegebenen Bits *vor* der Operation als Ergebnis zurück. Die Bitpositionen werden dabei von 0 an gezählt, die anzugebenden Positionen sind also als Logarithmen von Zweierpotenzen aufzufassen: Ist n_l gleich 0, so gibt `setbit_l(n_l, 0)` den Wert 0 zurück, n_l hat danach den Wert $2^0 = 1$; nach dem Aufruf von `setbit_l(n_l, 512)` hat n_l nun den Wert $2^{512} + 1$:

Funktion:	Testen und Setzen eines Bit in einem `CLINT`-Objekt
Syntax:	`int setbit_l (CLINT a_l, unsigned int pos);`
Eingabe:	a_l (CLINT-Argument), pos (Bitposition gezählt von 0 an)
Ausgabe:	a_l (Ergebnis)
Rückgabe:	1 falls Bit an Position pos bereits gesetzt war
	0 falls Bit an Position pos nicht gesetzt war
	E_CLINT_OFL bei Überlauf

```
int
setbit_l (CLINT a_l, unsigned int pos)
{
  int res = 0;
  unsigned int i;
  USHORT shorts = (USHORT)(pos >> LDBITPERDGT);
  USHORT bitpos = (USHORT)(pos & (BITPERDGT - 1));
  USHORT m = 1U << bitpos;

  if (pos > CLINTMAXBIT)
    {
      return E_CLINT_OFL;
    }

  if (shorts >= DIGITS_L (a_l))
    {
```

Falls erforderlich, wird a_l bis zur angegebenen Bitposition zunächst wortweise mit 0 aufgefüllt und die neue Länge wird in a_l[0] gespeichert:

```
      for (i = DIGITS_L (a_l) + 1; i <= shorts + 1; i++)
        {
          a_l[i] = 0;
        }
      SETDIGITS_L (a_l, shorts + 1);
    }
```

Die Stelle von a_l, welche die angegebene Bitposition enthält, wird mittels der in m vorbereiteten Maske getestet, und danach wird die Bitposition durch eine ODER-Verknüpfung der entsprechenden Stelle mit m zu 1 gesetzt. Die Funktion wird mit der Rückgabe des vorherigen Status beendet:

7.3 Direkter Zugriff auf einzelne Binärstellen

```
  if (a_l[shorts + 1] & m)
    {
      res = 1;
    }

  a_l[shorts + 1] |= m;
  return res;
}
```

Funktion:	Testen einer Binärstelle eines CLINT-Objekts
Syntax:	int testbit_l (CLINT a_l, unsigned int pos);
Eingabe:	a_l (CLINT-Argument), pos (Bitposition gezählt von 0 an)
Rückgabe:	1 falls Bit an Position pos gesetzt ist 0 sonst

```
int
testbit_l (CLINT a_l, unsigned int pos)
{
  int res = 0;
  USHORT shorts = (USHORT)(pos >> LDBITPERDGT);
  USHORT bitpos = (USHORT)(pos & (BITPERDGT - 1));

  if (shorts < DIGITS_L (a_l))
    {
      if (a_l[shorts + 1] & (USHORT)(1U << bitpos))
        res = 1;
    }
  return res;
}
```

Funktion:	Testen und Löschen eines Bit in einem CLINT-Objekt
Syntax:	int clearbit_l (CLINT a_l, unsigned int pos);
Eingabe:	a_l (CLINT-Argument), pos (Bitposition gezählt von 0 an)
Ausgabe:	a_l (Ergebnis)
Rückgabe:	1 falls Bit an Position pos vor dem Löschen gesetzt war 0 sonst

```
int
clearbit_l (CLINT a_l, unsigned int pos)
{
  int res = 0;
  USHORT shorts = (USHORT)(pos >> LDBITPERDGT);
  USHORT bitpos = (USHORT)(pos & (BITPERDGT - 1));
  USHORT m = 1U << bitpos;
```

```
    if (shorts < DIGITS_L (a_l))
      {
```

> Falls a_l genügend Stellen hat, wird die Stelle von a_l, welche die angegebene Bitposition enthält, mittels der in m vorbereiteten Maske getestet, und danach wird die Bitposition durch UND-Verknüpfung der entsprechenden Stelle mit dem Komplement von m zu 0 gesetzt. Der vorherige Status der Bitposition wird bei Beendigung der Funktion als Ergebnis zurückgegeben.

```
        if (a_l[shorts + 1] & m)
          {
             res = 1;
          }
        a_l[shorts + 1] &= (USHORT)(~m);
        RMLDZRS_L (a_l);
      }
  return res;
}
```

7.4 Vergleichsoperationen

Jedes Programm benötigt die Möglichkeit, Aussagen über die Gleichheit beziehungsweise Ungleichheit sowie über die Größenverhältnisse von arithmetischen Variablen zu machen, dies gilt ebenso für den Umgang mit CLINT-Objekten. Auch hier wird das Prinzip verfolgt, dass der Programmierer über die interne Struktur des CLINT-Typs nichts zu wissen braucht, die Feststellung, wie sich zwei CLINT-Objekte hinsichtlich ihrer Werte zueinander verhalten, wird entsprechenden Funktionen überlassen.

Die primäre Funktion, die dies alles leistet, ist die Funktion cmp_l(). Sie stellt fest, welche der Relationen a_l < b_l, a_l == b_l oder a_l > b_l für zwei CLINT-Werte a_l und b_l gilt. Dazu werden erst die Stellenzahlen der um führende Nullen bereinigten CLINT-Objekte verglichen. Im Falle von gleicher Stellenzahl der Operanden wird mit dem Vergleich der höchstwertigen Stellen begonnen; sobald sich ein Unterschied ergibt, wird der Vergleich abgebrochen:

Funktion:	Vergleich zweier CLINT-Objekte
Syntax:	int cmp_l (CLINT a_l, CLINT b_l);
Eingabe:	a_l, b_l (Argumente)
Rückgabe:	−1 falls Wert von a_l < Wert von b_l 0 falls Wert von a_l = Wert von b_l 1 falls Wert von a_l > Wert von b_l

7.4 Vergleichsoperationen

```
int
cmp_l (CLINT a_l, CLINT b_l)
{
  clint *msdptra_l, *msdptrb_l;
  int la = DIGITS_L (a_l);
  int lb = DIGITS_L (b_l);
```

Der erste Test prüft, ob beide Argumente die Länge und damit den Wert 0 haben. Danach werden eventuelle führende Nullen eliminiert und es wird eine Entscheidung anhand der Stellenlängen gesucht:

```
  if (la == 0 && lb == 0)
    {
      return 0;
    }

  while (a_l[la] == 0 && la > 0)
    {
      --la;
    }
  while (b_l[lb] == 0 && lb > 0)
    {
      --lb;
    }

  if (la == 0 && lb == 0)
    {
      return 0;
    }
  if (la > lb)
    {
      return 1;
    }
  if (la < lb)
    {
      return -1;
    }
```

Hier sind die Stellenlängen der Operanden gleich, so dass die tatsächlichen Werte verglichen werden müssen. Dazu beginnen wir mit dem Vergleich der höchstwertigen Stellen und zählen solange zurück, bis zwei Stellen gefunden wurden, die ungleich sind, oder bis die niedrigstwertigen Stellen erreicht sind:

```
  msdptra_l = a_l + la;
  msdptrb_l = b_l + lb;

  while ((*msdptra_l == *msdptrb_l) && (msdptra_l > a_l))
    {
      msdptra_l--;
      msdptrb_l--;
    }
```

> Nun wird anhand der beiden gefundenen Stellen eine Entscheidung getroffen und es wird der entsprechende Funktionswert zurückgegeben:

```
if (msdptra_l == a_l)
  {
    return 0;
  }
if (*msdptra_l > *msdptrb_l)
  {
    return 1;
  }
else
  {
    return -1;
  }
}
```

Falls nur die Gleichheit zweier CLINT-Werte von Interesse ist, so ist die Verwendung der Funktion cmp_l() etwas überzogen. In diesem Fall tut es auch eine einfachere Variante, die auf den eigentlichen Größenvergleich verzichtet:

Funktion:	Vergleich zweier CLINT-Objekte
Syntax:	int equ_l (CLINT a_l, CLINT b_l);
Eingabe:	a_l, b_l (Argumente)
Rückgabe:	0 falls Wert von a_l $\neq$ Wert von b_l 1 falls Wert von a_l $=$ Wert von b_l

```
int
equ_l (CLINT a_l, CLINT b_l)
{
  clint *msdptra_l, *msdptrb_l;
  int la = DIGITS_L (a_l);
  int lb = DIGITS_L (b_l);
  if (la == 0 && lb == 0)
    {
      return 1;
    }
  while (a_l[la] == 0 && la > 0)
    {
      --la;
    }
  while (b_l[lb] == 0 && lb > 0)
    {
      --lb;
    }
```

7.4 Vergleichsoperationen

```
  if (la == 0 && lb == 0)
    {
      return 1;
    }

  if (la != lb)
    {
      return 0;
    }

  msdptra_l = a_l + la;
  msdptrb_l = b_l + lb;

  while ((*msdptra_l == *msdptrb_l) && (msdptra_l > a_l))
    {
      msdptra_l--;
      msdptrb_l--;
    }

  return (msdptra_l > a_l ? 0 : 1);
}
```

Die Verwendung dieser beiden Funktionen in ihrer Rohform ist ziemlich fehlerträchtig, insbesondere die Bedeutung der Funktionswerte von cmp_l() muss man stets genau vor Augen haben oder nachschlagen. Um hier Abhilfe zu leisten, wurde eine ganze Reihe von Makros erstellt, mit denen man Vergleiche aussagekräftiger formulieren kann (vgl. hierzu Anhang C, Makros mit Parametern). Beispiele hierzu sind die folgenden Makros, wobei wir auch hier die Objekte a_l und b_l mit den von ihnen repräsentierten Werten gleichsetzen:

GE_L (a_l, b_l) gibt 1 zurück, falls a_l >= b_l ist, und 0 andernfalls;

EQZ_L (a_l) gibt 1 zurück, falls a_l == 0 ist, und 0, falls a_l > 0 ist.

8 Eingabe, Ausgabe, Zuweisung, Konvertierung

> *The numerals were now being converted automatically from base 2 to base 10 ... 881, 883, 887, 907 ... each one confirmed as a prime number.*
>
> CARL SAGAN: Contact

Wir beginnen dieses Kapitel mit der Zuweisung als eine der einfachsten und zugleich wichtigsten Funktion. Um einem CLINT-Objekt a_l den Wert eines anderen CLINT-Objekts b_l zuweisen zu können, wird eine Funktion benötigt, die die Stellen von b_l auf den Speicherplatz von a_l kopiert, ein Vorgang, der als *elementweise Zuweisung* bezeichnet wird. Das Kopieren der Adresse des Objektes b_l in die Variable a_l reicht hierfür nicht aus, da danach beide Objekte auf denselben Speicherbereich, nämlich den von b_l, verweisen würden und Änderungen an a_l sich im Objekt b_l niederschlagen würden und umgekehrt; auch wäre dann eventuell der Zugriff auf den durch a_l adressierten Speicherbereich verloren. Die Problematik der elementweisen Zuweisung wird uns auch im zweiten Teil dieses Buches begegnen, wenn wir uns mit der Implementierung des Zuweisungsoperators „=" in C++ beschäftigen (vgl. Abschn. 13.3).

Die Zuweisung des Wertes eines CLINT-Objektes zu einem anderen CLINT-Objekt erfolgt mit der Funktion cpy_l():

Funktion:	Kopieren eines CLINT-Objekts als Zuweisung
Syntax:	void cpy_l (CLINT dest_l, CLINT src_l);
Eingabe:	src_l (Zuzuweisender Wert)
Ausgabe:	dest_l (Aufnehmendes Objekt)

```
void
cpy_l (CLINT dest_l, CLINT src_l)
{
  clint *lastsrc_l = MSDPTR_L (src_l);
  *dest_l = *src_l;
```

Führende Nullen werden im nächsten Schritt gesucht und danach ignoriert. Die Stellenzahl des Zielobjektes wird dabei gleich mit angepasst:

```
  while ((*lastsrc_l == 0) && (*dest_l > 0))
    {
      --lastsrc_l;
      --*dest_l;
    }
```

> Nun werden die relevanten Stellen des Quellobjektes in das Zielobjekt kopiert; danach ist die Funktion beendet:

```
while (src_l < lastsrc_l)
   {
      *++dest_l = *++src_l;
   }
}
```

Die Vertauschung der Werte zweier CLINT-Objekte kann mit Hilfe des Makros SWAP_L erfolgen, der FLINT/C-Variante des Makros SWAP, das auf eine interessante Weise die Vertauschung zweier Variablen mittels XOR-Operationen ohne Zwischenspeicherung in einer Hilfsvariablen bewerkstelligt:

```
#define SWAP(a, b)  ((a)^=(b), (b)^=(a), (a)^=(b))

#define SWAP_L(a_l, b_l)                \
    (xor_l((a_l), (b_l), (a_l)),\
     xor_l((b_l), (a_l), (b_l)),\
     xor_l((a_l), (b_l), (a_l)))
```

Als Nachteil der Makros SWAP und SWAP_L ist unbedingt anzumerken, dass die Operanden mehr als einmal ausgewertet werden und dass hierdurch eventuell verursachte Nebenwirkungen zu schwer lokalisierbaren Fehlern führen können. Für SWAP_L ist dies nicht so kritisch, da die Funktion xor_l() nur Zeiger auf CLINT-Objekte akzeptiert; Argumente, deren mehrfache Auswertung Fehler verursachen würde, können hier also nur solche komplexen Ausdrücke sein, die als Wert wieder einen Zeiger auf ein CLINT-Objekt haben. In kritischen Fällen kann jedenfalls die zusätzlich vorhandene Funktion fswap_l() verwendet werden:

Funktion:	Vertauschung der Werte zweier CLINT-Objekte
Syntax:	void fswap_l (CLINT a_l, CLINT b_l);
Eingabe:	a_l, b_l (Zu vertauschende Werte)
Ausgabe:	a_l, b_l

Die Funktionen der FLINT/C-Bibliothek für die Ein- und Ausgabe von Zahlen in für menschliche Benutzer lesbarer Form gehören zwar nicht zu ihren aufregendsten Bestandteilen, sind aber dennoch für viele Anwendungen unverzichtbar. Aufgrund praktischer Erwägungen wurde eine Form gewählt, bei der Ein- und Ausgabe über Zeichenketten als Vektoren von Typ char erfolgen. Hierzu wurden im Wesentlichen die beiden komplementären Funktionen str2clint_l() und xclint2str_l() entwickelt: Die Erstere wandelt eine Zeichenkette mit Zif-

8 Eingabe, Ausgabe, Zuweisung, Konvertierung

fern in ein CLINT-Objekt und die Zweite umgekehrt ein CLINT-Objekt in eine Zeichenkette um. Die Basis der Zahldarstellung für die Zeichenkette wird jeweils mit angegeben, Darstellungen zu Basen im Bereich von 2 bis 16 sind möglich.

Die von der Funktion str2clint_l() auszuführende Konversion der Zahldarstellung vom Typ CLINT in die Darstellung zur angegebenen Basis geschieht durch eine Folge von Multiplikationen und Additionen zur Basis B (vgl. [KNUT], Abschn. 4.4). Die Funktion registriert einen eventuellen Überlauf, die Verwendung ungültiger Basen sowie die Übergabe des Null-Pointers und gibt entsprechende Fehlercodes zurück. Der Zahldarstellung eventuell vorangestellte Präfixe „0X", „0x", „0B" oder „0b" werden ignoriert:

Funktion:	Konvertierung einer Zeichenkette in ein CLINT-Objekt
Syntax:	int str2clint_l (CLINT n_l, char *str, USHORT b);
Eingabe:	str (Zeiger auf eine Folge von char) base (Basis der Zahldarstellung der Zeichenkette, 2 ≤ base ≤ 16)
Ausgabe:	n_l (aufnehmendes CLINT-Objekt)
Rückgabe:	E_CLINT_OK falls alles O. K. E_CLINT_BOR falls base < 2 oder base > 16 ist, oder falls Stellen in str größer als base sind E_CLINT_OFL bei Überlauf E_CLINT_NPT falls in str der Null-Pointer übergeben wurde

```
int
str2clint_l (CLINT n_l, char *str, USHORT base)
{
  clint base_l[10];
  USHORT n;
  int error = E_CLINT_OK;

  if (str == NULL)
    {
      return E_CLINT_NPT;
    }

  if (2 > base || base > 16)
    {
      return E_CLINT_BOR;             /* Fehler: Basis ungueltig */
    }

  u2clint_l (base_l, base);

  SETZERO_L (n_l);

  if (*str == '0')
    {
```

```
          if ((tolower_l(*(str+1)) == 'x') ||
              (tolower_l(*(str+1)) == 'b'))    /* Ignoriere evtl. Praefix */
            {
              ++str;
              ++str;
            }
        }
      while (isxdigit ((int)*str) || isspace ((int)*str))
        {
          if (!isspace ((int)*str))
            {
              n = (USHORT)tolower_l (*str);
```

> Manche Implementierungen von `tolower()` nicht ANSI-konformer C-Bibliotheken liefern undefinierte Ergebnisse, wenn ein Zeichen kein Großbuchstabe ist. Die FLINT/C-Funktion `tolower_l()` ruft `tolower()` nur für die Großbuchstaben A–Z auf und liefert ansonsten das Zeichen unverändert zurück.

```
              switch (n)
                {
                  case 'a':
                  case 'b':
                  case 'c':
                  case 'd':
                  case 'e':
                  case 'f':
                    n -= (USHORT)('a' - 10);
                    break;
                  default:
                    n -= (USHORT)'0';
                }
              if (n >= base)
                {
                  error = E_CLINT_BOR;
                  break;
                }
              if ((error = mul_l (n_l, base_l, n_l)) != E_CLINT_OK)
                {
                  break;
                }
              if ((error = uadd_l (n_l, n, n_l)) != E_CLINT_OK)
                {
                  break;
                }
            }
          ++str;
        }
      return error;
    }
```

8 Eingabe, Ausgabe, Zuweisung, Konvertierung

Die zu str2clint_l() komplementäre Funktion xclint2str_l() gibt einen Zeiger auf einen internen Puffer der Speicherklasse static (vgl. [HARB], Abschn. 4.3) zurück, der die errechnete Zahldarstellung enthält und seinen Wert solange behält, bis xclint2str_l() erneut aufgerufen wird oder das Programm beendet wird.

xclint2str_l() führt die erforderliche Konversionen von der CLINT-Darstellung in die Darstellung zur angegebenen Basis mittels einer Folge von Divisionen mit Rest zur Basis B durch:

Funktion:	Konvertierung eines CLINT-Objekts in eine Zeichenkette
Syntax:	char * xclint2str_l (CLINT n_l, USHORT base, int showbase);
Eingabe:	n_l (zu konvertierendes CLINT-Objekt) base (Basis der Zahldarstellung der auszugebenden Zeichenkette) showbase (Wert ≠ 0: Der Zahldarstellung wird ein Präfix „0x" bei base = 16 oder „0b" bei base = 2 vorangestellt. Wert = 0: Es wird kein Präfix vorangestellt.)
Rückgabe:	Zeiger auf die errechnete Zeichenkette falls alles O. K. NULL falls 2 < b oder b > 16

```
static char ntable[16] =
{'0','1','2','3','4','5','6','7','8','9','a','b','c','d','e','f'};

char *
xclint2str_l (CLINT n_l, USHORT base, int showbase)
{
  CLINTD u_l, r_l;
  clint base_l[10];
  int i = 0;
  static char N[CLINTMAXBIT + 3];

  if (2U > base || base > 16U)
    {
      return (char *)NULL;                      /* Fehler: Basis ungueltig */
    }

  u2clint_l (base_l, base);
  cpy_l (u_l, n_l);

  do
    {
      (void) div_l (u_l, base_l, u_l, r_l);
      if (GTZ_L (r_l))
        {
          N[i++] = (char) ntable[*LSDPTR_L (r_l) & 0xff];
```

```
        }
        else
        {
          N[i++] = '0';
        }
      }
      while (GTZ_L (u_l));

      if (showbase)
      {
        switch (base)
        {
          case 2:
            N[i++] = 'b';
            N[i++] = '0';
            break;
          case 8:
            N[i++] = '0';
            break;
          case 16:
            N[i++] = 'x';
            N[i++] = '0';
            break;
        }
      }

      N[i] = '\0';

      return strrev_l (N);
    }
```

Aus Gründen der Kompatibilität zur Funktion `clint2str_l()` der ersten Auflage dieses Buches wurde `clint2str_l(n_l, base)` als Makro definiert, welches die Funktion `xclint2str(n_l, base, 0)` aufruft.

Des Weiteren wurden Makros `HEXSTR_L()`, `DECSTR_L()`, `OCTSTR_L()` und `BINSTR_L()` erstellt, die jeweils aus einem als Argument übergebenen CLINT-Objekt eine Zeichenkette ohne Präfix mit der durch den Makronamen angegebenen Zahldarstellung erzeugen und so die Basis der Zahldarstellung als Argument eliminieren (vgl. Anhang C).

Als Standardform für die Ausgabe von CLINT-Werten steht das Makro `DISP_L()` zur Verfügung, das einen Zeiger auf eine Zeichenkette und ein CLINT-Objekt als Argumente verarbeitet. Die Zeichenkette enthält zweckmäßigerweise Angaben zum nachfolgend ausgegebenen CLINT-Wert, wie "Das Produkt aus a_l und b_l hat den Wert ...". Die Ausgabe des CLINT-Wertes erfolgt hexadezimal, also zur Basis 16. Zusätzlich gibt `DISP_L()` in einer neuen Zeile die Anzahl relevanter Binärstellen (d. h. ohne führende Nullen) des angezeigten CLINT-Objektes aus (vgl. Anhang C).

8 Eingabe, Ausgabe, Zuweisung, Konvertierung

Sollen Konvertierungen zwischen Byte-Vektoren und CLINT-Objekten erfolgen, so können die Funktionen byte2clint_l() und clint2byte_l() eingesetzt werden (vgl. [IEEE], 5.5.1). Es wird unterstellt, dass die Byte-Vektoren eine Zahldarstellung zur Basis 256 mit von rechts nach links aufsteigender Wertigkeit der Stellen verkörpern. Für die Implementierung der Funktionen wird auf die Datei flint.c verwiesen, wir geben hier nur die Funktionsköpfe an:

Funktion:	Konvertierung eines Byte-Vektors in ein CLINT-Objekt
Syntax:	int byte2clint_l (CLINT n_l, UCHAR *bytestr, int len);
Eingabe:	bytestr (Zeiger auf eine Folge von UCHAR) len (Länge des Byte-Vektors)
Ausgabe:	n_l (aufnehmendes CLINT-Objekt)
Rückgabe:	E_CLINT_OK falls alles O. K. E_CLINT_OFL bei Überlauf E_CLINT_NPT falls bytestr als NULL-Pointer übergeben wurde

Funktion:	Konvertierung eines CLINT-Objekts in einen Byte-Vektor
Syntax:	UCHAR * clint2byte_l (CLINT n_l, int *len);
Eingabe:	n_l (zu konvertierendes CLINT-Objekt)
Ausgabe:	len (Länge des erzeugten Byte-Vektors)
Rückgabe:	Zeiger auf den errechneten Byte-Vektor NULL, falls in len der NULL-Pointer übergeben wurde

Für die Umwandlung schließlich von unsigned-Werten in das CLINT-Zahlformat können die beiden Funktionen u2clint_l() bzw. ul2clint_l() verwendet werden. Die Funktion u2clint_l() konvertiert USHORT- und die Funktion ul2clint_l() ULONG-Argumente in das CLINT-Zahlformat. Die Funktion ul2clint_l() wird im Folgenden exemplarisch dargestellt:

Funktion:	Konvertierung eines Wertes vom Typ ULONG in ein CLINT-Objekt
Syntax:	void ul2clint_l (CLINT num_l, ULONG ul);
Eingabe:	ul (zu konvertierender Wert)
Ausgabe:	num_l (aufnehmendes CLINT-Objekt)
Rückgabe:	–

```
void
ul2clint_l (CLINT num_l, ULONG ul)
{
  *LSDPTR_L (num_l) = (USHORT)(ul & 0xffff);
  *(LSDPTR_L (num_l) + 1) = (USHORT)((ul >> 16) & 0xffff);
  SETDIGITS_L (num_l, 2);
  RMLDZRS_L (num_l);
}
```

Zum Schluss dieses Kapitels wird eine Funktion diskutiert, die eine Gültigkeitsprüfung eines Speicherobjektes auf das CLINT-Zahlformat durchführt. Kontrollfunktionen dieser Art werden zweckmäßigerweise immer dann aufgerufen, wenn „fremde" Werte zur Weiterverarbeitung in ein Subsystem importiert werden. Ein solches Subsystem kann beispielsweise ein kryptographisches Modul sein, das vor jeder Verarbeitung von Eingabedaten zu prüfen hat, ob es mit gültigen Werten oder Argumenten zu tun hat. Die Prüfung zur Laufzeit, ob die Annahmen über die zu akzeptierenden Eingabewerte einer Funktion auch eingehalten werden, ist eine gute Programmierpraxis, die undefinierte Zustände zu vermeiden hilft und so entscheidend zur Stabilisierung von Anwendungen beitragen kann. Zum Testen und Debuggen geschieht dies üblicherweise mittels so genannter *Assertions*, mit deren Hilfe Laufzeitbedingungen getestet werden können. *Assertions* werden als Makros angelegt und können für den Echtbetrieb ausgeblendet werden, in der Regel bei der Kompilierung durch #define NDEBUG. Neben dem assert-Makro der C-Standardbibliothek (vgl. [PLA1], Kap. 1) existiert eine Reihe von weiter gehenden Implementierungen ähnlicher Mechanismen, die bei Verstößen gegen die Testbedingungen unterschiedliche Aktionen ausführen, wie etwa die Protokollierung erkannter Ausnahmezustände in eine Log-Datei, mit oder ohne Beendigung des Programms im Fehlerfall. Für ausführlichere Erläuterungen zu diesem Themenbereich sei auf [MAGU], Kap. 2 und 3, sowie auf [MURP], Kap. 4 verwiesen.

Der Schutz der Funktionen einer Programmbibliothek wie das FLINT/C-Paket gegen die Übergabe von Werten, die außerhalb des für die jeweiligen Parameter festgelegten Definitionsbereichs liegen, kann durch die aufgerufenen Funktionen selbst oder durch die aufrufenden Funktionen geschehen, wobei im letzteren Fall die Verantwortung beim Programmierer liegt, der die Bibliothek einsetzt. Aus Gründen der Performanz wurde bei der Entwicklung der FLINT/C-Funktionen darauf verzichtet, jedes übergebene CLINT-Argument auf eine gültige Adresse und auf einen eventuellen Überlauf zu testen. Die Vorstellung, bei tausend modularen Multiplikationen einer Potenzierung ein Vielfaches an redundanten Prüfungen des Zahlformates durchzuführen, hat den Autor dazu bewogen, diese Kontrollen auf diejenigen Programme abzuwälzen, welche die FLINT/C-Funktionen anwenden. Ausnahme ist die Übergabe von Divisoren mit dem Wert Null, die grundsätzlich festgestellt und mit einer entsprechenden Fehlermeldung quittiert wird, auch bei allen Funktionen der Restklassenarithmetik. Der Code aller Funkti-

8 Eingabe, Ausgabe, Zuweisung, Konvertierung

onen wurde sorgfältig insbesondere daraufhin getestet, dass durch die FLINT/C-Bibliothek selbst nur gültige Formate erzeugt werden (vgl. Kap. 12).

Zur Analyse von CLINT-Argumenten auf die Gültigkeit ihres Formates wird also die Funktion vcheck_l() bereitgestellt, die helfen soll, die FLINT/C-Funktionen vor der Übergabe ungültiger Parameter als CLINT-Werte zu schützen:

Funktion:	Prüfung auf ein gültiges CLINT-Zahlformat
Syntax:	int vcheck_l (CLINT n_l);
Eingabe:	n_l (zu prüfendes Objekt)
Rückgabe:	E_VCHECK_OK falls Format O. K. Fehler und Warnungen laut Tabelle 13

```
int
vcheck_l (CLINT n_l)
{
  unsigned int error = E_VCHECK_OK;
```

Prüfung auf Null-Pointer: Das ist der hässlichste Fehler.

```
  if (n_l == NULL)
    {
      error = E_VCHECK_MEM;
    }
  else
    {
```

Prüfung auf Überlauf: Hat die Zahl zu viele Stellen?

```
      if (((unsigned int) DIGITS_L (n_l)) > CLINTMAXDIGIT)
        {
          error = E_VCHECK_OFL;
        }
      else
        {
```

Prüfung auf führende Nullen: Damit können wir leben ;-)

```
          if ((DIGITS_L (n_l) > 0) && (n_l[DIGITS_L (n_l)] == 0))
            {
              error = E_VCHECK_LDZ;
            }
        }
    }
  return error;
}
```

Die Rückgabewerte der Funktion sind als Makros in der Datei `flint.h` vordefiniert. Die Interpretationen der Werte werden hier noch einmal zusammengefasst:

Rückgabewert	Diagnose	Erläuterung
E_VCHECK_OK	Format ist O. K.	**Info**: Die Zahl hat eine gültige Darstellung und einen Wert innerhalb des Definitionsbereichs des `CLINT`-Typs.
E_VCHECK_LDZ	Führende Nullen	**Warnung**: Die Zahl hat führende Nullen, jedoch eine gültige Darstellung innerhalb des Definitionsbereichs.
E_VCHECK_MEM	Speicherfehler	**Fehler**: NULL-Pointer wurde übergeben.
E_VCHECK_OFL	Echter Überlauf	**Fehler**: Die übergebene Zahl ist zu groß, sie kann nicht durch ein `CLINT`-Objekt dargestellt werden.

Tab. 13: Diagnosewerte der Funktion `vcheck_l()`

Die numerischen Werte der Fehlercodes sind kleiner als Null, so dass ein einfacher Vergleich mit Null zur Unterscheidung von Fehlern einerseits und Warnungen bzw. dem Gutfall andererseits ausreicht.

9 Dynamische Register

> *'What a depressingly stupid machine',*
> *said Marvin and trudged away.*
>
> DOUGLAS ADAMS: The Restaurant at the End of the Universe

Zusätzlich zu den bisher verwendeten automatischen oder in Ausnahmefällen globalen CLINT-Objekten ist es mitunter praktisch, CLINT-Variablen auch dynamisch erzeugen und entfernen zu können. Zu diesem Zweck erstellen wir einige Funktionen, die es gestatten, einen Satz von CLINT-Objekten, die so genannte *Registerbank*, als dynamisch allokierte Datenstrukturen zu erzeugen, zu verwenden, zu löschen und zu entfernen, wobei wir die in [SKAL] dargestellte Skizze aufgreifen und für die Anwendung mit CLINT-Objekten ausarbeiten.

Die Funktionen werden in private Verwaltungsfunktionen und öffentliche Funktionen eingeteilt, letztere werden andern externen Funktionen zur Handhabung der Register zur Verfügung gestellt. Die FLINT/C-Funktionen verwenden die Register allerdings nicht selbst, so dass den Benutzerfunktionen die vollständige Kontrolle über den Einsatz der Register garantiert werden kann.

Die Anzahl der zur Verfügung stehenden Register soll zur Laufzeit konfigurierbar sein, daher benötigen wir eine static-Variable NoofRegs, die zunächst die in der Konstanten NOOFREGS vordefinierte Registerzahl aufnimmt.

```
static USHORT NoofRegs = NOOFREGS;
```

Nun definieren wir die zentrale Datenstruktur zur Verwaltung der Registerbank:

```
struct clint_registers
{
  int noofregs;
  int created;
  clint **reg_l;    /* Zeiger auf Vektor mit CLINT-Adressen */
};
```

Die Struktur `clint_registers` enthält die Variablen `noofregs`, die die Anzahl der in unserer Registerbank enthaltenen Register angibt, und `created`, die anzeigen wird, ob die Registerbank allokiert ist, sowie den Zeiger `reg_l` auf einen Vektor, der die Anfangsadressen der einzelnen Register aufnimmt.

Als Nächstes wird das `static`-Objekt `registers` definiert, dessen Komponenten jeweils mit 0 initialisiert werden:

```
static struct clint_registers registers = {0, 0, 0};
```

Nun folgen die privaten Verwaltungsfunktionen `allocate_reg_l()` zum Anlegen und `destroy_reg_l()` zum Entfernen der Registerbank. Nachdem Platz für die Speicherung der Adressen der zu allokierenden Register geschaffen und ein Zeiger hierauf der Variablen `registers.reg_l` zugewiesen wurde, erfolgt die Allokierung von Speicher für jedes Register einzeln durch Aufruf von `malloc()` aus der C-Standardbibliothek. Die Tatsache, dass CLINT-Register mittels `malloc()` allokierte Speicherbereiche sind, spielt eine wichtige Rolle beim Testen der FLINT/C-Funktionen. Wir werden in Abschnitt 12.2 sehen, wie hiermit die Überprüfung auf eventuell vorhandene Speicherfehler ermöglicht wird.

```
static int
allocate_reg_l (void)
{
  USHORT i, j;
```

> Zunächst wird Speicher für den Vektor der Registeradressen allokiert:

```
  if ((registers.reg_l = (clint **) malloc (sizeof(clint *) *
                                             NoofRegs)) == NULL)
    {
      return E_CLINT_MAL;
    }
```

> Nun folgt die Allokierung der einzelnen Register. Falls unterwegs ein Aufruf von `malloc()` mit einem Fehler endet, werden alle bereits vorher allokierten Register entfernt und es wird der Fehlercode `E_CLINT_MAL` zurückgegeben:

```
  for (i = 0; i < NoofRegs; i++)
    {
      if ((registers.reg_l[i] = (clint *) malloc (CLINTMAXBYTE))
                                                         == NULL)
        {
          for (j = 0; j < i; j++)
            {
              free (registers.reg_l[j]);
            }
          return E_CLINT_MAL;          /* Fehler: malloc */
        }
    }
  return E_CLINT_OK;
}
```

Die Funktion `destroy_reg_l()` stellt im Wesentlichen die Umkehrung der Funktion `create_reg_l()` dar: Erst werden die Inhalte der Register gelöscht, indem sie mit Nullen überschrieben werden, danach wird der Speicher jedes einzelnen Registers mit `free()` zurückgegeben, und schließlich wird der Speicher unter `registers.reg_l` freigegeben, der die Adressen der Register enthalten hat:

```
static void
destroy_reg_l (void)
{
  USHORT i;

  for (i = 0; i < registers.noofregs; i++)
    {
      memset (registers.reg_l[i], 0, CLINTMAXBYTE);
      free (registers.reg_l[i]);
    }

  free (registers.reg_l);
}
```

Es folgen nun die öffentlichen Funktionen zur Registerverwaltung. Mit der Funktion `create_reg_l()` erzeugen wir eine Registerbank, bestehend aus der in `NoofRegs` festgelegten Anzahl von Einzelregistern. Dies geschieht durch Aufruf der privaten Funktion `allocate_reg_l()`:

Funktion:	Allokierung einer Registerbank vom `CLINT`-Typ
Syntax:	`int create_reg_l (void);`
Rückgabe:	0 falls Allokierung O. K.
	`E_CLINT_MAL` falls Fehler bei `malloc()`

```
int
create_reg_l (void)
{
  int error = E_CLINT_OK;

  if (registers.created == 0)
    {
      error = allocate_reg_l ();
      registers.noofregs = NoofRegs;
    }

  if (!error)
    {
      ++registers.created;
    }

  return error;
}
```

Die Struktur `registers` beinhaltet die Variable `registers.created`, die zur Zählung der Anzahl von Anforderungen der Registerbank verwendet wird. Bei einem Aufruf der weiter unten angegebenen Funktion `free_reg_1()` wird die Registerbank nur dann freigegeben, wenn `registers.created` den Wert 1 hat. Ansonsten wird lediglich `registers.created` um 1 vermindert. Mit dem Einsatz dieses als *Semaphor* bezeichneten Mechanismus wird erreicht, dass die durch eine Funktion allokierte Registerbank nicht versehentlich durch eine andere Funktion freigegeben wird. Andererseits ist jede Funktion, die eine Registerbank durch einen Aufruf von `create_reg_1()` anfordert, auch dafür verantwortlich, diese mit `free_reg_1()` wieder loszulassen. Außerdem ist im Allgemeinen kein Verlass darauf, dass die Register bestimmte Werte enthalten, nachdem eine Funktion aufgerufen wurde.

Die Variable `NoofRegs`, die die Anzahl der durch `create_reg_1()` erzeugten Register bestimmt, kann durch die Funktion `set_noofregs_1()` verändert werden. Diese Veränderung bleibt allerdings solange ohne Wirkung, bis die aktuell allokierte Registerbank freigegeben und mit `create_reg_1()` eine neue Registerbank erzeugt wurde:

Funktion:	Setzen der Register-Anzahl
Syntax:	`void set_noofregs_1 (unsigned int nregs);`
Eingabe:	`nregs` (Anzahl Register der Registerbank)

```
void
set_noofregs_1 (unsigned int nregs)
{
  NoofRegs = (USHORT)nregs;
}
```

Nachdem nun eine Registerbank allokiert werden kann, stellt sich die Frage, wie auf einzelne Register zugegriffen wird. Hierzu ist es erforderlich, das durch `create_reg_1()` dynamische allokierte Adressfeld `reg_1` der oben definierten Struktur `clint_reg` auszulesen. Dies wird mit Hilfe der folgenden Funktion `get_reg_1()` bewerkstelligt, die einen Zeiger auf ein einzelnes Register der Registerbank zurückgibt, sofern die angegebene Ordinalzahl ein allokiertes Register bezeichnet:

Funktion:	Ausgabe eines Zeigers auf ein Register
Syntax:	`clint * get_reg_1 (unsigned int reg);`
Eingabe:	`reg` (Registernummer)
Rückgabe:	Zeiger auf das gewünschte Register `reg`, falls allokiert `NULL` falls Register nicht allokiert ist

9 Dynamische Register

```
clint *
get_reg_l (unsigned int reg)
{
  if (!registers.created || (reg >= registers.noofregs))
    {
       return (clint *)NULL;
    }
  return registers.reg_l[reg];
}
```

Da die Registerbank sich hinsichtlich ihrer Größe und Lage im Speicher dynamisch verändern kann, ist es nicht zu empfehlen, die einmal gelesenen Adressen der Register für die weitere Verwendung zwischenzuspeichern. Es ist vielmehr richtig, die Registeradressen bei jeder Verwendung neu zu erfragen. In der Datei flint.h ist eine Reihe von Makros der Form

```
#define r0_l get_reg_l(0);
```

vordefiniert, mit deren Hilfe die Register der Registerbank ohne syntaktischen Mehraufwand unter ihrer jeweils aktuellen Adresse angesprochen werden können.

Mittels der folgenden Funktion purge_reg_l() kann ein einzelnes Register der Registerbank durch Überschreiben gelöscht werden:

Funktion:	Löschen eines CLINT-Registers der Registerbank durch vollständiges Überschreiben mit 0
Syntax:	int purge_reg_l (unsigned int reg);
Eingabe:	reg (Registernummer)
Rückgabe:	0 falls Löschen O. K. E_CLINT_NOR falls Register nicht allokiert sind.

```
int
purge_reg_l (unsigned int reg)
{
  if (!registers.created || (reg >= registers.noofregs))
    {
       return E_CLINT_NOR;
    }
  memset (registers.reg_l[reg], 0, CLINTMAXBYTE);
  return E_CLINT_OK;
}
```

Wie ein einzelnes Register mit der Funktion purge_reg_l(), kann mit Hilfe der Funktion purgeall_reg_l() auch die komplette Registerbank vollständig durch Überschreiben gelöscht werden:

Funktion:	Löschen aller CLINT-Register durch Überschreiben mit 0
Syntax:	int purgeall_reg_l (void);
Rückgabe:	E_CLINT_OK falls Löschen O. K. E_CLINT_NOR falls Register nicht allokiert sind.

```
int
purgeall_reg_l (void)
{
  USHORT i;
  if (registers.created)
    {
      for (i = 0; i < registers.noofregs; i++)
        {
          memset (registers.reg_l[i], 0, CLINTMAXBYTE);
        }

      return E_CLINT_OK;
    }

  return E_CLINT_NOR;
}
```

Zum guten Programmierstil gehört auch die Freigabe von allokiertem Speicher, wenn er nicht mehr benötigt wird. Eine existierende Registerbank kann mittels der Funktion `free_reg_l()` zurückgegeben werden. Wie bereits weiter oben erläutert, muss der Semaphor `registers.created` in der Struktur `registers` allerdings erst auf 1 zurückgezählt sein, bevor tatsächlich der allokierte Speicher zurückgegeben wird:

Funktion:	Löschen (durch Überschreiben) und Entfernen aller CLINT-Register
Syntax:	void free_reg_l (void);

```
void
free_reg_l (void)
{
  if (registers.created == 1)
    {
      destroy_reg_l ();
    }

  if (registers.created)
    {
      --registers.created;
    }
}
```

9 Dynamische Register

Es folgen nun noch drei Funktionen, die einzelne CLINT-Register zur Verfügung stellen, löschen und wieder entfernen, analog zur Verwaltung der vollständigen Registerbank.

Funktion:	Allokierung eines Registers vom CLINT-Typ
Syntax:	clint * create_l (void);
Rückgabe:	Zeiger auf allokiertes Register, falls Allokierung O. K. NULL falls Fehler bei malloc()

```
clint *
create_l (void)
{
  return (clint *) malloc (CLINTMAXBYTE);
}
```

Wichtig ist, den von create_l() zurückgegebenen Zeiger so zu handhaben, dass er nicht „verloren geht", da ansonsten kein Zugriff mehr auf das erzeugte Register möglich ist. In der Sequenz

```
clint * nicht_überschreiben_l;
clint * verloren_l;
/* ... */
nicht_überschreiben_l = create_l();
/* ... */
nicht_überschreiben_l = verloren_l;
```

wird ein Register allokiert und seine Adresse in der Variablen mit der suggestiven Bezeichnung nicht_überschreiben_l gespeichert. Falls diese die einzige Referenz auf das Register beinhaltet, ist das Register nach der letzten Zuweisung

```
nicht_überschreiben_l = verloren_l;
```

perdu – ein typischer Fehler aus dem Dschungel der Speicherverwaltung.

Ein Register kann, ebenso jede andere CLINT-Variable, mittels der folgenden Funktion purge_l() gelöscht werden, wodurch der für das angegebene Register allokierte Speicher mit 0 überschrieben und so gelöscht wird:

Funktion:	Löschen eines CLINT-Objekts durch vollständiges Überschreiben mit 0
Syntax:	void purge_l (CLINT n_l);
Eingabe:	n_l (CLINT-Objekt)

```
void
purge_l (CLINT n_l)
{
  if (NULL != n_l)
     {
       memset (n_l, 0, CLINTMAXBYTE);
     }
}
```

Die folgende Funktion gibt zusätzlich den für das angegebene Register allokierten Speicher nach dem Löschen frei. Auf das Register kann danach nicht mehr zugegriffen werden:

Funktion:	Löschen und Entfernen eines CLINT-Registers
Syntax:	void free_l (CLINT reg_l);
Eingabe:	reg_l (Zeiger auf CLINT-Register)

```
void
free_l (CLINT reg_l)
{
  if (NULL != reg_l)
     {
       memset (reg_l, 0, CLINTMAXBYTE);
       free (n_l);
     }
}
```

10 Zahlentheoretische Grundfunktionen

> *'I am dying to hear about it, since I always thought number theory was the Queen of Mathematics – the purest branch of mathematics – the one branch of mathematics which has NO applications!'*
>
> The Crab in D. R. HOFSTADTER: Gödel, Escher, Bach

Ausgerüstet mit einem soliden Werkzeugkasten arithmetischer Funktionen, die in den vorangegangenen Kapiteln erarbeitet wurden, wenden wir uns nun der Implementierung einiger grundlegender Algorithmen aus dem Bereich der Zahlentheorie zu. Die in den folgenden Kapiteln behandelten zahlentheoretischen Funktionen bilden eine Auswahl, die einerseits die Anwendung der Arithmetik für große Zahlen beispielhaft verdeutlicht, und die andererseits bereits einen brauchbaren Grundstock an Funktionen für komplexere zahlentheoretische Berechnungen und kryptographische Anwendungen bildet. Der hiermit bereitgestellte Fundus kann in viele Richtungen erweitert werden, so dass für nahezu jede Anwendungsform die erforderlichen Hilfsmittel mit den aufgezeigten Methoden erstellt werden können.

Die Auswahl der den folgenden Implementationen zugrundegelegten Algorithmen orientiert sich in erster Linie an den Veröffentlichungen [COHE], [HKW], [KNUT], [KRAN] und [ROSE], wobei, wie bisher auch, Wert insbesondere auf Effizienz und eine möglichst universelle Verwendbarkeit gelegt wurde.

Die folgenden Abschnitte enthalten jeweils ein Minimum an mathematischer Theorie, um die dargestellten Funktionen und ihre Einsatzmöglichkeiten zu erläutern, wir wollen ja etwas davon haben, wenn wir uns schon die Mühe machen, uns mit diesem Stoff zu befassen. Leserinnen und Lesern, die an einer weiter gehenden Einführung in das Gebiet der Zahlentheorie interessiert sind, seien die Bücher [B] oder [ROSE] empfohlen. In [COHE] werden insbesondere die algorithmischen Aspekte umfassend, prägnant und klar behandelt. Einen aufschlussreichen Überblick über Anwendungen der Zahlentheorie bietet [SCHR]; die kryptographischen Aspekte der Zahlentheorie werden insbesondere in [KOBL] herausgearbeitet.

Wir beschäftigen uns in diesem Kapitel unter anderem mit der Berechnung des größten gemeinsamen Teilers und des kleinsten gemeinsamen Vielfachen großer Zahlen, mit den multiplikativen Eigenschaften von Restklassenringen, mit der Erkennung von quadratischen Resten und der Berechnung von Quadratwurzeln in Restklassenringen, mit dem Chinesischen Restsatz zur Lösung von linearen Kongruenzensystemen, sowie mit der Erkennung von Primzahlen. Zu den theoretischen Grundlagen dieser Themen werden Hinweise und Erläuterungen gegeben, und wir werden einige Funktionen entwickeln, die eine Realisierung der beschriebenen Algorithmen verkörpern und diese für einen vielseitigen praktischen Einsatz verfügbar machen.

10.1 Größter gemeinsamer Teiler

> *Daß Schulkinder zur Bestimmung des größten gemeinsamen Teilers zweier ganzer Zahlen die Primfaktorisierung dieser Zahlen und nicht den – natürlicheren – Euklidischen Algorithmus benutzen, ist eine Schande für unser Erziehungssystem.*
>
> W. HEISE, P. QUATTROCCHI: Informations- und Codierungstheorie

In Worten ausgedrückt ist der größte gemeinsame Teiler (ggT, oder gcd für *greatest common divisor*) ganzer Zahlen a und b derjenige positive Teiler a und b, der durch alle gemeinsamen Teiler von a und b geteilt wird. Der ggT ist dadurch eindeutig bestimmt. In mathematischer Schreibweise wird der ggT d zweier Zahlen a und b, a und b nicht beide gleich Null, definiert als

$d = \mathrm{ggT}(a, b) :\Leftrightarrow d > 0$, $d|a$ und $d|b$, und falls für ein d' gilt $d'|a$ und $d'|b$, so folgt $d'|d$.

Zweckmäßigerweise wird die Definition durch

$$\mathrm{ggT}(0, 0) := 0$$

ergänzt. Der ggT ist damit für alle Paare von ganzen Zahlen definiert, also insbesondere für den durch CLINT-Objekte darstellbaren Zahlbereich. Es gelten die Regeln

(i) $\mathrm{ggT}(a, b) = \mathrm{ggT}(b, a)$

(ii) $\mathrm{ggT}(a, 0) = |a|$ (d. h. der Betrag von a)

(iii) $\mathrm{ggT}(a, b, c) = \mathrm{ggT}(a, \mathrm{ggT}(b, c))$ (10.1)

(iv) $\mathrm{ggT}(a, b) = \mathrm{ggT}(-a, b)$,

von denen allerdings nur (i)–(iii) für CLINT-Objekte relevant sind.

Es ist obligatorisch, zunächst das klassische, nach dem griechischen Mathematiker Euklid (ca. 300 v. Chr.) benannte Verfahren zur Berechnung des ggT zu betrachten, das von Knuth respektvoll als der „Großvater aller Algorithmen" bezeichnet wird (vgl. unbedingt [KNUT], S. 316 ff.). Der *Euklidische Algorithmus* besteht in einer Folge von Divisionen mit Rest, die mit der Reduzierung von a mod b beginnt, danach b mod $(a \bmod b)$ reduziert und so fort, bis der Divisionsrest verschwindet:

10.1 Größter gemeinsamer Teiler

Euklidischer Algorithmus zur Berechnung des ggT(a, b) für $a, b \geq 0$:

1. Falls $b = 0$ ist, gebe a aus und beende den Algorithmus.
2. Setze $r \leftarrow a \bmod b$, $a \leftarrow b$, $b \leftarrow r$ und gehe zu 1.

Für natürliche Zahlen a_1, a_2 läuft die Berechnung des größten gemeinsamen Teilers nach dem Euklidischen Algorithmus wie folgt ab:

$$\begin{aligned}
a_1 &= a_2 q_1 + a_3 & 0 \leq a_3 < a_2 \\
a_2 &= a_3 q_2 + a_4 & 0 \leq a_4 < a_3 \\
a_3 &= a_4 q_3 + a_5 & 0 \leq a_5 < a_4 \\
&\vdots \\
a_{m-2} &= a_{m-1} q_{m-2} + a_m & 0 \leq a_m < a_{m-1} \\
a_{m-1} &= a_m q_{m-1}
\end{aligned}$$

Ergebnis: ggT(a_1, a_2) = a_m.

Der Ablauf am Beispiel von ggT(723, 288):

$$\begin{aligned}
723 &= 288 \cdot 2 + 147 \\
288 &= 147 \cdot 1 + 141 \\
147 &= 141 \cdot 1 + 6 \\
141 &= 6 \cdot 23 + 3 \\
6 &= 3 \cdot 2
\end{aligned}$$

Ergebnis: ggT(723, 288) = 3.

Dieses Verfahren funktioniert ausgezeichnet, um den ggT von Hand zu berechnen oder durch ein Programm ausrechnen zu lassen. Das entsprechende Programm ist kurz, schnell, und bietet aufgrund seiner Kürze wenige Möglichkeiten, um Fehler zu machen.

Aus der Betrachtung der folgenden Eigenschaften ganzer Zahlen und des ggT ergeben sich – zumindest theoretisch – Verbesserungsmöglichkeiten zur Programmierung des Verfahrens:

(i) a und b sind gerade $\Rightarrow$ ggT(a, b) = ggT($a/2, b/2$)·2,

(ii) a ist gerade und b ist ungerade $\Rightarrow$ ggT(a, b) = ggT($a/2, b$),   (10.2)

(iii) ggT(a, b) = ggT($a - b, b$),

(iv) a und b sind ungerade $\Rightarrow a - b$ ist gerade und $|a - b| < \max(a, b)$.

Der Vorteil des folgenden, auf diesen Eigenschaften basierenden Algorithmus liegt darin, dass er lediglich Größenvergleiche, Subtraktionen und Shifts von CLINT-Objekten verwendet, Operationen, die nicht viel Rechenzeit in Anspruch nehmen und für die wir über effiziente Funktionen verfügen; vor allem werden keine Divisionen benötigt. Der so genannte *binäre* Euklidische Algorithmus zur Berechnung des ggT findet sich in nahezu identischer Fassung bei [KNUT], 4.5.2, Algorithmus B, und bei [COHE], 1.3, Algorithmus 1.3.5:

Binärer Euklidischer Algorithmus zur Berechnung des ggT(a, b) für $a, b \geq 0$:

1. Falls $a < b$ tausche die Werte von a und b. Falls $b = 0$ ist, gebe a aus und beende den Algorithmus. Ansonsten setze $k \leftarrow 0$, und solange a und b beide gerade sind, setze $k \leftarrow k + 1$, $a \leftarrow a/2$, $b \leftarrow b/2$.
   (Ausgenutzt wird Eigenschaft (i); a und b sind nun nicht mehr beide gerade.)

2. Solange a gerade ist, setze wiederholt $a \leftarrow a/2$, bis a ungerade ist. Des Weiteren, falls b gerade, setze wiederholt $b \leftarrow b/2$, bis b ungerade ist.
   (Ausgenutzt wird Eigenschaft (ii); a und b sind nun beide ungerade.)

3. Setze $t \leftarrow (a - b)/2$. Falls $t = 0$: Gebe $2^k a$ aus und beende den Algorithmus.
   (Ausgenutzt werden die Eigenschaften (ii), (iii) und (iv).)

4. Solange t gerade ist, setze wiederholt $t \leftarrow t/2$, bis t ungerade ist. Falls $t > 0$ ist, setze $a \leftarrow t$, ansonsten setze $b \leftarrow -t$; gehe zu Schritt 3.

Der Algorithmus kann geradlinig in eine Programmfunktion umgesetzt werden, wobei wir den Vorschlag aus [COHE] übernehmen, in Schritt 1 eine zusätzliche Division mit Rest auszuführen und $r \leftarrow a \bmod b$, $a \leftarrow b$ und $b \leftarrow r$ zu setzen. Hierdurch werden eventuelle für die Laufzeit ungünstige Größenunterschiede zwischen den Operanden a und b ausgeglichen:

Funktion:	Größter gemeinsamer Teiler
Syntax:	void gcd_l (CLINT aa_l, CLINT bb_l, CLINT cc_l);
Eingabe:	aa_l, bb_l (Operanden)
Ausgabe:	cc_l (ggT)

```
void
gcd_l (CLINT aa_l, CLINT bb_l, CLINT cc_l)
{
  CLINT a_l, b_l, r_l, t_l;
  unsigned int k = 0;
  int sign_of_t;
```

10.1 Größter gemeinsamer Teiler

Schritt 1:

Falls die Argumente unterschiedlich groß sind, wird das kleinere Argument auf b_l kopiert. Falls b_l gleich 0 ist, wird a_l als ggT ausgegeben:

```
if (LT_L (aa_l, bb_l))
   {
      cpy_l (a_l, bb_l);
      cpy_l (b_l, aa_l);
   }
else
   {
      cpy_l (a_l, aa_l);
      cpy_l (b_l, bb_l);
   }

if (EQZ_L (b_l))
   {
      cpy_l (cc_l, a_l);
      return;
   }
```

Die folgende Division mit Rest dient der Skalierung des größeren Operanden a_l. Danach werden die Zweierpotenzen aus a_l und b_l herausgekürzt:

```
(void) div_l (a_l, b_l, t_l, r_l);
cpy_l (a_l, b_l);
cpy_l (b_l, r_l);

if (EQZ_L (b_l))
   {
      cpy_l (cc_l, a_l);
      return;
   }

while (ISEVEN_L (a_l) && ISEVEN_L (b_l))
   {
      ++k;
      shr_l (a_l);
      shr_l (b_l);
   }
```

Schritt 2:

```
while (ISEVEN_L (a_l))
   {
      shr_l (a_l);
   }

while (ISEVEN_L (b_l))
   {
```

```
      shr_l (b_l);
   }
```

> **Schritt 3:**
>
> Hier tritt der Fall auf, dass die Differenz von `a_l` und `b_l` negativ werden kann. Diese Situation wird durch einen Größenvergleich von `a_l` und `b_l` abgefangen; der Betrag der Differenz wird in `t_l` und das Vorzeichen der Differenz in der Integer-Variablen `sign_of_t` gespeichert. Falls `t_l == 0` ist, terminiert der Algorithmus.

```
   do
   {
      if (GE_L (a_l, b_l))
        {
          sub_l (a_l, b_l, t_l);
          sign_of_t = 1;
        }
      else
        {
          sub_l (b_l, a_l, t_l);
          sign_of_t = -1;
        }

      if (EQZ_L (t_l))
        {
          cpy_l (cc_l, a_l);                  /* cc_l <- a            */
          shift_l (cc_l, (long int) k);       /* cc_l <- cc_l*2**k    */
          return;
        }
```

> **Schritt 4:**
>
> Entsprechend dem Vorzeichen von `t_l` wird `t_l` an `a_l` oder an `b_l` zugewiesen:

```
      while (ISEVEN_L (t_l))
        {
          shr_l (t_l);
        }
      if (-1 == sign_of_t)
        {
          cpy_l (b_l, t_l);
        }
      else
        {
          cpy_l (a_l, t_l);
        }
   }
   while (1);
}
```

10.1 Größter gemeinsamer Teiler

Obwohl die verwendeten Operationen alle linear in der Stellenzahl der Operanden sind, zeigen Tests, dass der einfache zweizeilige ggT von Seite 149 als FLINT/C-Funktion gegenüber dieser Variante kaum langsamer ist. Etwas überrascht hierüber wollen wir diesen Umstand mangels anderer Erklärungen der Effizienz unserer Divisionsroutine zuschreiben, sowie der Tatsache, dass die letztere Fassung des Algorithmus eine etwas komplexere Programmstruktur erfordert.

Die Berechnung des ggT für mehr als zwei Argumente kann durch mehrfache Anwendung der Funktion `gcd_l()` erfolgen, denn wie bereits weiter oben in (10.1) (iii) festgestellt lässt sich der allgemeine Fall rekursiv auf den Fall mit zwei Argumenten zurückführen:

$$\text{ggT}(n_1, \ldots, n_r) = \text{ggT}(n_1, \text{ggT}(n_2, \ldots, n_r)) \,. \tag{10.3}$$

Mit Hilfe des ggT ist auch das *kleinste gemeinsame Vielfache* (kgV oder lcm für *least common multiple*) zweier CLINT-Objekte `a_l` und `b_l` leicht zu bestimmen. Das kgV ganzer Zahlen $n_1, \ldots, n_r$, alle von Null verschieden, ist definiert als das kleinste Element der Menge $\{m \in \mathbb{N}^+ \mid n_i \text{ teilt } m, i = 1, \ldots, r\}$. Da mindestens das Produkt $\prod_{i=1}^{r} |n_i|$ enthalten ist, ist diese Menge nicht leer. Für zwei Argumente $a, b \in \mathbb{Z}$ ergibt sich das kgV als das Produkt ihrer Beträge, geteilt durch deren ggT: Es gilt

$$\text{kgV}(a, b) \cdot \text{ggT}(a, b) = |ab| \,. \tag{10.4}$$

Diese Beziehung verwenden wir für die Berechnung des kgV von `a_l` und `b_l`. Die Funktion hierzu lautet:

Funktion:	Kleinstes gemeinsames Vielfaches (kgV)
Syntax:	int lcm_l (CLINT a_l, CLINT b_l, CLINT c_l);
Eingabe:	a_l, b_l (Operanden)
Ausgabe:	c_l (kgV)
Rückgabe:	E_CLINT_OK falls alles O. K. E_CLINT_OFL bei Überlauf

```
int
lcm_l (CLINT a_l, CLINT b_l, CLINT c_l)
{
  CLINT g_l, junk_l;

  if (EQZ_L (a_l) || EQZ_L (b_l))
    {
      SETZERO_L (c_l);
      return E_CLINT_OK;
    }
```

```
  gcd_l (a_l, b_l, g_l);
  div_l (a_l, g_l, g_l, junk_l);
  return (mul_l (g_l, b_l, c_l));
}
```

Auch für das kgV gilt, dass sich dessen Berechnung für mehr als zwei Argumente rekursiv auf den Fall mit zwei Argumenten zurückführen lässt:

$$\text{kgV}(n_1, \ldots, n_r) = \text{kgV}(n_1, \text{kgV}(n_2, \ldots, n_r)) \ . \tag{10.5}$$

Die obige Formel (10.4) gilt übrigens nicht für mehr als zwei Werte: Bereits das einfache Beispiel kgV(2, 2, 2)·ggT(2, 2, 2) = 4 ≠ 2^3 beweist das Gegenteil. Es existiert aber eine Verallgemeinerung dieser Verbindung zwischen ggT und kgV für mehr als zwei Argumente. Es gilt nämlich

$$\text{kgV}(a, b, c) \cdot \text{ggT}(ab, ac, bc) = |abc| \tag{10.6}$$

und ebenso

$$\text{ggT}(a, b, c) \cdot \text{kgV}(ab, ac, bc) = |abc| \ . \tag{10.7}$$

Die besondere Beziehung zwischen ggT und kgV drückt sich in weiteren interessanten Formeln aus, denen insgesamt eine bemerkenswerte Dualität zugrunde liegt, in dem Sinne, dass eine Vertauschung von ggT und kgV die Gültigkeit der Formeln nicht beeinträchtigt, gerade wie in (10.6) und (10.7). Es gelten die so genannten „Distributivgesetze" für ggT und kgV

$$\text{ggT}(a, \text{kgV}(b, c)) = \text{kgV}(\text{ggT}(a, b), \text{ggT}(a, c)) \tag{10.8}$$

$$\text{kgV}(a, \text{ggT}(b, c)) = \text{ggT}(\text{kgV}(a, b), \text{kgV}(a, c)) \tag{10.9}$$

und als Krönung gilt schließlich (vgl. zu allem [SCHR], Abschn. 2.4)

$$\begin{aligned}\text{ggT}(\text{kgV}(a, b), \text{kgV}(a, c), \text{kgV}(b, c)) = \\ \text{kgV}(\text{ggT}(a, b), \text{ggT}(a, c), \text{ggT}(b, c)) \ .\end{aligned} \tag{10.10}$$

Abgesehen davon, dass diese Formeln aufgrund ihrer Symmetrien einfach schön sind, lassen sie sich auch noch hervorragend für aussagekräftige Tests der ggT- und kgV-Funktionen heranziehen, wobei die hierin verwendeten Arithmetikfunktionen implizit mit getestet werden (zum Thema Testen siehe Kapitel 12).

Don't blame testers for finding your bugs.

STEVE MAGUIRE

10.2 Multiplikative Inverse in Restklassenringen

Im Gegensatz zur Arithmetik mit ganzen Zahlen ist es in Restklassenringen unter gewissen Voraussetzungen möglich, mit multiplikativen Inversen zu rechnen. Zu manchen Elementen $\bar{a}$ aus $\mathbb{Z}_n$ – nicht notwendig zu allen – gibt es nämlich ein passendes $\bar{x}$ aus $\mathbb{Z}_n$, so dass $\bar{a} \cdot \bar{x} = \bar{1}$ gilt. Dies ist gleich bedeutend damit, dass die Kongruenz $a \cdot x \equiv 1 \bmod n$ bzw. die Aussage $a \cdot x \bmod n = 1$ gilt. Zum Beispiel sind $\bar{3}$ und $\bar{5}$ in $\mathbb{Z}_{14}$ multiplikativ invers zueinander, denn 15 mod 14 = 1.

Die Existenz von multiplikativen Inversen in $\mathbb{Z}_n$ ist nicht selbstverständlich; in Kapitel 5 wurde auf Seite 60 lediglich festgestellt, dass $(\mathbb{Z}_n, \cdot)$ eine endliche kommutative Halbgruppe mit Einselement $\bar{1}$ ist. Eine hinreichende Bedingung dafür, wann zu einem Element $\bar{a}$ aus $\mathbb{Z}_n$ ein multiplikatives Inverses existiert, können wir mit Hilfe des Euklidischen Algorithmus finden:

Die vorletzte Gleichung in dem auf Seite 149 dargestellten Ablauf des Euklidischen Algorithmus

$$a_{m-2} = a_{m-1} \cdot q_{m-2} + a_m \quad (0 \leq a_m < a_{m-1})$$

lässt sich umformen in

$$a_m = a_{m-2} - a_{m-1} \cdot q_{m-2} \quad (1).$$

Fährt man in dieser Weise fort, so erhält man nacheinander

$$a_{m-1} = a_{m-3} - a_{m-2} \cdot q_{m-3} \quad (2)$$

$$a_{m-2} = a_{m-4} - a_{m-3} \cdot q_{m-4} \quad (3)$$

$$\vdots \qquad \vdots$$

$$a_3 = a_1 - a_2 \cdot q_1 \quad (m-2)$$

Ersetzt man in (1) den Wert a_{m-1} durch die rechte Seite der Gleichung (2), so erhält man

$$a_m = a_{m-2} - q_{m-2}(a_{m-3} - q_{m-3} \cdot a_{m-2})$$

beziehungsweise

$$a_m = (1 + q_{m-3} \cdot q_{m-2}) a_{m-2} - q_{m-2} \cdot a_{m-3} \ .$$

So fortfahrend erhält man in der Gleichung $(m-2)$ einen Ausdruck für a_m als Linearkombination der Ausgangswerte a_1 und a_2 mit Faktoren, die sich aus den Quotienten q_i des Euklidischen Algorithmus zusammensetzen.

Wir erhalten auf diese Weise eine Darstellung des ggT$(a, b) = u \cdot a + v \cdot b =: g$ als Linearkombination von a und b mit ganzzahligen Faktoren u und v, wobei u

modulo a/g und v modulo b/g eindeutig bestimmt sind. Falls nun für ein Element $\bar{a}$ aus $\mathbb{Z}_n$ $\text{ggT}(a, n) = 1 = u \cdot a + v \cdot n$ ist, so folgt sofort $1 \equiv u \cdot a \bmod n$, oder anders ausgedrückt: $\bar{a} \cdot \bar{u} = \bar{1}$. In diesem Falle ist u modulo n eindeutig bestimmt, und $\bar{u}$ ist folglich das Inverse von $\bar{a}$ in $\mathbb{Z}_n$. Wir haben somit eine Bedingung dafür gefunden, wann ein multiplikatives Inverses zu einem Element des Restklassenrings $\mathbb{Z}_n$ existiert, und haben gleichzeitig ein Konstruktionsverfahren hierfür erhalten, das sich am folgenden Beispiel noch einmal anschaulich demonstrieren lässt: Aus der obigen Berechnung des $\text{ggT}(723, 288)$ folgt durch Umformung

$$3 = 141 - 6 \cdot 23$$
$$6 = 147 - 141 \cdot 1$$
$$141 = 288 - 147 \cdot 1$$
$$147 = 723 - 288 \cdot 2.$$

Hieraus errechnet sich die Darstellung des ggT:

$$\begin{aligned}
3 &= 141 - 23 \cdot (147 - 141) &&= 24 \cdot 141 - 23 \cdot 147 \\
&= 24 \cdot (288 - 147) - 23 \cdot 147 &&= -47 \cdot 147 + 24 \cdot 288 \\
&= -47 \cdot (723 - 2 \cdot 288) + 24 \cdot 288 &&= -47 \cdot 723 + 118 \cdot 288.
\end{aligned}$$

Ein schnelles Verfahren zur Berechnung dieser Darstellung des ggT würde darin bestehen, die Quotienten q_i zu speichern (so wie hier auf dem Papier geschehen) und diese damit für die Rückwärtsberechnung der gesuchten Faktoren zur Verfügung zu haben. Aufgrund des hohen Bedarfs an Speicherplatz ist dieses Verfahren jedoch kaum praktikabel. Vielmehr kommt es darauf an, einen Ausgleich zwischen Speicherplatzbedarf und Rechenzeit zu finden – eine typische Randbedingung beim Design und bei der Implementierung von Algorithmen. Als ein realistisches Verfahren werden wir weiter unten den Euklidischen Algorithmus so variieren, dass er die Darstellung des ggT als Linearkombination gleich mit berechnet.

Zu $\bar{a}$ aus $\mathbb{Z}_n$ existiert also ein Inverses $\bar{x}$ aus $\mathbb{Z}_n$, falls $\text{ggT}(a, n) = 1$ ist. Die Umkehrung hierzu lässt sich ebenfalls zeigen: Falls zu $\bar{a}$ aus $\mathbb{Z}_n$ ein multiplikatives Inverses existiert, so gilt $\text{ggT}(a, n) = 1$ (einen mathematischen Beweis zu dieser Aussage findet man in [NIVE], Beweis zu Satz 2.13).

Die Teilerfremdheit spielt hier also eine wichtige Rolle: Wenn man die Teilmenge $\mathbb{Z}_n^\times := \{\bar{a} \text{ aus } \mathbb{Z}_n \mid \text{ggT}(a, n) = 1\}$ derjenigen Elemente $\bar{a}$ aus $\mathbb{Z}_n$ betrachtet, für die a außer der 1 keinen Teiler mit n gemeinsam hat, so hat man zusammen mit der Multiplikation als Verknüpfung eine abelsche Gruppe definiert, die wir bereits in Kapitel 5 als $(\mathbb{Z}_n^\times, \cdot)$ notiert haben. Die Eigenschaften von $(\mathbb{Z}_n, \cdot)$ als abelsche Halbgruppe mit Einselement

10.2 Multiplikative Inverse in Restklassenringen

- Assoziativität von $(\mathbb{Z}_n, \cdot)$,
- Kommutativität von $(\mathbb{Z}_n, \cdot)$,
- Existenz des Einselements: Für $\bar{a}$ aus $\mathbb{Z}_n$ gilt $\bar{a} \cdot \bar{1} = \bar{a}$

übertragen sich auf $(\mathbb{Z}_n^\times, \cdot)$. Die Existenz des inversen Elements gilt aufgrund der oben getroffenen Auswahl, so dass für die Gruppeneigenschaften von $(\mathbb{Z}_n^\times, \cdot)$ lediglich nachzuweisen ist, dass für zwei Elemente $\bar{a}$ und $\bar{b}$ aus $\mathbb{Z}_n^\times$ das Produkt $\bar{a} \cdot \bar{b}$ wieder ein Element aus $\mathbb{Z}_n^\times$ ist. Diese Eigenschaft wird als *Abgeschlossenheit* bezeichnet und ist leicht nachvollziehbar: Wenn a und b zu n teilerfremd sind, kann auch das Produkt von a und b keinen mit n gemeinsamen echten Teiler besitzen, so dass $\bar{a} \cdot \bar{b}$ zur Menge $\mathbb{Z}_n^\times$ dazugehören muss. $(\mathbb{Z}_n^\times, \cdot)$ wird als *prime Restklassengruppe modulo n* bezeichnet.

Die Anzahl der Elemente von $\mathbb{Z}_n^\times$, d. h. die Anzahl der zu n teilerfremden Zahlen unterhalb von n, wird durch die Euler'sche *Phi-Funktion* $\Phi(n)$ angegeben. Für $n = p_1^{e_1} p_2^{e_2} \ldots p_t^{e_t}$ mit den verschiedenen Primteilern $p_1 \ldots p_t$ von n gilt

$$\Phi(n) = \prod_{i=1}^{t} p_i^{e_i - 1}(p_i - 1)$$

(vgl. [NIVE], Abschn. 2.1 und 2.4). Das bedeutet beispielsweise, dass $\mathbb{Z}_p^\times$ $p - 1$ Elemente hat, falls p eine Primzahl ist[21].

Falls $\text{ggT}(a, n) = 1$ ist, gilt entsprechend des Satzes von Euler, einer Verallgemeinerung des kleinen Fermat'schen Satzes[22], $a^{\Phi(n)} \equiv 1 \bmod n$, so dass die Berechnung von $a^{\Phi(n)-1} \bmod n$ ebenfalls eine Möglichkeit zur Bestimmung des multiplikativen Inversen von $\bar{a}$ darstellt. Ist beispielsweise $n = p \cdot q$ mit Primzahlen $p \neq q$ und $a \in \mathbb{Z}_n^\times$, so ist $a^{(p-1)(q-1)} \equiv 1 \bmod n$ und daher ist $a^{(p-1)(q-1)-1} \bmod n$ das Inverse von a modulo n. Diese Berechnung erfordert jedoch selbst in dem günstigen Fall, dass $\Phi(n)$ bekannt ist, eine modulare Potenzierung, die einen Rechenaufwand von $O(\log^3 n)$ verursacht.

Wesentlich günstiger, nämlich mit einem Rechenaufwand von $O(\log^2 n)$ und ohne den Wert der Euler'schen Phi-Funktion zu kennen kommen wir weg, indem wir das obige Konstruktionsverfahren in den Euklidischen Algorithmus integrie-

---

[21] In diesem Fall ist $\mathbb{Z}_p$ sogar ein *Körper*, da sowohl $(\mathbb{Z}_p, +)$ als auch $(\mathbb{Z}_p^\times, \cdot) = (\mathbb{Z}_p/\{\bar{0}\}, \cdot)$ abelsche Gruppen sind (vgl. hierzu [NIVE], Kap. 2.11). Endliche Körper finden beispielsweise Anwendung in der Codierungstheorie und spielen eine wichtige Rolle in der modernen Kryptologie.

[22] Der kleine Fermat'sche Satz besagt, dass für eine Primzahl p und alle ganzen Zahlen a gilt $a^p \equiv a \bmod p$. Falls p kein Teiler von a ist, gilt $a^{p-1} \equiv 1 \bmod p$ (vgl. [B], Kap. 2, §3, 3). Der kleine Fermat'sche Satz und dessen Verallgemeinerung von Euler gehören zu den wichtigsten Sätzen der Zahlentheorie.

ren. Dazu werden Variable u und v eingeführt, mit deren Hilfe in den einzelnen Schritten des auf Seite 149 dargestellten Verfahrens, in denen jeweils

$$a_{i+1} = a_{i-1} \bmod a_i$$

gilt, die Invariante

$$a_i = u_i \cdot a + v_i \cdot b$$

aufrechterhalten wird, und die so am Ende des Algorithmus die gewünschte Darstellung des ggT als Linearkombination von a und b liefern. Ein solches Verfahren wird als *Erweiterter Euklidischer Algorithmus* bezeichnet.

Die folgende Erweiterung des Euklidischen Algorithmus ist aus [COHE], 1.3, Algorithmus 1.3.6. entnommen; die Variable v der obigen Invarianzbedingung wird dabei nur implizit mitgeführt und erst am Ende durch $v := (d - u \cdot a)/b$ ausgerechnet:

Erweiterter Euklidischer Algorithmus zur Berechnung des ggT(a, b) und von Faktoren u und v mit ggT(a, b) = $u \cdot a + v \cdot b$ ($0 \leq a, b$)

1. Setze $u \leftarrow 1$, $d \leftarrow a$. Falls $b = 0$ ist, setze $v \leftarrow 0$ und beende den Algorithmus; ansonsten setze $v_1 \leftarrow 0$ und $v_3 \leftarrow b$.

2. Berechne q und t_3 mit $d = q \cdot v_3 + t_3$ und $t_3 < v_3$ durch eine Division mit Rest, und setze $t_1 \leftarrow u - q \cdot v_1$, $u \leftarrow v_1$, $d \leftarrow v_3$, $v_1 \leftarrow t_1$ und $v_3 \leftarrow t_3$.

3. Falls $v_3 = 0$ ist, setze $v \leftarrow (d - u \cdot a)/b$ und beende den Algorithmus; ansonsten gehe zu Schritt 2.

Die folgende Funktion `xgcd_l()` verwendet die Hilfsfunktionen `sadd()` und `ssub()` für die (ausnahmsweise) Berechnung der vorzeichenbehafteten Addition und Subtraktion. Diese Funktionen enthalten jeweils einen Vorspann, der die als Argumente zu übergebenden Vorzeichen behandelt, und rufen danach die Kernfunktionen `add()` und `sub()` (vgl. Kap. 5) auf, die Addition bzw. Subtraktion ohne Erkennung von Über- oder Unterlauf ausführen. Auf der Basis der Divisionsfunktion `div_l()` für natürliche Zahlen existiert zusätzlich die Funktion `smod()` für die Restbildung $a \bmod b$ mit $a, b \in \mathbb{Z}$, $b > 0$. Diese Hilfsfunktionen werden später noch einmal benötigt, etwa im Zusammenhang mit der Anwendung des Chinesischen Restsatzes in der Funktion `chinrem_l()` (vgl. Abschn. 10.4.3). Bei einer eventuellen Erweiterung der FLINT/C-Bibliothek zur Verarbeitung ganzer Zahlen können sie als Muster für die Verarbeitung der Vorzeichen herangezogen werden.

Ein Hinweis zur Verwendung der folgenden Funktion ist angebracht: Falls die Argumente a, $b \geq N_{max}/2$ sind, kann ein Überlauf in den Faktoren u oder v auftreten, die als Ergebnis von `xgcd_l()` zurückgegeben werden. In solchen Fällen

10.2 Multiplikative Inverse in Restklassenringen

muss daher entsprechend viel Speicherplatz für die Aufnahme von u und v bereitgestellt werden, die dann vom aufrufenden Programm zweckmäßigerweise als Typen CLINTD oder CLINTQ deklariert werden (vgl. Kap. 2):

Funktion:	Erweiterter Euklidischer Algorithmus: Berechnung der Darstellung ggT(a, b) = $u \cdot a + v \cdot b$ für natürliche Zahlen a, b
Syntax:	void xgcd_l (CLINT a_l, CLINT b_l, CLINT g_l, CLINT u_l, int *sign_u, CLINT v_l, int *sign_v);
Eingabe:	a_l, b_l (Operanden)
Ausgabe:	g_l (ggT von a_l und b_l) u_l, v_l (Faktoren von a_l und b_l der Darstellung von g_l) *sign_u (Vorzeichen von u_l) *sign_v (Vorzeichen von v_l)

```
void
xgcd_l (CLINT a_l, CLINT b_l, CLINT d_l, CLINT u_l, int *sign_u,
                                        CLINT v_l, int *sign_v)
{
  CLINT v1_l, v3_l, t1_l, t3_l, q_l;
  CLINTD tmp_l, tmpu_l, tmpv_l;
  int sign_v1, sign_t1;
```

Schritt 1: Initialisierung.

```
  cpy_l (d_l, a_l);
  cpy_l (v3_l, b_l);

  if (EQZ_L (v3_l))
    {
      SETONE_L (u_l);
      SETZERO_L (v_l);
      *sign_u = 1;
      *sign_v = 1;
      return;
    }

  SETONE_L (tmpu_l);
  *sign_u = 1;
  SETZERO_L (v1_l);
  sign_v1 = 1;
```

Schritt 2: Hauptschleife zur Berechnung des ggT und von u.

```
  while (GTZ_L (v3_l))
    {
      div_l (d_l, v3_l, q_l, t3_l);
      mul_l (v1_l, q_l, q_l);
```

```
            sign_t1 = ssub (tmpu_l, *sign_u, q_l, sign_vl, tl_l);

            cpy_l (tmpu_l, vl_l);
            *sign_u = sign_vl;

            cpy_l (d_l, v3_l);

            cpy_l (vl_l, tl_l);
            sign_vl = sign_t1;

            cpy_l (v3_l, t3_l);
        }
```

Schritt 3: Berechnung von v und Ende des Verfahrens.

```
    mult (a_l, tmpu_l, tmp_l);
    *sign_v = ssub (d_l, 1, tmp_l, *sign_u, tmp_l);
    div_l (tmp_l, b_l, tmpv_l, tmp_l);

    cpy_l (u_l, tmpu_l);
    cpy_l (v_l, tmpv_l);

    return;
}
```

Da der Umgang mit negativen Zahlen innerhalb des FLINT/C-Paketes zusätzlichen Aufwand bedeutet, kommt uns die Beobachtung entgegen, dass für die Berechnung des Inversen einer Restklasse $\bar{a}$ aus $\mathbb{Z}_n^\times$ nur der eine Faktor u der Darstellung des ggT $1 = u \cdot a + v \cdot n$ benötigt wird. Für u kann immer ein positiver Repräsentant gefunden werden, den Umgang mit negativen Zahlen können wir uns hier somit ersparen. Der folgende Algorithmus ist eine Variante des vorigen, die dies berücksichtigt und auf die Berechnung von v gänzlich verzichtet:

Erweiterter Euklidischer Algorithmus zur Berechnung des ggT(a, n) und des multiplikativen Inversen von a mod n ($0 \leq a$, $0 < n$):

1. Setze $u \leftarrow 1$, $g \leftarrow a$, $v_1 \leftarrow 0$ und $v_3 \leftarrow n$.

2. Berechne q und t_3 mit $g = q \cdot v_3 + t_3$ und $t_3 < v_3$ durch eine Division mit Rest und setze $t_1 \leftarrow u - q \cdot v_1 \bmod n$, $u \leftarrow v_1$, $g \leftarrow v_3$, $v_1 \leftarrow t_1$ und $v_3 \leftarrow t_3$.

3. Falls $v_3 = 0$ ist, gebe g als ggT(a, n) und u als das Inverse von a mod n aus und beende den Algorithmus; ansonsten gehe zurück zu Schritt 2.

Durch den modularen Schritt $t_1 \leftarrow u - q \cdot v_1 \bmod n$ wird sichergestellt, dass t_1, v_1 und u nicht negativ werden. Am Ende gilt $u \in [1,\ldots, n-1]$. Die Codierung des Algorithmus führt uns zu folgender Funktion:

10.2 Multiplikative Inverse in Restklassenringen

Funktion:	Berechnung des multiplikativen Inversen in $\mathbb{Z}_n$
Syntax:	void inv_l (CLINT a_l, CLINT n_l, CLINT g_l, CLINT i_l);
Eingabe:	a_l, n_l (Operanden)
Ausgabe:	g_l (ggT von a_l und n_l) i_l (Inverses von a_l mod n_l, falls definiert)

```
void
inv_l (CLINT a_l, CLINT n_l, CLINT g_l, CLINT i_l)
{
  CLINT v1_l, v3_l, t1_l, t3_l, q_l;
```

Test der Operanden auf 0. Falls einer der Operanden gleich 0 ist existiert zwar kein Inverses, aber ein ggT (vgl. S. 148). Die Ergebnisvariable i_l ist dann nicht definiert, was angezeigt wird, indem sie zu Null gesetzt wird.

```
  if (EQZ_L (a_l))
    {
      if (EQZ_L (n_l))
        {
          SETZERO_L (g_l);
          SETZERO_L (i_l);
          return;
        }
      else
        {
          cpy_l (g_l, n_l);
          SETZERO_L (i_l);
          return;
        }
    }
  else
    {
      if (EQZ_L (n_l))
        {
          cpy_l (g_l, a_l);
          SETZERO_L (i_l);
          return;
        }
    }
```

Schritt 1:

Initialisierung der Variablen.

```
  cpy_l (g_l, a_l);
  cpy_l (v3_l, n_l);
  SETZERO_L (v1_l);
  SETONE_L (t1_l);
```

```
    do
      {
```

> **Schritt 2:**
>
> Durch die Abfrage auf `GTZ_L (t3_1)` nach der Division wird im letzten Durchgang jeweils ein überflüssiger Aufruf von `mmul_l()` und `msub_l()` eingespart. Die Zuweisung auf die Ergebnisvariable `i_l` nehmen wir erst am Ende vor.

```
        div_l (g_l, v3_l, q_l, t3_l);
        if (GTZ_L (t3_l))
          {
            mmul_l (v1_l, q_l, q_l, n_l);
            msub_l (t1_l, q_l, q_l, n_l);
            cpy_l (t1_l, v1_l);
            cpy_l (v1_l, q_l);
            cpy_l (g_l, v3_l);
            cpy_l (v3_l, t3_l);
          }
      }
    while (GTZ_L (t3_l));
```

> **Schritt 3:**
>
> Als letzte erforderliche Zuweisungen holen wir den ggT aus der Variablen `v3_l` und, falls der ggT gleich 1 ist, das Inverse zu `a_l` aus der Variablen `v1_l`.

```
    cpy_l (g_l, v3_l);
    if (EQONE_L (g_l))
      {
        cpy_l (i_l, v1_l);
      }
    else
      {
        SETZERO_L (i_l);
      }
}
```

10.3 Wurzel und Logarithmus

In diesem Abschnitt werden Funktionen zur Berechnung der ganzzahligen Anteile von Quadratwurzel und Zweierlogarithmus von `CLINT`-Objekten erstellt. Dazu betrachten wir zunächst die Letztere der beiden Funktionen, da wir sie als Hilfsmittel zur Berechnung der ersteren benötigen: Für eine natürliche Zahl a suchen wir einen Wert e, für den gilt $2^e \leq a < 2^{e+1}$. Der Wert $e = \lfloor \log_2 a \rfloor$ ist der ganzzahlige Anteil des Logarithmus von a zur Basis 2 und ergibt sich ganz einfach aus

10.3 Wurzel und Logarithmus

der Anzahl der relevanten Bits von *a*, wie sie von der folgenden Funktion ld_l() bestimmt wird, vermindert um 1. Die folgende Funktion ld_l(), die auch in vielen anderen Funktionen des FLINT/C-Pakets verwendet wird, vernachlässigt führende Nullen und zählt nur die relevanten Binärstellen eines CLINT-Objekts:

Funktion:	Anzahl relevanter Binärstellen eines CLINT-Objekts
Syntax:	unsigned int ld_l (CLINT a_l);
Eingabe:	a_l (Operand)
Rückgabe:	Anzahl der relevanten Binärstellen von a_l

```
unsigned int
ld_l (CLINT n_l)
{
  unsigned int l;
  USHORT test;
```

Erster Schritt: Bestimme die Anzahl relevanter Stellen zur Basis *B*:

```
  l = (unsigned int) DIGITS_L (n_l);
  while (n_l[l] == 0 && l > 0)
    {
      --l;
    }
  if (l == 0)
    {
      return 0;
    }
```

Zweiter Schritt: Bestimme Anzahl relevanter Bits der höchstwertigen Stelle. Das Makro BASEDIV2 definiert den Wert einer Stelle, die im höchstwertigen Bit eine 1 und ansonsten 0 beinhaltet (d. i. $2^{BITPERDGT-1}$):

```
  test = n_l[l];
  l <<= LDBITPERDGT;
  while ((test & BASEDIV2) == 0)
    {
      test <<= 1;
      --l;
    }
  return l;
}
```

Wir werden als Nächstes den ganzzahligen Anteil der Quadratwurzel einer natürlichen Zahl in Anlehnung an die klassische Methode von Newton (vielfach auch als Methode von Newton-Raphson bezeichnet) berechnen, die zur Bestimmung von Nullstellen von Funktionen durch iterative Näherung verwendet wird: Als Voraussetzung gelte, dass eine Funktion $f(x)$ zweimal stetig differenzierbar auf einem Intervall $[a, b]$ sei, dass die erste Ableitung $f'(x) > 0$ auf $[a, b]$ ist und dass gilt $\max_{[a,b]} \left| \frac{f(x) \cdot f''(x)}{f'(x)^2} \right| < 1$. Ist dann $x_n \in [a, b]$ eine Näherung für einen Wert r mit $f(r) = 0$, so ist $x_{n+1} := x_n - f(x_n)/f'(x_n)$ eine bessere Näherung für r. Die so definierte Folge konvergiert gegen die Nullstelle r von f (vgl. [ENDL], 7.3).

Setzt man $f(x) := x^2 - c$ mit $c > 0$, so erfüllt $f(x)$ für $x > 0$ die obigen Voraussetzungen für die Konvergenz des Newton-Verfahrens, und man erhält mit

$$x_{n+1} := x_n - f(x_n)/f'(x_n) = \frac{1}{2}(x_n + \frac{c}{x_n})$$

eine Folge, die gegen $\sqrt{c}$ konvergiert. Aufgrund des günstigen Konvergenzverhaltens dieser Folge ist das Newton-Verfahren eine effiziente Methode, um näherungsweise Quadratwurzeln rationaler Zahlen zu bestimmen.

Da wir für unsere Zwecke nur an dem ganzzahligen Anteil r von $\sqrt{c}$ interessiert sind, für den $r^2 \leq c < (r + 1)^2$ gilt, wobei c selbst als ganzzahlig vorausgesetzt wird, können wir uns bei der Berechnung der Folgenglieder auf die ganzzahligen Beiträge beschränken. Wir starten mit einem Wert $x_1 > \sqrt{c}$ und berechnen so lange neue Folgenglieder, bis ein Wert größer oder gleich seinem Vorgänger ist; der Vorgänger ist dann der gesuchte Wert. Es ist dabei offensichtlich günstig, mit einem Wert zu starten, der so nahe wie möglich bei $\sqrt{c}$ liegt. Für ein CLINT-Objekt mit Wert c und $e := \lfloor \log_2 c \rfloor$ ist $\lfloor 2^{(e+2)/2} \rfloor$ in jedem Fall größer als $\sqrt{c}$ und unter Verwendung der obigen Funktion ld_l() schnell zu ermitteln. Der Algorithmus läuft wie folgt ab:

Algorithmus zur Berechnung des ganzzahligen Anteils r der Quadratwurzel einer natürlichen Zahl $c > 0$:

1. Setze $x \leftarrow \lfloor 2^{(e+2)/2} \rfloor$ mit $e := \lfloor \log_2 c \rfloor$.

2. Setze $y \leftarrow \lfloor (x + c/x)/2 \rfloor$.

3. Falls $y < x$ ist, setze $x \leftarrow y$ und gehe zu 2. Ansonsten gebe x als Ergebnis aus und beende den Algorithmus.

Der Nachweis, dass dieses Verfahren funktioniert, ist nicht besonders schwierig: Der Wert von x fällt streng monoton, ist aber ganzzahlig und stets größer als Null, so dass der Algorithmus in jedem Fall terminiert. Wenn dies eintritt, gilt die

10.3 Wurzel und Logarithmus

Bedingung $y = \lfloor (x + c/x)/2 \rfloor \geq x$, und wir nehmen an, dass $x \geq r + 1$ ist. Wegen $x \geq r + 1 > \sqrt{c}$ folgt hieraus $x^2 > c$ bzw. $c - x^2 < 0$. Damit ist jedoch

$$y - x = \lfloor (x + c/x)/2 \rfloor - x = \lfloor (c - x^2)/2x \rfloor < 0 \;,$$

im Widerspruch zur Bedingung für die Terminierung des Verfahrens; unsere Annahme ist daher falsch und es muss $x = r$ gelten.

Die folgende Funktion verwendet für die Operation $y \leftarrow \lfloor (x + c/x)/2 \rfloor$ die ganzzahlige Division mit Rest, ohne die Gültigkeit des Verfahrens zu gefährden:

Funktion:	Ganzzahliger Anteil der Quadratwurzel eines CLINT-Objekts
Syntax:	void iroot_l (CLINT n_l, CLINT floor_l);
Eingabe:	n_l (Operand > 0)
Ausgabe:	floor_l (ganzzahlige Quadratwurzel von n_l)

```
void
iroot_l (CLINT n_l, CLINT floor_l)
{
  CLINT x_l, y_l, r_l;
  unsigned l;
```

Mittels der Funktion ld_l() und einer Shift-Operation wird l auf den Wert $\lfloor (\lfloor \log_2(n\_l) \rfloor + 2)/2 \rfloor$ gesetzt; y_l wird mittels setbit_l() auf 2^l gesetzt:

```
  l = (ld_l (n_l) + 1) >> 1;
  SETZERO_L (y_l);
  setbit_l (y_l, l);
  do
    {
      cpy_l (x_l, y_l);
```

Schritte 2 und 3, Newton'sche Näherung und Kontrolle auf Terminierung:

```
      div_l (n_l, x_l, y_l, r_l);
      add_l (y_l, x_l, y_l);
      shr_l (y_l);
    }
  while (LT_L (y_l, x_l));
  cpy_l (floor_l, x_l);
}
```

Zur Feststellung, ob eine Zahl *n* ein Quadrat einer anderen Zahl ist, genügt es, den von iroot_l() ausgegebenen Wert mit sqr_l() zu quadrieren und mit *n* zu vergleichen. Sind die Werte ungleich, so ist *n* offenbar kein Quadrat. An dieser

Methode ist lediglich auszusetzen, dass sie nicht die effizienteste ist: Es gibt Kriterien, die in vielen Fällen *ohne* die explizite Berechnung von Wurzel und Quadrat solche Zahlen erkennen können, die keine Quadrate sind. Ein derartiger Algorithmus ist in [COHE] angegeben. Er verwendet vier Tabellen $q11$, $q63$, $q64$ und $q65$ in denen die quadratischen Reste modulo 11, 63, 64 und 65 mit einer 1 und die quadratischen Nichtreste mit einer 0 markiert sind:

$q11[k] \leftarrow 0$ für $k = 0,\ldots,10$, $q11[k^2 \bmod 11] \leftarrow 1$ für $k = 0,\ldots,5$.

$q63[k] \leftarrow 0$ für $k = 0,\ldots,62$, $q63[k^2 \bmod 63] \leftarrow 1$ für $k = 0,\ldots,31$.

$q64[k] \leftarrow 0$ für $k = 0,\ldots,63$, $q64[k^2 \bmod 64] \leftarrow 1$ für $k = 0,\ldots,31$.

$q65[k] \leftarrow 0$ für $k = 0,\ldots,64$, $q65[k^2 \bmod 65] \leftarrow 1$ für $k = 0,\ldots,32$.

Der Darstellung der Restklassenringe als absolut kleinste Restsysteme (vgl. S. 60) entnimmt man, dass hierdurch tatsächlich jeweils alle Quadrate erfasst werden.

Algorithmus zur Erkennung einer ganzen Zahl $n > 0$ als Quadrat. In diesem Fall wird die Quadratwurzel von n ausgegeben (nach [COHE], Alg. 1.7.3):

1. Setze $t \leftarrow n \bmod 64$. Falls $q64[t] = 0$, ist n kein Quadrat und wir sind fertig. Ansonsten setze $r \leftarrow n \bmod (11 \cdot 63 \cdot 65)$.
2. Falls $q63[r \bmod 63] = 0$ ist, ist n kein Quadrat und wir sind fertig.
3. Falls $q65[r \bmod 65] = 0$ ist, ist n kein Quadrat und wir sind fertig.
4. Falls $q11[r \bmod 11] = 0$ ist, ist n kein Quadrat und wir sind fertig.
5. Berechne $q \leftarrow \lfloor \sqrt{n} \rfloor$ mittels der Funktion `iroot_1()`. Falls $q^2 \neq n$, ist n kein Quadrat und wir sind fertig. Andernfalls ist n ein Quadrat und die Quadratwurzel q wird ausgegeben.

Der Algorithmus mutet aufgrund der verwendeten Konstanten etwas kurios an. Es gibt hierfür jedoch eine einleuchtende Erklärung: Ein Quadrat n ist für jede ganze Zahl k auch ein Quadrat modulo k. Wir verwenden die Umkehrung dieser Eigenschaft: Ist n kein Quadrat modulo k, so ist n auch kein Quadrat in den ganzen Zahlen. Nacheinander wird nun durch die Schritte 1–4 geprüft, ob n ein Quadrat modulo 64, 63, 65 oder 11 ist. Von denen gibt es insgesamt 12, 16, 21 und 6, so dass die Wahrscheinlichkeit für den Fall, dass eine Zahl, die kein Quadrat ist, bis hierher unentdeckt bleibt,

$$(1 - \frac{52}{64})(1 - \frac{47}{63})(1 - \frac{44}{65})(1 - \frac{5}{11}) = \frac{12}{64} \cdot \frac{16}{63} \cdot \frac{21}{65} \cdot \frac{6}{11} = \frac{6}{715}$$

beträgt. Nur für diese sehr seltenen Fälle wird nun der Test in Schritt 5 durchgeführt. Ist dieser ebenfalls positiv, ist n als Quadrat erkannt und die Quadratwurzel von n berechnet. Die Reihenfolge der Tests in den Schritten 1–4 ergibt sich aus dem Größenvergleich der einzelnen Wahrscheinlichkeiten.

10.3 Wurzel und Logarithmus

Die folgende Funktion haben wir im Vorgriff bereits in Abschnitt 6.5 verwendet, um Quadrate als Kandidaten für Primitivwurzeln modulo p auszuschließen:

Funktion:	Erkennung der Quadrateigenschaft einer CLINT-Zahl n_l
Syntax:	unsigned int issqr_l(CLINT n_l, CLINT r_l);
Eingabe:	n_l (Operand)
Ausgabe:	r_l (Quadratwurzel von n_l oder 0, falls n_l kein Quadrat ist)
Rückgabe:	1 falls n_l Quadrat ist 0 sonst

```
static const UCHAR q11[11]=
  {1, 1, 0, 1, 1, 1, 0, 0, 0, 1, 0};

static const UCHAR q63[63]=
  {1, 1, 0, 0, 1, 0, 0, 1, 0, 1, 0, 0, 0, 0, 1, 0, 1, 0, 0, 0, 1,
   0, 0, 1, 0, 0, 1, 0, 0, 0, 0, 0, 0, 0, 1, 1, 0, 0, 0, 0, 1, 0, 0,
   1, 0, 0, 1, 0, 0, 0, 0, 0, 0, 0, 1, 0, 0, 0, 0, 0};

static const UCHAR q64[64]=
  {1, 1, 0, 0, 1, 0, 0, 0, 0, 1, 0, 0, 0, 0, 0, 1, 1, 0, 0, 0, 0, 0,
   0, 0, 1, 0, 0, 0, 0, 0, 0, 1, 0, 0, 1, 0, 0, 0, 0, 1, 0, 0, 0, 0,
   0, 0, 0, 1, 0, 0, 0, 0, 0, 0, 1, 0, 0, 0, 0, 0, 0};

static const UCHAR q65[65]=
  {1, 1, 0, 0, 1, 0, 0, 0, 0, 1, 1, 0, 0, 1, 0, 1, 0, 0, 0, 0, 0, 0,
   0, 0, 1, 1, 0, 0, 1, 1, 0, 0, 0, 0, 1, 1, 0, 0, 1, 1, 0, 0, 0, 0, 0, 0,
   0, 0, 0, 1, 0, 1, 0, 0, 0, 1, 1, 0, 0, 0, 0, 1, 0, 0, 1};


unsigned int
issqr_l (CLINT n_l, CLINT r_l)
{
  CLINT q_l;
  USHORT r;

  if (EQZ_L (n_l))
    {
      SETZERO_L (r_l);
      return 1;
    }

  if (1 == q64[*LSDPTR_L (n_l) & 63])         /* q64[n_l mod 64]       */
    {
      r = umod_l (n_l, 45045);                /* n_l mod (11·63·65)    */

      if ((1 == q63[r % 63]) && (1 == q65[r % 65]) && (1 == q11[r % 11]))
      /* Evaluation erfolgt von links nach rechts, vgl. [HARB] Abschn. 7.7 */
```

```
        {
            iroot_l (n_l, r_l);
            sqr_l (r_l, q_l);
            if (equ_l (n_l, q_l))
            {
                return 1;
            }
        }
    }

    SETZERO_L (r_l);
    return 0;
}
```

10.4 Quadratwurzeln in Restklassenringen

Nach der Berechnung von Quadratwurzeln ganzer Zahlen beziehungsweise deren ganzzahliger Anteile wenden wir uns nun wieder den Restklassen zu, um dort das Gleiche zu tun, nämlich Quadratwurzeln zu berechnen. In Restklassenringen existieren unter bestimmten Voraussetzungen Quadratwurzeln von Elementen, die im Allgemeinen nicht eindeutig bestimmt sind (d. h. es gibt mehrere Wurzeln zu einem Element). Aus algebraischer Sicht ist also die Frage zu stellen, ob für ein Element $\bar{a}$ aus $\mathbb{Z}_m$ Wurzeln $\bar{b}$ mit $\bar{b}^2 = \bar{a}$ existieren. Die Zahlentheorie drückt dies in der Kongruenzenschreibweise (vgl. Kap. 5) aus und fragt, ob die quadratische Kongruenz

$$x^2 \equiv a \bmod m$$

Lösungen besitzt und wenn ja, welche dies sind.

Ist der ggT$(a, m) = 1$ und existiert eine Lösung b mit $b^2 \equiv a \bmod m$, so wird a als ein *quadratischer Rest modulo m* bezeichnet; existiert keine Lösung der Kongruenz, heißt a ein *quadratischer Nichtrest modulo m*. Mit b ist auch $b + m$ eine Lösung der Kongruenz, daher kann man sich auf die Betrachtung derjenigen Reste beschränken, die modulo m verschieden sind.

Ein Beispiel zur Veranschaulichung: 2 ist ein quadratischer Rest modulo 7, denn $3^2 \equiv 9 \equiv 2 \bmod 7$, und 3 ist ein quadratischer Nichtrest modulo 5.

Im Falle, dass m eine Primzahl ist, ist die Berechnung von Quadratwurzeln modulo m leicht und die erforderlichen Funktionen werden in den nächsten Kapiteln bereitgestellt. Die Berechenbarkeit von Quadratwurzeln modulo einer zusammengesetzten Zahl m ist hingegen davon abhängig, ob die Zerlegung von m in Primfaktoren bekannt ist oder nicht. Ist dies nicht der Fall, so ist die Berechnung von Quadratwurzeln für große m ein mathematisch schwieriges Problem der Komplexitätsklasse **NP** (vgl. S. 89), an dessen Komplexität beispielsweise die Sicherheit moderner kryptographischer Systeme geknüpft werden kann[23]. Auf aussagekräftige Beispiele kommen wir in Abschnitt 10.4.4 zurück.

Die Erkennung der Eigenschaft einer Zahl, quadratischer Rest zu sein, und die Berechnung von Quadratwurzeln treten als zwei unterschiedliche Berechnungsprobleme mit jeweils speziellen Algorithmen auf, zu denen die folgenden Abschnitte Erläuterungen und Implementierungen enthalten. Wir betrachten zunächst Verfahren zur Erkennung der Eigenschaft einer Zahl, quadratischer Rest modulo einer anderen Zahl zu sein. Danach werden wir Quadratwurzeln modulo von Primzahlen berechnen und in einem weiteren Abschnitt Ansätzen nachgehen, um Quadratwurzeln modulo zusammengesetzter Zahlen zu berechnen.

10.4.1 Das Jacobi-Symbol

Wir beginnen den Abschnitt ganz trocken mit einer Definition: Es seien $p \neq 2$ eine Primzahl und a eine ganze Zahl. Das *Legendre-Symbol* $(\frac{a}{p})$ (gesprochen „a über p") wird definiert zu 1, falls a quadratischer Rest modulo p ist, und zu -1, falls a quadratischer Nichtrest modulo p ist. Falls p ein Teiler von a ist, sei $(\frac{a}{p}) := 0$.

Das Legendre-Symbol hilft uns als Definition zunächst nicht weiter, da wir, um eine Aussage über seinen Wert machen zu können, schon wissen müssen, ob a ein quadratischer Rest modulo p ist oder nicht. Das Legendre-Symbol hat jedoch Eigenschaften, die es ermöglichen, mit ihm zu rechnen und vor allem, seinen Wert zu berechnen. Ohne den gesetzten Rahmen zu verlassen, können wir den zugehörigen theoretischen Hintergrund nicht ausleuchten, dazu sei als Vorschlag auf [B], Kap. 3, § 2 verwiesen. Wir wollen jedoch einige dieser Eigenschaften zitieren, um eine Vorstellung davon zu bekommen, worauf wir die Berechnung des Legendre-Symbols gründen können:

(i) Die Anzahl der Lösungen der Kongruenz $x^2 \equiv a \bmod p$ ist $1 + (\frac{a}{p})$.

(ii) Es gibt gleich viele quadratische Reste wie quadratische Nichtreste modulo p, nämlich $(p-1)/2$.

---

[23] Der Analogie zwischen mathematischer und kryptographischer Komplexität sollte allerdings mit Vorsicht begegnet werden: In [REIN] wird darauf hingewiesen, dass die Frage, ob **P** $\neq$ **NP** gilt oder nicht, wenig Relevanz für die kryptographische Praxis besitze. Ein *polynomialer* Algorithmus zur Faktorisierung etwa der Laufzeit $O(n^{20})$ wäre bereits für kleine Stellenzahlen n kaum zu bewältigen, während ein *exponentielles* Faktorisierungsverfahren der Laufzeit $O(e^{n^{0.1}})$ die Faktorisierung auch sehr großer Moduli ermöglichen würde. Die Sicherheit kryptographischer Verfahren in der Praxis hänge nicht wirklich davon ab, ob **P** von **NP** verschieden ist, obwohl man dieser Auffassung häufig begegnet.

(iii) $a \equiv b \bmod p \Rightarrow (\frac{a}{p}) = (\frac{b}{p})$.

(iv) Das Legendre-Symbol ist multiplikativ: $(\frac{ab}{p}) = (\frac{a}{p})(\frac{b}{p})$.

(v) $\sum_{i=1}^{p-1} (\frac{i}{p}) = 0$.

(vi) $a^{(p-1)/2} \equiv (\frac{a}{p}) \bmod p$ (Euler'sches Kriterium).

(vii) Für q ungerade Primzahl, $q \neq p$, gilt $(\frac{p}{q}) = (-1)^{(p-1)(q-1)/4}(\frac{q}{p})$ (quadratisches Reziprozitätsgesetz nach Gauß).

(viii) $(\frac{-1}{p}) = (-1)^{(p-1)/2}$, $(\frac{2}{p}) = (-1)^{(p^2-1)/8}$, $(\frac{1}{p}) = 1$.

Die Beweise zu all diesen Eigenschaften des Legendre-Symbols findet man in der Standardliteratur über Zahlentheorie, hierzu sei einmal mehr auf [B] oder [ROSE] verwiesen.

Zwei Möglichkeiten, um Legendre-Symbole zu berechnen, springen ins Auge: Wir können das Euler'sche Kriterium (vi) ausnutzen und $a^{(p-1)/2} \bmod p$ ausrechnen; dies benötigt eine modulare Potenzierung (eine Operation der Komplexität $O(\log^3 p)$). Durch Verwendung des Reziprozitätsgesetzes können wir jedoch Folgendes rekursive Verfahren anwenden, das auf den Eigenschaften (iii), (iv), (vii) und (viii) beruht:

Rekursiver Algorithmus zur Berechnung des Legendre-Symbols $(\frac{a}{p})$ einer ganzen Zahl a und einer ungeraden Primzahl p:

1. Falls $a = 1$ ist, ist $(\frac{a}{p}) = 1$ (Eigenschaft (viii)).

2. Falls a gerade ist, gilt $(\frac{a}{p}) = (-1)^{(p^2-1)/8}(\frac{a/2}{p})$ (Eigenschaften (iv), (viii)).

3. Falls $a \neq 1$ und $a = q_1 \cdot \ldots \cdot q_k$ das Produkt ungerader Primzahlen $q_1, \ldots, q_k$ ist, gilt $(\frac{a}{p}) = \prod_{i=1}^{k} (\frac{q_i}{p})$. Für jedes i ist $(\frac{q_i}{p}) = (-1)^{(p-1)(q_i-1)/4}(\frac{p \bmod q_i}{q_i})$ mit den Schritten 1. bis 3. zu berechnen (Eigenschaften (iii), (iv) und (vii)).

10.4 Quadratwurzeln in Restklassenringen

Bevor wir uns nun die programmtechnischen Mittel verschaffen, die es uns ermöglichen, das Legendre-Symbol zu berechnen, werden wir eine Verallgemeinerung betrachten, deren Berechnung ohne die für große Zahlen enorm zeitaufwendige Zerlegung in Primfaktoren (zum Faktorisierungsproblem vgl. S. 194) auskommt, wie es die direkte Anwendung des Reziprozitätsgesetzes in der obigen Fassung (vii) verlangen würde. Danach sind wir sogar imstande, auf ein nicht rekursives Berechnungsverfahren zurückzugreifen:

Für eine ganze Zahl a und eine Zahl $b = p_1 p_2 \ldots p_k$ mit nicht notwendig voneinander verschiedenen Primzahlen p_i ist das *Jacobi-Symbol* (oder *Jacobi-Kronecker-*, *Kronecker-Jacobi-*, *Kronecker-Symbol*) $(\frac{a}{b})$ als das Produkt der Legendre-Symbole $(\frac{a}{p_i})$ definiert:

$$\left(\frac{a}{b}\right) := \prod_{i=1}^{k} \left(\frac{a}{p_i}\right) ,$$

wobei $(\frac{a}{2}) := \begin{cases} 0, & \text{falls } a \text{ gerade} \\ (-1)^{(a^2-1)/8}, & \text{falls } a \text{ ungerade} \end{cases}$ gesetzt wird. Der Vollständigkeit halber sei zusätzlich $(\frac{a}{1}) := 1$ für $a \in \mathbb{Z}$, $(\frac{a}{0}) := 1$ falls $a = \pm 1$ und $(\frac{a}{0}) := 0$ sonst.

Falls b selbst eine ungerade Primzahl ist (d. h. $k = 1$), so sind die Werte der Jacobi- und Legendre-Symbole identisch. In diesem Fall gibt das Jacobi-(Legendre-)Symbol an, ob a ein quadratischer Rest modulo b ist, d.h. ob ein c existiert mit $c^2 \equiv a \bmod b$; dann ist $(\frac{a}{b}) = 1$. Andernfalls ist $(\frac{a}{b}) = -1$ (oder $(\frac{a}{b}) = 0$, falls $a \equiv 0 \bmod b$).

Ist b keine Primzahl (d.h. $k > 1$), so gilt: a ist quadratischer Rest modulo b genau dann, wenn $\text{ggT}(a, b) = 1$ und a quadratischer Rest modulo aller Primzahlen ist, die b teilen, d. h. wenn alle Legendre-Symbole $(\frac{a}{p_i})$ ($i = 1,..,k$) den Wert 1 haben. Dies ist offenbar nicht äquivalent dazu, dass das Jacobi-Symbol $(\frac{a}{b})$ den Wert 1 hat: Da $x^2 \equiv 2 \bmod 3$ keine Lösung hat, gilt $(\frac{2}{3}) = -1$, jedoch gilt definitionsgemäß $(\frac{2}{9}) = (\frac{2}{3}) \cdot (\frac{2}{3}) = 1$, obwohl für $x^2 \equiv 2 \bmod 9$ ebenfalls keine Lösung existiert. Ist hingegen $(\frac{a}{b}) = -1$, so ist a in jedem Fall ein quadratischer Nichtrest modulo b. $(\frac{a}{b}) = 0$ ist äquivalent dazu, dass $\text{ggT}(a, b) \neq 1$ ist.

Aus den Eigenschaften des Legendre-Symbols lassen sich für das Jacobi-Symbol folgende Schlüsse ziehen:

(i) Es gilt $(\frac{ab}{c}) = (\frac{a}{c})(\frac{b}{c})$, und falls $b \cdot c \neq 0$: $(\frac{a}{bc}) = (\frac{a}{b})(\frac{a}{c})$.

(ii) $a \equiv c \bmod b \Rightarrow (\frac{a}{b}) = (\frac{c}{b})$.

(iii) Für ungerade $b > 0$ gelten die Aussagen $(\frac{-1}{b}) = (-1)^{(b-1)/2}$, $(\frac{2}{b}) = (-1)^{(b^2-1)/8}$ und $(\frac{1}{b}) = 1$ (vgl. oben unter (viii)).

(iv) Für ungerade a und b mit $b > 0$ gilt das Reziprozitätsgesetz (vgl. oben (viii)): $(\frac{a}{b}) = (-1)^{(a-1)(b-1)/4}(\frac{b}{|a|})$.

Aus diesen Eigenschaften (zu den Beweisen gelten die obigen Hinweise) des Jacobi-Symbols ist der folgende, aus [COHE], Abschnitt 1.4 entnommene Algorithmus nach Kronecker gegossen, der das Jacobi-Symbol (bzw. je nach Voraussetzung das Legendre-Symbol) zweier ganzer Zahlen in nicht-rekursiver Form berechnet. Der Algorithmus bewältigt sogar ein eventuelles Vorzeichen von b, dazu sei ergänzend $(\frac{a}{-1}) := 1$ für $a \geq 0$ und $(\frac{a}{-1}) := -1$ für $a < 0$ gesetzt:

Algorithmus zur Berechnung des Jacobi-Symbols $(\frac{a}{b})$ ganzer Zahlen a und b:

1. Falls $b = 0$ ist, gebe 1 aus, wenn der Betrag $|a|$ von a gleich 1 ist, sonst gebe 0 aus und beende den Algorithmus.

2. Falls a und b beide gerade sind, gebe 0 aus und beende den Algorithmus. Sonst setze $v \leftarrow 0$ und solange b gerade ist, setze $v \leftarrow v+1$ und $b \leftarrow b/2$. Falls v nun gerade ist, setze $k \leftarrow 1$, ansonsten setze $k \leftarrow (-1)^{(a^2-1)/8}$. Ist $b < 0$, so setze $b \leftarrow -b$. Falls $a < 0$ ist, setze $k \leftarrow -k$ (vgl. (iii)).

3. Falls $a = 0$ ist, gebe 0 aus, wenn $b > 1$ ist, sonst k, und beende den Algorithmus. Ansonsten setze $v \leftarrow 0$, und solange a gerade ist, setze $v \leftarrow v+1$ und $a \leftarrow a/2$. Falls v nun ungerade ist, setze $k \leftarrow (-1)^{(b^2-1)/8} \cdot k$ (vgl. (iii)).

4. Setze $k \leftarrow (-1)^{(a-1)(b-1)/4} \cdot k$, $r \leftarrow |a|$, $a \leftarrow b \bmod r$, $b \leftarrow r$ und gehe zu 3 (vgl. (ii) und (iv)).

Die Laufzeit für dieses Verfahren beträgt $O(\log^2 N)$, wobei $N \geq a, b$ als obere Schranke für a und b steht. Im Vergleich zu dem Berechnungsansatz mittels des Euler'schen Kriteriums sind wir damit deutlich besser gestellt.

10.4 Quadratwurzeln in Restklassenringen

Folgende Hinweise für eine Implementierung des Algorithmus werden in Abschnitt 1.4 von [COHE] gegeben:

* Die Werte $(-1)^{(a^2-1)/8}$ und $(-1)^{(b^2-1)/8}$ in den Schritten 2 und 3 werden am schnellsten mit Hilfe einer vorberechneten Tabelle bestimmt.

* Der Wert $(-1)^{(a-1)(b-1)/4} \cdot k$ in Schritt 4 lässt sich effizient durch den C-Ausdruck `if(a&b&2) k = -k` mit der bitweisen UND-Verknüpfung & bestimmen.

In beiden Fällen kann also auf die explizite Berechnung einer Potenz verzichtet werden, was sich natürlich günstig auf die benötigte Rechenzeit auswirkt.

Den ersten Hinweis wollen wir uns anhand folgender Überlegungen verdeutlichen: Wenn k in Schritt 2 auf den Wert $(-1)^{(a^2-1)/8}$ gesetzt wird, ist a ungerade; dasselbe gilt für b in Schritt 3. Für ungerade a gilt

$$2|(a-1) \text{ und } 4|(a+1)$$

oder

$$4|(a-1) \text{ und } 2|(a+1) \; ,$$

so dass 8 ein Teiler von $(a-1)(a+1) = a^2 - 1$ ist; daher ist $(-1)^{(a^2-1)/8}$ ganzzahlig. Weiterhin ist $(-1)^{(a^2-1)/8} = (-1)^{((a \bmod 8)^2-1)/8}$ (dies sieht man durch Einsetzen der Darstellung $a = k \cdot 8 + r$ in die Potenz). Die Potenz muss also nur für die vier Werte $a \bmod 8 = \pm 1$ und ± 3 bestimmt werden, für die sich die Werte $1, -1, -1$ und 1 ergeben. Diese werden in einem Vektor $\{0, 1, 0, -1, 0, -1, 0, 1\}$ angeordnet, so dass man über $a \bmod 8$ auf den Wert der Potenz $(-1)^{((a \bmod 8)^2-1)/8}$ zugreifen kann. Berücksichtigt man, dass $a \bmod 8$ durch den Ausdruck `a & 7` mit & als binäre UND-Verknüpfung darstellbar ist, so reduziert sich die Berechnung der Potenz auf wenige schnelle CPU-Operationen.

Zum Verständnis des zweiten Hinweises beachten wir, dass genau dann, wenn $(a \; \& \; b \; \& \; 2) \neq 0$ ist, $(a-1)/2$ und $(b-1)/2$ und daher auch $(a-1)(b-1)/4$ ungerade sind.

Schließlich verwenden wir die Hilfsfunktion `twofact_l()`, die hier kurz eingeschoben wird, zur Ermittlung von v und b in Schritt 2, für den Fall, dass b gerade ist, sowie im analogen Vorgang für die Werte v und a in Schritt 3. Die Funktion `twofact_l()` zerlegt einen CLINT-Wert in ein Produkt, bestehend aus einer Zweierpotenz und einem ungeraden Faktor:

> **Funktion:** Zerlegung eines CLINT-Objekts $a = 2^k u$ mit ungeradem u
>
> **Syntax:** int twofact_l (CLINT a_l, CLINT b_l);
>
> **Eingabe:** a_l (Operand)
>
> **Ausgabe:** b_l (ungerader Anteil von a_l)
>
> **Rückgabe:** k (Logarithmus zur Basis 2 des Zweianteils von a_l)

```
int
twofact_l (CLINT a_l, CLINT b_l)
{
  int k = 0;

  if (EQZ_L (a_l))
    {
      SETZERO_L (b_l);
      return 0;
    }
  cpy_l (b_l, a_l);
  while (ISEVEN_L (b_l))
    {
      shr_l (b_l);
      ++k;
    }
  return k;
}
```

So ausgerüstet können wir uns nun daran machen, eine effiziente Funktion jacobi_l() zur Berechnung des Jacobi-Symbols zu erstellen:

> **Funktion:** Berechnung des Jacobi-Symbols zweier CLINT-Objekte
>
> **Syntax:** int jacobi_l (CLINT aa_l, CLINT bb_l);
>
> **Eingabe:** aa_l, bb_l (Operanden)
>
> **Rückgabe:** ±1 (Wert des Jacobi-Symbols von aa_l über bb_l)

```
static int tab2[] = {0, 1, 0, -1, 0, -1, 0, 1};

int
jacobi_l (CLINT aa_l, CLINT bb_l)
{
  CLINT a_l, b_l, tmp_l;
  long int k, v;
```

> Schritt 1: Abhandlung des Falles bb_l = 0.

```
  if (EQZ_L (bb_l))
```

10.4 Quadratwurzeln in Restklassenringen

```
    {
      if (equ_l (aa_l, one_l))
        {
          return 1;
        }
      else
        {
          return 0;
        }
    }
```

Schritt 2: Herausziehen der geraden Anteile von bb_l.

```
if (ISEVEN_L (aa_l) && ISEVEN_L (bb_l))
  {
    return 0;
  }
cpy_l (a_l, aa_l);
cpy_l (b_l, bb_l);
v = twofact_l (b_l, b_l);
if ((v & 1) == 0)                               /* v gerade? */
  {
    k = 1;
  }
else
  {
    k = tab2[*LSDPTR_L (a_l) & 7]; /* *LSDPTR_L (a_l) & 7 == a_l % 8 */
  }
```

Schritt 3: Falls a_l = 0 ist, sind wir fertig. Ansonsten wird der gerade Anteil von a_l herausgezogen.

```
while (GTZ_L (a_l))
  {
    v = twofact_l (a_l, a_l);
    if ((v & 1) != 0)
      {
        k = tab2[*LSDPTR_L (b_l) & 7];
      }
```

Schritt 4: Anwendung des quadratischen Reziprozitätsgesetzes.

```
    if (*LSDPTR_L (a_l) & *LSDPTR_L (b_l) & 2)
      {
        k = -k;
      }
    cpy_l (tmp_l, a_l);
    mod_l (b_l, tmp_l, a_l);
    cpy_l (b_l, tmp_l);
  }
if (GT_L (b_l, one_l))
```

```
    {
        k = 0;
    }
    return (int) k;
}
```

10.4.2 Quadratwurzeln modulo p^k

Wir haben nun einen Aufriss der Eigenschaft einer ganzen Zahl erhalten, quadratischer Rest oder Nichtrest modulo einer anderen Zahl zu sein, und eine effiziente Programmfunktion, um zu bestimmen, ob dies zutrifft, steht uns ebenfalls zur Verfügung. Aber selbst wenn wir wissen, ob eine ganze Zahl a ein quadratischer Rest modulo einer ganzen Zahl n ist, berechnen können wir die Quadratwurzel von a noch nicht, insbesondere nicht, wenn n groß ist. Da wir bescheiden sind, wollen wir uns dies erst einmal für solche n vornehmen, die Primzahlen sind. Die Aufgabe besteht also darin, die quadratische Kongruenz

$$x^2 \equiv a \bmod p \qquad (10.11)$$

zu lösen, wobei wir annehmen, dass p eine ungerade Primzahl und a ein quadratischer Rest mod p ist, und die Kongruenz somit eine Lösung besitzt. Dabei lassen sich die beiden Fälle $p \equiv 3 \bmod 4$ und $p \equiv 1 \bmod 4$ unterscheiden. Im einfacheren ersten Fall löst $x := a^{(p+1)/4} \bmod p$ die Kongruenz, denn es gilt

$$x^2 \equiv a^{(p+1)/2} \equiv a a^{(p-1)/2} \equiv a \bmod{p}, \qquad (10.12)$$

wobei mit $a^{(p-1)/2} \equiv (\frac{a}{p}) \equiv 1 \bmod p$ das oben als Eigenschaft (vi) des Legendre-Symbols zitierte Euler'sche Kriterium ausgenutzt wurde.

Die folgenden Überlegungen, die einer Darstellung in [HEID] entnommen sind, beinhalten ein allgemeines Verfahren zur Lösung quadratischer Kongruenzen, durch das insbesondere auch der zweite Fall $p \equiv 1 \bmod 4$ erledigt wird:

Wir schreiben $p - 1 = 2^k \cdot q$, mit $k \geq 1$ und q ungerade und suchen einen beliebigen quadratischen Nichtrest $n \bmod p$, indem wir zufällig eine Zahl n mit $1 \leq n < p$ wählen und das Legendre-Symbol $(\frac{n}{p})$ berechnen. Dieses hat mit der Wahrscheinlichkeit ½ den Wert -1, so dass wir mit wenigen Versuchen ein solches n finden. Wir setzen

$$\begin{aligned} x_0 &\equiv a^{(q+1)/2} \bmod p, \\ y_0 &\equiv n^q \bmod p, \\ z_0 &\equiv a^q \bmod p \text{ und} \\ r_0 &:= k. \end{aligned} \qquad (10.13)$$

10.4 Quadratwurzeln in Restklassenringen

Weil nach dem kleinen Fermat'schen Satz für a beziehungsweise für eine Lösung x von (10.11) $a^{(p-1)/2} \equiv x^{2(p-1)/2} \equiv x^{p-1} \equiv 1 \bmod p$ ist, und weil zusätzlich für quadratische Nichtreste n gilt $n^{(p-1)/2} \equiv -1 \bmod p$ (vgl. (vi), S. 170), ist

$$az_0 \equiv x_0^2 \bmod p,$$
$$y_0^{2^{r_0-1}} \equiv -1 \bmod p \text{ und} \quad (10.14)$$
$$z_0^{2^{r_0-1}} \equiv 1 \bmod p.$$

Falls $z_0 \equiv 1 \bmod p$ ist, ist x_0 bereits eine Lösung der Kongruenz (10.11). Andernfalls werden wir rekursiv Größen x_i, y_i, z_i und r_i so definieren, dass

$$az_i \equiv x_i^2 \bmod p,$$
$$y_i^{2^{r_i-1}} \equiv -1 \bmod p \text{ und} \quad (10.15)$$
$$z_i^{2^{r_i-1}} \equiv 1 \bmod p$$

und $r_i > r_{i-1}$ gilt; nach höchstens k Schritten muss dann $z_i \equiv 1 \bmod p$ und x_i eine Lösung von (10.11) sein. Zu diesem Zweck wählen wir m_0 als diejenige kleinste natürliche Zahl, so dass $z_0^{2^{m_0}} \equiv 1 \bmod p$ ist, damit ist $m_0 \leq r_0 - 1$. Wir setzen

$$x_{i+1} \equiv x_i y_i^{2^{r_i-m_i-1}} \bmod p,$$
$$y_{i+1} \equiv y_i^{2^{r_i-m_i}} \bmod p \text{ und} \quad (10.16)$$
$$z_{i+1} \equiv z_i y_i^{2^{r_i-m_i}} \bmod p$$

mit $r_{i+1} := m_i := \min\{m \geq 1 \mid z_i^{2^m} \equiv 1 \bmod p\}$. Dann gilt

$$x_{i+1}^2 \equiv x_i^2 y_i^{2^{r_i-m_i}} \equiv az_i y_i^{2^{r_i-m_i}} \equiv az_{i+1} \bmod p,$$
$$y_{i+1}^{2^{r_{i+1}-1}} \equiv y_{i+1}^{2^{m_i-1}} \equiv (y_i^{2^{r_i-m_i}})^{2^{m_i-1}} \equiv y_i^{2^{r_i-1}} \equiv -1 \bmod p, \quad (10.17)$$
$$z_{i+1}^{2^{r_{i+1}-1}} \equiv z_{i+1}^{2^{m_i-1}} \equiv (z_i y_i^{2^{r_i-m_i}})^{2^{m_i-1}} \equiv -z_i^{2^{m_i-1}} \equiv 1 \bmod p,$$

denn es ist $(z_i^{2^{m_i-1}})^2 \equiv z_i^{2^{m_i}} \equiv 1 \bmod p$ und somit wegen der Minimalität von m_i nur $z_i^{2^{m_i-1}} \equiv -1 \bmod p$ möglich.

Damit haben wir insgesamt ein Lösungsverfahren für quadratische Kongruenzen bewiesen, auf dem auch der folgende Algorithmus nach D. Shanks beruht (Darstellung nach [COHE], Algorithmus 1.5.1):

Algorithmus für die Berechnung von Quadratwurzeln einer ganzen Zahl a modulo einer ungeraden Primzahl p:

1. Schreibe $p - 1 = 2^k \cdot q$, q ungerade. Wähle zufällig ganze Zahlen n, solange bis $(\frac{n}{p}) = -1$ ist.

2. Setze $x \leftarrow a^{(q-1)/2} \bmod p$, $y \leftarrow n^q \bmod p$, $z \leftarrow a \cdot x^2 \bmod p$, $x \leftarrow a \cdot x \bmod p$ und $r \leftarrow k$.

3. Falls $z \equiv 1 \bmod p$, gebe x aus und beende den Algorithmus. Ansonsten suche das kleinste m, für das $z^{2^m} \equiv 1 \bmod p$ gilt. Falls $m = r$ ist, gebe die Nachricht aus, dass a kein quadratischer Rest modulo p ist und beende den Algorithmus.

4. Setze $t \leftarrow y^{2^{r-m-1}} \bmod p$, $y \leftarrow t^2 \bmod p$, $r \leftarrow m \bmod p$, $x \leftarrow x \cdot t \bmod p$, $z \leftarrow z \cdot y \bmod p$ und gehe zu Schritt 3.

Es ist klar, dass mit einer Lösung x der quadratischen Kongruenz auch $-x \bmod p$ eine solche Lösung ist, denn es gilt $(-x)^2 \equiv x^2 \bmod p$.

Aus praktischen Erwägungen heraus werden wir in der folgenden Implementierung für die Suche nach einem quadratischen Nichtrest modulo p beginnend mit 2 nacheinander die natürlichen Zahlen mit dem Legendre-Symbol testen, in der Hoffnung, in polynomialer Rechenzeit fündig zu werden. Diese Hoffnung wird zwar nur dann zur Gewissheit, wenn die Gültigkeit der bisher unbewiesenen verallgemeinerten Riemann'schen Vermutung (vgl. [KOBL], Abschn. V.1, oder [KRAN], Abschn. 2.10) angenommen wird; in diesem Sinne ist der Algorithmus von Shanks probabilistisch.

Für die praktische Anwendung in Form der folgenden Funktion proot_1() ignorieren wir jedoch diese Bedenken und erwarten einfach, dass sich die Rechenzeit in polynomialen Grenzen hält. Für weitere Details hierzu vergleiche man [COHE], S. 33f.

10.4 Quadratwurzeln in Restklassenringen

Funktion:	Berechnung der Quadratwurzel von a modulo p
Syntax:	int proot_l (CLINT a_l, CLINT p_l, CLINT x_l);
Eingabe:	a_l, p_l (Operanden, Primzahl p_l > 2)
Ausgabe:	x_l (Quadratwurzel von a_l modulo p_l)
Rückgabe:	0 falls a_l quadratischer Rest ist modulo p_l −1 sonst

```
int
proot_l (CLINT a_l, CLINT p_l, CLINT x_l)
{
  CLINT b_l, q_l, t_l, y_l, z_l;
  int r, m;

  if (EQZ_L (p_l) || ISEVEN_L (p_l))
    {
      return -1;
    }
```

Falls a_l == 0 ist, ist das Ergebnis 0:

```
  if (EQZ_L (a_l))
    {
      SETZERO_L (x_l);
      return 0;
    }
```

Schritt 1: Suche quadratischen Nichtrest.

```
  cpy_l (q_l, p_l);
  dec_l (q_l);
  r = twofact_l (q_l, q_l);
  cpy_l (z_l, two_l);
  while (jacobi_l (z_l, p_l) == 1)
    {
      inc_l (z_l);
    }

  mexp_l (z_l, q_l, z_l, p_l);
```

Schritt 2: Initialisierung der Rekursion.

```
  cpy_l (y_l, z_l);
  dec_l (q_l);
  shr_l (q_l);
  mexp_l (a_l, q_l, x_l, p_l);
  msqr_l (x_l, b_l, p_l);
```

```
mmul_1 (b_1, a_1, b_1, p_1);
mmul_1 (x_1, a_1, x_1, p_1);
```

Schritt 3: Ende des Verfahrens; sonst suche das kleinste m mit $z^{2^m} \equiv 1 \bmod p$.

```
mod_1 (b_1, p_1, q_1);
while (!equ_1 (q_1, one_1))
  {
     m = 0;
     do
        {
           ++m;
           msqr_1 (q_1, q_1, p_1);
        }
     while (!equ_1 (q_1, one_1));

     if (m == r)
        {
           return -1;
        }
```

Schritt 4: Rekursionsschritt für x, y, z und r.

```
     mexp2_1 (y_1, (ULONG)(r - m - 1), t_1, p_1);
     msqr_1 (t_1, y_1, p_1);
     mmul_1 (x_1, t_1, x_1, p_1);
     mmul_1 (b_1, y_1, b_1, p_1);
     cpy_1 (q_1, b_1);
     r = m;
  }
return 0;
}
```

Die Berechnung von Wurzeln modulo Primzahlpotenzen p^k baut nun auf den Ergebnissen modulo p auf. Dazu betrachten wir zunächst die Kongruenz

$$x^2 \equiv a \bmod p^2 \qquad (10.18)$$

unter dem folgenden Ansatz:

Mit einer Lösung x_1 der obigen Kongruenz $x^2 \equiv a \bmod p$ setzen wir $x := x_1 + p \cdot x_2$, woraus $x^2 - a \equiv x_1^2 - a + 2px_1x_2 + p^2x_2^2 \equiv p(\frac{x_1^2 - a}{p} + 2x_1x_2) \bmod p^2$ folgt. Hieraus können wir entnehmen, dass uns zur Lösung von (10.18) eine Lösung x_2 der *line-*

10.4 Quadratwurzeln in Restklassenringen

aren Kongruenz $x \cdot 2x_1 + \dfrac{x_1^2 - a}{p} \equiv 0 \bmod p$ verhilft. Rekursiv fortfahrend erhält man so schrittweise eine Lösung der Kongruenz $x^2 \equiv a \bmod p^k$ für beliebige $k \in \mathbb{N}$.

10.4.3 Quadratwurzeln modulo n

Die Möglichkeit, Quadratwurzeln modulo einer Primzahlpotenz zu berechnen, ist ein Schritt in die Richtung, in die man eigentlich möchte, nämlich hin zur Lösung des allgemeineren Problems $x^2 \equiv a \bmod n$ mit einer zusammengesetzten Zahl n. Es wurde jedoch schon darauf hingewiesen, dass die Lösung einer solchen quadratischen Kongruenz im Allgemeinen ein schwieriges Problem darstellt. Dieses ist zwar im Prinzip lösbar, erfordert aber einen hohen Rechenaufwand, der exponentiell mit der Größe von n wächst: Die Lösung der Kongruenz ist ebenso schwer (im Sinne der Berechnungskomplexität) wie die Faktorisierung der Zahl n: beide Probleme liegen in der Komplexitätsklasse **NP** (vgl. S. 89). Die Berechnung von Quadratwurzeln modulo zusammengesetzter Zahlen ist also mit einem Problem verwandt, zu dessen Lösung bis heute keine Algorithmen mit polynomialer Laufzeit bekannt sind. Für große n kann daher eine schnelle Lösung dieses Falles nicht erwartet werden.

Ohne weiteres ist es jedoch möglich, Lösungen quadratischer Kongruenzen $y^2 \equiv a \bmod r$ und $z^2 \equiv a \bmod s$ mit teilerfremden Zahlen r und s zu einer Lösung der Kongruenz $x^2 \equiv a \bmod r \cdot s$ zusammenzusetzen. Hierbei hilft uns der so genannte *Chinesische Restsatz*, der Folgendes besagt:

Für Kongruenzen $x \equiv a_i \bmod m_i$ mit natürlichen Zahlen $m_1, \ldots, m_r$, die paarweise teilerfremd sind (d. h. $\mathrm{ggT}(m_i, m_j) = 1$ für $i \neq j$), und ganzen Zahlen $a_1, \ldots, a_r$ existieren gemeinsame Lösungen. Alle Lösungen des Kongruenzensystems sind paarweise zueinander modulo $m_1 \cdot m_2 \cdot \ldots \cdot m_r$ kongruent.

Wir wollen uns kurz mit dem mathematischen Beweis dieses Satzes befassen, denn er birgt wunderbarerweise die versprochene Lösung in sich: Wir setzen $m := m_1 \cdot m_2 \cdot \ldots \cdot m_r$ und $m'_j := m/m_j$. Dann ist m'_j eine ganze Zahl und $\mathrm{ggT}(m'_j, m_j) = 1$. Aus Abschnitt 10.2 wissen wir, dass ganze Zahlen u_j und v_j mit $1 = m'_j u_j + m_j v_j$, also $m'_j \cdot u_j \equiv 1 \bmod m_j$ für $j = 1, \ldots, r$ existieren und wie diese berechnet werden können. Hiermit bilden wir die Summe

$$x_0 := \sum_{j=1}^{r} m'_j u_j a_j \ ,$$

erhalten wegen $m'_j \cdot u_j \equiv 0 \bmod m_i$ für $i \neq j$

$$x_0 \equiv \sum_{j=1}^{r} m'_j u_j a_j \equiv m'_i u_i a_i \equiv a_i \bmod m_i \qquad (10.19)$$

und haben auf diese Weise eine Lösung des Problems konstruiert. Für zwei Lösungen $x_0 \equiv a_i \bmod m_i$ und $x_1 \equiv a_i \bmod m_i$ gilt $x_0 \equiv x_1 \bmod m_i$; dies ist gleichbedeutend damit, dass die Differenz $x_0 \equiv x_1$ von allen m_i gleichermaßen ohne Rest geteilt wird, also auch vom kleinsten gemeinsamen Vielfachen der m_j. Wegen der paarweisen Teilerfremdheit der m_i ist das kgV jedoch das Produkt der m_j, so dass schließlich $x_0 \equiv x_1 \bmod m$ gilt.

Wir wenden nun den Chinesischen Restsatz an, um eine Lösung für $x^2 \equiv a \bmod rs$ mit verschiedenen ungeraden Primzahlen r und s sowie $a \not\equiv 0 \bmod r, s$ zu finden und nehmen an, wir hätten bereits Wurzeln $y^2 \equiv a \bmod r$ und $z^2 \equiv a \bmod s$ berechnet. Wir bilden nun wie oben angegeben eine gemeinsame Lösung der Kongruenzen

$$x \equiv y \bmod r$$
$$x \equiv z \bmod s$$

durch

$$x_0 := z \cdot u \cdot r + y \cdot v \cdot s \bmod r \cdot s \; ,$$

wobei $1 = u \cdot r + v \cdot s$ die Darstellung des ggT von r und s sei. Damit haben wir nun $x_0^2 \equiv a \bmod r$ und $x_0^2 \equiv a \bmod s$, und wegen $\operatorname{ggT}(r, s) = 1$ gilt auch $x_0^2 \equiv a \bmod r \cdot s$, womit eine Lösung der obigen quadratischen Kongruenz gefunden ist. Da, wie oben festgestellt, jede der quadratischen Kongruenzen modulo r bzw. modulo s zwei Lösungen besitzt, nämlich $\pm y$ und $\pm z$, hat die Kongruenz modulo $r \cdot s$ vier davon, die man durch Einsetzen aller Wurzeln erhält:

$$x_0 := z \cdot u \cdot r + y \cdot v \cdot s \bmod r \cdot s \qquad (10.20)$$
$$x_1 := -z \cdot u \cdot r - y \cdot v \cdot s \bmod r \cdot s = -x_0 \bmod r \cdot s \qquad (10.21)$$
$$x_2 := -z \cdot u \cdot r + y \cdot v \cdot s \bmod r \cdot s \qquad (10.22)$$
$$x_3 := z \cdot u \cdot r - y \cdot v \cdot s \bmod r \cdot s = -x_2 \bmod r \cdot s \qquad (10.23)$$

Wir haben nun einen prinzipiellen Weg aufgezeigt, wie die Lösung quadratischer Kongruenzen

$$x^2 \equiv a \bmod n$$

mit ungeradem n auf den Fall $x^2 \equiv a \bmod p$ mit einer Primzahl $p > 2$ zurückgeführt werden kann. Dazu wird zunächst die Primzahlzerlegung von $n = p_1^{k_1} \cdot \ldots \cdot p_t^{k_t}$ bestimmt, und danach werden die Wurzeln modulo der p_i berechnet, die dann jeweils der Rekursion in Abschnitt 10.4.2 folgend zu Lösungen der Kongruenzen $x^2 \equiv a \bmod p_i^{k_i}$ fortentwickelt werden. Zum krönenden Abschluss werden diese

10.4 Quadratwurzeln in Restklassenringen

Lösungen mit Hilfe des Chinesischen Restsatzes zu einer Lösung von $x^2 \equiv a \mod n$ zusammengesetzt.

Die im Anschluss angegebene Programmfunktion folgt diesem Weg zur Lösung einer Kongruenz $x^2 \equiv a \mod n$, geht dabei jedoch von der einschränkenden Voraussetzung aus, dass $n = p \cdot q$ das Produkt aus zwei ungeraden Primzahlen p und q ist, und berechnet zunächst jeweils eine Lösung x_1 und x_2 der Kongruenzen

$$x^2 \equiv a \mod p$$
$$x^2 \equiv a \mod q \ .$$

Aus x_1 und x_2 werden dann nach dem gerade angegebenen Verfahren die Lösungen der Kongruenz

$$x^2 \equiv a \mod p \cdot q$$

zusammengesetzt, und es wird die kleinste der Quadratwurzeln von a modulo $p \cdot q$ ausgegeben:

Funktion: Berechnung der Quadratwurzel von a modulo $p \cdot q$ mit $2 < p, q$ prim

Syntax: `int root_l (CLINT a_l, CLINT p_l, CLINT q_l,`
`CLINT x_l);`

Eingabe: a_l, p_l, q_l (Operanden, Primzahlen p_l, q_l)

Ausgabe: x_l (Quadratwurzel von a_l modulo p_l)

Rückgabe: 0 falls a_l quadratischer Rest ist modulo p_l * q_l
−1 sonst

```
int
root_l (CLINT a_l, CLINT p_l, CLINT q_l, CLINT x_l)
{
  CLINT x0_l, x1_l, x2_l, x3_l, xp_l, xq_l, n_l;
  CLINTD u_l, v_l;
  clint *xptr_l;
  int sign_u, sign_v;
```

Berechnung der Wurzeln modulo p_l und q_l mit der Funktion `proot_l()`. Falls a_l == 0 ist, ist das Ergebnis 0:

```
  if (0 != proot_l (a_l, p_l, xp_l) || 0 != proot_l (a_l, q_l, xq_l))
    {
      return -1;
    }

  if (EQZ_L (a_l))
    {
      SETZERO_L (x_l);
```

```
     return 0;
}
```

Für die Anwendung des Chinesischen Restsatzes sind die Vorzeichen der Faktoren u_1 und v_1 zu berücksichtigen, repräsentiert durch die Hilfsvariablen sign_u und sign_v, welche die von der Funktion xgcd_1() berechneten Werte aufnehmen. Das Ergebnis dieses Schritts ist die Wurzel x_0:

```
mul_1 (p_1, q_1, n_1);
xgcd_1 (p_1, q_1, x0_1, u_1, &sign_u, v_1, &sign_v);
mul_1 (u_1, p_1, u_1);
mul_1 (u_1, xq_1, u_1);
mul_1 (v_1, q_1, v_1);
mul_1 (v_1, xp_1, v_1);
sign_u = sadd (u_1, sign_u, v_1, sign_v, x0_1);
smod (x0_1, sign_u, n_1, x0_1);
```

Nun folgt die Berechnung der Wurzeln x_1, x_2 und x_3:

```
sub_1 (n_1, x0_1, x1_1);
msub_1 (u_1, v_1, x2_1, n_1);
sub_1 (n_1, x2_1, x3_1);
```

Die kleinste Wurzel wird als Ergebnis zurückgegeben:

```
xptr_1 = MIN_L (x0_1, x1_1);
xptr_1 = MIN_L (xptr_1, x2_1);
xptr_1 = MIN_L (xptr_1, x3_1);
cpy_1 (x_1, xptr_1);
return 0;
}
```

Wir können hieraus nun mühelos auch eine Implementierung des Chinesischen Restsatzes ableiten, indem wir die entsprechende Codesequenz der obigen Funktion hernehmen und der Anzahl simultan zu lösender Kongruenzen entsprechend erweitern. Ein derartiges Verfahren beschreibt auch der folgende Algorithmus nach Garner (vgl. [MOV], S. 612), der gegenüber der Anwendung des Chinesischen Restsatzes in der obigen Fassung noch den Vorteil hat, dass nur modulo der m_i, nicht aber modulo $m = m_1 m_2 \cdots m_r$ reduziert werden muss. Dies schlägt sich in einer entsprechenden Ersparnis an Rechenzeit nieder:

Algorithmus 1 zur Berechnung einer simultanen Lösung eines Systems linearer Kongruenzen $x \equiv a_i \bmod m_i$ ($1 \leq i \leq r$) mit ggT(m_i, m_j) = 1 für $i \neq j$:

1. Setze $u \leftarrow a_1$, $x \leftarrow u$ und $i \leftarrow 2$.

10.4 Quadratwurzeln in Restklassenringen

2. Setze $C_i \leftarrow 1, j \leftarrow 1$.

3. Setze $u \leftarrow m_j^{-1} \bmod m_i$ (berechnet mit dem Erweiterten Euklidischen Algorithmus, vgl. S. 161) und $C_i \leftarrow u \cdot C_i \bmod m_i$.

4. Setze $j \leftarrow j + 1$; falls $j \le i - 1$ ist, gehe zu 3.

5. Setze $u \leftarrow (a_i - x)C_i \bmod m_i$, und $x \leftarrow x + u \prod_{j=1}^{i-1} m_j$.

6. Setze $i \leftarrow i + 1$; falls $i \le r$ ist, gehe zu 2. Ansonsten gebe x aus.

Dass der Algorithmus seinen Dienst tut, ist nicht so ganz offensichtlich, lässt sich jedoch durch einen Induktionsbeweis zeigen. Dazu sei zunächst $r = 2$. In Schritt 5 gilt dann

$$x = a_1 + ((a_2 - a_1) \cdot u \bmod m_2) \cdot m_1.$$

Dass $x \equiv a_1 \bmod m_1$ ist, sieht man sofort. Es gilt jedoch auch

$$x \equiv a_1 + (a_2 - a_1) \cdot m_1 \cdot (m_1^{-1} \bmod m_2) \equiv a_2 \bmod m_2.$$

Zum Induktionsschluss von r auf $r + 1$ nehmen wir an, der Algorithmus liefert das gewünschte Ergebnis x_r für ein $r \ge 2$, und wir nehmen eine weitere Kongruenz $x \equiv a_{r+1} \bmod m_{r+1}$ hinzu. Dann gilt nach Schritt 5

$$x \equiv x_r + (((a_{r+1} - x) \prod_{j=1}^{r} m_j^{-1}) \bmod m_{r+1}) \cdot \prod_{j=1}^{r} m_j.$$

Hiermit ist nun $x \equiv x_r \equiv a_i \bmod m_i$ für $i = 1, \ldots, r$ entsprechend unserer Voraussetzung. Es gilt aber auch

$$x \equiv x_r + ((a_{r+1} - x) \prod_{j=1}^{r} m_j \cdot \prod_{j=1}^{r} m_j^{-1}) \equiv a_{r+1} \bmod m_{r+1},$$

womit der Nachweis vollständig ist.

Für die Anwendung des Chinesischen Restsatzes in Programmen wäre eine Funktion besonders nützlich, die nicht auf eine fest vorgegebene Anzahl von Kongruenzen fixiert ist, sondern die es gestattet, die Anzahl von Kongruenzen zur Laufzeit vorzugeben. Dieser Ansatz wird durch eine Abwandlung des obigen Konstruktionsverfahrens unterstützt, die zwar nicht den Vorteil hat, dass lediglich modulo der m_i reduziert werden muss, die es aber ermöglicht, die Parameter a_i und m_i eines Kongruenzensystems für $i = 1, \ldots, r$ bei variablem r mit einem konstanten Aufwand an Arbeitsspeicher zu verarbeiten. Eine solche Lösung beinhaltet der folgende Algorithmus aus [COHE], Abschn. 1.3.3:

Algorithmus 2 zur Berechnung einer simultanen Lösung eines Systems linearer Kongruenzen $x = a_i$ mod m_i ($1 \leq i \leq r$) mit ggT(m_i, m_j) = 1 für $i \neq j$:

1. Setze $i \leftarrow 1$, $m \leftarrow m_1$ und $x \leftarrow a_1$.

2. Falls $i = r$ ist, gebe x aus und beende den Algorithmus. Ansonsten erhöhe $i \leftarrow i + 1$ und berechne u und v mit $1 = u \cdot m + v \cdot m_i$ mit dem Erweiterten Euklidischen Algorithmus (vgl. S. 159).

3. Setze $x \leftarrow u \cdot m \cdot a_i + v \cdot m_i \cdot x$, $m \leftarrow m \cdot m_i$, $x \leftarrow x$ mod m und gehe zu Schritt 2.

Der Algorithmus wird sofort verständlich, wenn man die einzelnen Berechnungsschritte für beispielsweise drei Gleichungen $x = a_i$ mod m_i, $i = 1, 2, 3$ notiert: Bei $i = 2$ gilt in Schritt 2

$$1 = u_1 \cdot m_1 + v_1 \cdot m_2$$

und in Schritt 3

$$x_1 = u_1 \cdot m_1 \cdot a_2 + v_1 \cdot m_2 \cdot a_1 \text{ mod } m_1 \cdot m_2 \, .$$

Im nächsten Durchgang mit $i = 3$ werden Parameter a_3 und m_3 verarbeitet. In Schritt 2 gilt dann

$$1 = u_2 \cdot m + v_2 \cdot m_3 = u_2 \cdot m_1 \cdot m_2 + v_2 \cdot m_3$$

und in Schritt 3

$$x_2 = u_2 \cdot m \cdot a_3 + v_2 \cdot m_3 \cdot x_1 \text{ mod } m \cdot m_1$$
$$= u_2 \cdot m_1 \cdot m_2 \cdot a_3 + v_2 \cdot m_3 \cdot u_1 \cdot m_1 \cdot a_2 + v_2 \cdot m_3 \cdot v_1 \cdot m_2 \cdot a_1 \text{ mod } m_1 \cdot m_2 \cdot m_3 \, .$$

Die Summanden $u_2 \cdot m_1 \cdot m_2 \cdot a_3$ und $v_2 \cdot m_3 \cdot u_1 \cdot m_1 \cdot a_2$ fallen bei der Restbildung von x_2 modulo m_1 weg; weiterhin ist $v_2 \cdot m_3 \equiv v_1 \cdot m_2 \equiv 1 \text{ mod } m_1$ entsprechend der Konstruktion, daher löst $x_2 \equiv a_1 \text{ mod } m_1$ die erste Kongruenz. Anhand analoger Betrachtungen sieht man, dass x_2 auch die übrigen beiden Kongruenzen löst.

Diese induktive Variante des Konstruktionsprinzips nach dem Chinesischen Restsatz implementieren wir in der nun folgenden Funktion chinrem_l(), deren Schnittstelle die Übergabe von Koeffizienten einer variablen Anzahl von Kongruenzen ermöglicht. Dazu wird ein Vektor mit einer geraden Anzahl von Zeigern auf CLINT-Objekte übergeben, die in der Reihenfolge a_1, m_1, a_2, m_2, a_3, m_3, ... als Koeffizienten von Kongruenzen $x \equiv a_i \text{ mod } m_i$ verarbeitet werden.

10.4 Quadratwurzeln in Restklassenringen

Da die Stellenzahlen der Lösungen eines Kongruenzensystems $x \equiv a_i \bmod m_i$ im Bereich $\sum_i \log(m_i)$ liegen, neigt das Verfahren in Abhängigkeit von der Anzahl der Kongruenzen und der Größe der Parameter zum Überlauf. Diese Fehler werden deshalb registriert und durch den Rückgabewert der Funktion angezeigt:

Funktion: Lösung linearer Kongruenzen mit dem Chinesischen Restsatz

Syntax: `int chinrem_l (int noofeq, clint **koeff_l, CLINT x_l);`

Eingabe: `noofeq` (Anzahl von Kongruenzen)
`koeff_l` (Vektor von Zeigern auf CLINT-Koeffizienten a_i, m_i von Kongruenzen $x \equiv a_i \bmod m_i$, $i = 1, \ldots, \text{noofeq}$)

Ausgabe: `x_l` (Lösung des Kongruenzensystems)

Rückgabe: `E_CLINT_OK` falls alles O. K.
`E_CLINT_OFL` bei Überlauf
1, falls `noofeq` gleich 0
2, falls m_i nicht paarweise teilerfremd sind

```
int
chinrem_l (unsigned int noofeq, clint** koeff_l, CLINT x_l)
{
  clint *ai_l, *mi_l;
  CLINT g_l, u_l, v_l, m_l;
  unsigned int i;
  int sign_u, sign_v, sign_x, err, error = E_CLINT_OK;
  if (0 == noofeq)
    {
      return 1;
    }
```

Initialisierung: Die Koeffizienten der ersten Kongruenz werden übernommen.

```
  cpy_l (x_l, *(koeff_l++));
  cpy_l (m_l, *(koeff_l++));
```

Falls vorhanden, d. h. falls `no_of_eq > 1`, werden nun die Parameter der übrigen Kongruenzen abgearbeitet. Falls eines der `mi_l` nicht teilerfremd ist zu den vorherigen durch das Produkt `m_l` vertretenen Moduli wird die Funktion abgebrochen und es wird 2 als Fehlermeldung zurückgegeben:

```
  for (i = 1; i < noofeq; i++)
    {
      ai_l = *(koeff_l++);
      mi_l = *(koeff_l++);
```

```
    xgcd_l (m_l, mi_l, g_l, u_l, &sign_u, v_l, &sign_v);

    if (!EQONE_L (g_l))
      {
        return 2;
      }
```

> Im Folgenden werden Überlauffehler registriert; am Ende der Funktion wird der Status durch Rückgabe des in error gespeicherten Fehlercodes angezeigt:

```
    err = mul_l (u_l, m_l, u_l);
    if (E_CLINT_OK == error)
      {
        error = err;
      }

    err = mul_l (u_l, ai_l, u_l);
    if (E_CLINT_OK == error)
      {
        error = err;
      }

    err = mul_l (v_l, mi_l, v_l);
    if (E_CLINT_OK == error)
      {
        error = err;
      }

    err = mul_l (v_l, x_l, v_l);
    if (E_CLINT_OK == error)
      {
        error = err;
      }
```

> Wir verwenden wieder unsere Hilfsfunktionen sadd() und smod(), die die Vorzeichen sign_u und sign_v (bzw. sign_x) der Variablen u_l und v_l (bzw. x_l) berücksichtigen:

```
    sign_x = sadd (u_l, sign_u, v_l, sign_v, x_l);
    err = mul_l (m_l, mi_l, m_l);

    if (E_CLINT_OK == error)
      {
        error = err;
      }

    smod (x_l, sign_x, m_l, x_l);
  }

  return error;
}
```

10.4.4 Kryptographie mit quadratischen Resten

Wir kommen nun zu den auf Seite 169 versprochenen Beispielen für die kryptographische Anwendung quadratischer Reste und deren Wurzeln. Dazu betrachten wir nacheinander das Verschlüsselungsverfahren von Rabin und das Identifikationsschema von Fiat und Shamir[24].

Das von Michael Rabin 1979 publizierte Verschlüsselungsschema (vgl. [RABI]) beruht auf der Schwierigkeit der Berechnung von Quadratwurzeln in $\mathbb{Z}_{pq}$. Seine wichtigste Eigenschaft ist die *beweisbare* Äquivalenz zum Faktorisierungsproblem (vgl. auch [KRAN], Abschn. 5.6). Da das Verfahren zur Verschlüsselung lediglich eine Quadrierung modulo n erfordert, ist es recht einfach anzuwenden, wie das folgende Protokoll zeigt:

Rabin-Schlüsselerzeugung:

1. $\mathcal{A}$ erzeugt zwei große Primzahlen $p \approx q$ und berechnet $n = p \cdot q$.
2. $\mathcal{A}$ macht n als öffentlichen Schlüssel bekannt und verwendet das Paar $\langle p, q \rangle$ als geheimen Schlüssel.

Mittels des öffentlichen Schlüssels $n_\mathcal{A}$ kann nun eine Teilnehmerin $\mathcal{B}$ eine Nachricht $M \in \mathbb{Z}_n$ folgendermaßen verschlüsseln und an $\mathcal{A}$ senden:

Rabin-Verschlüsselung:

1. $\mathcal{B}$ berechnet $C := M^2 \bmod n_\mathcal{A}$ mit der Funktion msqr_l() auf Seite 67 und sendet den Chiffretext C an $\mathcal{A}$.
2. Zur Entschlüsselung berechnet $\mathcal{A}$ aus C die Quadratwurzeln M_i modulo $n_\mathcal{A}$ ($i = 1, ..., 4$) mit Hilfe der Funktion root_l() (vgl. S. 183), die hierfür geringfügig so zu modifizieren ist, dass nicht nur die kleinste, sondern alle vier Quadratwurzeln[25] ausgegeben werden. Eine dieser Wurzeln ist der Klartext M.

$\mathcal{A}$ hat nun das Problem der Entscheidung, welche der vier Wurzeln M_i den ursprünglichen Klartext M repräsentiert. Wenn $\mathcal{B}$ vor der Verschlüsselung der Nachricht etwas an Redundanz, also ein zusätzliches Merkmal (etwa durch Wiederholung der letzten r Bits) hinzugefügt hat und $\mathcal{A}$ hierüber informiert ist, so fällt

---

[24] Für die grundlegenden Dinge zum Verständnis asymmetrischer Kryptoverfahren wird erneut auf das Kapitel 16 verwiesen.

[25] Wir dürfen annehmen, dass $\text{ggT}(M, n_A) = 1$ ist und daher tatsächlich vier verschiedene Wurzeln von C existieren. Ansonsten könnte der Sender B den Modulus n_A des Empfängers A faktorisieren, indem er $\text{ggT}(M, n_A)$ berechnet. Dies ist natürlich nicht im Sinne eines Public Key Systems.

es $\mathcal{A}$ leicht, hieran den Klartext zu erkennen, denn mit hoher Wahrscheinlichkeit weisen die übrigen Wurzeln ein derartiges Merkmal nicht ebenfalls auf.

Redundanz verhindert ferner die folgende Angriffsmöglichkeit auf das Rabin-Verfahren: Kann ein Angreifer $\mathcal{X}$ einen Wert $X := R^2 \bmod n_\mathcal{A}$ mit einem zufällig gewählten $R \in \mathbb{Z}_{n_\mathcal{A}}^\times$ vorgeben und hierzu von $\mathcal{A}$ eine der Wurzeln R_i von X erhalten (wie auch immer $\mathcal{A}$ zur Kooperation zu bewegen ist), so gilt $R_i \not\equiv \pm R \bmod n_\mathcal{A}$ mit der Wahrscheinlichkeit ½. Wegen $n_\mathcal{A} = p \cdot q \mid (R_i^2 - R^2) = (R_i - R)(R_i + R) \neq 0$ wäre dann aber $1 \neq \mathrm{ggT}(R - R_i, n_\mathcal{A}) \in \{p, q\}$ und $\mathcal{X}$ hätte mit der Faktorisierung von $n_\mathcal{A}$ das Verfahren gebrochen (vgl. [BRES], Abschn. 5.2). Ist hingegen der Klartext mit Redundanz versehen, so kann $\mathcal{A}$ stets erkennen, welche Wurzel einen gültigen Klartext repräsentiert. Dann würde $\mathcal{A}$ allenfalls R herausrücken (vorausgesetzt, R hätte das richtige Format), was für Mister $\mathcal{X}$ allerdings nutzlos wäre.

Die Vermeidung des wahlfreien oder zufälligen Zugriffs auf die Wurzeln eines vorgegebenen Chiffretextes ist somit eine entscheidende Voraussetzung für den Einsatz des Verfahrens in der Praxis.

Bei unserem folgenden Beispiel für die kryptographische Anwendung quadratischer Reste handelt es sich um ein Identifikationsschema, das 1986 von Amos Fiat und Adi Shamir veröffentlicht wurde. Das Verfahren, insbesondere für den Einsatz in Verbindung mit Chipkarten konzipiert, verwendet folgende Hilfsmittel: Es sei I eine Folge von Zeichen mit Information zur Identifizierung einer Person $\mathcal{A}$, m sei ein Produkt aus zwei großen Primzahlen p und q und $f(Z, n) \to \mathbb{Z}_m$ eine Zufallsfunktion, die beliebige endliche Zeichenfolgen Z und natürliche Zahlen n in irgend einer unvorhersagbaren Weise auf Elemente des Restklassenrings $\mathbb{Z}_m$ abbildet. Die Primfaktoren p und q des Modulus m seien einer Schlüsselzentrale bekannt, ansonsten jedoch geheim. Für die durch I repräsentierte Identität und ein noch zu bestimmendes $k \in \mathbb{N}$ werden von der Schlüsselzentrale zunächst Schlüsselkomponenten wie folgt berechnet:

Algorithmus zur Schlüsselerzeugung im Fiat-Shamir-Verfahren:

1. Berechne Werte $v_i = f(I, i) \in \mathbb{Z}_m$ für einige $i \geq k \in \mathbb{N}$.

2. Wähle k verschiedene quadratische Reste $v_{i_1}, \ldots, v_{i_k}$ unter den v_i aus und berechne die kleinsten Quadratwurzeln $s_{i_1}, \ldots, s_{i_k}$ von $v_{i_1}^{-1}, \ldots, v_{i_k}^{-1}$ in $\mathbb{Z}_m$.

3. Speichere die Werte I und $s_{i_1}, \ldots, s_{i_k}$ sicher gegen unbefugten Zugriff (etwa in einer geeigneten Chipkarte).

Zur Erzeugung von Schlüsseln s_{i_j} können wir unsere Funktionen `jacobi_l()` und `root_l()` einsetzen; die Funktion f kann aus einer der in Kapitel 16 genannten *Hash-Funktionen*, etwa RIPEMD-160, gebildet werden. Adi Shamir hat hierzu einmal während einer Veranstaltung gesagt: „*Any crazy function will do*".

Mit Hilfe der von der Schlüsselzentrale in der Chipkarte gespeicherten Information kann $\mathcal{A}$ sich gegenüber einem Kommunikationspartner $\mathcal{B}$ authentisieren:

Protokoll zur Authentisierung nach Fiat-Shamir:

1. $\mathcal{A}$ sendet I und die Werte i_j ($j = 1,\ldots, k$) an $\mathcal{B}$.

2. $\mathcal{B}$ erzeugt $v_{i_j} = f(I, i_j) \in \mathbb{Z}_m$ für $j = 1,\ldots, k$. Die folgenden Schritte 3–6 werden für $\tau = 1,\ldots, t$ wiederholt (mit einem noch zu bestimmenden Wert $t \in \mathbb{N}$):

3. $\mathcal{A}$ wählt einen zufälligen Wert $r_\tau \in \mathbb{Z}_m$ und sendet $x_\tau = r_\tau^2$ an $\mathcal{B}$.

4. $\mathcal{B}$ sendet einen binären Vektor $(e_{\tau_1},\ldots, e_{\tau_k})$ an $\mathcal{A}$.

5. $\mathcal{A}$ sendet Werte $y_\tau := r_\tau \prod_{e_{\tau_i}=1} s_i \in \mathbb{Z}_m$ an $\mathcal{B}$.

6. $\mathcal{B}$ verifiziert, dass $x_\tau = y_\tau^2 \prod_{e_{\tau_i}=1} v_i$ ist.

Falls $\mathcal{A}$ wirklich im Besitz der Werte $s_{i_1},\ldots, s_{i_k}$ ist, so gilt in Schritt 6 jeweils

$$y_\tau^2 \prod_{e_{\tau_i}=1} v_i = r_\tau^2 \prod_{e_{\tau_i}=1} s_i^2 \cdot \prod_{e_{\tau_i}=1} v_i = r_\tau^2 \prod_{e_{\tau_i}=1} v_i^{-1} v_i = r_\tau^2$$

(alle Berechnungen in $\mathbb{Z}_m$) und $\mathcal{A}$ hat damit gegenüber $\mathcal{B}$ seine Identität bewiesen. Ein Angreifer, der die Identität von $\mathcal{A}$ vorspiegeln will, kann mit einer Wahrscheinlichkeit von $2^{-k \cdot t}$ die Vektoren $(e_{\tau_1},\ldots, e_{\tau_k})$ raten, die $\mathcal{B}$ in Schritt 4 senden wird, und vorsorglich in Schritt 3 die Werte $x_\tau = r_\tau^2 \prod_{e_{\tau_i}=1} v_i$ an $\mathcal{B}$ geben; für $k = t = 1$ beispielsweise ergäbe sich hierbei für den Angreifer eine mittlere Trefferquote von ½. Die Werte k und t sollten daher so gewählt werden, dass einem Angreifer keine nennenswerte Chance gelassen wird und dass sich weiterhin – je nach Art der Anwendung – günstige Werte für

- die Größe des geheimen Schlüssels,
- die Menge der zwischen $\mathcal{A}$ und $\mathcal{B}$ zu übertragenden Daten oder
- die benötigte Rechenzeit, gemessen als Anzahl von Multiplikationen

ergeben. Derartige Parameter sind für verschiedene Werte von k und t mit $k \cdot t = 72$ in [FIAT] angegeben.

Insgesamt hängt die Sicherheit des Verfahrens an der sicheren Speicherung der Werte s_{ij}, an der Wahl von k und t sowie am Faktorisierungsproblem: Wer den Modulus m in die Faktoren p und q zerlegen kann, der kann die geheimen Schlüsselkomponenten s_{ij} berechnen, und das Verfahren ist gebrochen. Es kommt daher darauf an, den Modulus so zu wählen, dass er nicht leicht faktorisierbar ist. In diesem Zusammenhang sei erneut auf Kapitel 16 verwiesen, wo wir uns mit der Erzeugung von RSA-Moduli befassen, die den gleichen Anforderungen unterliegen.

Eine weitere Sicherheitseigenschaft des Verfahrens von Fiat und Shamir ist, dass $\mathcal{A}$ diesen Vorgang der Authentisierung beliebig oft wiederholen kann, ohne dabei Information über die geheimen Schlüsselwerte preiszugeben. Algorithmen mit solchen Eigenschaften werden deshalb auch als *Zero-Knowledge-Verfahren* bezeichnet (vgl. etwa [SCHN], Abschn. 32.11).

10.5 Ein Primzahltest

> *Die größte bekannte Mersenne-Primzahl, und wie ich glaube, die größte augenblicklich bekannte Primzahl überhaupt, M_{11213}, besteht aus 3375 Ziffern und entspricht etwa $B\text{-}281\frac{1}{4}{}^{26}$.*
>
> ISAAC ASIMOV: Adding a Dimension, 1964

$$\boxed{2^{6972593} - 1 \text{ is prime!!!}}$$

http://www.utm.edu/research/primes/largest.html (Mai 2000)

Die Erforschung von Primzahlen und ihrer Eigenschaften ist einer der ältesten Bereiche der Zahlentheorie und für die Kryptographie von fundamentaler Bedeutung. Mit der harmlos klingenden Definition einer Primzahl als eine natürliche Zahl ungleich der Eins, die außer der Eins nur sich selbst als Teiler hat, verbindet sich eine Fülle von Fragen und Problemen, mit denen sich Mathematiker über viele Jahrhunderte beschäftigt haben und die bis heute nicht alle beantwortet oder gelöst werden konnten. Fragen dieser Art sind zum Beispiel „Gibt es unendlich viele Primzahlen?", „Wie sind die Primzahlen unter den natürlichen Zahlen verteilt?", „Wie erkennt man eine Primzahl?", „Wie erkennt man eine Zahl, die nicht prim ist, die also zusammengesetzt ist, als ein Produkt von Primzahlen?", „Wie findet man die Primfaktoren einer zusammengesetzten Zahl?" und viele weitere.

---

[26] Mit B wie *Billion* bezeichnet Asimov die Größenordnung 10^{12}, $B\text{-}281\frac{1}{4}$ steht für $10^{12 \cdot 281,25} = 10^{3375}$.

10.5 Ein Primzahltest

Dass es unendlich viele Primzahlen gibt, wurde bereits vor etwa 2300 Jahren von Euklid bewiesen (vgl. [B], S. 5; dort beachte man insbesondere auch die *amüsante Beweisvariante* und die *seriöse Beweisvariante* auf S. 39 u. 40). Ein weiteres wichtiges Faktum, das wir bisher stillschweigend vorausgesetzt haben, sei an dieser Stelle explizit erwähnt: Es gilt der Fundamentalsatz der Arithmetik, der besagt, dass jede natürliche Zahl $\neq 1$ eine bis auf die Reihenfolge eindeutige Zerlegung in ein Produkt aus endlich vielen Primzahlen besitzt. Primzahlen sind damit die Bausteine der natürlichen Zahlen.

Solange man sich in überschaubaren Zahlbereichen bewegt, kann man vielen Fragen empirisch nachgehen und entsprechend konkrete Berechnungen anstellen. Die hierbei erzielbaren Ergebnisse hängen jedoch stark von der Leistungsfähigkeit der verfügbaren Rechner und der verwendeten Algorithmen ab.

Die im Internet veröffentlichte Hitliste der größten bekannten Primzahlen zeigt eindrucksvoll die Größenordnungen jüngster Ergebnisse:

Primzahl	Stellen	Entdecker	Jahr
$2^{6972593} - 1$	2098960	Hajratwala, Woltman, Kurowski, GIMPS	1999
$2^{3021377} - 1$	909526	Clarkson, Woltman, Kurowski, GIMPS	1998
$2^{2976221} - 1$	895932	Spence, Woltman, GIMPS	1997
$2^{1398269} - 1$	420921	Armengaud, Woltman, GIMPS	1996
$2^{1257787} - 1$	378632	Slowinski, Gage	1996
$48594^{65536} + 1$	307140	Scott, Gallot	2000
$2^{859433} - 1$	258716	Slowinski, Gage	1994
$2^{756839} - 1$	227832	Slowinski, Gage	1992
$667071 \cdot 2^{667071} - 1$	200815	Toplic, Gallot	2000
$104187 0^{32768} + 1$	197192	Yves Gallot	2000

Tab. 14: Die größten bekannten Primzahlen (Stand der Angaben Mai 2001)[27]

Die größten der bisher entdeckten Primzahlen sind von der Form $2^p - 1$. Primzahlen, die so darstellbar sind, heißen *Mersenne*-Primzahlen, benannt nach Marin Mersenne (1588–1648), der im 17. Jahrhundert im Zusammenhang mit der Suche nach vollkommenen Zahlen (so bezeichnet man natürliche Zahlen n, die gleich der Summe ihrer von n verschiedenen Teiler sind; beispielsweise ist 496 eine vollkommene Zahl, denn $496 = 1 + 2 + 4 + 8 + 16 + 31 + 62 + 124 + 248$) auf diese spezielle Struktur bestimmter Primzahlen gestoßen ist. Für jeden Teiler t von p ist

---

[27] http://www.utm.edu/research/primes (GIMPS steht für *The Great Internet Mersenne Prime Search*, vgl. http://www.ibmps.com/gimp.html)

$2^t - 1$ ein Teiler von $2^p - 1$, denn falls $p = a \cdot b$ gilt $2^p - 1 = (2^a - 1)(2^{a(b-1)} + 2^{a(b-2)} + \ldots + 1)$; daher ist klar, dass $2^p - 1$ nur dann prim sein kann, wenn p selbst Primzahl ist. Mersenne selbst hat im Jahre 1644 ohne vollständigen Nachweis verkündet, dass für $p \leq 257$ $2^p - 1$ nur für $p = 2, 3, 5, 7, 13, 17, 19, 31, 67, 127$ und 257 Primzahlen seien. Mit Ausnahme von $p = 67$ und $p = 257$, für die $2^p - 1$ nicht prim ist, konnte dies seither für die von Mersenne vermuteten Exponenten sowie für viele weitere nachgewiesen werden (vgl. [KNUT], Abschn. 4.5.4, und [B], Kap. 3, §2, Abschn. 12).

Aufgrund des Verlaufs der Entdeckungen von Mersenne-Primzahlen ist zu vermuten, dass für unendlich viele p Mersenne-Primzahlen existieren, ein Beweis hierfür ist bisher jedoch nicht bekannt (vgl. [ROSE], Abschn. 1.2). Einen interessanten Überblick über weitere ungelöste Probleme im Zusammenhang mit Primzahlen findet man übrigens ebenfalls in [ROSE], Kap. 12.

Wegen ihrer Bedeutung für kryptographische Public-Key-Algorithmen sind Primzahlen und ihre Eigenschaften in den letzten Jahrzehnten in den Blickpunkt der Öffentlichkeit geraten, und es ist erfreulich, dass die algorithmische Zahlentheorie mit diesen und anderen Themen heute so populär ist wie kaum jemals zuvor. Die Probleme der Erkennung von Primzahlen einerseits und der Zerlegung von Zahlen in ihre Primfaktoren andererseits sind dabei von allergrößtem Interesse. Die kryptographische Stärke vieler Public-Key-Algorithmen (allen voran das berühmte RSA-Verfahren) wird mit der Tatsache begründet, dass die Faktorisierung ein im komplexitätstheoretischen Sinne „schweres Problem" ist, welches zumindest derzeit nicht in polynomialer Rechenzeit lösbar ist[28].

In einer mittlerweile abgeschwächten Form gilt dies auch für die Primzahlerkennung, wenn nach einer definitiven Bestätigung gesucht wird, dass eine Zahl prim ist. Andererseits gibt es schnelle Tests, die mit einer verbleibenden Unsicherheit erkennen, ob eine Zahl prim ist, und die, falls das Gegenteil zutrifft, dies sogar definitiv feststellen. Als Ausgleich für die verbleibende Unsicherheit sind diese als *probabilistisch* bezeichneten Tests in Polynomzeit ausführbar, und die Irrtumswahrscheinlichkeit kann, wie wir sehen werden, durch mehrfache Wiederholung der Tests unter jede vorgegebene positive Schwelle gedrückt werden.

Ein altehrwürdiges, jedoch stets aktuelles Verfahren, um alle Primzahlen unterhalb einer natürlichen Zahl N zu bestimmen, wurde von dem griechischen Philosophen und Astronom Eratosthenes (276–195 v.Chr., vgl. auch [SAGA]) entwickelt und ist als das „Sieb des Eratosthenes" bekannt. Ausgehend von der Primzahl 2 werden hierbei aus einer Liste der natürlichen Zahlen $\leq N$ die 1 sowie alle Vielfachen von 2 gestrichen. Die erste nicht gestrichene Zahl oberhalb der vorherigen Primzahl ist dann wieder eine Primzahl p, deren Vielfache $p(p + 2i)_{i=0,\ldots}$ ebenfalls aus der Liste gestrichen werden und so fort, bis auf diese Weise eine Primzahl $> \sqrt{N}$ gefunden wurde; hier endet das Verfahren. Die nicht gestrichenen Zahlen der Liste sind die gesuchten Primzahlen, sie sind „im Sieb hängen geblieben".

---

[28] Zur Diskussion der komplexitätstheoretischen Aspekte der Kryptographie vergleiche man beispielsweise [HKW], Kap. VI oder auch [SCHN], Kap. 19.3 und 20.8 mit vielen weiteren Literaturhinweisen. Man beachte ebenfalls die Fußnote auf Seite 169.

10.5 Ein Primzahltest

Wir wollen kurz beleuchten, weshalb das Sieb des Eratosthenes funktioniert: Zum einen macht man sich durch einen Induktionsschluss schnell klar, dass jeweils die nächste ungestrichene Zahl oberhalb einer Primzahl selbst wieder eine Primzahl ist, denn sonst hätte die Zahl einen kleineren Primteiler und wäre daher bereits als Vielfaches dieses Primteilers gestrichen worden. Da ausschließlich zusammengesetzte Zahlen gestrichen werden, gehen hierbei keine Primzahlen verloren.

Zum anderen reicht es tatsächlich aus, Vielfache von Primzahlen $\leq \sqrt{N}$ zu streichen, da für den kleinsten echten Teiler T einer zusammengesetzten Zahl N gilt $T \leq \sqrt{N}$. Wäre also eine zusammengesetzte Zahl $n \leq N$ ungestrichen stehen geblieben, so hätte diese Zahl einen kleinsten Primteiler $p \leq \sqrt{n} \leq \sqrt{N}$ und n wäre im Widerspruch zur Annahme als Vielfaches von p gestrichen worden. Am Ende des Verfahrens sind also alle Vielfachen gestrichen und es sind alle Primzahlen kleiner gleich N ungestrichen geblieben.

Als Nächstes wollen wir uns Gedanken über die Implementierung des Siebes machen und als Vorarbeit hierzu einen programmierbaren Algorithmus formulieren, wofür wir folgenden Gesichtspunkten nachgehen: Da außer der 2 keine geraden Primzahlen existieren, betrachten wir nur ungerade Zahlen als mögliche Primzahlen. Wir stellen diese jedoch nicht in einer Liste dar, sondern verwenden eine Folge f_i, $1 \leq i \leq \lfloor (N-1)/2 \rfloor$, welche die Primzahleigenschaften der Zahlen $2i+1$ repräsentiert. Wir verwenden weiterhin eine Variable p, die auf dem aktuellen Wert $2i+1$ unserer (gedachten) Liste ungerader Zahlen gehalten wird, sowie eine Variable s, für die stets gilt $2s + 1 = p^2 = (2i+1)^2$, also $s = 2i^2 + 2i$. Hiermit notieren wir den folgenden Algorithmus (vgl. auch [KNUT], Abschn. 4.5.4, exercise 8):

Sieb des Eratosthenes, Algorithmus zur Berechnung aller Primzahlen $\leq$ einer natürlichen Zahl N:

1. Setze $L \leftarrow \lfloor (N-1)/2 \rfloor$ und $B \leftarrow \lceil \sqrt{N}/2 \rceil$. Setze $f_i \leftarrow 1$ für $1 \leq i \leq L$. Setze $i \leftarrow 1$, $p \leftarrow 3$ und $s \leftarrow 4$.

2. Falls $f_i = 0$ ist, gehe zu 4; sonst gebe p als Primzahl aus und setze $k \leftarrow s$.

3. Falls $k \leq L$ ist, setze $f_k \leftarrow 0$, $k \leftarrow k + p$ und wiederhole Schritt 3.

4. Falls $i \leq B$ ist, setze $i \leftarrow i + 1$, $s \leftarrow s + 2p + 2$, $p \leftarrow p + 2$ und gehe zu Schritt 2; ansonsten beende den Algorithmus.

Der Algorithmus führt uns zu folgendem Programm, das als Ergebnis einen Zeiger auf eine Liste von ULONG-Werten zurückgibt, die in aufsteigender Größe alle Primzahlen unterhalb des Eingabewertes beinhaltet. Der erste Wert der Liste gibt die Anzahl der gefundenen Primzahlen an:

Funktion:	Primzahlgenerator (Sieb des Eratosthenes)
Syntax:	ULONG * genprimes (ULONG N);
Eingabe:	N (Obere Grenze für die Primzahlsuche)
Rückgabe:	Zeiger auf Vektor von ULONG-Werten mit Primzahlen ≤ N. (Der Wert des Vektors an der Stelle 0 enthält die Anzahl der gefundenen Primzahlen.) NULL, im Fehlerfall bei malloc().

```
ULONG *
genprimes (ULONG N)
{
  ULONG i, k, p, s, B, L, count;
  char *f;
  ULONG *primes;
```

Schritt 1: Initialisierung der Variablen. Die Hilfsfunktion ul_iroot() berechnet den ganzzahligen Anteil der Quadratwurzel einer ULONG-Variablen. Sie verwendet dazu das in Abschn. 10.3 erläuterte Verfahren. Es folgt die Allokierung des Vektors f zur Markierung der zusammengesetzten Zahlen:

```
  B = (1 + ul_iroot (N)) >> 1;
  L = N >> 1;
  if (((N & 1) == 0) && (N > 0))
    {
      --L;
    }

  if ((f = (char *) malloc ((size_t) L+1)) == NULL)
    {
      return (ULONG *) NULL;
    }

  for (i = 1; i <= L; i++)
    {
      f[i] = 1;
    }
  p = 3;
  s = 4;
```

Die Schritte 2, 3 und 4 bilden das eigentliche Sieb. Die Variable i repräsentiert dabei den Zahlwert 2i + 1:

```
  for (i = 1; i <= B; i++)
    {
      if (f[i])
        {
          for (k = s; k <= L; k += p)
            {
```

10.5 Ein Primzahltest

```
            f[k] = 0;
         }
      }
   s += p + p + 2;
   p += 2;
   }
```

Nun wird die Anzahl der gefundenen Primzahlen ermittelt und es wird ein entsprechend großes Feld von ULONG-Variablen allokiert:

```
for (count = i = 1; i <= L; i++)
   {
      count += f[i];
   }
if ((primes = (ULONG*)malloc ((size_t)(count+1) *
                              sizeof (ULONG))) == NULL)
   {
      return (ULONG*)NULL;
   }
```

Das Feld f[] wird ausgewertet und es werden die als prim markierten Zahlen $2i + 1$ im Feld primes gespeichert. Die 2 wird mitgezählt, falls $N \geq 2$ ist:

```
for (count = i = 1; i <= L; i++)
   {
      if (f[i])
         {
            primes[++count] = (i << 1) + 1;
         }
   }
if (N < 2)
   {
      primes[0] = 0;
   }
else
   {
      primes[0] = count;
      primes[1] = 2;
   }
free (f);
return primes;
}
```

Um festzustellen, ob eine Zahl n zusammengesetzt ist, würde nach dem oben Gesagten ein Divisionstest ausreichen, der n durch alle Primzahlen $\leq \sqrt{n}$ dividiert. Findet man hierbei keinen Teiler, so ist n selbst eine Primzahl; das Sieb des Eratosthenes liefert die hierzu benötigten Primzahlen.

Dass diese Vorgehensweise im Allgemeinen nicht praktikabel ist, liegt daran, dass die Anzahl von Primzahlen, gegen die zu testen ist, schnell zu groß wird. Es gilt nämlich der so genannte *Primzahlsatz*, ursprünglich formuliert nach der Vermutung von A. M. Legendre, der besagt, dass die Anzahl $\pi(x)$ von Primzahlen $2 \le p \le x$ unterhalb einer natürlichen Zahl x umso stärker gegen $x/\ln x$ strebt, je größer x wird (vgl. [ROSE], Kap. 12)[29].

Einige Anzahlen von Primzahlen verdeutlichen beispielhaft deren Zuwachs mit der Größe der Zahlen, wobei die tatsächlichen Anzahlen $\pi(x)$ von Primzahlen unterhalb von x den durch den Primzahlsatz angegebenen Näherungswerten $x/\ln x$ gegenübergestellt werden:

x	10^2	10^4	10^8	10^{16}	10^{18}	10^{100}
$x/\ln x$	22	1.086	5.428.681	271.434.051.189.532	24.127.471.216.847.323	$4 \cdot 10^{97}$
$\pi(x)$	25	1.229	5.761.455	279.238.341.033.925	24.739.954.287.740.860	?[30]

Tab. 15: Anzahlen von Primzahlen unterhalb verschiedener Größenordnungen

Die Anzahl der erforderlichen Rechenschritte für den Divisionstest von x wächst nahezu mit der Stellenzahl von x im Exponenten, daher ist der Divisionstest alleine keine praktikable Methode zur Feststellung der Primheit großer Zahlen. Wir werden zwar sehen, dass der Divisionstest im Zusammenhang mit anderen Testmethoden ein wichtiges Hilfsmittel ist, aber prinzipiell würde uns ein Test reichen, der zwar Auskunft über die Primheit einer Zahl gibt, jedoch nicht auch noch deren Faktorisierung liefert.

Eine Verbesserung dieser Situation bietet der kleine Satz von Fermat, wonach für eine Primzahl p und für alle Zahlen a, die nicht von p geteilt werden, die Kongruenz $a^{p-1} \equiv 1 \bmod p$ gilt (vgl. S. 157).

Hieraus lässt sich ein Primzahl-Test ableiten, den man auch als *Fermat-Test* bezeichnet: Falls für ein a gilt ggT$(a, n) \ne 1$ oder ggT$(a, n) = 1$ und $1 \not\equiv a^{n-1} \bmod n$, so ist n zusammengesetzt. Eine Potenzierung $a^{n-1} \equiv 1 \bmod n$ benötigt $O(\log^3 n)$ CPU-Operationen und erfahrungsgemäß lässt es sich meist durch wenige Versuche feststellen, wenn eine Zahl zusammengesetzt ist. Hierbei gibt es allerdings Ausnahmen, die den Nutzen des Fermat-Tests beeinträchtigen, und die wir daher nun näher zu betrachten haben.

---

[29] Bewiesen wurde der Primzahlsatz gleichzeitig und unabhängig voneinander durch Jacques Hadamard und Charles-Jacques de la Vallée-Poussin (vgl. [B], Kap. 7, §3).
[30] Es bleibe dem Leser oder der Leserin überlassen, die tatsächliche Anzahl der Primzahlen unterhalb von 10^{100} herauszufinden ;-).

10.5 Ein Primzahltest

Wir müssen der Tatsache ins Auge sehen, dass die Rückrichtung der Aussage des kleinen Fermat'schen Satzes nicht gilt: Nicht jede Zahl n mit ggT$(a, n) = 1$ und $a^{n-1} \equiv 1 \bmod n$ für $1 \leq a \leq n - 1$ ist eine Primzahl. Es gibt zusammengesetzte Zahlen n, die den Fermat-Test so lange passieren, wie a und n keinen gemeinsamen Teiler besitzen; solche Zahlen heißen Carmichael-Zahlen, benannt nach ihrem Entdecker Robert Daniel Carmichael (1879–1967). Die kleinsten dieser kuriosen Carmichael-Zahlen sind

$$561 = 3 \cdot 11 \cdot 17, \; 1105 = 5 \cdot 13 \cdot 17 \text{ und } 1729 = 7 \cdot 13 \cdot 19 \, .$$

Allen Carmichael-Zahlen ist gemeinsam, dass jede von ihnen mindestens drei verschiedene Primfaktoren besitzt (vgl. [KOBL], Kap. V). Erst zu Beginn der neunziger Jahre konnte bewiesen werden, dass es unendlich viele Carmichael-Zahlen gibt (vgl. [B], Kap. 2, §3).

Die relative Häufigkeit von Zahlen unterhalb von n, die zu n teilerfremd sind, beträgt

$$1 - \frac{\Phi(n)}{n-1} \tag{10.24}$$

(zur Euler'schen Φ-Funktion vgl. S. 157), so dass der Anteil von Zahlen, die zu n nicht teilerfremd sind, folglich für große n nahe bei 0 liegt. Daher muss man in den allermeisten Fällen den Fermat-Test sehr oft durchlaufen, um zu erkennen, dass eine Carmichael-Zahl zusammengesetzt ist. Durchläuft a den Bereich $2 \leq a \leq n - 1$, so trifft man irgendwann auf den kleinsten Primteiler von n, und frühestens, wenn a diesen Wert annimmt, wird n als zusammengesetzt enttarnt.

Neben den Carmichael-Zahlen gibt es weitere ungerade und zusammengesetzte Zahlen n, für die natürliche Zahlen a mit ggT$(a, n) = 1$ und $a^{n-1} \equiv 1 \bmod n$ existieren. Solche Zahlen werden als *Pseudoprimzahlen zur Basis a* bezeichnet. Man kann zwar beobachten, dass nur wenige Pseudoprimzahlen zu den Basen 2 und 3 existieren, oder dass es beispielsweise unterhalb von $25 \cdot 10^9$ nur 1770 Zahlen gibt, die gleichzeitig Pseudoprimzahlen zu 2, 3, 5 und 7 sind (vgl. [ROSE], Abschn. 3.4), unglücklicherweise fehlt jedoch eine allgemeine Abschätzung der Anzahl von Lösungen der Fermat-Kongruenz für zusammengesetzte Zahlen. Der eigentliche Haken des Fermat-Tests ist somit, dass die Unsicherheit, bei der stichprobenartigen Anwendung des Tests eine zusammengesetzte Zahl nicht als solche zu erkennen, nicht mit der Anzahl an Testdurchgängen korrelierbar ist.

Ein solcher Zusammenhang ergibt sich jedoch aufgrund des Euler'schen Kriteriums (vgl. Abschn. 10.4.1): Für ungerade Primzahlen p und für alle ganzen Zahlen a, die nicht von p geteilt werden, gilt

$$a^{(p-1)/2} \equiv \left(\frac{a}{p}\right) \bmod p, \tag{10.25}$$

wobei $(\frac{a}{p}) = \pm 1$ das Legendre-Symbol bezeichnet. Analog zum kleinen Satz von Fermat erhalten wir ein Ausschlusskriterium durch die Umkehrung der Aussage: Wenn zu einer natürlichen Zahl n eine Zahl a existiert mit ggT$(a, n) = 1$ und $a^{(n-1)/2} \not\equiv (\frac{a}{n})$ mod n, so kann n keine Primzahl sein. Der für diese Feststellung erforderliche Rechenaufwand beträgt wie beim Fermat-Test $O(\log^3 n)$.

Wie beim Fermat-Test die Pseudoprimzahlen, so existieren Zahlen n, die für gewisse a das Euler-Kriterium erfüllen, obwohl sie zusammengesetzt sind; solche n werden als *Euler-Pseudoprimzahlen zur Basis a* bezeichnet. Ein Beispiel hierfür ist $n = 91 = 7 \cdot 13$ zu den Basen 9 und 10, mit denen sich $9^{45} \equiv (\frac{9}{91}) \equiv 1$ mod 91 und $10^{45} \equiv (\frac{10}{91}) \equiv -1$ mod 91 ergibt[31].

Eine Euler-Pseudoprimzahl zu einer Basis a ist stets auch eine Pseudoprimzahl zur Basis a (vgl. S. 199), denn durch Quadrieren von $a^{(n-1)/2} \equiv (\frac{a}{n})$ mod n folgt $a^{(n-1)} \equiv 1$ mod n.

Ein Pendant zu den Carmichael-Zahlen gibt es für das Euler-Kriterium dennoch nicht, und anhand der folgenden Aussagen nach R. Solovay und V. Strassen können wir erkennen, dass das Risiko eines falschen Testergebnisses für Euler-Pseudoprimzahlen günstig nach oben beschränkt ist:

(i) Für eine zusammengesetzte Zahl n ist die Anzahl von zu n teilerfremden Zahlen a, für die $a^{(n-1)/2} \equiv (\frac{a}{n})$ mod n gilt, höchstens $\Phi(n)/2$ (vgl. [KOBL], Abschn. II.2, exercise 21). Hieraus folgt der Satz

(ii) Die Wahrscheinlichkeit, dass für eine zusammengesetzte Zahl n und k zufällig gewählte zu n teilerfremde Zahlen $a_1, \ldots, a_k$ gilt $a_r^{(n-1)/2} \equiv (\frac{a_r}{n})$ mod n ($1 \leq r \leq k$), ist höchstens $1/2^k$.

Diese Ergebnisse gestatten es, das Euler-Kriterium als probabilistischen Primzahltest einzusetzen, wobei „probabilistisch" bedeutet, dass bei entsprechendem Testausgang die Aussage „n ist nicht prim" definitiv gültig ist, andernfalls jedoch nur mit einer gewissen Irrtumswahrscheinlichkeit angenommen werden kann, dass n Primzahl ist:

---

[31] Es ist $9^3 \equiv 10^6 \equiv 1$ mod 91, da 3 die Ordnung von 9 und 6 die Ordnung von 10 in $\mathbb{Z}_{91}$ ist. Daher gilt $9^{45} \equiv 9^{3 \cdot 15} \equiv 1$ mod 91 und $10^{45} \equiv 10^{6 \cdot 7 + 3} \equiv 10^3 \equiv -1$ mod 91.

10.5 Ein Primzahltest

Probabilistischer Primzahltest nach Solovay-Strassen zum Testen natürlicher Zahlen n auf Zusammengesetztheit

1. Wähle zufällig eine natürliche Zahl $a \leq n - 1$ mit $\text{ggT}(a, n) = 1$.

2. Falls $a^{(n-1)/2} \equiv \left(\dfrac{a}{n}\right) \mod n$ gebe aus: „n ist wahrscheinlich Primzahl"; ansonsten gebe aus „n ist zusammengesetzt".

Dieser Test erfordert einen Rechenaufwand von $O(\log^3 n)$ für die Berechnung der Potenz und des Jacobi-Symbols. Durch wiederholte Anwendung dieses Tests können wir entsprechend (ii) die Irrtumswahrscheinlichkeit beliebig drücken. Beispielsweise erhält man für $k = 60$ eine verschwindend kleine Irrtumswahrscheinlichkeit unterhalb von $2^{-60} \approx 10^{-18}$, und D. Knuth weist darauf hin, dass dieser Wert die Wahrscheinlichkeit für einen transienten Hardware-Fehler unterschreitet, hervorgerufen beispielsweise durch ein Alpha-Teilchen, das in der CPU oder im Speicher eines Computers einschlägt und dabei das eine oder andere Bit umwirft.

Mit diesem Test könnten wir bereits zufrieden sein, da er uns die Kontrolle über die Fehlerwahrscheinlichkeit gibt und wir für alle erforderlichen Berechnungen über effiziente Algorithmen und Programmfunktionen verfügen. Es gibt jedoch Ergebnisse, die zu einem noch effizienteren Verfahren führen. Dazu wollen wir uns mit ein paar Überlegungen beschäftigen, die uns das Verständnis des in der Praxis am weitesten verbreiteten probabilistischen Primzahltests erschließen:

Angenommen, n sei eine Primzahl. Nach dem kleinen Fermat'schen Satz gilt dann $a^{n-1} \equiv 1 \mod n$ für ganze Zahlen a, die nicht von n geteilt werden. Die Quadratwurzel aus $a^{n-1} \mod n$ kann nur die Werte 1 oder -1 annehmen, denn ± 1 sind die einzigen Lösungen der Kongruenz $x^2 \equiv 1 \mod n$ (vgl. Abschn. 10.4.1). Berechnet man also aus $a^{n-1} \mod n$ nacheinander die Quadratwurzeln

$$a^{(n-1)/2} \mod n, \ a^{(n-1)/4} \mod n, \ \ldots, \ a^{(n-1)/2^t} \mod n \ ,$$

solange bis $(n - 1)/2^t$ ungerade ist, und stößt dabei unterwegs auf einen Rest $\neq 1$, so muss dieser Rest den Wert -1 haben, sonst kann n entgegen unserer Annahme keine Primzahl sein. Für den Fall, dass die erste von 1 verschiedene Quadratwurzel den Wert -1 hat, bleiben wir bei unserer Annahme, dass n eine Primzahl ist. Ist n dann trotzdem zusammengesetzt, so wird n aufgrund dieser besonderen Eigenschaft als *starke Pseudoprimzahl zur Basis a* bezeichnet. Starke Pseudoprimzahlen zu einer Basis a sind stets auch Euler-Pseudoprimzahlen zur Basis a (vgl. [KOBL], Kap. 5).

Wir fassen diese Überlegungen zu folgendem probabilistischen Primzahltest zusammen, bei dem wir allerdings aus Effizienzgründen umgekehrt zunächst die Potenz $b = a^{(n-1)/2^t} \mod n$ mit ungeradem $(n - 1)/2^t$ berechnen, und, falls diese $\neq 1$ ist, b solange quadrieren, bis wir auf einen Wert ± 1 stoßen, oder $a^{(n-1)/2} \mod n$ erreicht haben. Im letzteren Fall muss b den Wert -1 haben, sonst ist n zusammengesetzt. Die Idee, den Algorithmus so abzukürzen, dass das letzte Quadrat nicht berechnet werden muss, entnehmen wir [COHE], Abschn. 8.2:

Probabilistischer Primzahltest nach Miller-Rabin für ungerade Zahlen $n > 1$

1. Bestimme q und t mit $n - 1 = 2^t \cdot q$, q ungerade.
2. Wähle zufällig eine ganze Zahl $1 < a < n$. Setze $e \leftarrow 0$, $b \leftarrow a^q \bmod n$. Falls $b = 1$ ist, gebe die Meldung „n ist wahrscheinlich prim" aus und beende den Algorithmus.
3. Solange gilt $b \not\equiv \pm 1 \bmod n$ und $e < t - 1$, setze $b \leftarrow b^2 \bmod n$ und $e \leftarrow e + 1$. Falls nun $b \neq n - 1$ ist, gebe die Meldung „n ist zusammengesetzt" aus; ansonsten gebe aus „n ist wahrscheinlich Primzahl".

Die Laufzeit für den Miller-Rabin-Test (kurz MR-Test) liegt mit $O(\log^3 n)$ in der Größenordnung der Rechenzeit für die Potenzierung und entspricht damit dem Aufwand für den Solovay-Strassen-Test.

Die Existenz starker Pseudoprimzahlen bedeutet, dass uns auch der Miller-Rabin-Primzahltest Gewissheit nur über die Zusammengesetztheit von Zahlen liefert. Die Zahl 91, die oben schon als Beispiel für Euler-Pseudoprimzahlen (zur Basis 9) hergehalten hat, ist – ebenfalls zur Basis 9 – auch eine starke Pseudoprimzahl. Weitere Beispiele für starke Pseudoprimzahlen sind

$$2152302898747 = 6763 \cdot 10627 \cdot 29947$$

und

$$3474749660383 = 1303 \cdot 16927 \cdot 157543 \, .$$

Unterhalb von 10^{13} sind diese beiden die einzigen starken Pseudoprimzahlen zu den Primzahl-Basen 2, 3, 5, 7 und 11 (vgl. [ROSE], Abschn. 3.4).

Vorteilhafterweise ist die Anzahl der Basen starker Pseudoprimzahlen wiederum durch diese Zahlen selbst beschränkt. Von M. Rabin wurde bewiesen, dass für eine zusammengesetzte Zahl n weniger als $n/4$ viele Basen $2 \leq a \leq n - 1$ existieren, zu denen n eine starke Pseudoprimzahl ist (vgl. [KNUT], Abschn. 4.5.4, exercise 22 und [KOBL], Kap. 5). Hieraus ergibt sich bei k-facher Wiederholung des Tests mit k zufällig gewählten Basen $a_1, \ldots, a_k$ eine Wahrscheinlichkeit von kleiner als $1/4^k$, dass eine starke Pseudoprimzahl fälschlich als Primzahl akzeptiert wird. Der Miller-Rabin-Test ist damit dem Test von Solovay-Strassen bei gleicher Berechnungskomplexität überlegen, da für letzteren die Irrtumswahrscheinlichkeit bei k Wiederholungen durch $1/2^k$ beschränkt ist.

In der Praxis allerdings verhält sich der Miller-Rabin-Test noch weitaus günstiger, als man es erwarten würde, denn die tatsächliche Irrtumswahrscheinlichkeit ist in den meisten Fällen sehr viel geringer, als der Satz von Rabin feststellt (vgl. [MOV], §4.4 und [SCHN], Abschn. 11.5).

10.5 Ein Primzahltest

Bevor wir uns nun mit der Implementierung des Miller-Rabin-Tests befassen, betrachten wir noch zwei Ansätze zur Effizienzsteigerung:

Indem wir dem Miller-Rabin-Test ein Divisionssieb vorschalten, das die Primzahlkandidaten durch kleine Primzahlen dividiert, erzielen wir einen Vorteil: Wird hierbei ein Faktor gefunden, so kann der Kandidat verworfen werden, ohne dafür den Miller-Rabin-Test ausgeführt zu haben. Zur Klärung der nahe liegenden Frage, durch wie viele Primzahlen günstigerweise vor dem MR-Test dividiert wird, halten wir uns an eine Empfehlung von A. K. Lenstra: Die größte Effizienz wird erreicht, wenn man durch die 303 Primzahlen unterhalb von 2000 dividiert (vgl. [SCHN], a.a.O.). Den Grund hierfür liefert die Beobachtung, dass die relative Häufigkeit ungerader Zahlen ohne Primteiler unterhalb einer Schwelle n bei $1,12/\ln n$ liegt. Die Division durch die Primzahlen unterhalb von 2000 eliminiert folglich etwa 85 Prozent aller zusammengesetzten Zahlen ohne Einschaltung des MR-Tests, der nur für den restlichen Anteil benötigt wird.

Jede Division durch einen kleinen Divisor benötigt Rechenzeit nur in der Größenordnung $O(\ln n)$; wir verfügen über eine effiziente Divisionsroutine insbesondere für kleine Divisoren und werden diese für das Divisionssieb einsetzen.

Das Divisionssieb ist in der folgenden Programmfunktion `sieve_l()` implementiert. Sie greift auf die im Feld `smallprimes[NOOFSMALLPRIMES]` gespeicherten Primzahlen unterhalb von 65536 zurück. Die Primzahlen sind als Differenzen gespeichert, wodurch für jede Primzahl nur ein Byte Speicher benötigt wird. Der erschwerte Zugriff auf die Primzahlen fällt nicht ins Gewicht, da wir sie ihrer natürlichen Reihenfolge nach verwenden. Der Fall, dass der Kandidat selbst eine kleine Primzahl ist und in der Primzahltabelle enthalten ist, muss dabei gesondert angezeigt werden.

Schließlich profitieren wir von den Potenzierungsfunktionen für kleine Potenzbasen (vgl. Kap. 6), indem wir den MR-Test mit kleinen Primzahlen 2, 3, 5, 7, 11,... < B statt mit zufällig gewählten Basen anwenden. Aller praktischen Erfahrung nach bedeutet dies keine Beeinträchtigung der Testergebnisse.

Wir stellen nun das Divisionssieb vor. Die Funktion verwendet die Divisionsroutine für kurze Divisoren, die wir für die Funktion `div_l()` entwickelt haben:

Funktion:	Divisionssieb
Syntax:	USHORT sieve_l (CLINT a_l, unsigned no_of_smallprimes);
Eingabe:	a_l (Kandidat für Primzahlsuche) no_of_smallprimes (Anzahl der Primzahlen, durch die dividiert wird, ohne die 2)
Rückgabe:	Primfaktor, falls einer gefunden wurde 1, falls der Kandidat selbst Primzahl ist 0, falls kein Faktor gefunden wurde

```
USHORT
sieve_l (CLINT a_l, unsigned int no_of_smallprimes)
{
  clint *aptr_l;
  USHORT bv, rv, qv;
  ULONG rdach;
  unsigned int i = 1;
```

Der Vollständigkeit halber testen wir zuerst, ob a_l ein Vielfaches von 2 ist: Falls a_l den Wert 2 hat, wird 1 zurückgegeben, falls a_l > 2 und gerade ist, wird 2 als Faktor zurückgegeben:

```
if (ISEVEN_L (a_l))
   {
     if (equ_l (a_l, two_l))
        {
          return 1;
        }
     else
        {
          return 2;
        }
   }
bv = 2;
do
   {
```

Die Primzahlen werden durch sukzessive Addition der in smallprimes[] gespeicherten Werte berechnet und in bv gespeichert. Die erste Primzahl, durch die dividiert wird, ist 3. Wir verwenden den Code der schnellen Divisionsroutine durch ein USHORT (vgl. Abschn. 4.3):

```
     rv = 0;
     bv += smallprimes[i];
     for (aptr_l = MSDPTR_L (a_l); aptr_l >= LSDPTR_L (a_l); aptr_l--)
        {
          qv = (USHORT)((rdach = ((((ULONG)rv) << BITPERDGT) +
                                        (ULONG)*aptr_l)) / bv);
          rv = (USHORT)(rdach - (ULONG)bv * (ULONG)qv);
        }
   }
while (rv != 0 && ++i <= no_of_smallprimes);
```

Falls ein echter Teiler gefunden wurde (rv == 0 und bv ≠ a_l, sonst ist a_l selbst prim!), wird dieser zurückgegeben. Falls a_l selbst eine kleine Primzahl ist, wird 1 zurückgegeben. Ansonsten wird 0 zurückgegeben:

```
if (0 == rv)
   {
```

10.5 Ein Primzahltest

```
        if (DIGITS_L (a_l) == 1 && *LSDPTR_L (a_l) == bv)
          {
            bv = 1;
          }
        /* else: Ergebnis in bv ist Primfaktor von a_l */
      }
    else /* Kein Faktor von a_l gefunden */
      {
        bv = 0;
      }
    return bv;
}
```

Die Funktion sieve_l() kann für die Abspaltung von Primfaktoren der Größe unterhalb 65536 von CLINT-Objekten verwendet werden. Um diese Anwendung nahe zu legen, wird in flint.h das Makro SFACTOR_L(n_l) definiert, welches den Aufruf sieve_l(n_l, NOOFSMALLPRIMES) dazu verwendet, n_l probehalber durch die in smallprimes[] gespeicherten Primzahlen zu dividieren; SFACTOR_L() gibt die gleichen Werte zurück wie sieve_l(). Durch mehrfachen Aufruf von SFACTOR_L() mit jeweils nachfolgender Division durch die gefundenen Faktoren können Zahlen unterhalb 2^{32}, also die durch Standard-Integer-Typen darstellbaren Zahlen, vollständig faktorisiert werden. Falls kein Faktor gefunden wird, handelt es sich um eine Primzahl.

Die vollständige Testfunktion prime_l() integriert das Divisionssieb und den Miller-Rabin-Test. Um größtmögliche Flexibilität zu erhalten, wurde die Funktion so ausgelegt, dass die Anzahl der Divisionen im Vortest und die Anzahl der Testdurchgänge für den Miller-Rabin-Test als Parameter mit eingegeben werden. Zur Vereinfachung kann in Anwendungen das in flint.h definierte Makro ISPRIME_L(CLINT n_l) verwendet werden, das dann seinerseits die Funktion prime_l() mit voreingestellten Parametern aufruft.

Zur noch offenen Frage, wie viele Durchgänge des Miller-Rabin-Tests denn nun zu durchlaufen sind, um verlässliche Ergebnisse zu erhalten, sind in der Literatur unterschiedliche Hinweise zu finden: [GORD] und [SCHN] empfehlen fünf Durchgänge für kryptographische Anwendungen, der Algorithmus in [COHE] gibt 20 Testdurchgänge fest vor; [KNUT] weist darauf hin, dass bei 25 Testdurchgängen die Fehlerzahl selbst für eine Menge von einer Milliarde als Primzahlen akzeptierte Kandidaten noch unterhalb von 10^{-6} liege[32], allerdings ohne den Wert 25 ausdrücklich zu empfehlen, und knüpft die philosophische Frage daran „*Do we really* need *to have a rigorous proof of primality?*"

Für den Anwendungsbereich digitaler Signaturen scheint sich die Auffassung durchzusetzen, dass Irrtumswahrscheinlichkeiten unterhalb von $2^{-80} \approx 10^{-24}$ bei

---

[32] In [BCGP] wird darauf hingewiesen, dass Knuth's Behauptung nur deswegen gilt, weil die Irrtumswahrscheinlichkeit für die meisten zusammengesetzten Zahlen deutlich unterhalb von ¼ liegt, ansonsten die von Knuth betrachtete Fehlerquote signifikant über dem angegebenen Wert 10^{-6} läge.

der Primzahlerzeugung akzeptabel seien (auf europäischer Ebene ist auch $2^{-60} \approx 10^{-18}$ in der Diskussion), damit Irrtümer auch bei einer großen Anzahl erzeugter Schlüssel praktisch ausgeschlossen sind. Bezogen auf die Abschätzung der Irrtumswahrscheinlichkeit von Rabin würde dies bedeuten, dass 40 bzw. 30 Runden des MR-Tests zu durchlaufen seien – mit umso längeren Rechenzeiten, je größer die zu testenden Zahlen sind. Tatsächlich existieren jedoch sehr viel schärfere Abschätzungen, die sowohl von der Anzahl der Runden als auch von der Länge der Primzahlkandidaten abhängen (vgl. [DALP] u. [BURT]). In [DALP] ist der folgende Satz von Gleichungen bewiesen, wobei $p_{l,k}$ die Wahrscheinlichkeit bezeichnet, dass eine zufällig ausgewählte ungerade Zahl mit l Binärstellen, die nach k Durchläufen des MR-Tests zur Primzahl erklärt wird, in Wahrheit zusammengesetzt ist:

$$p_{l,1} < l^2 4^{2-\sqrt{l}} \quad \text{für } l \geq 2, \tag{10.26}$$

$$p_{l,k} < l^{3/2} 2^k k^{-1/2} 4^{2-\sqrt{kl}} \quad \text{für } k=2, l \geq 88 \text{ oder } 3 \leq k \leq l/9, l \geq 21 \tag{10.27}$$

$$p_{l,k} < \frac{7}{20} \cdot l \cdot 2^{-5k} + \frac{1}{7} \cdot l^{15/4} \, 2^{-l/2-2k} + 12 \cdot l \cdot 2^{-l/4-3k} \quad \text{für } l/9 \leq k \leq l/4, l \geq 21 \tag{10.28}$$

$$p_{l,k} < \frac{1}{7} \cdot l^{15/4} \, 2^{-l/2-2k} \quad \text{für } k \geq l/4, l \geq 21 \tag{10.29}$$

Aus diesen Ungleichungen lässt sich berechnen, welche Irrtumswahrscheinlichkeiten bei gegebener Stellenzahl mit wie vielen Durchläufen des MR-Tests unterschritten werden, bzw. wie viele Durchläufe zur Unterschreitung bestimmter Irrtumswahrscheinlichkeiten erforderlich sind. Die Ergebnisse liegen weit unter der Abschätzung von Rabin, wonach k Wiederholungen zur Erreichung einer Irrtumswahrscheinlichkeit unterhalb von 4^{-k} notwendig sind. Die folgenden Tabellen zeigen Werte für k zur Erreichung von Irrtumswahrscheinlichkeiten unterhalb von 2^{-80} und 2^{-60} in Abhängigkeit von der Anzahl l an Binärstellen der getesteten Zahlen:

l	k	l	k	l	k	l	k
49	37	300– 332	9	49	27	400– 531	4
73	32	332– 375	8	73	22	531– 800	3
105	25	375– 433	7	107	15	800–1836	2
137	19	433– 514	6	175 – 191	10	≥1836	1
197	15	514– 638	5	191 – 211	9		
220 – 235	13	638– 847	4	211 – 237	8		
235 – 252	12	847–1275	3	237 – 273	7		
252 – 273	11	1275–2861	2	273 – 323	6		
273 – 300	10	≥2861	1	323 – 400	5		

Tab. 16: Anzahl k von Durchläufen des MR-Tests zur Erreichung von Irrtumswahrscheinlichkeiten unterhalb von 2^{-80} (l.) und 2^{-60} (r.) nach [DALP]

Der Effekt, der sich aus der Vorschaltung des Divisionssiebes vor den MR-Test ergibt, wird mit den Ungleichungen (10.26) – (10.29) nicht berücksichtigt. Da hierdurch jedoch die relative Häufigkeit zusammengesetzter Kandidaten stark verringert wird, kann erwartet werden, dass sich die Irrtumswahrscheinlichkeiten bei gleicher Wahl von l und k noch weiter reduzieren.

10.5 Ein Primzahltest

Für eine Diskussion der subtilen Problematik der bedingten Wahrscheinlichkeiten, die im Zusammenhang mit der Irrtumswahrscheinlichkeit bei der Erzeugung von zufällig gewählten Primzahlen zu betrachten sind, sei auf [BCGP] und auf [MOV], § 4.4 auf verwiesen.

In der folgenden Funktion prime_l() werden die Werte aus Tabelle 16 berücksichtigt. Wir verwenden die Potenzierungsfunktion wmexpm_l(), welche die Montgomery-Reduktion mit den Vorteilen kombiniert, die sich für die Potenzierung kleiner Basen ergeben (vgl. Kap. 6):

Funktion:	Probabilistischer Primzahltest nach Miller-Rabin mit Divisionssieb

Syntax:	int prime_l (CLINT n_l,
	               unsigned int no_of_smallprimes,
	               unsigned int iterations);

Eingabe:	n_l (Kandidat für die Primzahlsuche) no_of_smallprimes (Anzahl Primzahlen für das Divisionssieb) iterations (Anzahl der MR-Testdurchgänge; falls iterations == 0 wird diese gemäß Tabelle 16 bestimmt)
Rückgabe:	1 falls Kandidat „wahrscheinlich" prim 0 falls Kandidat zusammengesetzt oder gleich 1

```
int
prime_l (CLINT n_l, unsigned int no_of_smallprimes, unsigned int iterations)
{
  CLINT d_l, x_l, q_l;
  USHORT i, j, k, p;
  int isprime = 1;

  if (EQONE_L (n_l))
    {
      return 0;
    }
```

Zunächst wird der Divisionstest ausgeführt. Falls hierbei ein Faktor gefunden wird, wird die Funktion mit der Rückgabe von 0 beendet. Falls 1 als Ergebnis von sieve_l() anzeigt, dass n_l selbst Primzahl ist, wird die Funktion mit der Rückgabe von 1 beendet. Ansonsten wird der Miller-Rabin-Test ausgeführt:

```
  k = sieve_l (n_l, no_of_smallprimes);

  if (1 == k)
    {
      return 1;
    }
  if (1 < k)
    {
      return 0;
    }
```

```
    else
      {
        if (0 == iterations)
```

Falls `iterations == 0` als Parameter übergeben wurde, wird anhand der Stellenzahl von n_1 die optimierte Rundenzahl zur Unterschreitung der Irrtumswahrscheinlichkeit von 2^{-80} bestimmt:

```
          {
            k = ld_l (n_l);
            if      (k <   73) iterations = 37;
            else if (k <  105) iterations = 32;
            else if (k <  137) iterations = 25;
            else if (k <  235) iterations = 18;
            else if (k <  197) iterations = 19;
            else if (k <  220) iterations = 15;
            else if (k <  235) iterations = 13;
            else if (k <  253) iterations = 12;
            else if (k <  275) iterations = 11;
            else if (k <  300) iterations = 10;
            else if (k <  332) iterations =  9;
            else if (k <  375) iterations =  8;
            else if (k <  433) iterations =  7;
            else if (k <  514) iterations =  6;
            else if (k <  638) iterations =  5;
            else if (k <  847) iterations =  4;
            else if (k < 1275) iterations =  3;
            else if (k < 2861) iterations =  2;
            else iterations = 1;
          }
```

Schritt 1. Die Zerlegung von $n-1$ zu $n-1 = 2^k q$ mit ungeradem q erfolgt mit der Funktion `twofact_l()`. Der Wert $n-1$ wird in d_l gehalten:

```
        cpy_l (d_l, n_l);
        dec_l (d_l);
        k = (USHORT)twofact_l (d_l, q_l);
        p = 0;
        i = 0;
        isprime = 1;
        do
          {
```

Schritt 2. Die Basen p werden aus den im Feld `smallprimes[]` gespeicherten Differenzen gebildet. Für die Potenzierung verwenden wir die Montgomery-Funktion `wmexpm_l`, da die Basis stets vom Typ USHORT und nach dem Vortest mit dem Divisionssieb der Primzahlkandidat n_l immer ungerade ist. Falls danach die Potenz in x_l gleich 1 ist, beginnt der nächste Testdurchgang:

```
            p += smallprimes[i++];
```

10.5 Ein Primzahltest

```
        wmexpm_l (p, q_l, x_l, n_l);
        if (!EQONE_L (x_l))
          {
            j = 0;
```

Schritt 3. Quadrierung, solange x_l von ±1 verschieden ist und noch nicht k - 1 Durchgänge erreicht sind:

```
            while (!EQONE_L (x_l) && !equ_l (x_l, d_l) && ++j < k)
              {
                msqr_l (x_l, x_l, n_l);
              }
            if (!equ_l (x_l, d_l))
              {
                isprime = 0;
              }
          }
      }
```

Schleife über die Anzahl iterations von Testdurchgängen:

```
      while ((--iterations > 0) && isprime);
      return isprime;
    }
}
```

Für die Fälle, in denen tatsächlich definitive Testergebnisse erforderlich sind, zeigt der 1981 veröffentlichte und nach seinen Entwicklern L. Adleman, C. Pomerance, R. Rumely, H. Cohen und A. K. Lenstra benannte APRCL-Test die Richtung der Entwicklung an. H. Riesel würdigt diesen Test als Durchbruch, mit dem der Nachweis gelungen sei, dass schnelle, allgemein anwendbare definitive Primzahltests möglich sind (vgl. [RIES], S. 131). Der Test stellt die Primzahleigenschaft einer Zahl n mit einem Rechenaufwand von $O((\ln n)^{C \ln \ln \ln n})$ bei einer geeigneten Konstanten C definitiv fest. Da der Exponent $\ln \ln \ln n$ sich praktisch selbst wie eine Konstante verhält, kann er als polynomiales Verfahren betrachtet werden, und es können Zahlen mit einigen hundert Dezimalstellen innerhalb von Zeiten definitiv[33] auf Primheit getestet werden, die sonst mit probabilistischen Tests erreicht werden. Der Algorithmus, der Analogien des kleinen Fermat'schen Satzes für höhere algebraische Strukturen verwendet, ist theoretisch kompliziert und gilt als schwierig zu implementieren. Für alles Weitere hierzu wird auf [COHE], Kap. 9, beziehungsweise auf die dort zitierten Originalaufsätze verwiesen, sowie auf die umfangreichen Ausführungen in [RIES].

---

[33] Cohen weist in diesem Zusammenhang darauf hin, dass die praktisch einsetzbare Variante des APRCL-Algorithmus wieder probabilistisch ist, dass jedoch auch eine weniger praktische, dafür aber deterministische Version existiert (vgl. [COHE], Kap. 9).

Man könnte nun ja auch die Frage stellen, ob man nicht einen definitiven Primzahlbeweis erhielte, wenn man genügend viele Basen mit dem Miller-Rabin-Test testen würde. Tatsächlich wurde von G. Miller unter Einbeziehung der verallgemeinerten Riemann'sche Vermutung (vgl. S. 178) bewiesen, dass eine ungerade natürliche Zahl n genau dann Primzahl ist, wenn für alle Basen $1 \le a \le C \cdot \ln^2 n$ der Miller-Rabin-Test die Primheit von n anzeigt (die Konstante C wird in [KOBL], Abschn. V.1 als 2 angegeben). Auf diese Weise angewendet wäre der Miller-Rabin-Test ein deterministischer polynomialer Primzahltest, der jedoch bei Primzahlen mit beispielsweise 512 Binärstellen ca. $2,5 \cdot 10^5$ Durchläufe für eine definitive Aussage benötigte. Veranschlagt man für jeden Durchlauf 10^{-2} Sekunden (das ist die Größenordnung der Zeit für eine Potenzierung auf einem schnellen PC, vgl. Anhang D), so würde ein definitiver Test etwa eine Stunde benötigen. Aufgrund der darin steckenden unbewiesenen Hypothese und der langen Rechenzeiten können mit diesem theoretisch interessanten Ergebnis allerdings weder die Puristen noch die an schnellen Verfahren interessierten Pragmatiker wirklich etwas anfangen.

Henri Cohen jedenfalls scheint auf die oben zitierte Frage von Knuth zu antworten, indem er kategorisch feststellt ([COHE], Abschn. 8.2): „*Primality testing however requires rigorous mathematical proofs.*"

11 Große Zufallszahlen

> *Mathematics is full of pseudorandomness – plenty enough to supply all would-be creators for all time.*
>
> D. R. HOFSTADTER: Gödel, Escher, Bach: An Eternal Golden Braid

In vielen statistischen Verfahren, in der numerischen Mathematik, in der Physik, aber auch in Anwendungen der Zahlentheorie werden Sequenzen „zufälliger" Zahlenwerte verwendet, um statistische Beobachtungen zu ersetzen, oder auch nur zur Automatisierung der Eingabe veränderlicher Größen. Zufallszahlen werden

- zur Ziehung von Stichproben aus einer größeren Menge,
- in der Kryptographie zur Erzeugung von Schlüsseln und zum Ablauf von Sicherheitsprotokollen,
- als Startwerte zur Generierung um Primzahlen,
- zum Testen von Computer-Programmen (darauf kommen wir noch zurück),
- zum Spielen

und in vielen weiteren Zusammenhängen verwendet. Bei Computer-Simulationen natürlicher Phänomene können benötigte Messwerte durch Zufallszahlen vertreten werden, die als Eingabedaten naturgemäßes Verhalten repräsentieren (so genannte *Monte Carlo-Methoden*). Zufallszahlen sind auch dann nützlich, wenn nur beliebige, willkürlich gewählte Zahlenwerte benötigt werden. Bevor wir in diesem Kapitel einige Funktionen zur Erzeugung *großer* Zufallszahlen erarbeiten, wie sie insbesondere für kryptographische Anwendungen benötigt werden, sind noch einige methodische Vorbereitungen erforderlich.

Die Quellen für Zufallszahlen sind vielfältig, wobei grundsätzlich zwischen *echten Zufallszahlen*, die als Ergebnisse von Zufallsexperimenten entstehen, und *Pseudozufallszahlen*, die algorithmisch erzeugt werden, zu unterscheiden ist. Echte Zufallszahlen entstehen durch das Werfen von Münzen oder Würfeln, beim Roulette in der Spielbank, durch die Beobachtung radioaktiver Zerfallsprozesse mittels geeigneter Messinstrumente, durch Auswertung des Rauschens elektronischer Bauteile und durch andere Vorgänge. Demgegenüber werden Pseudozufallszahlen algorithmisch berechnet, erzeugt mit Hilfe so genannter *Pseudozufallszahlen-Generatoren*; sie sind deterministisch und damit vorhersagbar sowie reproduzierbar. Pseudozufallszahlen kommen also nicht *zufällig* im eigentlichen Sinne des Wortes zustande; der Grund, weshalb dieser Umstand dennoch häufig ignoriert werden kann, ist die Kenntnis von Algorithmen, die zur Erzeugung hochwertiger Pseudozufallszahlen geeignet sind. Was aber bedeutet in diesem Zusammenhang „hochwertig"?

Zunächst ist festzustellen, dass es eigentlich keinen Sinn macht, einzelne Zahlen als „zufällig" zu bezeichnen, sondern dass sich die hiermit verbundenen mathematischen Anforderungen stets auf Folgen von Zahlen beziehen. Bei Knuth ist von einer *Folge unabhängiger Zufallszahlen mit einer bestimmten Verteilung* die Rede, wenn jede Zahl *zufällig und unabhängig von allen anderen Zahlen der Folge* gefunden wurde, und jede Zahl mit einer bestimmten Wahrscheinlichkeit einen Wert innerhalb eines Wertebereichs annimmt (vgl. [KNUT], Abschn. 3.1). Die Verwendung der Begriffe *zufällig* und *unabhängig* muss man hier so deuten, dass die zur Auswahl konkreter Zahlenwerte führenden Ereignisse in ihrem Wesen und Zusammenspiel zu komplex sind, um ihren Einfluss durch statistische oder andere Tests nachweisen zu können.

Dieses Ideal kann aus theoretischen Gründen durch die Erzeugung von Zufallszahlen mittels deterministischer Verfahren nicht erreicht werden; ihm möglichst nahe zu kommen, ist jedoch das Ziel vieler unterschiedlicher algorithmischer Ansätze. Parallel dazu wurde eine große Anzahl von theoretischen und empirischen Tests entwickelt, um strukturelle Eigenschaften von Pseudozufallsfolgen aufzuspüren und so die Qualität der erzeugenden Algorithmen zu prüfen. Wir werden dies hier nicht weiter vertiefen; die Theorie zu diesem Bereich ist vielschichtig und komplex. Stattdessen wird auf die Literatur verwiesen, wobei ein reichhaltiger Überblick auch über dieses Feld bei [KNUT] zu finden ist; eine umfassende Darstellung insbesondere der theoretischen Bewertung von Zufallszahlen-Generatoren bietet [NIED]. Einige pragmatische Hinweise zum Testen von Zufallsfolgen sind auch in [FIPS] enthalten.

Für unsere Zwecke greifen wir aus der Vielzahl der Möglichkeiten ein bewährtes und häufig verwendetes Verfahren zur Generierung von Pseudozufallszahlen heraus (der Kürze halber werden wir im Weiteren meist auf das Attribut „Pseudo" verzichten und von Zufallszahlen, Zufallsfolgen und Zufallszahlen-Generatoren sprechen) und beschäftigen uns mit der Methode der *linearen Kongruenzen*. Dabei werden, ausgehend von einem Startwert X_0, die Folgenglieder durch eine lineare Rekursion

$$X_{i+1} = (X_i \cdot a + b) \bmod m \qquad (11.1)$$

berechnet. Dieses Verfahren wurde 1951 von D. Lehmer entwickelt und erfreut sich seither großer Popularität. Lineare Kongruenzen können trotz ihrer Einfachheit ausgezeichnete Zufallsfolgen erzeugen, wobei ihre Qualität – wie zu erwarten – von der Wahl der Parameter a, b und m abhängt. In [KNUT] wird gezeigt, dass lineare Kongruenzen mit sorgfältig gewählten Parametern die Hürden der dort behandelten statistischen Tests mit Bravour nehmen, dass andererseits die zufällige Wahl der Parameter fast immer zu einem schlechten Generator führt. Also Vorsicht bei der Auswahl der Parameter!

Die Wahl von m als Zweierpotenz hat zunächst den Vorteil, dass die Restbildung modulo m durch eine mathematische UND-Verknüpfung erledigt werden

11 Große Zufallszahlen

kann. Ein Nachteil ist hierbei, dass die niederwertigen Binärstellen der so erzeugten Zahlen ein weniger zufälliges Verhalten zeigen als die höherwertigen, und dementsprechende Vorsicht bei der Verwendung der Zahlen geboten ist. Generell sind mangelhafte Zufallseigenschaften von solchen Werten zu beobachten, die aus den Folgenwerten eines linearen Kongruenzengenerators modulo eines Primteilers des Modulus m gebildet werden, so dass auch die Wahl von m als Primzahl in Betracht zu ziehen ist, wobei in diesem Fall einzelne Binärstellen nicht schlechter als andere gestellt sind.

Die Wahl von a und m hat Einfluss auf das periodische Verhalten der Folge: Da nur endlich viele, nämlich höchstens m verschiedene, Folgenwerte auftreten können, beginnt die Folge spätestens mit der Erzeugung des $m+1$-ten Wertes, sich zu wiederholen, sie wird periodisch (man sagt auch, die Folge tritt in eine Periode oder einen *Zykel* ein). Der Eintrittspunkt in einen Zykel muss dabei nicht der Anfangswert X_0 sein, sondern kann irgendein späterer Wert X_μ sein. Die Werte X_0, $X_1, X_2, \ldots, X_{\mu-1}$ werden als *Vorperiode* bezeichnet; das periodische Verhalten der Folge lässt sich so veranschaulichen:

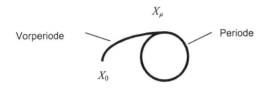

Abb. 5: Periodisches Verhalten einer Pseudozufallsfolge

Da die regelmäßige Wiederholung von Zahlenwerten in kurzen Zyklen nach allen Kriterien ein schlechtes Zufallsverhalten bedeutet, muss das Ziel darin liegen, die Länge der Zyklen zu maximieren, beziehungsweise solche Generatoren zu finden, die nur einen Zykel mit maximaler Länge besitzen. Hierzu kann das Kriterium herangezogen werden, wonach eine lineare Kongruenzenfolge mit Parametern a, b, m genau dann maximale Periodenlänge besitzt, wenn folgende Bedingungen erfüllt sind:

(i) ggT$(b, m) = 1$
(ii) Für alle Primzahlen p gilt $(p|m \Rightarrow p|(a-1))$
(iii) $4|m \Rightarrow 4|(a-1)$

Zum Beweis und zu weiteren Details vergleiche man [KNUT], Abschn. 3.2.1.2.

Als ein Beispiel für Parameter, die dieses Kriterium erfüllen, betrachten wir die lineare Kongruenz, die der ISO-C-Standard beispielhaft für die Funktion `rand()` vorschlägt:

$$X_{i+1} = (X_i \cdot 1103515245 + 12345) \bmod m$$

wobei $m = 2^k$ ist mit $2^k - 1$ als der größte durch den Typ `unsigned int` darstellbare Wert. Als Wert von `rand()` wird dabei nicht das jeweilige X_{i+1} zurückgegeben, sondern der Wert $X_{i+1}/2^{16} \bmod (\text{RAND\_MAX} + 1)$, so dass durch die Funktion `rand()` insgesamt Zahlenwerte zwischen 0 und RAND_MAX erzeugt werden. Das Makro RAND_MAX wird in `stdio.h` definiert und soll mindestens den Wert 32267 haben (vgl. [PLA1], p. 337). Der Empfehlung von Knuth, im Falle von Zweierpotenzmodulen auf die niederwertigen Binärstellen zu verzichten, wird hier offensichtlich Rechnung getragen. Leicht stellen wir fest, dass die obigen Anforderungen (i), (ii) und (iii) erfüllt sind und dass daher die von diesem Generator produzierte Zahlenfolge die maximale Periodenlänge 2^k besitzt.

Ob dies auch für eine konkrete Implementierung der C-Bibliothek der Fall ist, deren Quellcode üblicherweise nicht verfügbar ist[34], kann man unter günstigen Umständen mit Hilfe des folgenden Algorithmus von R. P. Brent testen. Der Brent-Algorithmus bestimmt die Periodenlänge λ einer Folge, die durch die Rekursion $X_{i+1} = F(X_i)$ auf einer Wertemenge D mittels einer Generatorfunktion $F: D \to D$ und einem Startwert $X_0 \in D$ berechnet wird. Benötigt werden dazu höchstens $2 \cdot \max\{\mu, \lambda\} + \lambda$ Berechnungen der Funktion F (vgl. [HKW], IV.2):

Algorithmus von BRENT zur Bestimmung der Periodenlänge λ einer durch $X_0, X_{i+1} = F(X_i)$ erzeugten Folge:

1. Setze $y \leftarrow X_0, r \leftarrow 1$ und $k \leftarrow 0$.

2. Setze $x \leftarrow y, j \leftarrow k$ und $r \leftarrow r + r$.

3. Setze $k \leftarrow k + 1$ und $y \leftarrow F(y)$; wiederhole diesen Schritt solange, bis $x = y$ oder $k \geq r$ ist.

4. Falls $x \neq y$ ist, gehe zu Schritt 2, ansonsten gebe $\lambda = k - j$ aus.

Dieses Verfahren ist jedoch nur dann erfolgreich, wenn man in Schritt 3 die wirklichen Folgenwerte $F(y)$ zu sehen bekommt und nicht wie im obigen ISO-Vorschlag nur deren höherwertigen Anteil.

---

[34] Die GNU-C-Library der Free Software Foundation und die EMX-C-Library von Eberhard Mattes sind hier exzellente Ausnahmen. Die `rand()`-Funktion der EMX-Library verwendet die Parameter $a = 69069$, $b = 5$ und $m = 2^{32}$. Der von G. Marsaglia vorgeschlagene Multiplikator $a = 69069$ liefert zusammen mit dem Modulus $m = 2^{32}$ gute statistische Ergebnisse und eine maximale Periodenlänge (vgl. [KNUT], pp. 102–104).

11 Große Zufallszahlen

Ergänzt wird dieser Zykeltest durch den so genannten *Chi²-Test* (auch χ^2-Test), der prüft, wie gut eine empirisch ermittelte Wahrscheinlichkeitsverteilung einer erwarteten theoretischen Verteilung entspricht. Der *Chi²*-Test berechnet die Statistik

$$\chi^2 = \sum_{i=1}^{t} \frac{(H(X_i) - n \cdot P(X_i))^2}{n \cdot P(X_i)}, \qquad (11.2)$$

wobei für t verschiedene Ereignisse X_i mit $H(X_i)$ die beobachtete Häufigkeit des Ereignisses X_i, mit $P(X_i)$ die Wahrscheinlichkeit für das Eintreten von X_i und mit n die Anzahl der Beobachtungen bezeichnet werden. Für den Fall, dass sich die Verteilungen entsprechen, hat die Statistik χ^2, aufgefasst als Zufallsvariable, den Erwartungswert $E(\chi^2) = t - 1$. Die Schwellenwerte, die bei vorzugebenden Fehlerwahrscheinlichkeiten zur Ablehnung der Testhypothese über die Gleichheit der Verteilungen führen, können aus Tabellen der χ^2-Verteilung für $t - 1$ Freiheitsgrade (vgl. [BOS1], Abschn. 4.1) entnommen werden.

Der *Chi²*-Test wird im Zusammenhang mit vielen empirischen Tests eingesetzt, um deren Ergebnisse auf Übereinstimmung mit den theoretisch berechneten Testverteilungen zu prüfen. Für Folgen gleichförmig verteilter (das ist unsere Testhypothese!) Zufallszahlen X_i eines Wertebereichs $W = \{0, \ldots, w-1\}$ ist der Test besonders leicht anzuwenden: Wir unterstellen, dass jeder der Werte aus W mit der gleichen Wahrscheinlichkeit $p = 1/w$ angenommen wird und erwarten daher, dass unter n Zufallszahlen X_i jeder Wert aus W etwa n/w mal auftritt (wobei wir $n > w$ annehmen). Dies soll jedoch nicht *genau* der Fall sein, denn die Wahrscheinlichkeit P_k, dass unter n Zufallszahlen X_i ein bestimmter Wert $w \in W$ k-mal angenommen wird, beträgt

$$P_k = \binom{n}{k} p^k (1-p)^{n-k} = \frac{n!}{k!(n-k)!} p^k (1-p)^{n-k}, \qquad (11.3)$$

die hierdurch angegebene Binomialverteilung hat zwar die höchsten Werte für $k \approx n/w$, die Wahrscheinlichkeiten $P_0 = (1-p)^n$ und $P_n = p^n$ sind aber nicht gleich Null. Unter der Annahme zufälligen Verhaltens erwarten wir also innerhalb der Zahlenfolge X_i Häufigkeiten h_w einzelner Werte $w \in W$ im Rahmen der Binomialverteilung. Ob dies tatsächlich zutrifft, stellt der *Chi²*-Test durch Berechnung von

$$\chi^2 = \sum_{i=0}^{w-1} \frac{(h_i - n/w)^2}{n/w} = (w/n) \cdot \sum_{i=0}^{w-1} h_i^2 - n \qquad (11.4)$$

fest. Der Test wird für einige Stichproben (Teilfolgen von X_i) wiederholt. Mittels einer groben Näherung an die χ^2-Verteilung kann abgeleitet werden, dass in den meisten Fällen das Testergebnis χ^2 im Intervall $[w - 2\sqrt{w}, w + 2\sqrt{w}]$ liegen muss, ansonsten der betrachteten Folge mangelnde Zufälligkeit zu attestieren ist. Die hierbei zugrunde gelegte Wahrscheinlichkeit eines Irrtums, dass nämlich eine tatsächlich gute Zufallsfolge aufgrund des Chi^2-Testergebnisses als „schlecht" abgelehnt wird, liegt bei etwa zwei Prozent. Achtung, der Test ist nur für genügend große Stichproben gültig: Es muss mindestens $n = 5w$ sein (vgl. [BOS2], Abschn. 6.1), größere Stichproben sind vorzuziehen.

Der oben betrachtete, als Beispiel im ISO-C-Standard angegebene lineare Kongruenzengenerator besteht diesen einfachen Test ebenso wie diejenigen, die wir im Folgenden für das FLINT/C-Paket implementieren werden.

Nach diesem kleinen Ausflug in die Statistik ist darauf hinzuweisen, dass sich zu den statistischen Anforderungen an Zufallsfolgen je nach Einsatzgebiet noch weitere gesellen: Zufallsfolgen, die für kryptographische Zwecke eingesetzt werden sollen, dürfen ohne die Kenntnis zusätzlicher, geheimzuhaltender Information in keine Richtung vorhersagbar oder aus wenigen Vertretern wiederherstellbar sein, um Angreifern nicht eine Möglichkeit zur Rekonstruktion etwa hiermit erzeugter kryptographischer Schlüssel oder Schlüsselströme zu bieten. Ein Zufallszahlengenerator, der hinsichtlich solcher Eigenschaften sehr gut untersucht wurde, ist der BBS-Bitgenerator nach L. Blum, M. Blum und M. Shub, der auf Ergebnissen der Komplexitätstheorie beruht. Wir wollen das Verfahren nun beschreiben und weiter unten auch implementieren, allerdings ohne die theoretischen Details auszubreiten, hierzu sei auf [BLUM] oder [HKW], Kap. IV und VI.5 verwiesen.

Wir benötigen zwei Primzahlen p, $q \equiv 3 \bmod 4$, die wir zu einem Modulus n multiplizieren, sowie einen zu n teilerfremden Wert X. Aus $X_0 := X^2 \bmod n$ erhalten wir den Startwert X_0 für eine Zahlenfolge, die wir durch fortwährende Quadrierung modulo n berechnen:

$$X_{i+1} = X_i^2 \bmod n .$$

Als Zufallswerte entnehmen wir jedem Wert X_i das niedrigstwertige Bit.

Eine aus so gewonnenen Binärstellen gebildete Zufallsfolge ist im kryptographischen Sinne sicher: Die Vorhersage weiterer Binärstellen aus solchen, die bereits berechnet wurden, ist nur dann möglich, wenn die Faktoren p und q des Modulus bekannt sind. Hält man diese geheim, so muss der Modulus n faktorisiert werden, um aus einer BBS-Zufallsfolge weitere Bits mit einer Trefferwahrscheinlichkeit von mehr als ½ vorherzusagen oder unbekannte Teile der Folge zu rekonstruieren. Die Sicherheit des BBS-Generators beruht somit auf dem gleichen Prinzip wie die des RSA-Verfahrens. Der Preis für das hieraus ableitbare Vertrauen in die Qualitäten des BBS-Generators liegt in der aufwendigen Berechnung der Zufallsbits – für jedes Bit ist eine Quadrierung modulo einer großen Zahl erforderlich, was sich deutlich in einem hohen Rechenzeitbedarf für größere Zufallsfolgen niederschlägt. Bei der Entwicklung kleinerer Folgen von Zufallsbits, etwa für die Erzeugung einzelner kryptographischer Schlüssel, fällt dies jedoch kaum ins Gewicht. Hier zählt einzig und allein die Sicherheit, in deren Bewertung allerdings auch das Verfahren zur Gewinnung von Startwerten einzubeziehen ist. Da auch der BBS-Generator ein deterministisches Verfahren ist, kann „frischer Zufall" nur durch auf geeignete Weise gewonnene Startwerte einbezogen werden. In Frage kommen hierzu Datum und Zeit, Systemstatistiken wie die Anzahl von Clockticks für Prozesse, oder Messungen externer Ereignisse wie die Zeiten zwischen den Tastendrücken oder Mausclicks von Benutzern und einige weitere, die vorteilhafterweise zu einem Mix miteinander kombiniert werden (für weitere Hinweise zur Gewinnung von Startwerten vgl. [EAST] und [MATT])[35].

Wir wenden uns nun dem eigentlichen Anliegen dieses Kapitels zu und versorgen uns aus dem bereitgestellten Fundus mit zwei Quellen zur Erzeugung von Zufallszahlen im CLINT-Zahlformat. Als Ausgangspunkt beispielsweise für die Erzeugung von Primzahlen möchten wir große Zahlen mit vorgegebener Anzahl von Binärstellen erzeugen können; dazu soll das höchstwertige Bit auf 1 gesetzt werden, alle anderen Stellen sollen zufällig erzeugt werden.

Zunächst konstruieren wir einen linearen Kongruenzengenerator, aus dessen Folgenwerten wir die Stellen von CLINT-Zufallszahlen gewinnen wollen. Die Parameter $a = 6364136223846793005$ und $m = 2^{64}$ für unseren Generator entnehmen wir der Tabelle mit Ergebnissen des Spektraltests bei Knuth (vgl. [KNUT], S. 102–104). Die damit erzeugte Folge $X_{i+1} = X_i \cdot a + 1 \bmod m$ besitzt eine maximale Periodenlänge $\lambda = m$ und gute statistische Eigenschaften, worauf die in der Tabelle angegebenen Testergebnisse schließen lassen. Der Generator ist in der folgenden Funktion rand64_l() implementiert. Bei jedem Aufruf von rand64_l() wird der nächste Folgenwert berechnet und in dem globalen, als static definierten CLINT-Objekt SEED64 gespeichert; der Parameter a ist in der globalen Variablen A64 gespeichert. Die Funktion gibt einen Zeiger auf SEED64 zurück:

Funktion: Linearer Kongruenzengenerator mit Periodenlänge 2^{64}

Syntax: clint * rand64_l (void);

Rückgabe: Zeiger auf SEED64 mit berechneter Zufallszahl

```
clint *
rand64_l (void)
{
  mul_l (SEED64, A64, SEED64);
  inc_l (SEED64);
```

Die Reduktion modulo 2^{64} erfolgt nun einfach durch das Setzen des Längenfeldes von SEED64 und kostet fast keine Rechenzeit:

---

[35] Für hochgradig sensitive Anwendungen ist die Erzeugung von Startwerten oder ganzer Zufallsfolgen aus *echten* Zufallszahlen mittels geeigneter Hardware-Komponenten in jedem Falle vorzuziehen.

```
    SETDIGITS_L (SEED64, MIN (DIGITS_L (SEED64), 4));
    return ((clint *)SEED64);
}
```

Als Nächstes benötigen wir eine Funktion zum Setzen von Startwerten für `rand64_l()`. Diese Funktion heißt `seed64_l()` und akzeptiert ein CLINT-Objekt als Eingabe, von dem sie maximal vier der höherwertigen Stellen als Startwert in SEED64 übernimmt. Der vorherige Wert von SEED64 wird in das statische CLINT-Objekt BUFF64 kopiert und es wird ein Zeiger auf BUFF64 zurückgegeben:

Funktion:	Setzen eines Startwertes für `rand64_l()`
Syntax:	`clint * seed64_l (CLINT seed_l);`
Eingabe:	`seed_l` (Startwert)
Rückgabe:	Zeiger auf BUFF64 mit vorherigem Wert von SEED64

```
clint *
seed64_l (CLINT seed_l)
{
  int i;

  cpy_l (BUFF64, SEED64);
  for (i = 0; i <= MIN (DIGITS_L (seed_l), 4); i++)
    {
       SEED64[i] = seed_l[i];
    }
  return BUFF64;
}
```

Die folgende Variante der Funktion `seed64_l()` akzeptiert Startwerte vom Typ ULONG:

Funktion:	Setzen eines Startwertes für `rand64_l()`
Syntax:	`clint * ulseed64_l (ULONG seed);`
Eingabe:	`seed` (Startwert)
Rückgabe:	Zeiger auf BUFF64 mit vorherigem Wert von SEED64

```
clint *
ulseed64_l (ULONG seed)
{
  cpy_l (BUFF64, SEED64);
  ul2clint_l (SEED64, seed);
```

11 Große Zufallszahlen

```
    return BUFF64;
}
```

Die nächste Funktion gibt Zufallszahlen des Typs ULONG zurück. Alle Zahlen werden mittels Aufrufen von rand64_l() erzeugt, dabei werden die höchstwertigen Stellen von SEED64 entsprechend dem gefragten Typ verwendet:

Funktion:	Erzeugung einer Zufallszahl vom Typ unsigned long
Syntax:	unsigned long ulrand64_l (void);
Rückgabe:	Zufallszahl vom Typ unsigned long

```
ULONG
ulrand64_l (void)
{
  ULONG val;
  USHORT l;
  rand64_l();
  l = DIGITS_L (SEED64);
  switch (l)
    {
    case 4:
    case 3:
    case 2:
      val = (ULONG)SEED64[l-1];
      val += ((ULONG)SEED64[l] << BITPERDGT);
      break;
    case 1:
      val = (ULONG)SEED64[l];
      break;
    default:
      val = 0;
    }
  return val;
}
```

Das FLINT/C-Paket enthält dazu noch die Funktionen ucrand64_l(void) und usrand64_l(void), die Zufallszahlen vom Typ UCHAR bzw. USHORT erzeugen, auf deren Darstellung wir jedoch hier verzichten wollen. Es folgt nun die Funktion rand_l(), die große Zufallszahlen vom CLINT-Typ mit anzugebender Anzahl von Binärstellen erzeugt:

Funktion:	Erzeugung einer Zufallszahl vom Typ CLINT
Syntax:	`void rand_l (CLINT r_l, int l);`
Eingabe:	l (Anzahl der Binärstellen der zu erzeugenden Zahl)
Ausgabe:	r_l (Zufallszahl im Intervall $2^{l-1} \leq$ r_l $\leq 2^l - 1$)

```
void
rand_l (CLINT r_l, int l)
{
  USHORT i, j, ls, lr;
```

Die angeforderte Binärstellenzahl `l` wird zunächst auf den maximal für CLINT-Objekte zulässigen Wert begrenzt. Danach werden die Anzahl `ls` der benötigten USHORT-Stellen und die Position `lr` der höchstwertigen Binärstelle der höchstwertigen USHORT-Stelle bestimmt:

```
  l = MIN (l, CLINTMAXBIT);
  ls = (USHORT)l >> LDBITPERDGT;
  lr = (USHORT)l & (BITPERDGT - 1UL);
```

Nun werden die Stellen von `r_l` erzeugt durch mehrfachen Aufruf der Funktion `usrand64_l()`. Die niederwertigen Binärstellen von SEED64 werden somit nicht zur Bildung von CLINT-Stellen herangezogen.

```
  for (i = 1; i <= ls; i++)
    {
      r_l[i] = usrand64_l ();
    }
```

Es folgt nun die genaue Konfektionierung von `r_l` durch Setzen des höchstwertigen Bit: Falls `lr > 0` ist, wird das Bit in der Position `lr - 1` der `ls + 1`-ten USHORT-Stelle zu 1 und die höherwertigen Bits zu 0 gesetzt. Falls `lr == 0` ist, wird das höchstwertige Bit der USHORT-Stelle `ls` zu 1 gesetzt:

```
  if (lr > 0)
    {
      r_l[++ls] = usrand64_l ();
      j = 1U << (lr - 1);                        /* j <- 2^(lr - 1) */
      r_l[ls] = (r_l[ls] | j) & ((j << 1) - 1);
    }
  else
    {
      r_l[ls] |= BASEDIV2;
    }
  SETDIGITS_L (r_l, ls);
}
```

Zum Abschluss des Kapitels wird nun der BBS-Generator implementiert. Dazu bestimmen wir mit Hilfe der Funktion `prime_l()` Primzahlen $p \equiv q \equiv 3 \bmod 4$, beide mit etwa gleich vielen Binärstellen (dies führt mit dazu, dass der Modulus möglichst schwer zu faktorisieren ist, wovon die kryptographische Sicherheit des BBS-Generators abhängt, vgl. S. 299), und bilden einen Modulus $n = pq$. Ein solcher Modulus mit 2048 Binärstellen ist im FLINT/C-Paket enthalten, allerdings ohne die zugehörigen Faktoren (die sind nur dem Autor bekannt ;-)).

Die als `static` deklarierten Variablen XBBS und MODBBS nehmen die Glieder der Folge X_i und den Modulus n auf. Die Funktion `randbit()` berechnet hieraus jeweils ein Zufallsbit:

Funktion:	Pseudozufallszahlengenerator nach Blum-Blum-Shub
Syntax:	`int randbit_l (void);`
Rückgabe:	Wert aus $\{0, 1\}$

```
static CLINT XBBS, MODBBS;
static const char *MODBBSSTR = "81aa5c..."; /* Modulus als Zeichenkette */

int
randbit_l (void)
{
  msqr_l (XBBS, XBBS, MODBBS);
```

Ausgabe des niedrigstwertigen Bit von XBBS:

```
  return (*LSDPTR_L (XBBS) & 1);
}
```

Die Initialisierung des BBS-Generators erfolgt mittels der Funktion `seedBBS_l()`:

Funktion:	Setzen eines Startwertes für `randbit_l()` und `randBBS_l()`
Syntax:	`int seedBBS_l (CLINT seed_l);`
Eingabe:	seed_l (Startwert)

```
int
seedBBS_l (CLINT seed_l)
{
  CLINT gcd_l;
  str2clint_l (MODBBS, (char *)MODBBSSTR, 16);
  gcd_l (seed_l, MODBBS, gcd_l);
  if (!EQONE_L (gcd_l))
    {
```

```
    {
      return -1;
    }

  msqr_l (seed_l, XBBS, MODBBS);
  return 0;
}
```

Die folgende Funktion `ulrandBBS_l()`, die ebenfalls Zufallszahlen vom Typ ULONG erzeugt, ist das Analogon zur Funktion `ulrand64_l()`:

Funktion:	Erzeugung einer Zufallszahl vom Typ `unsigned long`
Syntax:	`unsigned long ulrandBBS_l (void);`
Rückgabe:	Zufallszahl vom Typ `unsigned long`

```
ULONG
ulrandBBS_l (void)
{
  ULONG i, r = 0;

  for (i = 0; i < (sizeof(ULONG) << 3); i++)
    {
      r = (r << 1) + randbit_l();
    }

  return r;
}
```

Uns fehlt nun noch die Funktion `randBBS_l(CLINT r_l, int l)`, welche Zufallszahlen r_l mit genau l Binärstellen r_l im Intervall $2^{l-1} \leq r\_l \leq 2^l - 1$ erzeugt. Da diese jedoch weitestgehend der Funktion `rand_l()` entspricht, wird auf ihre Darstellung verzichtet. Natürlich ist diese Funktion im FLINT/C-Paket enthalten.

12 Testen: Münchhausen lässt grüßen

> *Und wir wären rettungslos verloren gewesen, wenn ich mich nicht, ohne mich lange zu besinnen, mit der eignen Hand am eignen Haarzopf aus dem Sumpf herausgezogen hätte!*
>
> ERICH KÄSTNER: Münchhausen

> *Don't blame the Compiler.*
>
> DAVID A. SPULER: C++ und C Debugging, Testing and Code Reliability

Hinweise zum Testen einzelner Funktionen hat es vereinzelt bereits in den vergangenen Kapiteln gegeben. Ohne eine Qualitätssicherung mit aussagekräftigen Tests würde die geleistete Arbeit entwertet, denn worauf sonst wollten wir das Vertrauen in die Zuverlässigkeit unserer Funktionen gründen? Diesem wichtigen Thema wollen wir uns hier also vollends zuwenden und stellen uns dazu zwei Fragen, die jeden Softwareentwickler bewegen sollten:

- Wie können wir sicher sein, dass sich Softwarefunktionen ihren Spezifikationen gemäß verhalten, was in unserem Falle in erster Linie bedeutet, dass sie mathematisch korrekt rechnen?

- Wie können wir erreichen, dass die Software stabil und zuverlässig funktioniert?

Obwohl diese beiden Fragen miteinander zu tun haben, betreffen sie durchaus unterschiedliche Problembereiche. Eine Funktion kann mathematisch fehlerhaft sein, etwa weil der zugrunde liegende Algorithmus falsch implementiert wurde, sie kann diesen Fehler jedoch stabil reproduzieren und zu konstanter Eingabe zuverlässig stets dieselbe falsche Ausgabe berechnen. Andererseits können bei Funktionen, die mathematisch scheinbar korrekte Ergebnisse liefern, andere Arten von Fehlern, wie zum Beispiel eine Überschreitung von Vektor-Grenzen oder die Verwendung nicht korrekt initialisierter Variablen, undefiniertes Verhalten bewirken, das möglicherweise nur aufgrund günstiger (oder besser ungünstiger!) Bedingungen beim Testen unentdeckt bleibt.

Wir müssen uns also um beide Aspekte kümmern und Entwicklungs- und Testmethoden einsetzen, die uns hinreichend viel Vertrauen sowohl in die Korrektheit als auch in die Zuverlässigkeit unserer Programme geben können. Über die Bedeutung und die Konsequenzen dieser weit reichenden Anforderung für den gesamten Software-Erstellungsprozess existieren zahlreiche Publikationen, die sich intensiv mit der Qualität von Software auseinander setzen. Die angemessene Beachtung dieses Themas findet nicht zuletzt ihren Ausdruck im international zunehmenden Trend zur Umsetzung des ISO 9000-Standards in der Softwareproduktion. In diesem Zusammenhang wird auch nicht mehr nur einfach vom „Testen" oder von der „Qualitätssicherung" von Software gesprochen, sondern es wurden Begriffe wie das „Qualitätsmanagement" oder „Total Quality Management" eingeführt, die sicherlich zum Teil aus einem wirkungsvollen Marketing heraus entstanden sind, die insbesondere jedoch das berechtigte Anliegen betonen, den Prozess der Softwareerstellung insgesamt in all seinen Facetten qualitativ zu erfassen und zu verbessern. Der häufig verwendete Ausdruck des „Software-Engineering" kann nicht darüber hinwegtäuschen, dass dieser Prozess heute hinsichtlich der Vorhersagbarkeit und Präzision der Ergebnisse in der Regel kaum mit den klassischen Ingenieurdisziplinen mithalten kann.

Die Situation wird treffend durch den folgenden Witz charakterisiert: Ein Maschinenbauingenieur, ein Elektroingenieur und ein Softwareingenieur wollen gemeinsam in einem Auto verreisen, das jedoch nicht anspringen will. Der Maschinenbauingenieur stellt fest: „Das liegt bestimmt am Motor, die Einspritzdüse wird verstopft sein!"; der Elektroingenieur hingegen vermutet: „Das liegt sicher an der Elektronik, die Zündanlage wird versagt haben!" Der Softwareingenieur schlägt indes Folgendes vor: „Wir wollen alle aus- und noch einmal einsteigen, vielleicht geht es dann."

Ohne diese vielschichtige Diskussion hier weiterführen zu wollen, greifen wir aus dem großen Angebot an Möglichkeiten einige heraus, die bei der Erstellung und beim Testen des FLINT/C-Pakets eingesetzt wurden. Dabei wurden vor allem folgende Referenzen herangezogen, die sich nicht in abstrakten Betrachtungen und Vorgaben erschöpfen, sondern vielmehr konkrete Hilfestellungen zur Lösung konkreter Probleme vermitteln, ohne dabei die Gesamtproblematik aus den Augen zu verlieren[36]. Jedes dieser Bücher enthält darüber hinaus zahlreiche Hinweise auf weitere wichtige Literatur zum Thema:

[DENE] ist ein Standard-Werk, das sich mit dem gesamten Prozess der Software-Erstellung auseinander setzt. Das Buch enthält viele methodische Hinweise, die sich an praktischen Erfahrungen des Autors orientieren und mit anschaulichen Beispielen versehen sind. Das Thema „Testen" wird im Zusammenhang mit den verschiedenen Phasen der Programmierung und der Systemintegration mehrfach aufgegriffen, wobei die begrifflichen und methodischen Grundlagen ebenso vermittelt werden wie die praktischen Gesichtspunkte, die anhand eines durchgängig behandelten Beispielprojekts erläutert werden.

---

[36] Die hier genannten Titel stellen eine persönliche, subjektive Auswahl des Autors dar. Darüber hinaus gibt es zahlreiche Bücher und Publikationen, die es sicherlich ebenso verdienen würden, hier genannt zu werden, die jedoch aus Zeit- und Platzgründen nicht berücksichtigt werden konnten.

[HARB] enthält eine vollständige Beschreibung der Programmiersprache C einschließlich der C-Standardbibliothek und gibt viele wertvolle Hinweise und Kommentare zu den Festlegungen des ISO-Standards. Ein unentbehrliches Nachschlagewerk und eine Referenz in allen Zweifelsfällen.

[HATT] setzt sich detailliert mit der Erstellung sicherheitskritischer[37] Software-Systeme in C auseinander. An konkreten Beispielen und Statistiken werden typische Erfahrungen und Fehlerquellen aufgezeigt, von den letzteren insbesondere C einige zu bieten hat, und es werden umfassende methodische Hinweise vermittelt, deren Beachtung insgesamt dazu beitragen wird, das Vertrauen in Software-Produkte zu stärken.

[LIND] ist ein exzellentes, humorvolles Buch, das ein tiefes Verständnis der Programmiersprache C offenbart, und der Autor versteht es, dieses dem Leser oder der Leserin auch zu vermitteln. Viele der angesprochenen Themen können mit dem Untertitel „Hätten Sie's gewusst?" versehen werden, und nur wenige Leser oder Leserinnen werden – Hand aufs Herz – diese Frage stets mit „Ja" beantworten können.

[MAGU] setzt sich mit dem Design von Subsystemen auseinander und ist daher für unser Thema besonders interessant. Dabei werden die Auslegung von Schnittstellen und Prinzipien beim Umgang von Funktionen mit Eingabeparametern diskutiert und es werden die Unterschiede zwischen „risikobehafteter" und „risikovermeidender" Programmierung herausgearbeitet. Der wirkungsvolle Einsatz von *Assertions* (vgl. Seite 136) als Testhilfe und zur Vermeidung undefinierter Programmzustände ist ein weiterer Schwerpunkt dieses Buches.

[MURP] enthält eine Reihe von Testwerkzeugen, die mit wenig zusätzlichem Aufwand zum Testen von Programmen eingesetzt werden können und dabei unmittelbar nutzbringend sind. Unter anderen sind auf einer beiliegenden Diskette Bibliotheken zum Einsatz von *Assertions*, zum Testen der Verarbeitung dynamischer Speicherobjekte, sowie zur Ermittlung des Überdeckungsgrades von Tests enthalten, die auch zum Testen der FLINT/C-Funktionen herangezogen wurden.

[SPUL] bietet eine umfangreiche Übersicht über Methoden und Werkzeuge zum Testen von Programmen in den Sprachen C und C++ und gibt zahlreiche Hinweise zu deren Verwendung. Das Buch enthält einen ausführlichen Überblick über C/C++-typische Programmierfehler und erläutert die Techniken zu deren Erkennung und Behebung.

---

[37] Der englische Begriff „safety-critical" ist hier sicherlich treffender.

12.1 Statische Analyse

Die methodischen Ansätze zum Testen lassen sich in die beiden Kategorien „statische Analyse" und „dynamische Tests" einteilen. In die erstere Kategorie fallen Codeinspektionen, wobei der Quellcode sorgfältig in Augenschein genommen und Zeile für Zeile auf Abweichungen von der Feinspezifikation (in unserem Fall sind dies die ausgewählten Algorithmen), auf gedankliche Fehler, auf Verletzungen von Programmierrichtlinien oder Style-Guides, auf zweifelhafte Konstruktionen, auf die Präsenz überflüssiger Codesequenzen etc. geprüft wird.

Codeinspektionen werden unterstützt durch den Einsatz von Analyse-Werkzeugen vom Typ des aus der UNIX-Welt bekannten `lint`, die einen großen Teil der mühevollen Arbeit automatisieren. Ursprünglich war es einer der wichtigsten Anwendungszwecke des `lint`, früher bestehende Defizite von C bei der Konsistenzprüfung von Parametern auszubügeln, die an Funktionen in getrennt kompilierten Modulen übergeben wurden. Mittlerweile gibt es komfortablere Produkte als den klassischen `lint`, die in der Lage sind, eine enorme Bandbreite von potentiellen Mängeln im Programmcode zu entdecken, von denen die syntaktischen Fehler, die eine Übersetzung durch einen Compiler definitiv verhindern, nur eine kleine Teilmenge darstellen. Beispiele für die Problembereiche, die durch statische Analyse aufgedeckt werden können, sind

- Syntaxfehler,
- Fehlende oder inkonsistente Funktionsprototypen,
- Inkonsistenzen bei der Übergabe von Argumenten an Funktionen,
- Zuweisung oder Verknüpfung inkompatibler Typen,
- Verwendung nicht initialisierter Variablen,
- Nicht portable Konstruktionen,
- Unübliche oder unplausible Verwendung bestimmter Sprachkonstrukte,
- Unerreichbare Codesequenzen und viele weitere.

Als Voraussetzung für eine stringente Typenprüfung durch Werkzeuge ist die Verwendung von Prototypen für Funktionen ein kategorischer Imperativ. Mit Hilfe von Prototypen sind ISO-konforme C-Compiler in der Lage, modulübergreifend die Typen der an Funktionen übergebenen Argumente zu prüfen und Abweichungen zu melden. Viele Compiler können auch noch darüber hinaus zur Analyse von Quellcode eingesetzt werden, da sie einen großen Teil an Problemen erkennen, wenn die entsprechenden Warning-Levels eingeschaltet sind. Der C/C++-Compiler `gcc` des GNU-Projekts der Free Software Foundation beispielsweise besitzt überdurchschnittliche Analysefunktionen, die über die Optionen `-Wall -ansi` und `-pedantic` aktiviert werden können[38].

---

[38] Der Compiler ist mit den verschiedenen Linux-Distributionen erhältlich oder auch unter `http://www.leo.org`

12.1 Statische Analyse

Für das statische Testen bei der Erstellung der FLINT/C-Funktionen wurden neben einer Reihe verschiedener Compiler (vgl. S. 8) vor allem die Produkte PC-lint von Gimpel Software (Version 7.5, vgl. [GIMP]) und LCLint des Massachussettes Institute of Technology (Version 2.4, vgl. [EVAN]) eingesetzt[39]. PC-lint hat sich als ein sehr nützliches Werkzeug zum Testen sowohl von C- als auch von C++-Programmen präsentiert, das rund 2000 Einzeldiagnosen kennt und über Mechanismen verfügt, die in eingeschränktem Maße die zur Laufzeit stattfindende Wertebelegung von automatischen Variablen aus dem Code ableiten und in die Diagnose mit einbeziehen. Auf diese Weise konnten manche Probleme, wie beispielsweise die Verletzung von Vektor-Grenzen, die – falls überhaupt – üblicherweise erst zur Laufzeit erkannt werden (dann hoffentlich noch beim Testen und nicht erst im Betrieb), bereits durch die statische Analyse aufgedeckt werden.

Ergänzend hierzu wurde das kostenlos verfügbare LCLint unter Linux eingesetzt. LCLint unterscheidet vier Modi (`weak`, `standard`, `check` und `strict`), mit denen jeweils bestimmte Voreinstellungen verbunden sind, und die unterschiedlich rigide Prüfungen bewirken. LCLint bietet über die typischen lint-Funktionen hinaus Möglichkeiten an, um Programme auf die Einhaltung von bestimmten Spezifikationen zu testen, die als speziell formatierte Kommentare im Quellcode angebracht werden. Auf diese Weise können Randbedingungen für die Implementierung von Funktionen und deren Aufruf formuliert und auf ihre Einhaltung überprüft werden, und es sind weiterreichende semantische Kontrollen möglich, als dies mit herkömmlichen Mitteln der Fall wäre.

Für Programme, die nicht mit Zusatzspezifikationen versehen wurden, wird der durch die Option `-weak` eingestellte Modus als Standard empfohlen. Für das erste „echte Programm" allerdings, das die Prüfung durch LCLint im Modus `-strict` fehlerfrei besteht, wird im Handbuch eine „special reward" in Aussicht gestellt.

Als Voraussetzung für einen vernünftigen Umgang mit beiden Werkzeugen hat es sich beim Testen der FLINT/C-Funktionen als zweckmäßig erwiesen, genau zu prüfen, welche Optionen genutzt werden, und entsprechende Profildateien zu erstellen, um die Werkzeuge für die individuelle Nutzung zu konfigurieren.

Nach umfangreichen Überarbeitungen des FLINT/C-Codes hat am Ende der Testphase keines der beiden Produkte mehr Warnungen gemeldet, die bei sorgfältiger Betrachtung als gravierend einzustufen wären. Hiermit verbindet sich die Hoffnung, den oben gestellten Anforderungen an die Qualität der FLINT/C-Funktionen ein Stück weit nachgekommen zu sein.

---

[39] LCLint kann aus dem Internet bezogen werden, die Adresse der LCLint-Homepage lautet
`http://www.sds.lcs.mit.edu/lclint/`
Mittels anonymous ftp kann LCLint für Linux und Windows 9x/NT von
`ftp://sds.lcs.mit.edu/pub/lclint/`
heruntergeladen werden.

12.2 Tests zur Laufzeit

Das Ziel von Laufzeit-Tests ist der Nachweis, dass ein Softwarebaustein den spezifizierten Anforderungen entspricht. Um Tests die Aussagekraft zu verleihen, die den damit verbundenen zeitlichen und wirtschaftlichen Aufwand rechtfertigt, ist an sie der gleiche Anspruch wie an wissenschaftliche Experimente zu richten: Sie müssen vollständig *dokumentiert* sein und ihre Ergebnisse müssen *reproduzierbar* und für Außenstehende *überprüfbar* sein. Dabei ist es sinnvoll, zwischen dem Testen einzelner Module und dem integrativen Systemtest zu unterscheiden, wobei die Übergänge fließend sind (vgl. [DENE], Abschn. 16.1).

Um dieses Ziel beim Testen von Modulen zu erreichen, müssen die Testfälle so konstruiert werden, dass Funktionen möglichst erschöpfend getestet werden, oder, mit anderen Worten, dass eine möglichst große *Überdeckung* der zu testenden Funktionen erreicht wird. Für die Feststellung der Testüberdeckung können verschiedene Metriken herangezogen werden. Beipielsweise wird für die so genannte *C0-Überdeckung* gemessen, welcher Anteil an Anweisungen einer Funktion oder eines Moduls durchlaufen wurde, bzw. konkret, welche Anweisungen nicht durchlaufen wurden. Aussagekräftiger als die C0-Überdeckung sind andere Maßstäbe, die den Anteil der durchlaufenen Zweige berücksichtigen (sog. *C1-Überdeckung*), oder sogar den Anteil der durchlaufenen Pfade einer Funktion. Letzteres stellt ein erheblich komplexeres Maß dar als die beiden ersteren.

Das Ziel muss es in jedem Fall sein, mit Testfällen, die das Schnittstellenverhalten der zu testenden Software vollständig gegen die Spezifikationen prüfen, eine möglichst hohe Testüberdeckung zu erreichen. Dies beinhaltet zwei Aspekte, die nur lose miteinander gekoppelt sind: Ein Testtreiber, der alle Zweige einer Funktion durchläuft, kann dabei durchaus Fehler unentdeckt lassen; andererseits sind Fälle konstruierbar, in denen alle Eigenschaften einer Funktion getestet werden, wobei dennoch Zweige der Funktion unberücksichtigt bleiben. Die Qualität eines Tests ist also in mindestens zwei Dimensionen zu messen.

Falls es zur Erreichung einer hohen Testüberdeckung nicht ausreicht, die Testfälle unter bloßer Kenntnis der Spezifikation zu erstellen, was zu so genannten *Black Box-Tests* führt, ist es erforderlich, die Details der Implementierung bei der Testfallerstellung mit zu berücksichtigen, eine Vorgehensweise, die in so genannte *White Box-Tests* mündet. Ein Beispiel, wo wir Testfälle für einen speziellen Pfad einer Funktion nur aufgrund der Spezifikation erzeugt haben, ist der Divisionsalgorithmus auf Seite 46: Zum Testen des Schrittes 5 wurden auf Seite 56 besondere Testdaten angegeben, die bewirken, dass der zugehörige Code überhaupt durchlaufen wird. Demgegenüber wird die Notwendigkeit spezieller Testdaten für die Division durch kleine Divisoren nur dann klar, wenn man berücksichtigt, dass dieser Vorgang durch einen speziellen Teil der Funktion `div_1()` abgewickelt wird. Hierbei handelt es sich um ein Implementierungsdetail, das dem Algorithmus nicht zu entnehmen ist.

In der Praxis kommen Testfälle meist aus einer Mischung von Black- und White-Box-Ansätzen zustande, die in [DENE] treffend als *Grey Box-Tests* bezeichnet werden. Dass allerdings stets eine vollständige, d. h. 100%-ige Testüberdeckung erreichbar ist, kann nicht erwartet werden, wie folgende Überlegungen beispielhaft zeigen: Angenommen, wir erzeugen Primzahlen mit dem Miller-Rabin-Test bei einer hohen Zahl an Durchläufen (z. B. 50) und einer entsprechend niedrigen Irrtumswahrscheinlichkeit ($¼^{-50} \approx 10^{-30}$, vgl. Abschn. 10.5) und testen die gefundenen Primzahlen danach mit einem weiteren, definitiven Primzahltest. Folgt der Kontrollfluss dann abhängig vom Ausgang dieses zweiten Tests dem einen oder anderen Programmzweig, so haben wir keine praktisch relevante Chance, denjenigen Zweig zu erreichen, der ausschließlich nach einem negativen Testausgang durchlaufen wird. Allerdings ist die Wahrscheinlichkeit, dass der fragliche Programmzweig im Wirkbetrieb durchlaufen wird, ebenso irrelevant, so dass man möglicherweise eher damit leben kann, auf diesen speziellen Testaspekt zu verzichten, als den Code semantisch zu verändern, um die Testmöglichkeit künstlich herzustellen. In der Praxis sind also durchaus Situationen zu erwarten, die einen Verzicht auf eine 100%-ige Testüberdeckung, nach welchem Maß auch immer, selbst unter den weißesten White Box-Bedingungen erforderlich machen.

Das Testen der arithmetischen Funktionen des FLINT/C-Pakets, das unter vorwiegend mathematischen Gesichtspunkten zu erfolgen hat, ist eine echte Herausforderung. Wie können wir feststellen, ob die Addition, Multiplikation, Division oder gar Potenzierung großer Zahlen korrekte Ergebnisse liefern? Taschenrechner können meist nur in der Größenordnung rechnen, die auch von der Standardarithmetik des C-Compiler bewältigt wird, und beide stellen nur eine sehr eingeschränkte Testhilfe dar.

Zwar besteht die Möglichkeit, für Testzwecke ein anderes verfügbares Arithmetik-Softwarepaket einzusetzen, indem man die hierfür benötigten Schnittstellen und Abbildungen der Zahlformate schafft und dann die Funktionen gegeneinander antreten lässt. Gegen eine solche Vorgehensweise sprechen jedoch zwei Gründe: Erstens ist dies unsportlich und zweitens muss man sich fragen, wieso man sich auf eine fremde Implementierung verlassen will, über die man viel weniger weiß, als über die eigene. Wir werden daher andere Möglichkeiten zum Testen nutzen und uns dazu mathematischer Strukturen und Gesetze bedienen, die ausreichend viel an Redundanz verkörpern, um Rechenfehler in der Software erkennen zu können. Entdeckten Fehlern kann man dann mit Hilfe zusätzlicher Testausgaben und moderner symbolischer Debugger zu Leibe rücken.

Wir verfolgen damit schwerpunktmäßig einen Black Box-Ansatz und wollen nun im weiteren Verlauf dieses Kapitels einen tragfähigen Testplan für die Laufzeittests erarbeiten, der im Wesentlichen die tatsächliche Vorgehensweise nachzeichnet, die zum Testen der FLINT/C-Funktionen angewendet wurde. Dabei wurde zwar das Ziel angestrebt, eine hohe C1-Überdeckung zu erreichen, allerdings wurden keine diesbezüglichen Messungen vorgenommen.

Die Liste der zu testenden Eigenschaften der FLINT/C-Funktionen ist nicht besonders lang, aber sie hat es in sich. Im Einzelnen müssen wir uns davon überzeugen, dass

- alle Rechenergebnisse korrekt über den gesamten Definitionsbereich aller Funktionen erzeugt werden,

- insbesondere Eingabewerte, für deren Verarbeitung innerhalb einer Funktion spezielle Codesequenzen vorgesehen sind, richtig verarbeitet werden,

- Überlauf und Unterlauf richtig behandelt werden, d. h., dass alle arithmetischen Operationen modulo ($N_{max}+1$) erfolgen,

- führende Nullen ohne Beeinträchtigung der Ergebnisse akzeptiert werden,

- Funktionsaufrufe im Akkumulatorbetrieb mit identischen Speicherobjekten als Argumente, wie beispielsweise in `add_l(n_1, n_1, n_1)`, korrekte Ergebnisse liefern und schließlich

- dass alle Divisionen durch 0 erkannt und entsprechende Fehlermeldungen erzeugt werden.

Für die Abarbeitung dieser Liste werden viele einzelne Testfunktionen benötigt, welche die zu testenden FLINT/C-Operationen aufrufen und deren Ergebnisse kontrollieren. Die Testfunktionen werden in Testmodulen zusammengefasst und selbst einzeln getestet, bevor sie auf die FLINT/C-Funktionen losgelassen werden. Zum Testen der Testfunktionen sollten die gleichen Maßstäbe und dieselben Mittel zur statischen Analyse wie für die FLINT/C-Funktionen herangezogen werden, und die Testfunktionen sollten weiterhin mindestens stichprobenartig mit Hilfe eines symbolischen Debuggers im Einzelschrittverfahren durchlaufen werden, um zu kontrollieren, ob sie auch das Richtige testen. Um festzustellen, ob die Testfunktionen auf Fehler tatsächlich ansprechen, ist es hilfreich, in die Arithmetikfunktionen Fehler, die zu falschen Ergebnissen führen, gezielt einzubauen (und diese Fehler dann nach der Testphase rückstandsfrei zu entfernen!).

Da wir nicht alle Werte des Definitionsbereichs für `CLINT`-Objekte testen können, benötigen wir neben fest vorzugebenden Testwerten zufällig erzeugte Eingabewerte, die sich gleichmäßig über den Definitionsbereich [0, N_{max}] verteilen. Hierzu verwenden wir unsere Funktion `rand_l(r_l, bitlen)`, wobei wir die in der Variablen `bitlen` vorzugebende Anzahl der Binärstellen mittels der Funktion `usrand64_l()` modulo ($MAX_2 + 1$) „zufällig" aus dem Intervall [0, MAX_2] auswählen. Der erste Anlauf zum Testen muss also den in Kapitel 11 behandelten Funktionen zur Erzeugung von Pseudozufallszahlen gelten, wobei wir unter anderem den dort beschriebenen Chi^2-Test zur Überprüfung der statistischen Güte auf die Funktionen `usrand64_l()` bzw. `usrandBBS_l()` anwenden. Zusätzlich müssen wir uns davon überzeugen, dass die Funktionen `rand_l()` und `randBBS_l()` das `CLINT`-Zahlformat ordentlich erzeugen und Zahlen exakt in der vorgegebenen Länge liefern. Diese Prüfung ist auch für alle anderen Funktionen erforderlich, die `CLINT`-Objekte ausgeben. Für die Erkennung fehlerhafter Formate von `CLINT`-Argumenten ist die Funktion `vcheck_l()` zuständig, die deshalb ebenfalls an den Anfang der Testreihe zu stellen ist.

Eine weitere Voraussetzung für die meisten Tests ist die Möglichkeit zur Feststellung der Gleichheit oder Ungleichheit und der Größenvergleich von Werten, die durch `CLINT`-Objekte dargestellt werden. Wir müssen also die Funktionen `ld_l()`, `equ_l()`, `mequ_l()` und `cmp_l()` testen. Dies kann unter Verwendung sowohl von vordefinierten als auch von zufällig erzeugten Werten erfolgen, wobei alle Fälle, Gleichheit sowie Ungleichheit mit den entsprechenden Größenrelationen, zu testen sind.

Die Eingabe fest vorzugebender Werte erfolgt zweckmäßigerweise über Zeichenketten mittels der Funktion `str2clint_l()`, oder als `unsigned`-Typ mit den Konvertierungsfunktionen `u2clint_l()` oder `ul2clint_l()`. Die zu `str2clint_l()` komplementäre Funktion `xclint2str_l()` wird für die Erzeugung von Testausgaben eingesetzt. Diese Funktionen stehen daher als Nächste auf unserer Testliste. Zum Testen der String-Funktionen nutzen wir deren komplementäre Eigenschaft und prüfen, ob ihre Hintereinanderausführung wieder die ursprüngliche Zeichenkette beziehungsweise in der umgekehrten Reihenfolge den Ausgangswert im `CLINT`-Zahlformat liefert; auf dieses Prinzip werden wir im Folgenden noch mehrfach zurückkommen.

Nun bleiben noch die dynamischen Register und deren Verwaltungsmechanismen aus Kapitel 9 zu testen, die wir generell in den Testfunktionen einsetzen wollen. Die Verwendung der Register als dynamisch allokierte Speicherbereiche unterstützt uns bei unseren Bemühungen zum Testen der FLINT/C-Funktionen, wobei wir zusätzlich eine Debug-Bibliothek für die `malloc()`-Funktionen zur Allokierung von Speicher einsetzen. Eine der typischen Funktionen solcher Pakete, von denen es sowohl frei verfügbare als auch kommerzielle Produkte gibt (vgl. [SPUL], Kap. 11), ist die Kontrolle auf die Einhaltung der Grenzen dynamisch allokierter Speicherbereiche. Unseren FLINT/C-Funktionen können wir damit beim Zugriff auf die `CLINT`-Register genau auf die Finger schauen: Jeder Übergriff auf fremdes Speichergelände wird angezeigt.

Ein typischer Mechanismus, der dieses ermöglicht, lenkt die `malloc()`-Aufrufe auf eine spezielle Testfunktion um, die die Speicheranfragen entgegennimmt, ihrerseits `malloc()` aufruft und dabei etwas mehr an Speicher allokiert, als eigentlich benötigt wird. Der Speicherblock wird in einer internen Datenstruktur registriert und es wird „rechts" und „links" um den ursprünglich angeforderten Speicherbereich ein Rahmen aus einigen wenigen Bytes eingerichtet und mit einem redundanten Muster versehen, beispielsweise abwechselnde binäre Nullen und Einsen. Danach wird ein Zeiger auf den freien Speicher innerhalb des Rahmens zurückgegeben. Ein Aufruf von `free()` erfolgt nun wiederum zuerst an die Debug-Hülle dieser Funktion. Vor der Freigabe des allokierten Blocks wird geprüft, ob der Rahmen unversehrt ist, oder ob er durch Überschreiben seiner Grenzen zerstört wurde, in welchem Fall eine entsprechende Meldung erzeugt wird, und der Speicherbereich wird aus der Registrierungsliste gestrichen. Danach erst wird tatsächlich die Funktion `free()` aufgerufen. Am Ende der Anwendung kann anhand der internen Registrierungsliste geprüft werden, ob, beziehungsweise welche, Speicherbereiche noch nicht freigegeben wurden. Die Instrumentierung des Codes zur Umlenkung der Aufrufe von `malloc()` und `free()` auf deren Debug-Hüllen erfolgt durch Makros, die üblicherweise in `#include`-Dateien definiert sind.

Für den Test der FLINT/C-Funktionen wurde das *ResTrack*-Paket aus [MURP] eingesetzt. Hierdurch konnten in einigen Fällen subtile Überschreitungen der Vektor-Grenzen von `CLINT`-Variablen aufgedeckt werden, die ansonsten möglicherweise beim Testen unerkannt geblieben wären.

Wir haben nun die grundlegenden Vorbereitungen getroffen und betrachten als Nächste die Funktionen der Grundrechenarten (vgl. Kap. 4)

> `add_l()`, `sub_l()`, `mul_l()`, `sqr_l()`, `div_l()`, `mod_l()`,
> `inc_l()`, `dec_l()`, `shl_l()`, `shr_l()` und `shift_l()`

einschließlich der Kernfunktionen

> `add()`, `sub()`, `mult()`, `umul()` und `sqr()`,

die gemischten Arithmetikfunktionen mit einem `USHORT`-Argument

> `uadd_l()`, `usub_l()`, `umul_l()`, `udiv_l()`, `umod_l()` und
> `mod2_l()`,

und schließlich die Funktionen der modularen Arithmetik (vgl. Kap. 5 und 6)

> `madd_l()`, `msub_l()`, `mmul_l()`, `msqr_l()` und die Potenzfunktionen *x*mexp*x*`_l()`.

Die Rechenregeln, die wir zum Testen dieser Funktionen heranziehen werden, ergeben sich zunächst aus den Gruppengesetzen der ganzen Zahlen, die bereits in Kapitel 5 für Restklassenringe $\mathbb{Z}_n$ aufgeführt wurden. Die für die natürlichen Zahlen zutreffenden Regeln werden hier noch einmal zusammengestellt, wobei wir überall dort eine Testmöglichkeit finden, wo ein Gleichheitszeichen zwischen zwei Ausdrücken steht:

	Addition	*Multiplikation*
Neutrales Element	$a + 0 = a$	$a \cdot 1 = a$
Kommutativgesetz	$a + b = b + a$	$a \cdot b = b \cdot a$
Assoziativgesetz	$(a+b)+c = a+(b+c)$	$(a \cdot b) \cdot c = a \cdot (b \cdot c)$

Tab. 17: Gruppengesetze der ganzen Zahlen als Testhilfen

12.2 Tests zur Laufzeit

Addition und Multiplikation lassen sich durch Anwendung der Definition

$$ka := \sum_{i=1}^{k} a$$

zumindest für kleine k gegeneinander testen. Weitere testbare Zusammenhänge sind das Distributivgesetz und die 1. Binomische Formel:

Distributivgesetz $a \cdot (b + c) = a \cdot b + a \cdot c$

Binomische Formel $(a + b)^2 = a^2 + 2ab + b^2$

Aus den Kürzungsregeln für Addition und Multiplikation ergeben sich die folgenden Testmöglichkeiten für Addition und Subtraktion sowie Multiplikation und Division

$$a + b = c \Rightarrow c - a = b \text{ und } c - b = a$$

und

$$a \cdot b = c \Rightarrow c/a = b \text{ und } c/b = a .$$

Die Division mit Rest kann gegen die Multiplikation und Addition getestet werden, indem für einen Dividenden a und Divisor b mittels der Divisionsfunktion zuerst der Quotient q und Rest r berechnet werden und danach mittels Multiplikation und Addition geprüft wird, ob

$$a = b \cdot q + r$$

gilt.

Zum Testen der modularen Potenzierung gegen die Multiplikation wird wieder für kleine k auf die Definition zurückgegriffen:

$$a^k := \prod_{i=1}^{k} a$$

Hieraus ergeben sich die Potenzregeln (vgl. Kap. 1)

$$a^{rs} = (a^r)^s$$

$$a^{r+s} = a^r \cdot a^s ,$$

die ebenfalls eine Grundlage zum Testen der Potenzierung unter Einbeziehung von Multiplikation und Addition sind.

Zusätzlich zu den auf diesen und weiteren Rechenregeln basierenden Tests benötigen wir spezielle Testroutinen, die die übrigen Punkte der obigen Liste überprüfen, insbesondere das Verhalten der Funktionen an den Intervallgrenzen des Definitionsbereichs von CLINT-Objekten, oder in anderen speziellen Situationen, die für einzelne Funktionen besonders kritisch sind. Einige dieser Tests sind in der FLINT/C-Testsuite enthalten, die auf der dem Buch beiliegenden CD-ROM gespeichert ist. Die Testsuite enthält folgende Module:

Modulname	Testinhalte
testrand.c	Lineare Kongruenzen-Pseudozufallszahlengenerator
testbbs.c	Blum-Blum-Shub-Pseudozufallszahlengenerator
testreg.c	Registerverwaltung
testbas.c	Basisfunktionen cpy_l(), ld_l(), equ_l(), mequ_l(), cmp_l(), u2clint_l(), ul2clint_l(), str2clint_l(), xclint2str_l()
testadd.c	Addition, einschließlich inc_l()
testsub.c	Subtraktion, einschließlich dec_l()
testmul.c	Multiplikation
testkar.c	Karatsuba-Multiplikation
testsqr.c	Quadrierung
testdiv.c	Division mit Rest
testmadd.c	Modulare Addition
testmsub.c	Modulare Subtraktion
testmmul.c	Modulare Multiplikation
testmsqr.c	Modulare Quadrierung
testmexp.c	Modulare Potenzierung
testset.c	Bit-Zugriffsfunktionen
testshft.c	Shift-Operationen
testbool.c	Boole'sche Operationen
testiroo.c	Ganzzahlige Quadratwurzel
testggt.c	Größter gemeinsamer Teiler und kleinstes gemeinsames Vielfaches

Tab. 18: FLINT/C-Testfunktionen

Auf die Tests der zahlentheoretischen Funktionen kommen wir am Ende des nun folgenden zweiten Teils zurück, wo sie besonders interessierten Leserinnen und Lesern als Übungsaufgabe gestellt werden (vgl. Kap. 17). Die Beschäftigung mit der Anwendung und der Erweiterung unserer bisher erzielten Ergebnisse innerhalb des größeren Rahmens, der von C++ zur Verfügung gestellt wird, ist hierfür Vorbereitung und Anlass gleichermaßen.

Teil 2
Arithmetik und Kryptographie in C++

Die Verwendung von Funden der menschlichen Anatomie als Verzierung bei der Konstruktion von Objekten ist in unterschiedlichen geographischen Regionen und ethnisch-anthropologischen Gruppen weit verbreitet. Das menschliche Fundstück, üblicherweise ein Knochen, wird zu einem funktionalen Teil bei der Konstruktion von Objekten. Der Knochen scheint zumindest teilweise seine eigentliche anatomische Identität durch die Bearbeitung und die Art der Verwendung zu verlieren, wird zu einem integralen Bestandteil eines Objektes und erhält so eine symbolische Bedeutung, die über seine eigene körperliche Erscheinung hinausgeht.

Erläuterung zu einem Exponat[40] des
Naturhistorischen Museums von Florenz

---

[40] Grembiule di Lama, Tibet occidentale - Spedizione De Filippi 1913–1914, Museo di Storia Naturale di Firenze, Sezione Antropologia e Etnologia.

13 Klasse, mit C++ ist alles viel einfacher...

> *... neue Modelle, die einfach und schnell gebaut sind,*
> *denn die Einzelmodelle sind bereits vorsortiert. So muß*
> *nicht lange nach den richtigen Elementen gesucht werden.*
> *Da stellt sich dann schnell das Erfolgserlebnis ein.*
>
> Lego-Katalog

Die seit 1979 von Bjarne Stroustrup bei den Bell Laboratories entwickelte Programmiersprache C++ ist eine Erweiterung von C, die sich anschickt, die Entwicklung von Software zu dominieren. C++ unterstützt die Prinzipien der objektorientierten Programmierung, die davon ausgeht, dass Programme, oder besser Prozesse, aus einer Menge von Objekten zusammengesetzt werden, die über Schnittstellen interagieren, d. h. Nachrichten austauschen beziehungsweise bestimmte Befehle von außen akzeptieren und als Aufgabe bearbeiten. Dabei ist die *Methode*, mit der ein Objekt eine Aufgabe bearbeitet, dessen interne Angelegenheit, das Objekt „entscheidet" hierüber autonom. Die Datenstrukturen und Funktionen, welche die internen Zustände eines Objekts repräsentieren und Übergänge zwischen Zuständen bewirken, sind Privatsache des Objekts und sollten von außen nicht erkennbar sein. Dieses als *Information-Hiding* bezeichnete Prinzip hilft den Entwicklern, sich auf die Aufgaben zu konzentrieren, die ein Objekt innerhalb eines Programms zu erfüllen hat, ohne dass der Blick hierauf durch implementatorische Details verstellt wird (das „was" steht im Vordergrund der Betrachtung, nicht das „wie").

Die Baupläne für das Innenleben von Objekten, die die gesamte Information über den Aufbau aus Datenstrukturen und Funktionen enthalten, sind die so genannten *Klassen*. Durch sie werden insbesondere die externen Schnittstellen von Objekten festgelegt, die für deren Rollenrepertoire in einem Programm entscheidend sind. Da alle Objekte einer Klasse dem gleichen Bauplan entsprechen, besitzen sie auch die gleichen Schnittstellen. Sobald sie jedoch im Programmverlauf erzeugt wurden (die Informatiker sprechen davon, dass Klassen durch Objekte *instantiiert* werden), führen sie ihr Eigenleben, sie ändern ihre internen Zustände unabhängig voneinander und führen unterschiedliche Aufgaben aus, entsprechend ihrer jeweiligen Rolle im Programm.

Die objektorientierte Programmierung propagiert die Verwendung von Klassen als Bausteine größerer Strukturen, die wiederum Klassen sein können, oder schließlich Gruppierungen von Klassen zu kompletten Programmen, so wie Autos oder Häuser aus vorgefertigten Modulen zusammengesetzt werden. Im Idealfall können Programme aus Bibliotheken bereits existierender Klassen kombiniert werden, ohne dass hierbei im nennenswerten Umfang neuer Code zu entwickeln ist, jedenfalls nicht im gleichen Maße, wie bei der konventionellen Programmentwicklung. Hierdurch wird es leichter, den Programmentwurf an der Wirklichkeit zu orientieren, die realen Abläufe zu modellieren und dabei immer weiter zu verfeinern, bis er schließlich als eine Zusammenstellung von Objekten bestimmter Klassen und deren Beziehungen zueinander vorliegt, in dem das zugrunde liegende Modell der realen Welt klar erkennbar bleibt. Diese Vorgehensweise ist uns aus vielen Lebenslagen vertraut, denn meist bedienen wir uns nicht unmittelbar der Rohstoffe, um etwas zu bauen oder zu erstellen, sondern verwenden fertige Module, über deren Zusammensetzung oder inneren Aufbau keine detaillierten Kenntnisse benötigt werden. Indem wir auf Leistungen anderer aufbauen, ist es möglich, bei beherrschbarem Aufwand immer komplexere Gebilde zu erstellen. Bei der Erstellung von Software hat sich diese natürliche Vorgehensweise bisher nicht so recht niedergeschlagen, die Software-Entwickler greifen immer wieder zu den Rohstoffen: Programme werden durch Kombination der atomaren Elemente einer Programmiersprache erstellt (diesen schöpferischen Vorgang bezeichnen wir gemeinhin als *Codierung*). Die Verwendung von Laufzeitbibliotheken wie die C-Standardbibliothek verbessert diese Situation nicht wesentlich, da die hierin enthaltenen Funktionen zu primitiv sind, um einen unmittelbaren Bezug zu einer komplexeren Anwendung herstellen zu können.

Nun weiß jeder Programmierer, dass Datenstrukturen und Funktionen, die für bestimmte Probleme passende Lösungen darstellen, für ähnliche, jedoch etwas abweichende Aufgaben nur selten ohne Modifizierung verwendbar sind. Damit reduziert sich der Vorteil, auf ausgetestete und bewährte Komponenten zurückgreifen zu können, denn jede Änderung birgt die Risiken neuer Fehler – sowohl im Design als auch bei der Programmierung.

Damit das Ziel der Wiederverwendbarkeit von Software in Form vorgefertigter Bausteine nicht an mangelnder Flexibilität scheitert, wurde unter anderem das Konzept der *Vererbung* entwickelt. Hierdurch wird es möglich, Klassen an neue Anforderungen anzupassen, ohne sie wirklich zu verändern, die notwendigen Änderungen werden stattdessen als Erweiterungsschicht dazu gepackt. Die hieraus entstehenden Objekte übernehmen zusätzlich zu ihren neuen Eigenschaften alle Eigenschaften der alten Objekte, sie erben diese gewissermaßen. Das Prinzip des *Information Hiding* bleibt hierbei gewahrt. Fehlerrisiken werden drastisch verringert und die Produktivität wird gesteigert – das ist der Stoff, aus dem die Träume sind.

C++ besitzt als objektorientierte Programmiersprache die zur Unterstützung dieser Abstraktionsprinzipien erforderlichen Mechanismen[41]. Diese verkörpern zunächst allerdings nur ein Potential, jedoch keine Garantie, im Sinne der objektorientierten Programmierung verwendet zu werden. Im Gegenteil, die Umstellung von der konventionellen zur objektorientierten Entwicklung von Software erfordert ein Umdenken in erheblichem Maße. In zweierlei Hinsicht wird dies besonders deutlich: Zum einen ist der Entwickler, um zu guten Ergebnissen zu gelangen, gezwungen, deutlich mehr an Aufwand in die Modellierungs- und Designphase zu investieren, als üblicherweise bei der herkömmlichen Vorgehensweise

---

[41] C++ ist nicht die einzige objektorientierte Sprache, andere sind Simula (die Vorläuferin aller objektorientierten Sprachen), Smalltalk, Eiffel, Oberon und Java.

geleistet wird. Zum anderen ist bei der Entwicklung und beim Testen neuer Klassen allergrößte Sorgfalt gefordert, um fehlerfreie Bausteine zu erhalten, die dann auch wirklich vielfältigen zukünftigen Verwendungszwecken standhalten können. *Information Hiding* bedeutet immer auch *Bug Hiding*, denn es widerspricht ja gerade der Idee der objektorientierten Programmierung, wenn sich der Verwender einer Klasse mit deren Interna auseinander setzen muss, um dort einen Fehler zu finden. Dazu kommt, dass Fehler, die in einer Klassenimplementierung enthalten sind, mit vererbt werden, so dass alle Unterklassen mit der gleichen „Erbkrankheit" belastet sind. Andererseits kann die Analyse von Fehlern, die innerhalb von Objekten einer Klasse auftreten, auf die Implementierung der Klasse beschränkt werden, was die Fehlersuche stark abkürzen kann.

Insgesamt ist festzustellen, dass es zwar eine starke Tendenz zur Verwendung von C++ als Programmiersprache gibt, dass jedoch die Prinzipien der objektorientierten Programmierung über das Verständnis der an sich schon komplexen Sprachelemente von C++ hinaus sehr vielschichtig und facettenreich sind und es noch eine Zeit lang dauern wird, bis diese weithin als Standardmethoden in der Softwareentwicklung eingesetzt werden.

So bezieht sich die Überschrift dieses Kapitels also keineswegs auf die objektorientierte Programmierung und die Verwendung von C++ im Allgemeinen, sondern auf die darin angebotenen Mechanismen und deren Bedeutung für unser Projekt. Sie ermöglichen es, arithmetische Operationen mit großen Zahlen so natürlich in Programmen zu formulieren, als wären es in der Programmiersprache enthaltene Standardoperationen. In den folgenden Abschnitten geht es daher nicht um eine Einführung in C++[42], sondern um die Entwicklung einer Klasse, die große natürliche Zahlen repräsentiert und die Funktionen zum Rechnen mit diesen Zahlen als abstrakte Methoden exportiert. Die (wenigen) Details der Datenstrukturen werden dabei ebenso vor dem Anwender und den Klienten der Klasse verborgen, wie die Implementierung der zahlreichen arithmetischen und zahlentheoretischen Funktionen. Doch bevor wir die Klasse verwenden können, muss sie entwickelt werden, und in diesem Zusammenhang werden wir uns allerdings mit den internen Details zu beschäftigen haben. Es wird jedoch niemanden überraschen, dass wir hierzu nicht wieder von vorne anfangen, sondern auf die im ersten Teil dieses Buches bereits geleistete Implementierungsarbeit aufsetzen und die Arithmetik-Klasse als Abstraktionsschicht oder -schale um unsere C-Bibliothek herum formen.

Unserer Arithmetik-Klasse werden wir den Namen LINT (Large INTegers) geben. Sie wird Datenstrukturen und Funktionen als Bestandteile mit dem Attribut *public* beinhalten, durch welche die äußeren Zugriffsmöglichkeiten festgelegt werden. Zugriffe auf die als *private* deklarierten Strukturen der Klasse können demgegenüber nur durch Funktionen ausgeübt werden, die entweder als *member*

---

[42] Als Standardliteratur zur Einführung in und zur Auseinandersetzung mit C++ wird auf [ELST], [STR1], [STR2], [DEIT] und [LIPP] verwiesen, um nur einige wichtige Titel zu nennen. Insbesondere [ELST] wurde als Grundlage in die Standardisierungsbemühungen der ISO einbezogen, die sich mittlerweile als Standard niedergeschlagen haben.

oder als *friend* der Klasse deklariert sind. *Member*-Funktionen der Klasse `LINT` können auf die Funktionen und Datenelemente von `LINT`-Objekten über ihre Namen zugreifen und werden zur Bedienung der externen Schnittstellen, zur Bearbeitung der Aufträge an die Klasse, sowie als Basisroutinen und Hilfsfunktionen zur Verwaltung und Bearbeitung der internen Datenstrukturen benötigt. *Member*-Funktionen der Klasse `LINT` besitzen immer ein `LINT`-Objekt als implizites linkes Argument, das nicht in ihrer Parameterliste auftaucht. *Friend*-Funktionen der Klasse gehören dieser zwar nicht an, können jedoch trotzdem auf die Interna der Klasse zugreifen. Ein implizites Argument wie die *member*-Funktionen haben *friend*-Funktionen nicht.

Objekte als Instanzen einer Klasse werden durch so genannte *Konstruktoren* erzeugt, welche die Allokierung von Speicher, die Initialisierung von Daten und andere Verwaltungsaufgaben absolvieren, bevor ein Objekt einsatzbereit ist. Wir werden einige solcher Konstruktoren benötigen, um unsere `LINT`-Objekte aus verschiedenen Zusammenhängen heraus zu erzeugen. Als Pendant zu den Konstruktoren gibt es *Destruktoren*, die dazu dienen, nicht mehr benötigte Objekte zu entfernen und die gebundenen Ressourcen freizugeben.

Die Elemente von C++, die wir für unsere Klassenentwicklung insbesondere nutzen werden, sind

- das *Überladen* von Operatoren und Funktionen und
- die gegenüber C verbesserten Möglichkeiten zur Ein- und Ausgabe.

Der Anwendung dieser beiden Prinzipien im Rahmen unserer `LINT`-Klasse sind die nachfolgenden Abschnitte gewidmet. Um einen Eindruck zu vermitteln, welche Gestalt die `LINT`-Klasse annehmen wird, zeigen wir hier einen kleinen Auszug aus ihrer Deklaration:

```
class LINT
{
  public:
    LINT (void);        // Konstruktor
    ~LINT ();           // Destruktor

    const LINT& operator= (const LINT&);
    const LINT& operator+= (const LINT&);
    const LINT& operator-= (const LINT&);
    const LINT& operator*= (const LINT&);
    const LINT& operator/= (const LINT&);
    const LINT& operator%= (const LINT&);

    const LINT gcd (const LINT&);
    const LINT lcm (const LINT&);
    const int jacobi (const LINT&);

    friend const LINT operator + (const LINT&, const LINT&);
    friend const LINT operator - (const LINT&, const LINT&);
    friend const LINT operator * (const LINT&, const LINT&);
```

13 Klasse, mit C++ ist alles viel einfacher

```
    friend const LINT operator / (const LINT&, const LINT&);
    friend const LINT operator % (const LINT&, const LINT&);

    friend const LINT mexp (const LINT&, const LINT&, const LINT&);
    friend const LINT mexp (const USHORT, const LINT&, const LINT&);
    friend const LINT mexp (const LINT&, const USHORT, const LINT&);
    friend const LINT gcd (const LINT&, const LINT&);
    friend const LINT lcm (const LINT&, const LINT&);
    friend const int jacobi (const LINT&, const LINT&);

  private:
    clint *n_l;
    int maxlen;
    int init;
    int status;
};
```

Man erkennt die typische Unterteilung in zwei Blöcke: Zunächst wird der *public*-Block mit einem Konstruktor, einem Destruktor, arithmetischen Operatoren und *member*-Funktionen sowie den *friend*-Funktionen der Klasse deklariert. Der öffentlichen Schnittstelle schließt sich ein kurzer Block privater Datenelemente der Klasse an, gekennzeichnet durch das Label *private*. Es dient der Übersichtlichkeit und gilt als guter Stil, die *public*-Schnittstelle dem *private*-Block voranzustellen und die Label *public* und *private* innerhalb einer Klassendeklaration nur jeweils einmal zu verwenden.

Die Liste der Operatoren des hier dargestellten Ausschnitts der Klassendeklaration ist bei weitem nicht vollständig, es fehlen zudem einige arithmetische Funktionen, die nicht als Operatoren darstellbar sind, sowie die meisten der zahlentheoretischen Funktionen, die wir bereits als C-Funktionen kennen. Des Weiteren sind die angekündigten Konstruktoren ebenso wenig aufgeführt, wie die Funktionen für die Ein- und Ausgabe von LINT-Objekten.

In den folgenden Parameterlisten der Operatoren und Funktionen taucht der Adressoperator „&" auf, der bewirkt, dass Objekte der Klasse LINT nicht *by value*, also elementweise, sondern *by reference*, d. h. als Zeiger auf das Objekt übergeben werden. Gleiches gilt für die Rückgabe von LINT-Objekten. Diese Anwendungsform von „&" ist in C unbekannt. Bei genauem Hinsehen ist jedoch zu erkennen, dass nur einige der *member*-Funktionen einen Zeiger auf ein LINT-Objekt zurückgeben, die meisten anderen jedoch ihre Ergebnisse *elementweise* zurückgeben. Die Grundregel, nach der dies in der einen oder anderen Weise erfolgt, ist die, dass Funktionen, die eines der an sie übergebenen Argumente verändern, dieses Ergebnis als Referenz zurückgeben können, während andere Funktionen, die ihre Argumente nicht verändern, ihr Ergebnis elementweise zurückgeben. Wir werden im weiteren Verlauf sehen, auf welche der LINT-Funktionen der eine oder der andere Fall zutrifft.

Klassen in C++ sind eine Erweiterung des komplexen Datentyps `struct` in C, und der Zugriff auf ein Element x einer Klasse erfolgt syntaktisch genau so, wie der Zugriff auf Elemente einer Struktur, und zwar durch `A.x`, wenn `A` ein Objekt und `x` ein Element der Klasse bezeichnet.

Es ist zu erkennen, dass in der Parameterliste von *member*-Funktionen ein Argument weniger aufgeführt ist, als in gleichnamigen *friend*-Funktionen, wie dies beispielsweise bei den folgenden Funktionen

```
friend LINT gcd (const LINT&, const LINT&);
```
und
```
LINT LINT::gcd (const LINT&);
```

der Fall ist. Da die Funktion `gcd()` als *member*-Funktion der Klasse `LINT` einem Objekt `A` vom Typ `LINT` angehört, muss der Aufruf von `gcd()` in der Form `A.gcd(b)` erfolgen, ohne dass `A` in der Parameterliste von `gcd()` auftaucht. Demgegenüber gehört die *friend*-Funktion `gcd()` zu keinem Objekt und besitzt daher auch kein implizites Argument.

Die obige Skizze unserer `LINT`-Klasse werden wir in den folgenden Kapiteln durcharbeiten und ergänzen, so dass wir danach über eine vollständige Implementierung der `LINT`-Klasse verfügen. Wer darüber hinaus an allgemeinen Darstellungen zu C++ interessiert ist, dem seien die Standardwerke [DEIT], [ELST], [LIPP], [STR1], [STR2] und besonders auch [MEY1] und [MEY2] empfohlen.

13.1 Not a public affair: Die Zahldarstellung in `LINT`

Die für unsere Klasse gewählte Darstellung großer Zahlen ist eine Erweiterung der im ersten Teil für C verwendeten Darstellungsweise. Von dort übernehmen wir die Anordnung der Stellen einer natürlichen Zahl als Vektor von `clint`-Werten, mit aufsteigender Wertigkeit bei zunehmenden Indizes (vgl. Kap. 2). Der hierfür benötigte Speicher wird bei der Erzeugung eines Objektes automatisch allokiert. Dies erledigen die Konstruktoren, die entweder explizit durch das Programm oder implizit vom Compiler aufgerufen werden, mittels der Allokierungsfunktion `new()`. In der Klassendeklaration benötigen wir daher einen Zeiger des Typs `clint *n_l`, dem innerhalb einer der Konstruktorfunktionen ein Zeiger auf den dort allokierten Speicher zugewiesen wird.

Als zweites Element der Zahldarstellung definieren wir die Variable `maxlen`, die nachhält, wie viel Speicher von einem Konstruktor für ein bestimmtes Objekt allokiert wurde. Durch `maxlen` wird angegeben, wie viele `clint`-Stellen ein Objekt maximal aufnehmen kann.

Darüber hinaus wollen wir feststellen können, ob ein `LINT`-Objekt initialisiert wurde, das heißt, ob ihm überhaupt ein Zahlwert zugewiesen wurde, bevor es in arithmetischen Ausdrücken rechts des Gleichheitszeichens verwendet wird. Hierzu führen wir die Integer-Variable `init` ein, die zunächst zu Null und erst bei Belegung eines Objekts mit einem Zahlwert zu Eins gesetzt wird. Wir werden unsere LINT-Funktionen und Operatoren so auslegen, dass eine Fehlermeldung erfolgt, falls der Wert eines LINT-Objektes und als Folge davon der Wert eines Ausdrucks nicht definiert ist.

Die Variable status ist streng genommen kein Element der Zahldarstellung. Sie wird verwendet, um einen Überlauf oder einen Unterlauf (vgl. S. 16) anzuzeigen, falls ein solches Ereignis bei Operationen auf LINT-Objekten aufgetreten ist. Art und Wirkungsweise der Fehlermeldungen und der Fehlerbehandlung werden in Kapitel 15 im Detail erläutert.

Die Klasse LINT definiert somit insgesamt die folgenden Elemente zur Zahldarstellung und zur Speicherung der Zustände von Objekten:

```
clint* n_l;
int init;
int maxlen;
int status;
```

Da es sich hierbei um *private*-Elemente handelt, ist ein Zugriff auf diese Klassenelemente nur durch *member*- oder *friend*-Funktionen oder Operatoren möglich. Es besteht also insbesondere keine direkte Zugriffsmöglichkeit auf die einzelnen Stellen der durch ein LINT-Objekt repräsentierten Zahl.

13.2 Konstruktoren

Konstruktoren sind Funktionen zur Erzeugung von Objekten einer Klasse. Dies kann im Falle der LINT-Klasse ohne oder mit einer Initialisierung erfolgen, wobei im ersteren Fall zwar ein Objekt erzeugt und der für die Annahme eines Zahlwertes benötigte Speicherplatz allokiert wird, dem Objekt jedoch kein Wert zugewiesen wird. Der hierfür erforderliche Konstruktor benötigt kein Argument und übernimmt damit die Rolle des *default*-Konstruktors der Klasse LINT (vgl. [STR1], Abschn. 10.4.2). Der folgende *default*-Konstruktor LINT (void) erzeugt ein LINT-Objekt, ohne diesem einen Wert zuzuweisen:

```
LINT::LINT (void)
  {
    n_l = new CLINT;
    if (NULL == n_l)
      {
          panic (E_LINT_NHP, "Konstruktor 1", 0, __LINE__);
      }
    maxlen = CLINTMAXDIGIT;
    init = 0;
    status = E_LINT_OK;
  }
```

Soll ein neu erzeugtes Objekt zusätzlich mit einem Zahlwert initialisiert werden, so muss ein passender Konstruktor aufgerufen werden, der ein LINT-Objekt erzeugt und diesem dann ein vorgegebenes Argument als Wert zuweist. Je nach Art der Argumente müssen unterschiedlich überladene Konstruktoren bereitgestellt werden. Die Klasse LINT enthält folgende Konstruktorfunktionen:

Konstruktor	Semantik: Erzeugung eines LINT-Objektes...
`LINT (void);`	... ohne Initialisierung (*default*-Konstruktor).
`LINT (const char* const, const unsigned char);`	... aus einer Zeichenkette, unter Angabe der Basis der Zahldarstellung im zweiten Argument.
`LINT (const UCHAR* const, const int)`	... aus einem Byte-Vektor, unter Angabe von dessen Länge im zweiten Argument.
`LINT (const char* const);`	... aus einer Zeichenkette, optional mit Präfix 0X für Hex-Ziffern oder 0B für Binärziffern.
`LINT (const LINT&);`	... aus einem anderen LINT-Objekt (copy-Konstruktor).
`LINT (const int);`	... aus einem Wert vom Typ char, short oder integer.
`LINT (const long int);`	... aus einem Wert vom Typ long integer.
`LINT (const UCHAR);`	... aus einem Wert vom Typ UCHAR.
`LINT (const USHORT);`	... aus einem Wert vom Typ USHORT.
`LINT (const unsigned int);`	... aus einem Wert vom Typ unsigned integer.
`LINT (const ULONG);`	... aus einem Wert vom Typ ULONG.
`LINT (const CLINT);`	... aus einem CLINT-Objekt.

Tab. 19: LINT-Konstruktoren

Wir wollen uns nun als ein weiteres Beispiel für die LINT-Konstruktoren die Funktion `LINT(const char* const)` ansehen, die ein LINT-Objekt erzeugt und ihr einen Wert zuweist, der einer Zeichenkette mit ASCII-Ziffern entnommen wird. Den in der Zeichenkette enthaltenen Ziffern kann ein Präfix vorangestellt werden, der Information über die Basis der übergebenen Zahldarstellung enthält. Ist einer Zeichenkette der Präfix 0x oder 0X vorangestellt, so werden Hex-Ziffern aus den Bereichen $\{0,1,...,9\}$ und $\{a,b,...,f\}$ bzw. $\{A,B,...,F\}$ erwartet. Ist 0b oder 0B vorangestellt, werden Binärziffern aus $\{0,1\}$ erwartet. Ist kein Präfix vorhanden, werden die Ziffern als Dezimalziffern interpretiert. Der Konstruktor verwendet die Funktion `str2clint_l()`, um die Zeichenkette in ein Objekt vom Typ CLINT umzuwandeln, aus dem dann im zweiten Schritt ein LINT-Objekt hergestellt wird:

13.2 Konstruktoren

```
LINT::LINT (const char* const str)
{
  n_l = new CLINT;
  if (NULL == n_l)                // Fehler bei new?
    {
       panic (E_LINT_NHP, "Konstruktor 4", 0, __LINE__);
    }

  if (strncmp (str, "0x", 2) == 0 || strncmp (str, "0X", 2) == 0)
    {
       int error = str2clint_l (n_l, (char*)str+2, 16);
    }
  else
    {
       if (strncmp (str, "0b", 2) == 0 || strncmp (str, "0B", 2) == 0)
         {
            error = str2clint_l (n_l, (char*)str+2, 2);
         }
       else
         {
            error = str2clint_l (n_l, (char*)str, 10);
         }
    }

  switch (error)                  // Auswertung Fehlercode
    {
       case 0:
         maxlen = CLINTMAXDIGIT;
         init = 1;
         status = E_LINT_OK;
         break;
       case E_CLINT_BOR:
         panic (E_LINT_BOR, "Konstruktor 4", 1, __LINE__);
         break;
       case E_CLINT_OFL:
         panic (E_LINT_OFL, "Konstruktor 4", 1, __LINE__);
         break;
       case E_CLINT_NPT:
         panic (E_LINT_NPT, "Konstruktor 4", 1, __LINE__);
         break;
       default:
         panic (E_LINT_ERR, "Konstruktor 4", error, __LINE__);
    }
}
```

Durch Konstruktoren wird die Initialisierung von LINT-Objekten untereinander sowie von LINT-Objekten mit Standard-Typen, Konstanten und mit Zeichenketten möglich, wie die folgenden Beispiele zeigen:

```
LINT a;
LINT eins (1);
int i = 2147483647;
LINT b (i);
LINT c (eins);
LINT d ("0x123456789abcdef0");
```

Die Konstruktorfunktionen werden explizit aufgerufen, um aus den angegebenen Argumenten Objekte vom Typ LINT zu erzeugen. Der LINT-Konstruktor, der beispielsweise unsigned long-Werte in LINT-Objekte umsetzt, wird durch die folgende Funktion verkörpert:

```
LINT::LINT (const USHORT ul)
{
  n_l = new CLINT;
  if (NULL == n_l)
    {
       panic (E_LINT_NHP, "Konstruktor 11", 0, __LINE__);
    }
  ul2clint_l (n_l, ul);
  maxlen = CLINTMAXDIGIT;
  init = 1;
  status = E_LINT_OK;
}
```

Den Konstruktoren der Klasse LINT müssen wir nun noch eine *Destruktor*-Funktion gegenüberstellen, die es ermöglicht, Objekte und insbesondere den darin gebundenen Speicher zurückzugeben. Der Compiler würde uns zwar einen *default*-Destruktor zur Verfügung stellen, dieser würde jedoch nur den Speicher freigeben, den die Elemente eines LINT-Objektes besetzen. Der durch die Konstruktoren zusätzlich allokierte Speicher würde hierdurch nicht freigegeben, und ein Speicherleck wäre die Folge. Der folgende kurze Destruktor erfüllt die wichtige Aufgabe, den von LINT-Objekten belegten Speicher freizugeben:

```
~LINT()
  {
    delete [] n_l;
  }
```

13.3 Überladene Operatoren

Als das *Überladen* von Operatoren und Funktionen wird ein mächtiger Mechanismus bezeichnet, der es gestattet, Funktionen mit einem gemeinsamen Namen, jedoch unterschiedlichen Parameterlisten zu definieren, welche verschiedene Operationen ausführen können. Der Compiler entscheidet anhand der in einem Aufruf angegebenen Parameterliste, welche Funktion tatsächlich gemeint ist. Als Voraus-

13.3 Überladene Operatoren

setzung hierfür besitzt C++ eine starke Typenprüfung, die keine Mehrdeutigkeiten oder Inkonsistenzen duldet.

Das Überladen von Operatorfunktionen ermöglicht es, anstatt Funktionen wie beispielsweise `add_l(a_l, b_l, c_l)` für die Addition von CLINT-Objekten `a_l` und `b_l` mit Ausgabe der Summe in `c_l` aufzurufen, für diese Operationen die „normale" Schreibweise `c = a + b` mit LINT-Objekten a, b und c zu verwenden, wodurch unsere Klasse nahtlos in die Programmiersprache integriert und die Lesbarkeit von Programmen deutlich verbessert wird. Für dieses Beispiel ist das Überladen sowohl des Operators „+" als auch der Zuweisung „=" erforderlich.

Insgesamt gibt es nur wenige Operatoren in C++, die nicht überladen werden können. Sogar der Operator „[]", der für Zugriffe auf Vektoren verwendet wird, kann überladen werden, beispielsweise durch eine Funktion, die zugleich prüft, ob durch den Zugriff Vektorgrenzen verletzt werden. Das Überladen von Operatoren setzt dem Unfug allerdings kaum Grenzen. Zwar können die Wirkungsweisen der Operatoren von C++ auf die Standard-Datentypen nicht verändert werden, ebenso wenig wie die vordefinierte Rangfolge der Operatoren (vgl. [STR1], Abschn. 6.2) geändert werden kann oder neue Operatoren „erfunden" werden können, aber für individuelle Klassen ist es durchaus möglich, Operatorfunktionen zu definieren, die nichts mit dem Verständnis gemein haben, das man mit den verwendeten Operatoren herkömmlicherweise verbindet. Man ist im Interesse der Wartbarkeit von Programmen gut darin beraten, sich beim Überladen von Operatoren möglichst nahe an der Bedeutung zu orientieren, die sie als Standardoperatoren in C++ besitzen, und so Verwirrung zu vermeiden.

In dem obigen Aufriss der LINT-Klasse ist zu erkennen, dass einige Operatoren als *friend* und andere als *member*-Funktion implementiert werden. Der Grund dafür ist, dass wir beispielsweise „+" oder „*" als zweistellige Operatoren verwenden wollen, die jeweils nicht nur zwei gleichberechtigte LINT-Objekte verarbeiten können, sondern zusätzlich zu einem LINT-Objekt auch einen der in C++ eingebauten Integer-Typen akzeptieren, und zwar entsprechend der Kommutativität wahlfrei als rechtes oder linkes Argument. Hierzu benötigen wir die oben erläuterten Konstruktoren, die aus Integer-Typen LINT-Objekte machen. Gemischte Ausdrücke wie in

```
LINT a, b, c;
int Zahl;

// Initialisiere a, b und Zahl und rechne irgendetwas
// ...

c = Zahl * (a + b / 2)
```

werden hierdurch möglich. Der Compiler erledigt die Aufrufe der passenden Konstruktorfunktionen automatisch und sorgt so dafür, dass die Umwandlung des Integer-Typs Zahl und der Konstanten 2 in LINT-Objekte zur Laufzeit geschieht, bevor die Operatoren + und * aufgerufen werden. Wir erhalten so die größtmögliche Flexibilität bei der Anwendung der Operatoren, mit der Einschränkung, dass Ausdrücke, die Objekte vom Typ `LINT` enthalten, vom Typ `LINT` sind und nur wieder an Objekte vom Typ `LINT` zugewiesen werden können.

Bevor wir uns nun einzelne Operatorfunktionen im Detail anschauen wollen, zunächst eine Übersicht über die durch die Klasse `LINT` unterstützten Operatoren:

Tab. 20: Arithmetische Operatoren

+	Addition
++	Inkrement (präfix- und postfix-Operatoren)
-	Subtraktion
--	Dekrement (präfix- und postfix-Operatoren)
*	Multiplikation
/	Division (Quotient)
%	Restbildung

Tab. 21: Bitweise Operatoren

&	bitweises UND
|	bitweises ODER
^	bitweises exklusives ODER (XOR)
<<	links Schieben
>>	rechts Schieben

Tab. 22: Logische Operatoren

==	gleich
!=	ungleich
<, <=	kleiner als, kleiner gleich
>, >=	größer als, größer gleich

Tab. 23: Zuweisungsoperatoren

=	Einfache Zuweisung
+=	Zuweisung nach Addition
-=	Zuweisung nach Subtraktion
*=	Zuweisung nach Multiplikation
/=	Zuweisung nach Division
%=	Zuweisung nach Restbildung
&=	Zuweisung nach bitweisem UND
|=	Zuweisung nach bitweisem ODER
^=	Zuweisung nach bitweisem XOR
<<=	Zuweisung nach Linksschieben
>>=	Zuweisung nach Rechtsschieben

13.3 Überladene Operatoren

Wir wollen uns nun exemplarisch mit den Implementierungen der Operatorfunktionen „*", „=", „*=" und „==" beschäftigen und durch diese Beispiele die Implementierung der LINT-Operatoren erläutern. Anhand des Operators „*" sehen wir zunächst, wie die Multiplikation von LINT-Objekten auf die C-Funktion mul_l() zurückgeführt wird. Der Operator wird als *friend*-Funktion implementiert, der die beiden an der Operation beteiligten Faktoren als Referenzen übergeben werden. Da die Operatorfunktion ihre Argumente nicht verändert, werden die Referenzen als const deklariert:

```
const LINT operator* (const LINT& lm, const LINT& ln)
{
  LINT prd;
  int error;
```

Als erster Schritt der Operatorfunktion wird geprüft, ob die als Referenz übergebenen Argumente lm und ln initialisiert sind. Ist dies nicht für beide Argumente der Fall, so wird zur Fehlerbehandlung die als static deklarierte *member*-Funktion panic() aufgerufen (vgl. Kap. 15).

```
  if (!lm.init) LINT::panic (E_LINT_VAL, "*", 1, __LINE__);
  if (!ln.init) LINT::panic (E_LINT_VAL, "*", 2, __LINE__);
```

Die C-Funktion mul_l() wird aufgerufen, der als Argumente die Vektoren lm.n_l, ln.n_l als Faktoren sowie prd.n_l zur Speicherung des Produktes übergeben werden:

```
  error = mul_l (lm.n_l, ln.n_l, prd.n_l);
```

Die Auswertung des in error gespeicherten Fehlercodes unterscheidet drei Fälle: Falls error == 0 ist alles in Ordnung und das Objekt prd kann als initialisiert markiert werden. Dies erfolgt durch Setzen der Variablen prd.init auf 1. Die Status-Variable prd.status wurde bereits durch den Konstruktor auf den Wert E_LINT_OK gesetzt. Falls bei mul_l() ein Überlauf aufgetreten ist, erhält error den Wert E_CLINT_OFL. Da der Vektor prd.n_l in diesem Fall eine gültige CLINT-Zahl enthält, wird prd.init auf 1 gesetzt, die Statusvariable prd.status erhält jedoch den Wert E_LINT_OFL. Falls error nach dem Aufruf von mul_l() keinen dieser beiden Werte hat, ist in dieser Funktion irgendetwas schief gegangen, ohne dass wir näher identifizieren könnten, welcher Fehler aufgetreten ist. In diesem Fall wird zur weiteren Fehlerbehandlung die Funktion panic() aufgerufen:

```
  switch (error)
  {
```

```
      case 0:
        prd.init = 1;
        break;
      case E_CLINT_OFL:
        prd.status = E_LINT_OFL;
        prd.init = 1;
        break;
      default:
        LINT::panic (E_LINT_ERR, "*", error, __LINE__);
    }
```

> Falls der Fehler von panic() nicht repariert werden kann, wäre eine Rückkehr an diese Stelle unsinnig. Der Fehlererkennungsmechanismus führt hier zu einem definierten Abbruch, was prinzipiell besser ist, als das Programm in einem undefinierten Zustand fortzusetzen.
>
> Als letzter Schritt erfolgt die elementweise Rückgabe des Produktes prd:

```
    return prd;
}
```

Da das Objekt prd nur innerhalb des Kontextes der Funktion existiert, sorgt der Compiler dafür, dass automatisch ein temporäres Objekt erzeugt wird, welches den Wert von prd außerhalb der Funktion repräsentiert. Dieses temporäre Objekt wird mit Hilfe des *copy*-Konstruktors LINT(const LINT&) (vgl. S. 244) erzeugt und existiert solange, bis der Ausdruck, innerhalb dessen der Operator verwendet wurde, abgearbeitet ist, d. h. bis das abschließende Semikolon erreicht ist. Der Deklaration des Funktionswertes als const zufolge werden offensichtlich unsinnige Konstrukte wie (a * b) = c; vom Compiler gar nicht erst zugelassen. Das Ziel ist es, LINT-Objekte semantisch genauso zu behandeln wie die eingebauten Integer-Typen.

Wir können die Operatorfunktion noch um das folgende Detail erweitern: Falls gleiche Faktoren zu multiplizieren sind, kann die Multiplikation durch die Quadrierung ersetzt werden, so dass wir den hiermit verbundenen Effizienzvorteil automatisch nutzen können (vgl. Abschn. 4.2.2). Da die Erkennung im allgemeinen Fall jedoch einen elementweisen Vergleich der Argumente verlangt, der uns zu kostspielig ist, geben wir uns mit einem Kompromiss zufrieden: Die Quadrierung wird nur dann ins Spiel gebracht, wenn sich die beiden Faktoren auf ein und dasselbe Objekt beziehen. Wir testen also, ob die Referenzen ln und lm auf ein gemeinsames Objekt zeigen, und führen in diesem Falle die Quadrierung statt der Multiplikation aus. Das entsprechende Codesegment lautet dann

```
    if (&lm == &ln)
    {
       error = sqr_l (lm.n_l, prd.n_l);
    }
```

13.3 Überladene Operatoren

```
    else
    {
        error = mul_l (lm.n_l, ln.n_l, prd.n_l);
    }
```

Die Rückführung auf die in C implementierten Funktionen des ersten Teils ist exemplarisch für alle weiteren Funktionen der Klasse LINT, die wie eine Hülle um den Kern der C-Funktionen herum gelegt wird und diesen vom Benutzer der Klasse abschirmt.

Bevor wir uns dem komplexeren Zuweisungsoperator „*=" zuwenden, ist es sinnvoll, die einfache Zuweisung „=" zu betrachten. Bereits im ersten Teil haben wir festgestellt, dass die Zuweisung von Objekten besonderer Aufmerksamkeit bedarf (vgl. Kap. 8). So, wie wir bei der C-Implementierung darauf achten mussten, dass bei einer Zuweisung eines CLINT-Objekts an ein anderes der Inhalt und nicht die Adresse des Objekts zugewiesen wurde, müssen wir für unsere LINT-Klasse eine spezielle Version des Zuweisungsoperators „=" definieren, die mehr tut, als nur die Klassenelemente zu kopieren: Aus den gleichen Gründen, wie in Kapitel 8 angeführt, müssen wir dafür sorgen, dass nicht die Adresse des Zahlvektors n_l, sondern die unter n_l gespeicherten Stellen der Zahldarstellung kopiert werden.

Wenn man die grundsätzliche Notwendigkeit hierzu eingesehen hat, ist die Realisierung nicht mehr kompliziert. Der Operator „=" wird als *member*-Funktion implementiert, die als Ergebnis der Zuweisung eine Referenz auf das implizite linke Argument zurückgibt. Natürlich verwenden wir intern die C-Funktion cpy_l(), um die Stellen von einem Objekt in das andere zu übertragen. Zur Ausführung der Zuweisung a = b ruft der Compiler die Operatorfunktion „=" im Kontext von a auf, womit a die Rolle als implizites Argument übernimmt, das in der Parameterliste der Operatorfunktion nicht aufgeführt wird. Innerhalb der *member*-Funktion wird auf die Elemente des impliziten Arguments durch einfache Nennung von deren Bezeichnern referiert. Zusätzlich kann eine Referenz auf das implizite Objekt über den speziellen Zeiger this erfolgen, wie in der folgenden Implementierung des Operators „=":

```
const LINT& LINT::operator= (const LINT& ln)
{
    if (!ln.init) panic (E_LINT_VAL, "=", 2, __LINE__);
    if (maxlen < DIGITS_L (ln.n_l))
        panic (E_LINT_OFL, "'='", Assignment", 1, __LINE__);
```

> Zunächst wird geprüft, ob die Referenzen auf das rechte und das linke Argument identisch sind, denn in diesem Falle ist das Kopieren überflüssig. Ansonsten wird die Stellen der Zahldarstellung von ln auf die des impliziten linken Argumentes *this kopiert, ebenso wie die Werte von init und status, und es wird mit *this die Referenz auf das implizite Argument zurückgegeben:

```
       if (&ln != this)
         {
           cpy_l (n_l, ln.n_l);
           init = 1;
           status = ln.status;
         }
       return *this;
     }
```

Man kann sich fragen, ob der Zuweisungsoperator überhaupt einen Wert zurückgeben muss, nach dem Aufruf von LINT::operator=(const LINT&) scheint die beabsichtigte Zuweisung bereits erfolgt zu sein. Die Antwort ist jedoch klar, wenn man sich vergegenwärtigt, dass Ausdrücke der Form

```
    f (a = b);
```

erlaubt sind. Der Semantik von C++ folgend, resultiert ein derartiger Ausdruck in dem Aufruf der Funktion f mit dem Ergebnis der Zuweisung a = b als Argument. Hierzu ist es erforderlich, dass der Zuweisungsoperator den zugewiesenen Wert als Ergebnis zurückgibt; aus Effizienzgründen erfolgt dies als Referenz. Ein Spezialfall eines derartigen Ausdrucks ist

```
    a = b = c;
```

wobei der Zuweisungsoperator gleich zweimal hintereinander aufgerufen wird; beim zweiten Mal wird das Ergebnis der ersten Zuweisung b = c an a zugewiesen.

Im Gegensatz zum Operator „*" verändert der Operator „*=" den linken der beiden übergebenen Faktoren, indem er diesen mit dem Wert des Produktes überschreibt. Die Bedeutung des Ausdruck a *= b als eine Kurzform für a = a * b soll natürlich auch für LINT-Objekte erhalten bleiben. Der Operator „*=" kann daher wie der Operator „=" als *member*-Funktion ausgelegt werden, die aus den oben genannten Gründen eine Referenz auf das Ergebnis zurückgibt:

```
     const LINT& LINT::operator*= (const LINT& ln)
     {
       int error;

       if (!init) panic (E_LINT_VAL, "*=", 0, __LINE__);
       if (!ln.init) panic (E_LINT_VAL, "*=", 1, __LINE__);

       if (&ln == this)
         error = sqr_l (n_l, n_l);
       else
         error = mul_l (n_l, ln.n_l, n_l);

       switch (error)
         {
```

13.3 Überladene Operatoren

```
        case 0:
          status = E_LINT_OK;
          break;
        case E_CLINT_OFL:
          status = E_LINT_OFL;
          break;
        default:
          panic (E_LINT_ERR, "*=", error, __LINE__);
        }

  return *this;
}
```

Als letztes Beispiel der LINT-Operatoren wird nun noch die Funktion „==" beschrieben, die die Gleichheit zweier LINT-Objekte testet: als Ergebnis wird im Falle der Gleichheit 1 zurückgegeben, ansonsten 0. Der Operator == veranschaulicht die Implementierung auch der anderen logischen Operatoren.

```
const int operator== (const LINT& lm, const LINT& ln)
{
  if (!lm.init) LINT::panic (E_LINT_VAL, "==", 1, __LINE__);
  if (!ln.init) LINT::panic (E_LINT_VAL, "==", 2, __LINE__);

  if (&ln == &lm)
    return 1;
  else
    return equ_l (lm.n_l, ln.n_l);
}
```

14 Das LINT-Public-Interface: Members and Friends

Neben den bereits behandelten Konstruktorfunktionen und Operatoren existieren weitere LINT-Funktionen, die die in Teil 1 entwickelten C-Funktionen für LINT-Objekte verfügbar machen. Für die folgende Darstellung teilen wir die Funktionen grob in die Kategorien „Arithmetik" und „Zahlentheorie" ein. Die Implementierungen der Funktionen werden anhand von Beispielen besprochen, ansonsten beschränken wir uns auf die tabellarische Zusammenstellung der für ihre Verwendung erforderlichen Information. Ausführlicher widmen wir uns in den darauf folgenden Abschnitten den Funktionen für die formatierte Ausgabe von LINT-Objekten, wozu wir die Eigenschaften der in der C++-Standard-Bibliothek enthaltenen *stream*-Klassen ausnutzen. Deren Anwendungsmöglichkeiten, insbesondere zur formatierten Ausgabe von Objekten benutzerdefinierter Klassen, werden in vielen C++-Lehrbüchern eher knapp behandelt, und wir wollen die Gelegenheit nutzen, die Erstellung entsprechender Funktionen zur Ausgabe unserer LINT-Objekte zu erläutern.

14.1 Arithmetik

Die folgenden *member*-Funktionen implementieren die arithmetischen Grundoperationen sowie die modulare Arithmetik für das Rechnen in Restklassenringen über den ganzen Zahlen als Akkumulator-Operationen: Das Objekt, zu dem eine aufgerufene Funktion gehört, enthält als implizites Argument nach deren Abschluss das Funktionsergebnis. Akkumulator-Funktionen sind effizient, da sie weitestgehend ohne interne Hilfsobjekte auskommen und so entbehrliche Zuweisungen und Konstruktoraufrufe einsparen.

Für die Fälle, in denen eine freie Zuweisung von Rechenergebnissen unverzichtbar ist, oder in denen das automatische Überschreiben des impliziten Arguments der *member*-Funktionen mit dem Ergebnis nicht erwünscht ist, wurden die *member*-Funktionen durch analoge *friend*-Funktionen mit gleichem Namen sowie durch zusätzliche weitere *friend*-Funktionen ergänzt. Diese werden hier nicht weiter dargestellt, sie sind in Anhang B verzeichnet.

Die Behandlung der möglichen Fehlersituationen in allen LINT-Funktionen, die aus der Anwendung der CLINT-Funktionen herrühren können, wird ausführlich in Kapitel 15 erläutert.

Bevor nun die öffentlichen *member*-Funktionen aufgelistet werden, betrachten wir als Beispiel für deren Implementierung die Funktionen

```
LINT& LINT::mexp (const LINT& e, const LINT& m);
```

und

```
LINT& LINT::mexp (const USHORT e, const LINT& m);
```

zur Potenzierung, eine Operation, für die C++ leider keinen Operator zur Verfügung stellt. Die Funktionen mexp() wurden so konstruiert, dass je nach Typ der Operanden die hierfür optimierten C-Funktionen mexpk_l(), mexpkm_l(), umexp_l() oder umexpm_l() genutzt werden (bei den korrespondierenden arithmetischen *friend*-Funktionen kommen auch noch die Potenzierungsfunktionen wmexp_l() und wmexpm_l() mit USHORT-Basis in Frage):

Funktion:	Modulare Potenzierung mit automatischer Verwendung der Montgomery-Potenzierung, falls der Modulus ungerade ist.
Syntax:	const LINT& LINT::mexp (const LINT& e, const LINT& m);
Eingabe:	Implizites Argument (Basis), e (Exponent), m (Modulus)
Rückgabe:	Zeiger auf Rest
Beispiel:	a.mexp (e, m);

```
const LINT& LINT::mexp (const LINT& e, const LINT& m)
{
  int error;
  if (!init)   panic (E_LINT_VAL, "mexp", 0, __LINE__);
  if (!e.init) panic (E_LINT_VAL, "mexp", 1, __LINE__);
  if (!m.init) panic (E_LINT_VAL, "mexp", 2, __LINE__);

  err = mexp_l (n_l, e.n_l, n_l, m.n_l);
  /* mexp_l() verwendet mexpk_l() oder mexpkm_l() */

  switch (error)
    {
      case 0:
        status = E_LINT_OK;
        break;
      case E_CLINT_DBZ:
        panic (E_LINT_DBZ, "mexp", 2, __LINE__);
        break;
      default:
        panic (E_LINT_ERR, "mexp", error, __LINE__);
    }

  return *this;
}
```

14.1 Arithmetik

Funktion:	Modulare Potenzierung
Syntax:	const LINT& LINT::mexp (const USHORT e, const LINT& m);
Beispiel:	a.mexp (e, m);

```
const LINT& LINT::mexp (const USHORT e, const LINT& m)
{
  int err;
  if (!init)   panic (E_LINT_VAL, "mexp", 0, __LINE__);
  if (!m.init) panic (E_LINT_VAL, "mexp", 1, __LINE__);

  err = umexp_l (n_l, e, n_l, m.n_l);

  switch (err)
    {
      // Code wie oben bei mexp (const LINT& e, const LINT& m)
    }
  return *this;
}
```

Es folgt nun eine Zusammenstellung weiterer arithmetischer und zahlentheoretischer *member*-Funktionen:

Funktion:	Addition
Syntax:	const LINT& LINT::add (const LINT& s);
Eingabe:	Implizites Argument (Summand) s (Summand)
Rückgabe:	Zeiger auf Summe
Beispiel:	a.add (s); führt die Operation a += s; aus.

Funktion:	Subtraktion
Syntax:	const LINT& LINT::sub (const LINT& s);
Eingabe:	Implizites Argument (Minuend) s (Subtrahend)
Rückgabe:	Zeiger auf Differenz
Beispiel:	a.sub (s); führt die Operation a -= s; aus.

Funktion:	Multiplikation
Syntax:	`const LINT&` `LINT::mul (const LINT& s);`
Eingabe:	Implizites Argument (Faktor) s (Faktor)
Rückgabe:	Zeiger auf Produkt
Beispiel:	`a.mul (s);` führt die Operation `a *= s;` aus.

Funktion:	Quadrierung
Syntax:	`const LINT&` `LINT::sqr (void);`
Eingabe:	Implizites Argument (Faktor)
Rückgabe:	Zeiger auf das implizite Argument, welches das Quadrat enthält
Beispiel:	`a.sqr ();` führt die Operation `a *= a;` aus.

Funktion:	Division mit Rest
Syntax:	`const LINT&` `LINT::divr (const LINT& d, LINT& r);`
Eingabe:	Implizites Argument (Dividend) d (Divisor)
Ausgabe:	r (Rest des Dividenden modulo d)
Rückgabe:	Zeiger auf das implizite Argument, welches den Quotienten enthält
Beispiel:	`a.divr (d, r);` führt die Operationen `a /= d; r = a % d;` aus.

Funktion:	Restbildung
Syntax:	`const LINT&` `LINT::mod (const LINT& d);`
Eingabe:	Implizites Argument (Dividend) d (Divisor)
Rückgabe:	Zeiger auf das implizite Argument, welches den Rest des Dividenden modulo d enthält
Beispiel:	`a.mod (d);` führt die Operation `a %= d;` aus.

14.1 Arithmetik

Funktion:	Restbildung modulo einer Zweierpotenz
Syntax:	const LINT& LINT::mod2 (const USHORT e);
Eingabe:	Implizites Argument (Dividend) e (Exponent des Zweierpotenz-Divisors)
Rückgabe:	Zeiger auf das implizite Argument, welches den Rest des Dividenden modulo 2^e enthält
Beispiel:	a.mod2 (e); führt die Operation a %= d; aus, wobei d = 2^e ist.
Hinweis:	mod2() kann nicht durch ein Überladen der vorangegangenen Funktion mod() erstellt werden, da auch mod() ein USHORT-Argument akzeptiert, welches mittels des passenden Konstruktors automatisch in ein LINT-Objekt umgewandelt wird. Da also anhand der Argumente nicht entschieden werden kann, welche Funktion gemeint ist, erhält mod2() einen eigenen Namen.

Funktion:	Test auf Gleichheit modulo m
Syntax:	const int LINT::mequ (const LINT& b, const LINT& m);
Eingabe:	Implizites Argument a Zweites Argument b Modulus m
Rückgabe:	1 falls a ≡ b mod m, 0 sonst
Beispiel:	it (a.mequ (b, m)) //...

Funktion:	Modulare Addition
Syntax:	const LINT& LINT::madd (const LINT& s, const LINT& m);
Eingabe:	Implizites Argument (Summand) s (Summand) m (Modulus)
Rückgabe:	Zeiger auf das implizite Argument, welches den Rest der Summe modulo m enthält
Beispiel:	a.madd (s, m);

Funktion:	Modulare Subtraktion
Syntax:	`const LINT&` `LINT::msub (const LINT& s, const LINT& m);`
Eingabe:	Implizites Argument (Minuend) s (Subtrahend) m (Modulus)
Rückgabe:	Zeiger auf das implizite Argument, welches den Rest der Differenz modulo m enthält
Beispiel:	`a.msub (s, m);`

Funktion:	Modulare Multiplikation
Syntax:	`const LINT&` `LINT::mmul (const LINT& s, const LINT& m);`
Eingabe:	Implizites Argument (Faktor) s (Faktor) m (Modulus)
Rückgabe:	Zeiger auf das implizite Argument, welches den Rest des Produkts modulo m enthält
Beispiel:	`a.mmul (s, m);`

Funktion:	Modulare Quadrierung
Syntax:	`const LINT&` `LINT::msqr (const LINT& m);`
Eingabe:	Implizites Argument (Faktor) m (Modulus)
Rückgabe:	Zeiger auf das implizite Argument mit dem Quadrat modulo m
Beispiel:	`a.msqr (m);`

Funktion:	Modulare Potenzierung mit Zweierpotenz-Exponenten
Syntax:	`const LINT&` `LINT::mexp2 (const USHORT e, const LINT& m);`
Eingabe:	Implizites Argument (Basis) e (Exponent der Zweierpotenz) m (Modulus)
Rückgabe:	Zeiger auf das implizite Argument mit der Potenz modulo m
Beispiel:	`a.mexp2 (e, m);`

14.1 Arithmetik

Funktion:	Modulare Potenzierung (2^k-äre Methode, Montgomery-Reduktion)
Syntax:	`const LINT&` `LINT::mexpkm (const LINT& e, const LINT& m);`
Eingabe:	Implizites Argument (Basis) `e` (Exponent) `m` (Ungerader Modulus)
Rückgabe:	Zeiger auf das implizite Argument, welches den Rest der Potenz modulo m enthält
Beispiel:	`a.mexpkm (e, m);`

Funktion:	Modulare Potenzierung (2^5-äre Methode, Montgomery-Reduktion)
Syntax:	`const LINT&` `LINT::mexp5m (const LINT& e, const LINT& m);`
Eingabe:	Implizites Argument (Basis) `e` (Exponent) `m` (Ungerader Modulus)
Rückgabe:	Zeiger auf das implizite Argument mit der Potenz modulo m
Beispiel:	`a.mexp5m (e, m);`

Funktion:	Links-/Rechts-Schieben
Syntax:	`const LINT&` `LINT::shift (const int noofbits);`
Eingabe:	Implizites Argument (Multiplikand bzw. Dividend) `(+/-)noofbits` (Anzahl der zu schiebenden Bitpositionen)
Rückgabe:	Zeiger auf das implizite Argument mit dem Ergebnis der Schiebeoperation
Beispiel:	`a.shift (512);` führt die Operation `a <<= 512;` aus.

Funktion:	Test auf Teilbarkeit eines `LINT`-Objekts durch 2
Syntax:	`const int` `LINT::iseven (void);`
Eingabe:	Testkandidat a als implizites Argument
Rückgabe:	1 falls a gerade, 0 sonst
Beispiel:	`if(a.iseven()) //...`

Funktion:	Setzen einer Binärstelle eines LINT-Objekts auf 1
Syntax:	`const LINT&` `LINT::setbit (const unsigned int pos);`
Eingabe:	Implizites Argument a Position `pos` des zu setzenden Bit (gezählt von 0 ab)
Rückgabe:	Zeiger auf a mit gesetztem Bit an der Stelle `pos`
Beispiel:	`a.setbit (512);`

Funktion:	Testen einer Binärstelle eines LINT-Objekts
Syntax:	`const int` `LINT::testbit (const unsigned int pos);`
Eingabe:	Implizites Argument a Position `pos` des zu testenden Bit (gezählt von 0 an)
Rückgabe:	1 falls Bit an Stelle `pos` gesetzt ist, 0 sonst
Beispiel:	`if(a.testbit (512))  //...`

Funktion:	Setzen einer Binärstelle eines LINT-Objekts auf 0
Syntax:	`const LINT&` `LINT::clearbit (const unsigned int pos);`
Eingabe:	Implizites Argument a Position `pos` des zu löschenden Bit (gezählt von 0 an)
Rückgabe:	Zeiger auf a mit gelöschtem Bit an der Stelle `pos`
Beispiel:	`a.clearbit (512);`

Funktion:	Vertauschen der Werte zweier LINT-Objekte
Syntax:	`const LINT&` `LINT::fswap (LINT& b);`
Eingabe:	Implizites Argument a b (mit a zu tauschender Wert)
Rückgabe:	Zeiger auf das implizite Argument mit dem Wert von b
Beispiel:	`a.fswap (b);` vertauscht die Werte von a und b

14.2 Zahlentheorie

Im Gegensatz zu den arithmetischen Funktionen überschreiben die folgenden zahlentheoretischen *member*-Funktionen das implizite erste Argument nicht mit dem Ergebnis, da es sich gezeigt hat, dass dies bei der Anwendung der komplexeren Funktionen meist nicht so praktisch ist, wie bei den einfachen arithmetischen Funktionen. Die Ergebnisse der folgenden Funktionen werden daher elementweise zurückgegeben:

Funktion:	Berechnung des größten Ganzen unterhalb des Zweierlogarithmus eines LINT-Objektes
Syntax:	`const unsigned int` `LINT::ld (void);`
Eingabe:	Implizites Argument a
Rückgabe:	Ganzzahliger Anteil des Zweierlogarithmus von a
Beispiel:	`i = a.ld ();`

Funktion:	Berechnung des größten gemeinsamen Teilers zweier LINT-Objekte
Syntax:	`const LINT` `LINT::gcd (const LINT& b);`
Eingabe:	Implizites Argument a, Zweites Argument b
Rückgabe:	ggT(a, b) der Eingabewerte
Beispiel:	`c = a.gcd (b);`

Funktion:	Berechnung des multiplikativen Inversen modulo n
Syntax:	`const LINT` `LINT::inv (const LINT& n);`
Eingabe:	Implizites Argument a Modulus n
Rückgabe:	Multiplikatives Inverses von a modulo n (falls das Ergebnis == 0 ist, ist ggT(a, n) > 1 und das Inverse von a mod n existiert nicht.)
Beispiel:	`c = a.inv (n);`

Funktion:	Berechnung des ggT von a und b sowie dessen Darstellung g = u·a+v·b als Linearkombination von a und b

Syntax:	`const LINT`
	`LINT::xgcd (const LINT& b, LINT& u, int& sign_u,`
	`              LINT& v, int& sign_v);`

Eingabe:	Implizites Argument a, zweites Argument b
Ausgabe:	Faktor u der Darstellung des ggT von a und b Vorzeichen von u in `sign_u` Faktor v der Darstellung des ggT von a und b Vorzeichen von v in `sign_v`
Rückgabe:	ggT(a, b) der Eingabewerte
Beispiel:	`g = a.xgcd (b, u, sign_u, v, sign_v);`

Funktion:	Berechnung des kleinsten gemeinsamen Vielfachen (kgV) zweier LINT-Objekte
Syntax:	`const LINT` `LINT::lcm (const LINT& b);`
Eingabe:	Implizites Argument a, Faktor b
Rückgabe:	kgV(a, b) der Eingabewerte
Beispiel:	`c = a.lcm (b);`

Funktion:	Lösung eines linearen Kongruenzensystems $x \equiv a \bmod m$, $x \equiv b \bmod n$ mittels des Chinesischen Restsatzes

Syntax:	`const LINT`
	`LINT::chinrem   (const LINT& m, const LINT& b,`
	`                 const LINT& n);`

Eingabe:	Implizites Argument a, Modulus m, Argument b, Modulus n
Rückgabe:	Lösung x des Kongruenzensystems, falls alles O. K. (`Get_Warning_Status() == E_LINT_ERR` zeigt an, dass ein Überlauf aufgetreten ist, oder dass die Kongruenzen keine gemeinsame Lösung besitzen.)
Beispiel:	`x = a.chinrem (m, b, n);`

Die *friend*-Funktion `chinrem(const int noofeq, LINT** koeff)` akzeptiert einen Vektor `koeff` von Zeigern auf LINT-Objekte, die als Koeffizienten $a_1, m_1, a_2, m_2, a_3, m_3,\ldots$ eines linearen Kongruenzensystems mit „beliebig" vielen Gleichungen $x \equiv a_i \bmod m_i$ ($i = 1,\ldots,$ `noofeq`) übergeben werden (Anh. B).

14.2 Zahlentheorie

Funktion:	Berechnung des Jacobi-Symbols zweier LINT-Objekte
Syntax:	const int LINT::jacobi (const LINT& b);
Eingabe:	Implizites Argument a, zweites Argument b
Rückgabe:	Jacobi-Symbol der Eingabewerte
Beispiel:	i = a.jacobi (b);

Funktion:	Berechnung des ganzzahligen Anteils der Quadratwurzel eines LINT-Objekts
Syntax:	const LINT LINT::root (void);
Eingabe:	Implizites Argument a
Rückgabe:	Ganzzahliger Anteil der Quadratwurzel des Eingabewertes
Beispiel:	c = a.root ();

Funktion:	Berechnung der Quadratwurzeln modulo einer Primzahl p eines LINT-Objekts
Syntax:	const LINT LINT::root (const LINT& p);
Eingabe:	Implizites Argument a, Primzahl-Modul p > 2
Rückgabe:	Quadratwurzel von a, falls a quadratischer Rest modulo p ist 0 sonst (Get_Warning_Status() == E_LINT_ERR zeigt an, dass a kein quadratischer Rest modulo p ist.)
Beispiel:	c = a.root (p);

Funktion:	Berechnung der Quadratwurzeln modulo p·q eines LINT-Objekts
Syntax:	const LINT LINT::root (const LINT& p, const LINT& q);
Eingabe:	Implizites Argument a Primzahl-Modul p > 2, Primzahl-Modul q > 2
Rückgabe:	Quadratwurzel von a, falls a quadratischer Rest modulo pq ist 0 sonst (Get_Warning_Status() == E_LINT_ERR zeigt an, dass a kein quadratischer Rest modulo p*q ist.)
Beispiel:	c = a.root (p, q);

Funktion:	Test auf Quadrateigenschaft eines `LINT`-Objekts
Syntax:	`const int` `LINT::issqr (void);`
Eingabe:	Testkandidat a als implizites Argument
Rückgabe:	Quadratwurzel von a falls a Quadrat 0 falls a == 0 oder a kein Quadrat
Beispiel:	`if(0 == (r = a.issqr ()))  //...`

Funktion:	Probabilistischer Primzahltest eines `LINT`-Objekts
Syntax:	`const int` `LINT::isprime (void);`
Eingabe:	Testkandidat a als implizites Argument
Rückgabe:	1 falls a „wahrscheinlich" prim 0 sonst
Beispiel:	`if(a.isprime ())  //...`

Funktion:	Berechnung des Zweianteils eines `LINT`-Objekts
Syntax:	`const int` `LINT::twofact (LINT& b);`
Eingabe:	Implizites Argument a
Ausgabe:	b (ungerader Anteil von a)
Rückgabe:	Exponent des geraden Anteils von a
Beispiel:	`e = a.twofact (b);`

14.3 Stream-I/O von `LINT`-Objekten

Die in der C++-Standard-Bibliothek enthaltenen Klassen wie `istream` und `ostream` sind Abstraktionen von Ein- und Ausgabegeräten, die aus der Basisklasse `ios` abgeleitet sind. Aus `istream` und `ostream` wiederum ist die Klasse `iostream` abgeleitet, die sowohl das Schreiben als auch das Lesen ihrer Objekte erlaubt[43]. Eingabe und Ausgabe erfolgen mit Hilfe der so genannten *Insert-*

---

[43] Wir verwenden diese Namen der Streamklassen als Synonyme zu den nunmehr in der C++Standardbibliothek verwendeten Bezeichnungen, bei denen den bislang bekannten Klas-

14.3 Stream-I/O von LINT-Objekten

und *Extract*-Operatoren „<<" und „>>" (vgl. [TEAL], Kap. 8). Diese entstehen durch das Überladen der Schiebeoperatoren, beispielsweise in der Form

```
ostream& ostream::operator<< (int i);
istream& istream::operator>> (int& i);
```

in der sie die Ausgabe bzw. Eingabe von Integer-Werten durch Ausdrücke der Form

```
cout << i;
cin >> i;
```

ermöglichen. `cout` und `cin` repräsentieren als spezielle Objekte der Klassen `ostream` und `istream` die gleichen abstrakten Dateien wie die Objekte `stdout` und `stdin` der C-Standardbibliothek.

Die Verwendung der *stream*-Operatoren „<<" und „>>" für die Ein- und Ausgabe macht die Berücksichtigung von Hardware-Eigenschaften überflüssig. Dies ist an und für sich nichts Neues, denn mit der C-Funktion `printf()` verhält es sich ebenso: Eine `printf()` Anweisung sollte plattformunabhängig stets zum gleichen Ergebnis führen. Über die veränderte Syntax hinaus, die sich an der bildlichen Vorstellung des Einfügens von Objekten in einen Strom orientiert, liegen die Vorteile der C++ Implementierung von *streams* allerdings in der stringenten Typenprüfung, die bei `printf()` nur eingeschränkt möglich ist, und in ihrer Erweiterbarkeit. Insbesondere die letztere Eigenschaft machen wir uns zunutze, indem wir die *Insert*- und *Extract*-Operatoren so überladen, dass sie die Ein- und Ausgabe von LINT-Objekten unterstützen. Die Klasse LINT definiert dazu die folgenden *stream*-Operatoren:

```
friend ostream&   operator<< (ostream& s, const LINT& ln);
friend fstream&   operator<< (fstream& s, const LINT& ln);
friend ofstream&  operator<< (ofstream& s, const LINT& ln);
friend fstream&   operator>> (fstream& s, LINT& ln);
friend ifstream&  operator>> (ifstream& s, LINT& ln);
```

Eine einfache Fassung des für die Ausgabe von LINT-Objekten überladenen *Insert*-Operators könnte folgendermaßen aussehen:

```
#include <iostream.h>

ostream& operator<< (ostream& s, const LINT& ln)
{
  if (!ln.init)
    LINT::panic (E_LINT_VAL, "ostream operator <<", 0, __LINE__);
```

---

sennamen jeweils der Präfix `basic_` vorangestellt ist. Die Berechtigung hierzu entnehmen wir der Standardbibliothek selbst, wo die bislang bekannten Klassennamen mittels entsprechender `typedef`s bereitgestellt werden (vgl. [KSCH], Kap.12).

```
        s << xclint2str (ln.n_l, 16, 0) << endl;
        s << ld (ln) << " bit" << endl;
        return s;
}
```

Der so definierte Operator << gibt die Stellen eines LINT-Objektes als Hexadezimalwerte aus und setzt die Binärlänge der Zahl in eine eigene Zeile darunter. Wir werden uns im folgenden Abschnitt mit den Möglichkeiten beschäftigen, die Ausgabe von LINT-Objekten mit Hilfe von Formatierungsfunktionen zu verschönern und mittels Manipulatoren individuellen Wünschen anpassbar zu machen.

14.3.1 Formatierte Ausgabe von LINT-Objekten

In diesem Abschnitt werden wir mit Hilfe der Basisklasse ios der C++-Standard-Bibliothek und deren *member*-Funktionen eigene, LINT-spezifische Formatierungsfunktionen definieren, mit denen das Ausgabeformat von LINT-Objekten gesteuert werden kann. Des Weiteren werden wir Manipulatoren entwerfen, mit denen die Anpassung des Ausgabeformates für LINT-Objekte so einfach wie für die von C++ definierten Standard-Typen wird.

Dreh- und Angelpunkt der formatierten Ausgabe von LINT-Objekten ist die Möglichkeit, Festlegungen zur Formatierung treffen zu können, die durch den *Insert*-Operator berücksichtigt werden. Hierzu halten wir uns an den dafür vorgesehenen Mechanismus der Klasse ios (zu Details vgl. [TEAL], Kap. 6 und [PLA2], Kap. 6), deren *member*-Funktion xalloc() in den Objekten der von ios abgeleiteten Klassen eine Statusvariable vom Typ long allokiert und einen Index auf diese Statusvariable ebenfalls vom Typ long zurückgibt. Diesen Index speichern wir in der long-Variablen flagsindex. Unter Angabe des Indexes kann mittels der *member*-Funktion ios::iword() lesend und schreibend auf die allokierte Statusvariable zugegriffen werden (vgl. [PLA2], S. 125).

Damit dieser Vorgang stattfindet, bevor irgend ein LINT-Objekt ausgegeben wird, definieren wir in der Datei flintpp.h die folgende Klasse LintInit:

```
class LintInit
{
  public:
    LintInit (void);
};

LintInit::LintInit (void)
{
    // Hole Index auf long-Status-Variable in Klasse ios
    LINT::flagsindex = ios::xalloc();
```

14.3 Stream-I/O von LINT-Objekten

```
  // Setzen des default-Status in cout und in cerr
  cout.iword (LINT::flagsindex) =
  cerr.iword (LINT::flagsindex) =
    LINT::lintshowlength|LINT::linthex|LINT::lintshowbase;
}
```

Die Klasse LintInit besitzt als einziges Element den Konstruktor LintInit::LintInit(). In der Klasse LINT wird weiterhin ein *member*-Datum setup vom Typ LintInit definiert, welches mittels des Konstruktors LintInit::LintInit() initialisiert wird. Innerhalb dieser Initialisierung findet dann der Aufruf von xalloc() statt, und die hierdurch allokierte Statusvariable wird vom Konstruktor mit dem für LINT-Objekte festgelegten Standard-Ausgabeformat belegt. Im Folgenden wird ein Ausschnitt aus der LINT-Klassendeklaration dargestellt, der die Deklaration von LintInit() als *friend* von LINT enthält, die Deklarationen der Variablen flagsindex und setup sowie die verschiedenen Statuswerte als enum-Typ:

```
class LINT
{
  public:
    // ...
    enum {
      lintdec         = 0x10,
      lintoct         = 0x20,
      linthex         = 0x40,
      lintshowbase    = 0x80,
      lintuppercase   = 0x100,
      lintbin         = 0x200,
      lintshowlength  = 0x400
    };

    // ...
    friend LintInit::LintInit (void);
    // ...

  private:
    // ...
    static long flagsindex;
    static LintInit setup;
    // ...
};
```

Die Festlegung der Variablen setup als static bewirkt, dass diese für alle LINT-Objekte nur einmal existiert und der zuständige Konstruktor LintInit() daher auch nur einmal aufgerufen wird.

Wir wollen an dieser Stelle einen Moment innehalten und überlegen, was uns der ganze Aufwand bringt; die Festlegungen des Ausgabeformates könnte doch auch über eine Statusvariable erledigt werden, die als *member* von LINT viel einfacher zu handhaben wäre. Der entscheidende Vorteil der hier gewählten Vorgehensweise liegt jedoch darin, dass so die Ausgabeformate für *jeden Ausgabestrom separat und unabhängig* voneinander festgelegt werden können (vgl. [PLA2], S. 125), was mit einer LINT-internen Statusvariablen nicht zu schaffen wäre. Ermöglicht wird dies durch die Mächtigkeit der Klasse ios, deren Mechanismen wir für unsere Zwecke nutzen.

Nachdem also die notwendigen Vorbereitungen getroffen sind, können wir nun die folgenden Statusfunktionen als *member* von LINT definieren:

Statusfunktion	Erläuterung
static long LINT::flags (void);	Lesen der Statusvariablen mit Bezug auf cout.
static long LINT::flags (ostream&);	Lesen der Statusvariablen mit Bezug auf einen beliebigen Ausgabestrom.
static long LINT::setf (long);	Setzen einzelner Bits der Statusvariablen mit Bezug auf cout und Rückgabe des vorherigen Wertes.
static long LINT::setf (ostream&, long);	Setzen einzelner Bits der Statusvariablen mit Bezug auf einen beliebigen Ausgabestrom und Rückgabe des vorherigen Wertes.
static long LINT::unsetf (long);	Rücksetzen einzelner Bits der Statusvariablen mit Bezug auf cout und Rückgabe des vorherigen Wertes.
static long LINT::unsetf (ostream&, long);	Rücksetzen einzelner Bits der Statusvariablen mit Bezug auf einen beliebigen Ausgabestrom und Rückgabe des vorherigen Wertes.
static long LINT::restoref (long);	Belegung der Statusvariablen mit Bezug auf cout mit einem Wert und Rückgabe des vorherigen Wertes.
static long LINT::restoref (ostream&, long);	Belegung der Zustandsvariablen mit Bezug auf einen beliebigen Ausgabestrom mit einem Wert und Rückgabe des vorherigen Wertes.

Tab. 24: LINT-Statusfunktionen und ihre Wirkung

14.3 Stream-I/O von LINT-Objekten

Als Beispiel für die Implementierung der Zustandsfunktionen betrachten wir die Funktion `LINT::setf()`, die den aktuellen Wert der Zustandsvariablen, bezogen auf einen Ausgabestrom, als `long` zurückgibt:

```
long LINT::setf (ostream& s, long flag)
{
    long t = s.iword (flagsindex);

    // Die Flags für die Basis der Zahldarstellung schliessen
    // sich gegenseitig aus:
    if (flag & LINT::lintdec)
      {
        s.iword (flagsindex) = (t & ~LINT::linthex & ~LINT::lintoct
                                  & ~LINT::lintbin) | LINT::lintdec;
        flag ^= LINT::lintdec;
      }

    if (flag & LINT::linthex)
      {
        s.iword (flagsindex) = (t & ~LINT::lintdec & ~LINT::lintoct
                                  & ~LINT::lintbin) | LINT::linthex;
        flag ^= LINT::linthex;
      }

    if (flag & LINT::lintoct)
      {
        s.iword (flagsindex) = (t & ~LINT::lintdec & ~LINT::linthex
                                  & ~LINT::lintbin) | LINT::lintoct;
        flag ^= LINT::lintoct;
      }

    if (flag & LINT..lintbin)
      {
        s.iword (flagsindex) = (t & ~LINT::lintdec & ~LINT::lintoct
                                  & ~LINT::linthex) | LINT::lintbin;
        flag ^= LINT::lintbin;
      }

    // Alle übrigen Flags sind miteinander verträglich:
    s.iword (flagsindex) |= flag;

    return t;
}
```

Mit Hilfe dieser und der übrigen Funktionen der obigen Tabelle können wir die im Folgenden beschriebenen Ausgabeformate festlegen. Das Standard-Ausgabeformat stellt zunächst den Wert eines LINT-Objektes als Hexadezimal-Zahl in einer Zeichenkette dar, wobei die Ausgabe so viele Bildschirmzeilen füllt, wie es die Stellenzahl des LINT-Objektes erfordert. In einer weiteren Zeile wird linksbündig die Anzahl der Stellen des LINT-Objektes angezeigt. Folgende weitere Modi zur Ausgabe von LINT-Objekten sind implementiert:

1. **Basis für die Darstellung der Ziffern**

   Die Standard-Basis für die Darstellung der Ziffern von LINT-Objekten ist 16 und für die Darstellung der Längenangabe 10. Diese Vorgabe für LINT-Objekte kann durch den Aufruf von

   ```
   LINT::setf (LINT::base);
   ```

   für den Standard-Ausgabestrom cout und von

   ```
   LINT::setf (ostream, LINT::base);
   ```

   für einen beliebigen Ausgabestrom auf die angegebene Basis base eingestellt werden. Dabei kann base die Werte

   linthex, lintdec, lintoct und lintbin

   annehmen, die das jeweilige Ausgabeformat bezeichnen. Ein Aufruf von LINT::setf(lintdec) beispielsweise stellt das Ausgabeformat auf Dezimalziffern ein. Die Vorgabe der Basis zur Darstellung der Längenangabe kann mittels der Funktion

   ```
   ios::setf (ios::iosbase);
   ```

   mit iosbase = hex, dec, oct gesetzt werden.

2. **Anzeige des Präfixes für die Zahldarstellung**

   Standardmäßig werden LINT-Objekte mit Präfix für die Zahldarstellung angezeigt. Durch Aufruf von

   ```
   LINT::unsetf (LINT::lintshowbase);
   LINT::unsetf (ostream, LINT::lintshowbase);
   ```

   wird dies geändert.

3. **Anzeige von Hexadezimal-Ziffern in Großbuchstaben**

   Standardmäßig erfolgt die Anzeige von Hexadezimal-Ziffern und die des Präfixes 0x für eine Hexadezimaldarstellung mit Kleinbuchstaben abcdef. Durch den Aufruf von

   ```
   LINT::setf (LINT::lintuppercase);
   LINT::setf (ostream, LINT::lintuppercase);
   ```

   kann dies geändert werden, so dass Großbuchstaben 0XABCDEF angezeigt werden.

14.3 Stream-I/O von LINT-Objekten

4. Anzeige der Länge eines LINT-Objekts

Standardmäßig wird die Binärlänge eines LINT-Objekts angezeigt. Durch

```
LINT::unsetf (LINT::lintshowlength);
LINT::unsetf (ostream, LINT::lintshowlength);
```

wird dies geändert, so dass keine Anzeige der Länge erfolgt.

5. Wiederherstellen der Zustandsvariablen für die Zahldarstellung

Das Zurücksetzen der Zustandsvariablen für die Formatierung von LINT-Objekten auf einen vorherigen Wert `oldflags` erfolgt durch den Aufruf der beiden Funktionen

```
LINT::unsetf (ostream, LINT::flags(ostream));
LINT::setf (ostream, oldflags);
```

Die Aufrufe dieser beiden Funktionen sind in der überladenen Funktion `restoref()` zusammengefasst:

```
LINT::restoref (flag);
LINT::restoref (ostream, flag);
```

Es ist möglich, Flags zu kombinieren, wie im folgenden Aufruf

```
LINT::setf (LINT::bin | LINT::showbase);
```

was aber nur für solche Flags zulässig ist, die sich nicht gegenseitig ausschließen.

Die Ausgabefunktion, die schließlich das jeweils angeforderte Darstellungsformat für LINT-Objekte erzeugt, ist eine Erweiterung des bereits weiter oben skizzierten Operators `ostream& operator <<(ostream& s, LINT ln)`, der die Zustandsvariablen der Ausgabeströme auswertet und die entsprechenden Ausgaben erzeugt. Der Operator verwendet dazu die in `flintpp.cpp` enthaltene Hilfsfunktion `lint2str()`, die ihrerseits die Funktion `xclint2str_l()` aufruft, um den Zahlwert eines LINT-Objekts in einer Zeichenkette darzustellen:

```
ostream& operator << (ostream& s, const LINT& ln)
{
  USHORT base = 16;
  long flags = LINT::flags (s);
  char* formatted_lint;

  if (!ln.init) LINT::panic (E_LINT_VAL, "ostream operator<<", 0,
                                                    __LINE__);
```

```
  if (flags & LINT::linthex)
    {
      base = 16;
    }
  else
    {
      if (flags & LINT::lintdec)
        {
          base = 10;
        }
      else
        {
          if (flags & LINT::lintoct)
            {
              base = 8;
            }
          else
            {
              if (flags & LINT::lintbin)
                {
                  base = 2;
                }
            }
        }
    }

  if (flags & LINT::lintshowbase)
    {
      formatted_lint = lint2str (ln, base, 1);
    }
  else
    {
      formatted_lint = lint2str (ln, base, 0);
    }

  if (flags & LINT::lintuppercase)
    {
      strupr_l (formatted_lint);
    }

  s << formatted_lint << flush;

  if (flags & LINT::lintshowlength)
    {
      long _flags = s.flags ();   // Aktuellen Zustand holen
      s.setf (ios::dec);          // Flag für Dezimalanzeige setzen
      s << endl << ld (ln) << " bit" << endl;
      s.setf (_flags);            // Vorigen Zustand wiederherstellen
    }

  return s;
}
```

14.3.2 Manipulatoren

Aufbauend auf die vorangehenden Mechanismen wollen wir uns in diesem Abschnitt noch bequemere Möglichkeiten beschaffen, um die Ausgabeformate für LINT-Objekte zu steuern. Dazu verwenden wir so genannte *Manipulatoren*, die direkt in den Ausgabestrom eingestellt werden und dabei die gleichen Wirkungen entfalten wie der Aufruf der obigen Statusfunktionen. Manipulatoren sind Adressen von Funktionen, zu denen spezielle *Insert*-Operatoren existieren, die ihrerseits einen Zeiger auf eine Funktion als Argument akzeptieren. Als Beispiel betrachten wir die Funktion

```
ostream& LintHex (ostream& s)
{
  LINT::setf (s, LINT::linthex);
  return s;
}
```

die die Zustandsfunktion setf(s, LINT::linthex) im Kontext des als Parameter angegebenen Ausgabestroms ostream& s aufruft und damit die Ausgabe von LINT-Objekten als Hexadezimalzahlen bewirkt. Der Name LintHex der Funktion ohne Klammern wird als Zeiger auf die Funktion angesehen (vgl. [LIPP], S. 202) und kann als Manipulator mittels des in der Klasse ostream definierten *Insert*-Operators

```
ostream& ostream::operator<< (ostream& (*pf)(ostream&))
{
  return (*pf)(*this);
}
```

in einen Ausgabestrom eingestellt werden·

```
LINT a ("0x123456789abcdef0");
cout << LintHex << a;

ostream s;
s << LintDec << a;
```

Die LINT-Manipulatoren funktionieren nach dem gleichen Muster wie die in der C++-Bibliothek enthaltenen Standard-Manipulatoren, z. B. dec, hex, oct, flush und endl: Der *Insert*-Operator << ruft einfach die Manipulatorfunktionen LintHex() bzw. LintDec() an den passenden Stellen auf. Die Manipulatoren sorgen dafür, dass die den Ausgabeströmen cout bzw. s zugehörigen Statusflags gesetzt werden. Der zur Ausgabe von LINT-Objekten überladene operator<< übernimmt die Darstellung des LINT-Objektes a in der angeforderten Form.

Die Formateinstellungen für die Ausgabe von LINT-Objekten können insgesamt mittels der folgenden Manipulatoren vorgenommen werden:

Manipulator	Wirkung: Ausgabe von LINT-Werten ...
LintBin	als Binärzahlen.
LintDec	als Dezimalzahlen.
LintHex	als Hex-Zahlen.
LintOct	als Oktalzahlen.
LintLwr	mit Kleinbuchstaben a, b, c, d, e, f bei Hex-Darstellung.
LintUpr	mit Großbuchstaben A, B, C, D, E, F bei Hex-Darstellung.
LintShowbase	mit Präfix für die Zahldarstellung (0x bzw. 0X für Hex, 0b für Binär).
LintNobase	ohne Präfix für Zahldarstellung.
LintShowlength	mit Anzeige der Stellenzahl.
LintNolength	ohne Anzeige der Stellenzahl.

Tab. 25: LINT-Manipulatoren und ihre Wirkung

Zusätzlich zu diesen Manipulatoren, die keine Argumente benötigen, stehen die Manipulatoren

```
LINT_omanip<int> SetLintFlags (int flags)
```
und
```
LINT_omanip<int> ResetLintFlags (int flags)
```

zur Verfügung, die als Alternativen zu den Statusfunktionen LINT::setf() und LINT::unsetf() verwendet werden können:

```
cout << SetLintFlags (LINT::flag) << ...;    // Einschalten

cout << ResetLintFlags (LINT::flag) << ...;  // Ausschalten
```

Für die Implementierung dieser Manipulatoren wird auf die Quellen verwiesen, in Verbindung mit den Erläuterungen zur *template*-Klasse omanip<T> in [PLA2], Kap. 10. Die LINT-Flags noch einmal in der Übersicht:

14.3 Stream-I/O von LINT-Objekten

Flag	Wert
lintdec	0x010
lintoct	0x020
linthex	0x040
lintshowbase	0x080
lintuppercase	0x100
lintbin	0x200
lintshowlength	0x400

Tab. 26: LINT-Flags für die Ausgabeformatierung

Die Verwendung der Formatfunktionen und Manipulatoren wird abschließend anhand des folgenden Beispiels veranschaulicht:

```
#include "flintpp.h"
#include <iostream.h>
#include <iomanip.h>


main()
{
  LINT n ("0x0123456789abcdef");      // LINT-Zahl mit Basis 16
  long deflags = LINT::flags();       // Flags speichern

  cout << "Default-Darstellung: " << n << endl;

  LINT::setf (LINT::linthex | LINT::lintuppercase);
  cout << "Hex-Darstellung in Großbuchstaben: " << n << endl;
  cout << LintLwr << "Hex-Darstellung in Kleinbuchstaben: "
       << n << endl;
  cout << LintDec << "Dezimal-Darstellung: " << n << endl;
  cout << LintBin << "Binär-Darstellung: " << n << endl;
  cout << LintNobase << LintHex;
  cout << "Darstellung ohne Präfix: " << n << endl;

  cerr << "Default-Darstellung Stream cerr: " << n << endl;

  LINT::restoref (deflags);
  cout << "Default-Darstellung: " << n << endl;

  return;
}
```

14.3.3 File-I/O von LINT-Objekten

Funktionen zur Ausgabe von LINT-Objekten in Dateien und solche zu deren Einlesen sind für praktische Anwendungen ebenfalls unverzichtbar. Die Ein- und Ausgabeklassen der C++-Standardbibliothek enthalten *member*-Funktionen, die das Einstellen von Objekten in einen Ein- oder Ausgabestrom auch für Dateioperationen gestatten, so dass wir hierfür die gleiche praktische Syntax wie oben verwenden können. Die zur Ausgabe in Dateien benötigten Operatoren gleichen denn auch denen des vorigen Abschnitts, wobei wir allerdings auf die Formatierung verzichten können. Wir definieren die beiden Operatoren

```
friend ofstream& operator<< (ofstream& s, const LINT& ln);

friend fstream& operator<< (fstream& s, const LINT& ln);
```

für Ausgabeströme der Klasse ofstream und für Ströme der Klasse fstream, die beide Richtungen, sowohl Ein- als auch Ausgabe, unterstützt. Da die Klasse ofstream aus der Klasse ostream abgeleitet ist, können wir deren *member*-Funktion ostream::write() verwenden, um Daten unformatiert in eine Datei zu schreiben. Indem nur die tatsächlich belegten Stellen eines LINT-Objektes gespeichert werden, gehen wir sparsam mit dem Speicherplatz des Datenträgers um. Dabei werden die USHORT-Stellen des LINT-Objekts tatsächlich als eine Folge von UCHAR-Werten geschrieben. Um sicherzustellen, dass dies immer in der gleichen Reihenfolge geschieht, unabhängig von der Zahldarstellung einer bestimmten Rechnerplattform, wird eine Hilfsfunktion definiert, die einen USHORT-Wert als Folge von zwei UCHAR-Typen schreibt. Diese Funktion neutralisiert die plattformspezifische Anordnung von Stellen zur Basis 256 im Speicher und gestattet es daher, Daten, die auf einem Rechnertyp geschrieben wurden, auf einem anderen zu lesen, der möglicherweise die Stellen einer Zahl anders anordnet bzw. beim Lesen vom Massenspeicher abweichend interpretiert. Einschlägige Beispiele in diesem Zusammenhang sind die so genannten *little-* bzw. *big-endian* Architekturen diverser Prozessoren, die im ersteren Fall aufeinander folgenden, aufsteigenden Speicheradressen eine aufsteigende Wertigkeit und im Letzteren eine absteigende Wertigkeit zuordnen[44].

```
template <class T>
int write_ind_ushort (T& s, clint src)
{
  UCHAR buff[sizeof(clint)];
  unsigned i, j;
```

---

[44] Zwei Bytes B_i und B_{i+1} mit Adressen i und $i+1$ werden bei der *little-endian* Darstellung als USHORT-Wert $w = 2^8 B_{i+1} + B_i$ und bei der *big-endian* Darstellung als $w = 2^8 B_i + B_{i+1}$ interpretiert. Analoges gilt für die Interpretation von ULONG-Werten.

14.3 Stream-I/O von LINT-Objekten

```
  for (i = 0, j = 0; i < sizeof(clint); i++, j = i << 3)
    {
      buff[i] = (UCHAR)((src & (0xff << j)) >> j);
    }

  s.write (buff, sizeof(clint));

  if (!s)
    {
      return -1;
    }
  else
    {
      return 0;
    }
}
```

Die Funktion `write_ind_ushort()` liefert im Fehlerfall den Wert −1 zurück und 0, falls die Operation geglückt ist. Sie ist als *template* implementiert, damit sie sowohl mit `ofstream`- als auch mit `fstream`-Objekten verwendet werden kann. Die Funktion `read_ind_ushort()` wird passend dazu als Gegenstück erstellt:

```
template <class T>
int read_ind_ushort (T& s, clint *dest)
{
  UCHAR buff[sizeof(clint)];
  unsigned i;

  s.read (buff, sizeof(clint));

  if (!s)
    {
      return -1;
    }
  else
    {
      *dest = 0;
      for (i = 0; i < sizeof(clint); i++)
        {
          *dest |= ((clint)buff[i]) << (i << 3);
        }
      return 0;
    }
}
```

Die Ausgabeoperatoren verwenden nun dieses neutrale Format zum Schreiben von LINT-Objekten in eine Datei. Zur Veranschaulichung wird die Implementierung des Operators für die Klasse `ofstream` dargestellt:

```
ofstream& operator<< (ofstream& s, const LINT& ln)
{
  if (!ln.init)
    {
       LINT::panic (E_LINT_VAL, "ofstream operator<<",
                                       0, __LINE__);
    }
  for (int i = 0; i <= DIGITS_L (ln.n_l); i++)
    {
      if (write_ind_ushort (s, ln.n_l[i]))
        {
           LINT::panic (E_LINT_EOF, "ofstream operator<<",
                                       0, __LINE__);
        }
    }

  return s;
}
```

Vor dem Schreiben eines LINT-Objektes in eine Datei muss diese zum Schreiben geöffnet werden, wozu beispielsweise der Konstruktor

```
ofstream::ofstream (const char *, openmode)
```

oder die *member*-Funktion

```
ofstream::open (const char *, openmode)
```

verwendet werden können. Auf alle Fälle muss dabei wie im folgenden Beispiel das ios-flag ios::binary gesetzt werden:

```
LINT r ("0x0123456789abcdef");
// ...
ofstream fout ("test.io", ios::out | ios::binary);
fout << r << r*r;
// ...
fout.close();
```

Das Importieren eines LINT-Objekts aus einer Datei erfolgt als Gegenstück zur Dateiausgabe von LINT-Objekten mittels analoger Operatoren:

```
friend ifstream& operator >> (ifstream& s, LINT& ln);

friend fstream& operator >> (fstream& s, LINT& ln);
```

Beide Operatoren lesen zuerst einen einzelnen Wert, der die Stellenzahl des gespeicherten LINT-Objektes angibt. Danach werden entsprechend viele Stellen eingelesen. Die USHORT-Werte werden dabei entsprechend den obigen Erläuterungen unter Verwendung der Funktion read_ind_ushort() gelesen:

14.3 Stream-I/O von LINT-Objekten

```
ifstream& operator>> (ifstream& s, LINT& ln)
{
  if (read_ind_ushort (s, ln.n_l))
    {
      LINT::panic (E_LINT_EOF, "ifstream operator>>",
                                       0, __LINE__);
    }
  if (DIGITS_L (ln.n_l) < CLINTMAXSHORT)
    {
      for (int i = 1; i <= DIGITS_L (ln.n_l); i++)
        {
          if (read_ind_ushort (s, &ln.n_l[i]))
            {
              LINT::panic (E_LINT_EOF, "ifstream operator>>",
                                       0, __LINE__);
            }
        }
    }

  // Keine Paranoia - Prüfe importierten Wert!
  if (vcheck_l (ln.n_l) == 0)
    {
      ln.init = 1;
    }
  else
    {
      ln.init = 0;
    }

  return s;
}
```

Zum Öffnen einer Datei, aus der LINT-Objekte gelesen werden sollen, gilt wiederum, dass das ios-flag ios::binary gesetzt werden muss:

```
LINT r, s;
// ...
ifstream fin;
fin.open ("test.io", ios::in | ios::binary);
fin >> r >> s;
// ...
fin.close();
```

Beim Importieren von LINT-Objekten mittels des *Insert*-Operators >> wird geprüft, ob die gelesenen Werte eine für LINT gültige Zahldarstellung ergeben. Ist dies nicht der Fall, wird das *member*-Datum init auf 0 gesetzt, das angegebene Zielobjekt wird so als „nicht initialisiert" markiert. Bei der nächsten Operation auf diesem Objekt wird dann der LINT-Error Handler aufgerufen, auf den wir im folgenden Kapitel näher eingehen werden.

15 Fehlerbehandlung

*Auch bei größter Sorgfalt wird man dabei
Fehler nicht ausschließen können.*

W. WALCHER: Praktikum der Physik

15.1 (don't) panic ...

Die Funktionen der vorangegangen Kapitel beinhalten Mechanismen zur Analyse, ob während ihrer Ausführung Fehler oder Situationen aufgetreten sind, die eine besondere Reaktion oder zumindest eine Warnung erfordern. Die Funktionen testen, ob die übergebenen Variablen initialisiert sind, und werten die Rückgabewerte der aufgerufenen C-Funktionen aus:

```
LINT f (LINT arg1, LINT arg2)
{
  LINT ergebnis;
  int err;

  if (!arg1.init) LINT::panic (E_LINT_VAL, "f", 1, __LINE__);
  if (!arg2.init) LINT::panic (E_LINT_VAL, "f", 2, __LINE__);

  // Aufruf C-Funktion, Fehlercode wird in err gespeichert
  err = f_l (arg1.n_l, arg2.n_l, ergebnis.n_l);

  switch (err)
    {
      case 0:
        ergebnis.init = 1;
        break;
      case E_CLINT_OFL:
        ergebnis.status = E_LINT_OFL;
        ergebnis.init = 1;
        break;
      case E_CLINT_UFL:
        ergebnis.status = E_LINT_UFL;
        ergebnis.init = 1;
        break;
      default:
        LINT::panic (E_LINT_ERR, "f", err, __LINE__);
    }

  return ergebnis;
}
```

Behält die Variable `status` den Wert `E_LINT_OK`, so ist dies der schönste Fall. In weniger erfreulichen Situationen, in denen ein Über- oder Unterlauf innerhalb einer C-Funktion aufgetreten ist, wird die Variable `status` auf den entsprechenden Wert `E_LINT_OFL` oder `E_LINT_UFL` gesetzt. Da bereits die C-Funktionen auf einen Über- oder Unterlauf mit einer Reduktion modulo ($N_{max}+1$) reagieren (vgl. S. 16), wird in diesen Fällen die Funktion normal beendet. Der Wert der Variablen `status` kann danach mit der *member*-Funktion

```
LINT_ERRORS LINT::Get_Warning_Status (void);
```

abgefragt werden.

Im Übrigen haben wir gesehen, dass die `LINT`-Funktionen immer dann, wenn es brenzlig werden könnte, eine Funktion namens `panic()` aufrufen. Die Aufgabe dieser *member*-Funktion besteht zunächst in der Ausgabe von Fehlermeldungen, damit der Benutzer eines Programms überhaupt merkt, wenn etwas schief gegangen ist, sowie in der kontrollierten Beendigung eines fehlerhaften Programms. Die `LINT`-Fehlermeldungen werden über den Strom `cerr` ausgegeben und beinhalten Angaben über die Art des aufgetretenen Fehlers, über die Funktion, die dies festgestellt hat und über Argumente, die den Fehler ausgelöst haben. Damit `panic()` dies alles ausgeben kann, muss die Information von der aufrufenden Funktion geliefert werden, wie im folgenden Beispiel:

```
LINT::panic (E_LINT_DBZ, "%", 2, __LINE__);
```

Hier wird gemeldet, dass eine Division durch Null im Operator „%" in der durch das ANSI-Makro `__LINE__` angegebenen Zeile aufgetreten ist, verursacht durch das Argument Nr. 2 des Operators. Die Argumente werden angezeigt, indem 0 immer das implizite Argument einer *member*-Funktion bezeichnet und alle anderen Argumente von links nach rechts beginnend mit 1 durchnummeriert werden. Die `LINT`-Fehlerroutine `panic()` gibt Fehlermeldungen der folgenden Art aus:

Beispiel 1: Verwendung eines nicht initialisierten `LINT`-Objekts als Argument

```
Kritischer Laufzeitfehler durch Klasse LINT entdeckt:
Argument 0 in Operator *= nicht initialisiert, Zeile 1997
ABNORMAL TERMINATION
```

Beispiel 2: Division durch ein `LINT`-Objekt mit Wert 0

```
Kritischer Laufzeitfehler durch Klasse LINT entdeckt:
Division durch Null, Operator/Funktion /, Zeile 2000
ABNORMAL TERMINATION
```

Durch die Funktionen und Operatoren der LINT-Klasse werden insgesamt die folgenden Zustände erkannt.

Code	Wert	Bedeutung
E_LINT_OK	0x0000	Alles O. K.
E_LINT_EOF	0x0010	Datei-I/O-Fehler in den Stream-Operatoren << oder >>.
E_LINT_DBZ	0x0020	Division durch Null.
E_LINT_NHP	0x0040	Heap-Fehler: new gibt NULL-Pointer zurück.
E_LINT_OFL	0x0080	Überlauf in Funktion oder Operator.
E_LINT_UFL	0x0100	Unterlauf in Funktion oder Operator.
E_LINT_VAL	0x0200	Ein Argument einer Funktion ist nicht initialisiert oder hat einen unzulässigen Wert.
E_LINT_BOR	0x0400	Falsche Basis als Argument an Konstruktor übergeben.
E_LINT_MOD	0x0800	Gerader Modulus in mexpkm().
E_LINT_NPT	0x1000	NULL-Pointer als Argument übergeben.

Tab. 27: Fehlercodes der LINT-Funktionen

15.2 Benutzerdefinierte Fehlerbehandlung

In der Regel ist es notwendig, die Fehlerbehandlung an spezielle Anforderungen anzupassen. Die LINT-Klasse bietet hierzu Unterstützung, indem die LINT-Fehlerfunktion panic() durch benutzerdefinierte Funktionen ersetzt werden kann. Dazu wird die folgende Funktion aufgerufen, die als Argument einen Zeiger auf eine Funktion annimmt:

```
void
LINT::Set_LINT_Error_Handler (void (*Error_Handler)
        (LINT_ERRORS, const char* const, const int, const int))
{
   LINT_User_Error_Handler = Error_Handler;
}
```

Die Variable LINT_User_Error_Handler wird in flintpp.cpp definiert und initialisiert als

```
static void (*LINT_User_Error_Handler)
        (LINT_ERRORS, const char*, const int, const int) = NULL;
```

Hat dieser Zeiger einen anderen Wert als NULL, wird die hierdurch angegebene Funktion anstelle von panic() aufgerufen und erhält die gleichen Informationen wie diese. Bezüglich der Implementierung einer eigenen Fehlerbehandlung bestehen alle Freiheiten; man muss sich jedoch darüber im Klaren sein, dass die von der Klasse LINT gemeldeten Fehler meist Programmierfehler signalisieren, die zur Laufzeit irreparabel sind. Eine Rückkehr in den Programmteil, in dem ein solcher Fehler aufgetreten ist, ist nicht sinnvoll, und im Allgemeinen besteht in diesen Fällen die einzige Möglichkeit darin, das Programm zu beenden.

Das Rücksetzen auf die LINT-Fehlerroutine panic() erfolgt durch den Aufruf von

```
LINT::Set_LINT_Error_Handler(NULL);
```

Das folgenden Beispiel zeigt die Einbindung einer selbst definierten Funktion zur Fehlerbehandlung:

```
#include "flintpp.h"

void my_error_handler (LINT_ERRORS err, const char* str, const int arg,
                                                          const int line)
{
  //... Code
}

main()
{
  // Aktivierung des benutzerdefinierten Error-Handlers:
  LINT::Set_LINT_Error_Handler (my_error_handler);

  // ... Code

  // Reaktivieren des LINT-Error-Handlers:
  LINT::Set_LINT_Error_Handler (NULL);

  // ... Code
}
```

15.3 Ausnahmezustand: `LINT`-Exceptions

Der *Exception*-Mechanismus von C++ ist ein Instrument, das leichter und dabei wirkungsvoller zur Fehlerbehandlung einsetzbar ist, als die von C bereitgestellten Methoden. Die bisher beschriebene Fehlerroutine `LINT::panic()` beschränkt sich auf die Ausgabe von Fehlermeldungen und die abschließende kontrollierte Beendigung eines Programms. Im Allgemeinen interessiert uns jedoch weniger die Divisionsfunktion, in der durch Null dividiert wurde, als diejenige Funktion, die die Division aufgerufen hat und damit den Fehler verursacht hat, eine Information, die `LINT::panic()` nicht erhält und daher auch nicht weitergeben kann. Insbesondere ist es mit `LINT::panic()` nicht möglich, zu dieser Funktion zurückzukehren, um dort den Fehler zu beheben oder in einer für die Funktion spezifischen Weise zu reagieren. Solche Möglichkeiten bietet hingegen der *Exception*-Mechanismus von C++, und wir wollen hier die Voraussetzungen schaffen, um diese für die `LINT`-Klasse zu nutzen.

Exceptions in C++ basieren im Wesentlichen auf drei Typen von Konstrukten: Dem `try`-Block, dem `catch`-Block und der Anweisung `throw`, mittels der eine Funktion einen Fehler signalisiert. Der `catch`-Block hat die Funktion als lokale Fehlerbehandlungsroutine für den vorangegangenen `try`-Block: Fehler, die innerhalb eines `try`-Blocks auftreten und die mittels `throw` angezeigt werden, werden durch den dem `try`-Block folgenden `catch`-Block aufgefangen. Die weiteren Anweisungen des `try`-Blocks werden dabei ignoriert. Die Art des Fehlers wird durch den Wert des der `throw`-Anweisung als Parameter mitgegebenen Ausdrucks angezeigt.

Der Zusammenhang von `try`- und `catch`-Blöcken lässt sich wie folgt schematisieren:

```
try
{
    .... // Wird ein Fehler innerhalb einer Operation mit
    .... // throw signalisiert, kann er durch den folgenden
    .... // catch-Block aufgefangen werden.
}
....

catch (Argument)
{
    .... // Hier erfolgt die Fehlerbehandlung.
}
```

Tritt ein Fehler nicht unmittelbar innerhalb eines `try`-Blocks, sondern in einer von dort aus aufgerufenen Funktion auf, so wird diese Funktion beendet und die Kontrolle wird zur aufrufenden Funktion zurückgegeben, solange, bis bei dieser Rückverfolgung der Aufrufkette eine Funktion innerhalb eines `try`-Blocks erreicht ist. Von dort wird die Kontrolle an den passenden catch-Block weitergegeben. Wird kein try-Block gefunden, so wird die vom Compiler hinzugefügte generische Fehlerroutine aufgerufen, die dann nach einer meist unspezifischen Ausgabe das Programm beendet.

Es ist klar, um welche Fehler es in der LINT-Klasse geht, und es wäre eine einfache Möglichkeit, throw mit den Fehlercodes aufzurufen, die der panic()-Routine durch die LINT-Funktionen und -Operatoren mitgeliefert werden. Ein wenig mehr an Komfort bietet dagegen die folgende Lösung: Es werden eine abstrakte Basisklasse

```
class LINT_Error
{
  public:
    char* function;
    int argno, lineno;
    virtual void debug_print (void) const = 0;   // pure virtual
    virtual ~LINT_Error() {};
};
```

und hierauf aufbauende Klassen der folgenden Art definiert:

```
// Division durch Null
class LINT_DivByZero : public LINT_Error
{
  public:
    LINT_DivByZero (const char* const func, const int line);
    void debug_print (void) const;
};

LINT_DivByZero::LINT_DivByZero (const char* const func, const
                                                        int line)
{
  function = func;
  lineno = line;
  argno = 0;
}

void LINT_DivByZero::debug_print (void) const
{
  cerr << "LINT-Exception:" << endl;
  cerr << "Division durch Null in Funktion "
       << function << endl;
  cerr << "Modul: " << __FILE__ << ", Zeile: "
       << lineno << endl;
}
```

15.3 Ausnahmezustand: LINT-Exceptions

Für jeden Fehlertyp existiert eine solche Klasse, die, wie hier beispielhaft gezeigt, mittels

```
throw LINT_DivByZero(funktion, zeile);
```

zur Anzeige dieses bestimmten Fehlers verwendet werden kann. Insgesamt sind folgende Subklassen der Basisklasse LINT_Error definiert:

```
class LINT_Base : public LINT_Error        // Ungültige Basis
{ ... };

class LINT_DivByZero : public LINT_Error   // Division durch Null
{ ... };

class LINT_Emod : public LINT_Error        // Modulus gerade
{ ... };                                   // bei mexpkm

class LINT_File : public LINT_Error        // Fehler bei Datei-IO
{ ... };

class LINT_Heap : public LINT_Error        // Heap-Fehler bei new
{ ... };

class LINT_Init : public LINT_Error        // Funktionsargument
{ ... };                                   // unzulässig oder
                                           // nicht initialisiert

class LINT_Nullptr : public LINT_Error     // Null-Pointer als
{ ... };                                   // Argument übergeben

class LINT_OFL : public LINT_Error         // Überlauf in Funktion
{ ... };

class LINT_UFL : public LINT_Error         // Unterlauf in Funktion
{ ... };
```

Hiermit sind wir nun einerseits in der Lage, LINT-Fehler abzufangen, ohne im einzelnen zu unterscheiden, um welchen Fehler es sich handelt, indem wir einen catch-Block

```
catch (LINT_Error const &err)     // Achtung: LINT_Error
{                                 //   ist abstrakt
  //...

  err.debug_print();

  //...
}
```

nach einem try-Block einfügen, und wir können andererseits gezielt nach einzelnen Fehlern fahnden, indem wir die entsprechende Fehlerklasse als Argument in der catch-Anweisung angeben. Zu beachten ist, dass LINT_Error als abstrakte Basisklasse nicht als Objekt instantiierbar ist, weshalb das Argument err nur als Referenz, nicht jedoch als Wert übergeben werden kann.

Obwohl nun bereits alle LINT-Funktionen zur Fehlerbehandlung mit der panic()-Anweisung ausgestattet wurden, bedeutet die Verwendung von *Exceptions* nicht, dass wir alle Funktionen ändern müssen. Wir integrieren die entsprechenden throw-Anweisungen vielmehr in die panic()-Routine, wo sie in Abhängigkeit zum gemeldeten Fehler aufgerufen werden. Die Kontrolle wird dann an den catch-Block transferiert, der zum try-Block der aufrufenden Funktion gehört. Der nachfolgende Ausschnitt der Funktion panic() verdeutlicht die Vorgehensweise:

```
void
LINT::panic (LINT_ERRORS error, const char const * func, const int arg,
             const int line)
{
   if (LINT_User_Error_Handler)
    {
       LINT_User_Error_Handler (error, func, arg, line);
    }
   else
    {
       cerr << "Kritischer Laufzeitfehler durch Klasse LINT
                                                       entdeckt:\n";
       switch (error)
         {
           case E_LINT_DBZ:
             cerr << "Division durch Null, Operator/Funktion "
                  << func << ", Zeile " << line << endl;
#ifdef LINT_EX
             throw LINT_DivByZero (func, line);
#endif
             break;

           //...
         }
    }
}
```

Das Verhalten im Fehlerfall kann vollständig durch benutzerdefinierte Routinen zur Fehlerbehandlung gesteuert werden, ohne dass hierzu Eingriffe in die LINT-Implementierung erforderlich wären. Zudem kann das *Exception-Handling* gänzlich abgeschaltet werden, was dann erforderlich ist, wenn dieser Mechanismus von einem zu verwendenden C++-Compiler nicht unterstützt wird. In der vorliegenden panic()-Funktion müssen die *Exceptions* explizit durch die Definition

15.3 Ausnahmezustand: LINT-Exceptions

des Makros `LINT_EX`, etwa mittels der Compiler-Option `-DLINT_EX`, eingeschaltet werden; einige Compiler verlangen zur Aktivierung des *Exception-Handling* die Angabe weiterer Optionen.

Zum Abschluss eine kleine Demonstration der LINT-*Exceptions*:

```
#include "flintpp.h"

main(void)
{
  LINT a = 1, b = 0;
  try
    {
      b = a / b;               // Fehler: Division durch 0
    }
  catch (LINT_DivByZero error) // Fehlerbehandlung bei
    {                          // Division durch 0
      error.debug_print ();
      cerr << "Division durch Null in Modul " << __FILE__
           << ", Zeile " << __LINE__;
    }
}
```

Übersetzt mit GNU `gcc` durch Aufruf von

```
gcc -fhandle-exceptions -DLINT_EX divex.cpp
               flintpp.cpp flint.c -lstdc++
```

produziert das Programm zusätzlich zur Fehlermeldung der Funktion `panic()` die folgende Ausgabe

```
LINT-Exception:
Division durch Null in Operator/Funktion /
Modul: flintpp.cpp, Zeile: 402
Division durch Null in Modul divex.cpp, Zeile 17
```

Der wesentliche Unterschied zur Standard-Fehlerbehandlung ohne *Exceptions* ist, dass wir über die `catch`-Routine erfahren, wo der Fehler wirklich verursacht wurde, nämlich in Zeile 17 des Moduls `divex.cpp`, obwohl er ganz woanders, im Modul `flintpp.cpp`, erkannt wurde. Für das Debugging größerer Programme ist dies eine ungemein hilfreiche Informationsquelle.

16 Ein Anwendungsbeispiel: Das RSA-Verfahren

> *The next question was the obvious one, "Can this be done with ordinary encipherment? Can we produce a secure encrypted message, readable by the authorised recipient without any prior secret exchange of the key etc?" ... I published the existence theorem in 1970.*
>
> J. H. ELLIS: The Story of Non-Secret Encryption, 1987[45]

Wir wollen nun die Möglichkeiten, die wir uns Kapitel für Kapitel erarbeitet haben, anhand eines aktuellen und realistischen Beispiels erproben, das den Bezug der behandelten Themen zu kryptographischen Anwendungen und den Einsatz unserer Programmfunktionen anschaulich demonstriert. Wir befassen uns dazu zunächst in aller Kürze mit dem Prinzip *asymmetrischer Kryptosysteme* und wenden uns dann dem RSA-Verfahren als dem klassischen asymmetrischen Kryptosystem zu, das 1978 von seinen Entdeckern Ronald Rivest, Adi Shamir und Leonard Adleman veröffentlicht wurde (vgl. [RIVE], [ELLI]) und das heute weltweit eingesetzt wird[46]. Das RSA-Verfahren ist in den USA patentiert, das Patent ist allerdings am 20. September 2000 ausgelaufen. Der freien Verwendung des RSA-Verfahrens stehen nun allenfalls Ansprüche von RSA Security auf die Bezeichnung „RSA" als Handelsmarke entgegen. Entsprechende Verlautbarungen waren der Auslöser einer im Zusammenhang mit der Erarbeitung des Standards P1363 [IEEE] vehement geführten Diskussion mit teilweise grotesken Zügen, in der unter anderem vorgeschlagen wurde, die Bezeichnung RSA durch den Begriff „Biprime Cryptography" zu ersetzen. Weniger ernst gemeinte Vorschläge gab es auch, etwa FRA für „Former RSA Algorithm", RAL für Ron, Adi, Leonard, oder QRZ für RSA−1 zu verwenden. Nach Erlöschen des Patents jedoch hat RSA Security zu der Frage in folgender Weise Stellung bezogen:

„*Clearly, the terms "RSA algorithm", "RSA public-key algorithm", "RSA cryptosystem" and "RSA public-key cryptosystem" are well established in standards and open academic literature. RSA Security does not intend to prohibit the use of these terms by individuals or organizations that are implementing the RSA algorithm.*" (RSA-Security – Behind the Patent, Sept. 2000[47])

16.1 Asymmetrische Kryptosysteme

Die Grundidee asymmetrischer Kryptosysteme wurde 1976 von Whitfield Diffie und Martin Hellman in dem bahnbrechenden Aufsatz „New Directions in Cryp-

---

[45] veröffentlicht unter http://www.cesg.gov.uk/about/nsecret/ellis.htm
[46] Angaben unter http://www.rsasecurity.com zufolge wurden bis 1999 über 300 Millionen mal Produkte mit RSA-Funktionen verkauft.
[47] http://www.rsasecurity.com/developers/total-solution/faq.htm, 9/2000

tography" (vgl. [DIFF]) veröffentlicht. Asymmetrische Kryptosysteme verwenden im Gegensatz zu symmetrischen Verfahren nicht einen geheimen Schlüssel, der sowohl zur Verschlüsselung als auch zur Entschlüsselung einer Nachricht eingesetzt wird, sondern ein Schlüsselpaar für jeden Teilnehmer, bestehend aus einem öffentlichen Schlüssel V für die Verschlüsselung und einem hiervon verschiedenen geheimen Schlüssel E für die Entschlüsselung. Wendet man diese Schlüssel nacheinander auf eine Nachricht M an, so muss die folgende Beziehung gelten

$$E(V(M)) = M \ . \tag{16.1}$$

Man kann sich dies wie ein Schloss vorstellen, das man mit einem Schlüssel abschließen kann, für das man aber einen weiteren Schlüssel benötigt, um es wieder aufzuschließen.

Für die Sicherheit eines solchen Verfahrens ist es entscheidend, dass ein geheimer Schlüssel E nicht aus dem zugehörigen öffentlichen Schlüssel V abgeleitet werden kann, beziehungsweise dass sich ein solcher Angriff aus Zeit- und Kostengründen nicht lohnt.

Asymmetrische Systeme ermöglichen gegenüber symmetrischen Systemen gewisse Erleichterungen bei der Handhabung der Schlüssel, da lediglich der öffentliche Schlüssel eines Teilnehmers $\mathcal{A}$ weitergegeben werden muss, um einen Kommunikationspartner $\mathcal{B}$ in die Lage zu versetzen, eine Nachricht so zu verschlüsseln, dass nur der Teilnehmer $\mathcal{A}$ als Besitzer des zugehörigen geheimen Schlüssels die Nachricht entschlüsseln kann. Dieses Prinzip trägt entscheidend zur Offenheit von Kommunikationsbeziehungen bei: Damit zwei Partner vertraulich miteinander kommunizieren können, reicht es aus, sich auf ein asymmetrisches Verschlüsselungsverfahren zu verständigen und die öffentlichen Schlüssel auszutauschen, es muss jedoch keine geheime Schlüsselinformation übertragen werden. Zu ungebremster Euphorie gibt es dennoch keinen Grund, da im Allgemeinen auch für asymmetrische Kryptosysteme auf ein Schlüsselmanagement nicht verzichtet werden kann. Man möchte als Teilnehmer einer Kommunikationsbeziehung schließlich sicher sein, dass öffentliche Schlüssel anderer Teilnehmer *authentisch* sind, so dass sich ein Angreifer nicht unerkannt dazwischen drängen und *seinen* öffentlichen Schlüssel als den eines lieben Freundes ausgeben kann, um vertrauliche Informationen zu erlauschen. Zur Sicherstellung der Authentizität öffentlicher Schlüssel werden mittlerweile erstaunlich aufwendige Prozeduren eingesetzt, und es gibt sogar ein staatliches Gesetz, das einen verbindlichen Rahmen hierfür schafft. Wir werden uns damit weiter unten noch etwas ausführlicher beschäftigen.

Das Prinzip asymmetrischer Kryptosysteme hat noch weiter reichende Konsequenzen: Es gestattet die Erzeugung so genannter *elektronischer Unterschriften* oder *digitaler Signaturen*, indem die Funktion der Schlüssel einfach umgedreht wird: Zur Erzeugung einer digitalen Signatur wird eine Nachricht mit einem geheimen Schlüssel „verschlüsselt" und das Ergebnis dieser Operation wird zusammen mit der Nachricht weitergegeben. Nun kann jeder, der den zugehörigen öffentlichen Schlüssel kennt, die „verschlüsselte" Nachricht „entschlüsseln" und das

16.1 Asymmetrische Kryptosysteme

Ergebnis mit der Originalnachricht vergleichen – nur der Besitzer des geheimen Schlüssels kann eine digitale Signatur erzeugen, die diesem Vergleich standhält. Wir stellen fest, dass die Begriffe „Verschlüsseln" und „Entschlüsseln" hier nicht mehr so recht passen, weshalb wir in diesem Fall besser von der „Erzeugung" und der „Prüfung" einer digitalen Signatur sprechen.

Voraussetzung für den Einsatz eines asymmetrischen Verschlüsselungssystems zur Erzeugung digitaler Signaturen ist, dass die Zusammengehörigkeit von $E(M)$ und M verlässlich nachgewiesen werden kann. Die Möglichkeit eines solchen Nachweises besteht dann, wenn die mathematischen Operationen zur Ver- und Entschlüsselung kommutativ sind, also ihre Hintereinanderausführung unabhängig von der Reihenfolge stets den ursprünglichen Wert liefert:

$$E(V(M)) = V(E(M)) = M. \qquad (16.2)$$

Durch Anwendung des öffentlichen Schlüssels V auf $E(M)$ kann in diesem Fall geprüft werden, ob $E(M)$ als digitale Signatur der Nachricht M gültig ist.

Das Prinzip digitaler Signaturen erhält seine heutige Bedeutung aus zwei wichtigen Tendenzen heraus:

❖ Das 1997 verabschiedete Gesetz zur digitalen Signatur (Artikel 3 des Informations- und Kommunikationsdienstegesetzes IuKDG)[48] schafft die Grundlage für die künftige Einbeziehung digitaler Signaturen in den Rechtsverkehr;

❖ Die Nutzung des Internet im wachsenden Umfeld des Electronic Business bezieht zunehmend digitale Signaturen zur Identifikation und Authentisierung von Kommunikationsteilnehmern, zur Authentisierung von digitalen Informationen und zur Absicherung des Zahlungsverkehrs ein.

Während das Signaturgesetz offen lässt, welche konkreten Algorithmen zur Bildung digitaler Signaturen eingesetzt werden, basieren die im Internet propagierten oder bereits eingesetzten Protokolle zur Identifikation, Authentikation und Autorisierung im Rahmen elektronischer Transaktionen meist auf dem RSA-Verfahren, das damit eine herausragende Bedeutung für eine breite Öffentlichkeit erhält. Die Erzeugung digitaler Signaturen mittels des RSA-Verfahrens ist also ein besonders aktuelles Anwendungsbeispiel unserer FLINT/C-Funktionen.

Dem Autor ist bewusst, dass die vorangehenden Absätze eine recht knappe Einführung in ein so bedeutendes kryptographisches Prinzip darstellen, jedoch erscheint dies in Anbetracht der Vielzahl an ausführlichen Publikationen zu diesem Thema vertretbar. Wer hierüber mehr wissen möchte, dem seien etwa [BEUT], [FUMY], [SALO] oder [STIN] als Einführung, die umfassenden Werke [MOV] oder [SCHN], oder die stärker mathematisch orientierten Monographien [KOBL], [KRAN] oder [HKW] empfohlen.

---

[48] Im Internet zu finden unter http://www.iid.de/iukdg/gesetz/iukdg.html

16.2 Der RSA-Algorithmus

*Alles was lediglich wahrscheinlich ist,
ist wahrscheinlich falsch.*

RENE DESCARTES

Wir befassen uns im Folgenden mit einem kurzen Abriss der mathematischen Eigenschaften des RSA-Verfahrens, und wir werden sehen, wie das RSA-Verfahren sowohl als asymmetrisches Verschlüsselungssystem, als auch als asymmetrisches Signaturschema eingesetzt werden kann. Den mathematischen Prinzipien des RSA-Verfahrens folgend werden wir C++-Klassen mit RSA-Funktionen zur Ver- und Entschlüsselung sowie zur Erzeugung und zur Prüfung digitaler Signaturen entwerfen. Auf diese Weise werden wir die Einsatzmöglichkeiten der von unserer Klasse LINT angebotenen Methoden verdeutlichen.

Das Wichtigste am RSA-Verfahren sind die Schlüsselpaare, die eine besondere mathematische Gestalt haben: Ein RSA-Schlüsselpaar besteht aus drei Basiskomponenten, dem Modulus n, der öffentlichen Schlüsselkomponente v und der geheimen Schlüsselkomponente e. Die Paare $\langle v, n \rangle$ und $\langle e, n \rangle$ bilden dann den öffentlichen und den geheimen Schlüssel.

Zunächst wird der Modulus n als das Produkt $n = p \cdot q$ zweier Primzahlen p und q erzeugt. Bezeichnet $\Phi(n) = (p - 1)(q - 1)$ die Euler'sche Phi-Funktion (vgl. S. 157), so kann zu n eine öffentliche Schlüsselkomponente v so gewählt werden, dass gilt $v < \Phi(n)$ und $\text{ggT}(v, \Phi(n)) = 1$. Die zu n und v passende geheime Schlüsselkomponente e erhält man durch Berechnung des Inversen $e = v^{-1} \mod \Phi(n)$ (vgl. hierzu Abschn. 10.2).

Ein Beispiel mit kleinen Zahlen verdeutlicht das Prinzip: Wir wählen $p = 7$ und $q = 11$; dann ist $n = 77$ und $\Phi(n) = 2^2 \cdot 3 \cdot 5 = 60$. Aufgrund der Bedingung $\text{ggT}(v, \Phi(n)) = 1$ ist 7 der kleinstmögliche Wert für die Schlüsselkomponente v, woraus sich wegen $7 \cdot 43 \equiv 301 \equiv 1 \mod 60$ der Wert $e = 43$ für die Schlüsselkomponente e ergibt. Mit diesen Werten können wir nun das RSA-Verfahren im Spielzeugformat anwenden, und es ist nachzurechnen, dass etwa die „Nachricht" 5 zu $5^7 \mod 77 = 47$ verschlüsselt wird und die Entschlüsselung $47^{43} \mod 77 = 5$ wieder den ursprünglichen Wert herstellt.

Ausgestattet mit derartigen Schlüsseln (auf realistische Größen der hierzu verwendeten Schlüsselkomponenten kommen wir gleich zu sprechen) und geeigneter Software können Kommunikationspartner Nachrichten vertraulich miteinander austauschen. Zur Veranschaulichung des Verfahrens betrachten wir im Folgenden den Ablauf, bei dem ein Teilnehmer $\mathcal{A}$ eine RSA-verschlüsselte Nachricht an einen Kommunikationspartner $\mathcal{B}$ sendet:

16.2 Der RSA-Algorithmus

Verschlüsselung einer Nachricht mit dem RSA-Verfahren

Was tut $\mathcal{A}$?	Was tut $\mathcal{B}$?
	① $\mathcal{B}$ erzeugt seinen RSA-Schlüssel mit Komponenten $n_\mathcal{B}$, $e_\mathcal{B}$ und $v_\mathcal{B}$. Den öffentlichen Schlüssel $\langle v_\mathcal{B}, n_\mathcal{B} \rangle$ gibt sie oder er an $\mathcal{A}$.
② $\mathcal{A}$ möchte eine Nachricht M verschlüsselt an $\mathcal{B}$ senden ($0 \leq M < n_\mathcal{B}$). $\mathcal{A}$ erhält von $\mathcal{B}$ dessen öffentlichen Schlüssel $\langle v_\mathcal{B}, n_\mathcal{B} \rangle$. $\mathcal{A}$ berechnet $$C = M^{v_\mathcal{B}} \bmod n_\mathcal{B}$$ und sendet den verschlüsselten Wert C an $\mathcal{B}$.	③ Nachdem $\mathcal{B}$ die verschlüsselte Nachricht C von $\mathcal{A}$ erhalten hat, entschlüsselt $\mathcal{B}$ diese durch Berechnung von $$M = C^{e_\mathcal{B}} \bmod n_\mathcal{B}$$ mit seinem geheimen Schlüssel $\langle e_\mathcal{B}, n_\mathcal{B} \rangle$. $\mathcal{B}$ liegt nun die Nachricht M im Klartext vor.

Warum dies funktioniert, ist leicht einzusehen: Wegen $e \cdot v \equiv 1 \bmod \Phi(n)$ existiert eine ganze Zahl k mit $e \cdot v = 1 + k \cdot \Phi(n)$. Hiermit gilt nun

$$C^e \equiv M^{ve} \equiv M^{1+k \cdot \Phi(n)} \equiv M \cdot (M^{\Phi(n)})^k \equiv M \bmod n, \qquad (16.3)$$

wobei wir den auf Seite 157 zitierten Satz von Euler verwendet haben, wonach $M^{\Phi(n)} \equiv 1 \bmod n$ gilt, falls ggT(M, n) = 1 ist.

Die Sicherheit des RSA-Verfahrens hängt offensichtlich mit der Faktorisierbarkeit des Modulus n zusammen: Kann n in seine Faktoren p und q zerlegt werden, so kann aus der öffentlichen Schlüsselkomponente v der geheime Schlüssel e bestimmt werden. Andererseits ist die Zerlegung von n in Faktoren leicht berechenbar, wenn beide Schlüsselkomponenten e und v bekannt sind: Sei $k := ev - 1$, dann ist k ein Vielfaches von $\Phi(n)$ und daher gilt $k = r \cdot 2^t$ mit ungeradem r und $t \geq 1$. Für alle $g \in \mathbb{Z}_n$ ist $g^k \equiv g^{ev-1} \equiv g \cdot g^{-1} \equiv 1 \bmod n$, daher ist $g^{k/2}$ eine quadratische Wurzel der 1 modulo n, von denen es vier gibt: Außer ± 1 sind dies Wurzeln $\pm x$ mit $x \equiv 1 \bmod p$ und $x \equiv -1 \bmod q$, also gilt $p \mid (x-1)$ und $q \mid (x+1)$ (vgl. Abschn. 10.4.3). Durch Berechnung von $p = $ ggT($x-1, n$) erhält man hieraus die Faktorisierung von n (vgl. hierzu auch S. 190).

Andere heute bekannte Möglichkeiten zur Attackierung des RSA-Verfahrens als die Faktorisierung des Modulus sind entweder ebenso aufwendig wie diese, oder sie sind auf die spezielle Schwächen einzelner Protokolle zur Anwendung des RSA-Verfahrens zurückzuführen, jedoch nicht auf den RSA-Algorithmus selbst. Nach dem derzeitigen Erkenntnisstand sind es folgende Voraussetzungen, die zu Angriffsmöglichkeiten auf das RSA-Verfahren führen:

👎 Gemeinsamer Modulus

Die Verwendung eines gemeinsamen Modulus für mehrere Teilnehmer führt zu einer offensichtlichen Schwäche: Jeder der Teilnehmer kann nach dem gerade Gesagten seine eigenen Schlüsselkomponenten v und e dazu verwenden, um den gemeinsamen Modulus $n = pq$ zu faktorisieren. Aus der Kenntnis der Faktoren p und q sowie der öffentlichen Schlüsselkomponente der anderen Teilnehmer mit gleichem Modulus können nun deren geheime Schlüssel berechnet werden.

☹ Kleine öffentliche Exponenten

Da die Rechenzeit für das RSA-Verfahren bei gegebenem Modulus unmittelbar von der Größe der Exponenten abhängt, scheint es attraktiv zu sein, diese möglichst klein zu wählen. Beispielsweise erfordert 3 als der kleinste mögliche öffentliche Exponent nur eine Quadrierung und eine Multiplikation modulo n, warum also nicht auf diese Weise wertvolle Rechenzeit sparen?

Wir wollen annehmen, ein Angreifer wäre in der Lage, drei Kryptogramme C_1, C_2 und C_3 abzufangen, die jeweils den gleichen Klartext M, verschlüsselt mit Schlüsseln $\langle 3, n_i \rangle$ dreier verschiedener Empfänger enthalten:

$$C_1 = M^3 \bmod n_1,\ C_2 = M^3 \bmod n_2,\ C_3 = M^3 \bmod n_3\ .$$

Höchst wahrscheinlich gilt $\mathrm{ggT}(n_i, n_j) = 1$ für $i \neq j$, so dass der Angreifer durch Anwendung des Chinesischen Restsatzes (vgl. S. 181) einen Wert C finden kann, für den

$$C \equiv M^3 \bmod n_1 n_2 n_3$$

gilt. Aufgrund der Tatsache, dass auch $M^3 < n_1 n_2 n_3$ ist, gilt $C = M^3$ sogar in $\mathbb{Z}$, und der Angreifer kann M durch Berechnung von $\sqrt[3]{C}$ direkt ermitteln! Derartige als Broadcast-Attacken bekannte Angriffe können sogar immer dann ausgeführt werden, wenn die Anzahl der Kryptogramme C_i zu einer Nachricht größer ist als der öffentliche Exponent, und auch dann, wenn nicht der konstant gleiche Klartext in die Verschlüsselung eingeht, sondern die Klartexte nur linear voneinander abhängen, es also Beziehungen der Art $M_i = a + b \cdot M_j$ gibt (vgl. [BONE]). Um diese Attacken zu vermeiden ist es also erforderlich, den öffentlichen Exponenten nicht zu klein zu wählen (keinesfalls unterhalb $2^{16} + 1 = 65537$), und zusätzlich Broadcast-Nachrichten vor ihrer Verschlüsselung zufällige Redundanz hinzuzufügen. Dies kann etwa durch das Auffüllen von Nachrichten zu einem passenden Wert unterhalb des Modulus in geeigneter Weise erfolgen. Derartiges Vorgehen wird als *Padding* von Nachrichten bezeichnet (vgl. S. 310 u. [SCHN], Abschn. 9.1).

💣 Kleine geheime Exponenten und kleine Abstände von p und q

Bedenklicher noch als zu kleine öffentliche Exponenten sind kleine geheime Exponenten: M. Wiener hat bereits 1990 gezeigt, wie aus einem Schlüssel $\langle v, n \rangle$ mit $v < \Phi(n)$ die zugehörige private Schlüsselkomponente e berechnet werden kann, wenn e zu klein ist [WIEN]. Die Ergebnisse von Wiener wurden von D. Boneh und G. Durfee noch verschärft (vgl. [BONE]). Danach ist davon auszugehen, dass e aus $\langle v, n \rangle$ berechnet werden kann, wenn $e < n^{0,292}$ ist. Vermutet wird allerdings, dass dies sogar für $e < n^{0,5}$ gilt.

Es ist einleuchtend, dass der Modulus n leicht zerlegt werden kann wenn $p \approx q \approx \sqrt{n}$ ist, indem durch ungerade natürliche Zahlen nahe bei $\sqrt{n}$ dividiert wird. Gefährlich ist es auch, wenn die Differenz von p und q unterhalb von $n^{1/4}$ liegt, denn dann kann das Faktorisierungsverfahren von Fermat angewendet werden: Zur Faktorisierung von n genügen natürliche Zahlen $x, y \notin \{n-1, n+1\}$ für die $4n = x^2 - y^2$ gilt, denn dann sind mit $p = 1/2(x+y)$ und $q = 1/2(x-y)$ die Faktoren von n gefunden. Die Suche nach x und y läuft über $x = \lceil 2\sqrt{n} \rceil$, $\lceil 2\sqrt{n} \rceil + 1$, $\lceil 2\sqrt{n} \rceil + 2, \ldots$, solange, bis $x^2 - 4n$ ein Quadrat ist (was mit Hilfe der Funktion issqr_l() festgestellt werden kann). Die Faktorisierung nach diesem Verfahren erfordert einen Aufwand von $O((p-q)^2/\sqrt{n})$ und ist leicht zu bewerkstelligen, wenn $|p-q| < cn^{1/4}$ ist, mit einer Konstanten $c \ll n^{1/4}$.

Eine Arbeit von B. de Weger, welche die von Wiener, Boneh und Durfee nachgewiesenen Angriffsmöglichkeiten noch ausdehnt, zeigt, wie die Sicherheit des Verfahrens von den Größen sowohl des geheimen Schlüssels als auch der Differenz $|p-q|$ der Primfaktoren abhängt: Es sei $|p-q| = n^\beta$ und $e = n^\delta$. Der Modulus $n = pq$ kann effizient faktorisiert werden, wenn $2 - 4\beta < \delta < 1 - \sqrt{2\beta - 1/2}$ oder $\delta < 1/6(4\beta + 5) - 1/3\sqrt{(4\beta+5)(4\beta-1)}$ gilt (vgl. [DEWE]).

Als Konsequenz seiner Ergebnisse empfiehlt De Weger, p, q und e so zu wählen, dass $\delta + 2\beta > 7/4$ gilt. Für $\delta \geq 1/2$, wie es das obige Ergebnis nahe legt, muss $\beta > 5/8$ gewählt werden, um dieser Empfehlung zu folgen.

Dies steht im Einklang mit Hinweisen, die an anderer Stelle gegeben werden, wonach $0,5 < |\log_2 p - \log_2 q| < 30$ gelten soll (vgl. [EESSI]).

💣 Schwächen in der Implementierung

Neben den Protokollschwächen können eine Reihe potentieller Implementierungsprobleme die Sicherheit des RSA-Verfahrens wie auch die jedes anderen Verschlüsselungsverfahrens beeinträchtigen. Die größte Aufmerksamkeit erfordern zweifellos reine Softwareimplementierungen, die nicht durch Hardwaremaßnahmen gegen Zugriffe von außen geschützt sind. Das Auslesen von Speicherinhalten, die Beobachtung von Busaktivitäten oder von CPU-Zuständen können zur

Offenlegung geheimer Schlüsselinformation führen. Als mindeste Schutzmaßnahme sollten unbedingt alle Daten im Hauptspeicher, die in irgendeiner Weise mit geheimen Komponenten des RSA-Verfahrens (oder jedes anderen Kryptoverfahrens) korrelieren, jeweils unmittelbar nach ihrer Verwendung durch aktives Überschreiben gelöscht werden (etwa mit der Funktion `purge_l()` auf Seite 145). Die Funktionen der FLINT/C-Bibliothek sind für diesen Zweck bereits ausgerüstet, im Sicherheitsmodus werden lokale Variablen und allokierte Speicherbereiche vor Beendigung einer Funktion mit 0 überschrieben und so gelöscht. Dabei ist eine gewisse Sorgfalt erforderlich, denn die Optimierungsfähigkeiten der Compiler sind so ausgeprägt, dass simple Zuweisungen am Ende einer Funktion, wo sie erkennbar keinen Effekt über das Funktionsende hinaus haben, einfach ignoriert werden. Das ist noch nicht alles: Es muss sogar damit gerechnet werden, dass Aufrufe der in der C-Standardbibliothek enthaltenen Funktion `memset()` ignoriert werden, wenn der Compiler keinen Nutzen in deren Ausführung erkennt.

Das folgende Beispiel illustriert diese Effekte. Die Funktion `f_l()` verwendet zwei automatische Variablen, `CLINT schluesse_l` sowie `USHORT geheim`. Am Ende der Funktion, deren Inhalt hier nicht weiter interessiert, sollen diese Variablen durch Zuweisung von 0 an `geheim` bzw. durch Aufruf von `memset()` für `schluesse_l` überschrieben werden, so sieht es jedenfalls der C-Code vor:

```
int
f_l (CLINT n_l)
{
  CLINT schluesse_l;
  USHORT geheim;
  ...
  
  /* Ueberschreiben der Variablen */
  geheim = 0;
  memset (schluesse_l, 0, sizeof (schluesse_l));
  return 0;
}
```

Und was macht der Compiler hieraus (Microsoft Visual C/C++ 6.0, Kompilierung mit `cl -c -FAs -O2`)?

```
PUBLIC   _f
;        COMDAT _f
_TEXT    SEGMENT
_schluesse_l$ = -516
_geheim$ = -520
_f       PROC NEAR                                    ; COMDAT
; 5    :   CLINT schluesse_l;
; 6    :   USHORT geheim;
       ...
; 18   :   /* Ueberschreiben der Variablen */
; 19   :   geheim = 0;
; 20   :   memset (schluesse_l, 0, sizeof (schluesse_l));
```

16.2 Der RSA-Algorithmus

```
; 21   :    return 0;
            xor    eax, eax
; 22   :    }
            add    esp, 532                    ; 00000214H
            ret    0
_f       ENDP
_TEXT    ENDS
```

Der vom Compiler generierte Assembler-Code dokumentiert, dass die Anweisungen zum Löschen der Variablen `schluesse_l` und `geheim` wirkungslos übergangen werden. Aus Sicht der Optimierung ist dies ein erwünschtes Ergebnis, selbst die *Inline*-Version der Funktion `memset()` wird einfach wegoptimiert. Für sicherheitskritische Anwendungen ist diese Strategie jedoch einfach zu intelligent.

Das aktive Löschen von sicherheitskritischen Variablen durch Überschreiben muss also so implementiert werden, dass es auch tatsächlich ausgeführt wird. Dabei ist zu beachten, dass die Kontrolle auf Wirksamkeit in diesem Fall nicht durch *Assertions* erfolgen kann, da deren Präsenz den Compiler zur Ausführung des Codes zum Löschen zwingt. Bei abgeschalteten Assertions schlägt dann wieder die Optimierung zu.

Für das FLINT/C-Paket wurde die Funktion

```
static void purgevars_l (int noofvars, ...)
{
  va_list ap;
  size_t size;

  va_start (ap, noofvars);
  for (; noofvars > 0; --noofvars)
    {
       switch (size = va_arg (ap, size_t))
         {
           case 1:  *va_arg (ap, char *) = 0;
                    break;
           case 2:  *va_arg (ap, short *) = 0;
                    break;
           case 4:  *va_arg (ap, long *) = 0;
                    break;
           default: Assert (size >= CLINTMAXBYTE);
                    memset (va_arg(ap, char *), 0, size);
         }
    }
  va_end (ap);
}
```

implementiert, die variabel viele Argumente akzeptiert und diese je nach Größe entweder als Standard-Integer-Typ behandelt und zu 0 setzt, oder für andere Datenstrukturen `memset()` aufruft und diese so überschreiben lässt. Die Funktion erwartet Paare der Form (Bytelänge der Variable, Zeiger auf die Variable) als Argumente, vorangestellt in `noofvars` die Anzahl dieser Paare.

Als Ergänzung zu dieser Funktion wurde das Makro PURGEVARS_L() durch

```
#ifdef FLINT_SECURE
#define PURGEVARS_L(X) purgevars_l X
#else
#define PURGEVARS_L(X) (void)0
#endif /* FLINT_SECURE */
```

definiert, um den Sicherheitsmodus je nach Bedarf abschalten zu können. Das Löschen der Variablen in f() kann nun so erfolgen:

```
/* Ueberschreiben der Variablen */
PURGEVARS_L ((2, sizeof (geheim), &geheim,
              sizeof (schluesse_l), schluesse_l));
```

Der Compiler kann den Aufruf dieser Funktion nicht aufgrund lokaler Optimierungsstrategien ignorieren, hierzu wäre allenfalls eine äußerst wirksame globale Optimierung imstande. In jedem Fall ist dazu zu raten, die Wirkung derartiger Sicherheitsmaßnahmen durch Codeinspektionen zu prüfen:

```
PUBLIC   _f
EXTRN    _purgevars_l:NEAR
;        COMDAT _f
_TEXT    SEGMENT
_schluesse_l$ = -516
_geheim$ = -520
_f       PROC NEAR                                  ; COMDAT
; 9    : {
         sub      esp, 520                          ; 00000208H
; 10   :    CLINT schluesse_l;
; 11   :    USHORT geheim;
         ...
; 18   :    /* Ueberschreiben der Variablen */
; 19   :    PURGEVARS_L ((2, sizeof (geheim), &geheim,
                          sizeof (schluesse_l), schluesse_l));
         lea      eax, DWORD PTR _schluesse_l$[esp+532]
         push     eax
         lea      ecx, DWORD PTR _geheim$[esp+536]
         push     514                               ; 00000202H
         push     ecx
         push     2
         push     2
         call     _purgevars_l
; 20   :    return 0;
         xor      eax, eax
```

16.2 Der RSA-Algorithmus

```
;  21     :  }
          add    esp, 552                    ; 00000228H
          ret    0
_f        ENDP
_TEXT     ENDS
```

Als eine weitere Schutzmaßnahme im Zusammenhang mit der Implementierung sicherheitskritischer Anwendungen ist eine umfassende Fehlerbehandlung zu nennen, die dafür sorgt, dass auch bei Eingabe ungültiger Argumente oder bei anderen Ausnahmesituationen keine sensitive Information preisgegeben wird. Ebenfalls sind geeignete Maßnahmen in Betracht zu ziehen, um die Authentizität des Codes von Kryptoanwendungen sicherzustellen, damit das Einschleusen so genannter *Trojanischer Pferde* verhindert oder zumindest vor der Ausführung des Codes festgestellt werden kann. Angelehnt an die Sage vom Kampf um Troja wird so manipulierte Software bezeichnet, die scheinbar korrekt funktioniert, die zusätzlich jedoch unerwünschte Nebenwirkungen hat, wie etwa die Weitergabe geheimer Schlüsselinformation an einen Angreifer über eine Internet-Anbindung.

Um derartige Probleme in den Griff zu bekommen, werden für kryptographische Operationen in der Praxis häufig so genannte *Sicherheits-* oder *S-Boxen* eingesetzt, deren Hardware durch Kapselung in Verbindung mit Detektoren oder Sensoren gegen Angriffe geschützt ist.

Werden all die bekannten Fallstricke vermieden, so bleibt als Risiko die Faktorisierung des Modulus bestehen, die jedoch durch die Verwendung hinreichend großer Primzahlen wirksam verhindert werden kann. Zwar konnte bislang nicht bewiesen werden, dass kein leichteres Verfahren als die Faktorisierung des Modulus existiert, um das RSA-Verfahren zu brechen, und ebenso wenig existiert ein Beweis dafür, dass die Faktorisierung großer Zahlen wirklich ein so schweres Problem ist, wie es sich bis heute darstellt, jedoch können diese Aspekte die praktische Verwendung des Algorithmus derzeit nicht beeinträchtigen: Das RSA-Verfahren ist das weltweit am häufigsten eingesetzte asymmetrische Verschlüsselungsverfahren, und es gewinnt insbesondere für die Erzeugung digitaler Signaturen ständig an Verbreitung.

An vielen Stellen in der Literatur wird empfohlen, so genannte *starke* Primzahlen p und q zu verwenden, um den Modulus vor einigen der einfacheren Faktorisierungsverfahren zu schützen. Eine Primzahl p wird in diesem Zusammenhang als *stark* bezeichnet, wenn

(i) $p-1$ einen großen Primteiler r besitzt,
(ii) $p+1$ einen großen Primteiler s hat und
(iii) $r-1$ einen großen Primteiler t besitzt.

Was den Beitrag starker Primzahlen zur Sicherheit des RSA-Verfahrens anbetrifft, wird ihre Notwendigkeit nicht überall mit dem gleichen Nachdruck vertreten. In jüngerer Zeit mehren sich die Stimmen, denen zufolge die Verwendung starker Primzahlen zwar nicht schadet, aber auch nicht viel nützt (vgl. [MOV],

Abschn. 8.2.3, Note 8.8, sowie [REGT], Anh. 1.4), oder die sogar hiervon abraten (vgl. [SCHN], Abschn. 11.5). In unserem nachfolgenden Programmbeispiel werden wir daher auf die Erzeugung starker Primzahlen verzichten. Für diejenigen, die dennoch an der Verwendung starker Primzahlen interessiert sind, wird hier ein geeignetes Konstruktionsverfahren skizziert:

1. Der erste Schritt zur Konstruktion einer starken Primzahl p mit l_p Binärstellen besteht in der Suche nach Primzahlen s und t mit der Bedingung, dass $\log_2(s) \approx \log_2(t) \approx l_p/2 - \log_2 l_p$ ist. Danach suchen wir nach einer Primzahl r, für die $r-1$ von t geteilt wird, indem wir nacheinander Zahlen der Form $r = k2t + 1$, $k = 1, 2, \ldots$ auf Primheit testen, bis wir die erste Primzahl unter diesen gefunden haben. Dies ist fast immer nach höchstens $\lfloor 2\ln 2t \rfloor$ Schritten der Fall (vgl. [HKW], S. 418).

2. Nun berechnen wir mittels des Chinesischen Restsatzes (vgl. S. 181) eine Lösung der simultanen Kongruenzen $x \equiv 1 \bmod r$ und $x \equiv -1 \bmod s$, indem wir $x_0 := 1 - 2 \cdot r^{-1}s \bmod rs$ setzen, mit r^{-1} als multiplikativem Inversen von r modulo s.

3. Für die Primzahlsuche benötigen wir einen ungeraden Startwert: Wir erzeugen eine Zufallszahl z mit einer Stellenzahl nahe unterhalb der gewünschten Länge von p und setzen $x_0 \leftarrow x_0 + z + rs - (z \bmod rs)$; falls x_0 gerade ist, setzen wir noch $x_0 \leftarrow x_0 + rs$. Mit dem Wert x_0 starten wir nun zur endgültigen Bestimmung von p. Wir testen die Werte $p = x_0 + k2rs$, $k = 0, 1, 2, \ldots$, bis die gewünschte Stellenzahl l_p für p erreicht und p prim ist. Soll ein RSA-Schlüssel einen vorgegebenen öffentlichen Exponenten v enthalten, so ist es zweckmäßig, hier zusätzlich sicherzustellen, dass $\text{ggT}(p - 1, v) = 1$ ist. Die obigen Bedingungen an p bleiben hierbei insgesamt erfüllt. Für die Primzahltests verwenden wir den in der Funktion `prime_l()` implementierten Miller-Rabin-Test.

Ob als Schlüssel nun starke Primzahlen verwendet werden oder nicht, in jedem Fall ist es praktisch, eine Funktion zur Hand zu haben, die Primzahlen einer vorgegebenen Länge bzw. innerhalb eines anzugebenden Intervalls erzeugt. Ein Verfahren hierzu, welches zusätzlich dafür sorgt, dass eine damit erzeugte Primzahl p die Zusatzbedingung $\text{ggT}(p - 1, f) = 1$ für einen vorgegebenen Wert f erfüllt, ist in [IEEE], S. 73 angegeben. Der Algorithmus in leicht variierter Form lautet:

Algorithmus zur Erzeugung einer Primzahl p mit $p_{min} \leq p \leq p_{max}$

1. Erzeuge eine Zufallszahl p mit $p_{min} \leq p \leq p_{max}$.
2. Falls p gerade ist, setze $p \leftarrow p + 1$.
3. Falls $p > p_{max}$, setze $p \leftarrow p_{min} + p \bmod (p_{max} + 1)$ und gehe zu 2.

16.2 Der RSA-Algorithmus

4. Berechne $d := \text{ggT}(p - 1, f)$ (vgl. Abschn. 10.1). Falls $d = 1$ ist, teste p auf Primheit (vgl. Abschn. 10.5). Falls p prim ist, so gebe p aus und beende den Algorithmus. Ansonsten setze $p \leftarrow p + 2$ und gehe zu Schritt 3.

Eine Realisierung dieses Verfahrens ist als C++-Funktion im FLINT/C-Paket enthalten (Quelldatei `flintpp.cpp`):

Funktion:	Erzeugung einer Primzahl innerhalb eines Intervalls $[p_{min}, p_{max}]$ mit der zusätzlichen Bedingung $\text{ggT}(p - 1, f) = 1$, $0 < f$ ungerade

Syntax:	`const LINT`
	`findprime(const LINT& pmin, const LINT& pmax,`
	`const LINT& f);`

Eingabe:	pmin: Kleinster zulässiger Wert pmax: Größter zulässiger Wert f: Ungerader positiver Wert, zu dem $p - 1$ teilerfremd sein soll
Rückgabe:	LINT-Primzahl p (ermittelt mit probabilistischem Test, vgl. Abschn. 10.5) mit $\text{ggT}(p - 1, f)$

```
const LINT findprime (const LINT& pmin, const LINT& pmax, const LINT& f)
{
  if (!pmin.init) LINT::panic (E_LINT_VAL, "findprime", 1, __LINE__);
  if (!pmax.init) LINT::panic (E_LINT_VAL, "findprime", 2, __LINE__);
  if (pmin > pmax) LINT::panic (E_LINT_VAL, "findprime", 1, __LINE__);
  if (!f.init) LINT::panic (E_LINT_VAL, "findprime", 3, __LINE__);

  // 0 < f muss ungerade sein
  if (f.iseven()) LINT::panic (E_LINT_VAL, "findprime", 3, __LINE__);

  LINT p = randBBS (pmin, pmax);
  LINT t = pmax - pmin;

  if (p.iseven())
    {
      ++p;
    }

  if (p > pmax)
    {
      p = pmin + p % (t + 1);
    }

  while ((gcd (p - 1, f) != 1) || !p.isprime())
    {
      ++p;
      ++p;

      while (p > pmax)
        {
```

```
            p = pmin + p % (t + 1);

            if (p.iseven())
            {
                ++p;
            }
        }
    }

    return p;
}
```

Die Funktion findprime() wurde zusätzlich so überladen, dass statt der Intervallgrenzen p_{min} und p_{max} auch eine Binärlänge vorgegeben werden kann:

Funktion:	Erzeugung einer Primzahl innerhalb des Intervalls $[2^{l-1}, 2^l - 1]$ mit der zusätzlichen Bedingung $\gcd(p - 1, f) = 1$, $0 < f$ ungerade
Syntax:	const LINT findprime(const USHORT l, const LINT& f);
Eingabe:	l: Gewünschte Binärlänge f: Ungerader positiver Wert, zu dem $p - 1$ teilerfremd sein soll
Rückgabe:	LINT-Primzahl p mit $\gcd(p - 1, f)$

Hinsichtlich der zu wählenden Schlüssellängen ist ein Blick auf die Entwicklung der weltweiten Faktorisierungsbemühungen aufschlussreich: Im April 1996 wurde nach monatelanger Zusammenarbeit von Universitäten und Forschungslabors in den USA und in Europa unter der Leitung von A. K. Lenstra der RSA-Modulus

RSA-130 = 18070820886874048059516561644059055662781025167694013
4917012702145005666254024404838734112759081230337178188796656318201
3214880557

mit 130 Dezimalstellen in die Faktoren

RSA-130 = 39685999459597454290161126162883786067576449112810064832555157243

* 45534498646735972188403686897274408864356301263205069600999044599

faktorisiert[49]. Im Februar 1999 wurde dann

---

[49] Lenstra: Arjen K.: *Factorization of RSA-130 using the Number Field Sieve*, http://dbs.cwi.nl.herman.NFSrecords/RSA-130, vgl. auch [COWI].

16.2 Der RSA-Algorithmus

RSA-140 = 21290246318258757547497882016271517497806703963277216
2782333832153819499840564959113665738530219183167831O
7387995317230889569230873441936471

in die beiden 70-stelligen Faktoren

RSA-140 = 3398717423028438554530123627613875835633986495969597 4
23490929302771479

* 626420018740128509615165494826444221930203717862350 90
19111660653946049

zerlegt. An diesem Erfolg waren unter der Führung von Herman J. J. te Riele vom CWI in den Niederlanden Teams aus den Niederlanden, aus Australien, Frankreich, Großbritannien und den USA beteiligt[50]. RSA-130 und RSA-140 entstammen einer Liste von 42 RSA-Moduli, die 1991 von der Firma RSA Data Security, Inc. als Herausforderung an die kryptographische Forschergemeinschaft veröffentlicht wurde[51]. Die Berechnungen, die zur Faktorisierung von RSA-130 und RSA-140 geführt haben, wurden auf eine Vielzahl von Workstations verteilt und die Ergebnisse zusammengetragen. Die für die Faktorisierung von RSA-140 aufgewendete Rechenleistung wird mit 2000 MIPS-Jahren[52] veranschlagt (für RSA-130 waren dies etwa 1000 MIPS-Jahre).

Nur kurze Zeit später, nämlich Ende August 1999, ging die Nachricht über die Faktorisierung von RSA-155 um die Welt. Mit einem Aufwand von etwa 8000 MIPS-Jahren konnte auch die nächst größere Zahl aus der Liste der RSA-Challenges zerlegt werden, wiederum unter der Projektleitung von Herman te Riele und internationaler Beteiligung. Mit der Zerlegung von

RSA-155 = 10941738641570527421809707322040357612003732945449205
99091384213147634998428893478471799725789126733249762
5752899781833797076537244027146743531593354333897

in die beiden 78-stelligen Faktoren

RSA-155 = 10263959282974110577205419657399167590071656780803806
6803341933521790711307779

* 10660348838016845482092722036001287867920795857598929
15222706082371930628O8643

---

[50] Email von Herman.te.Riele@cwi.nl im Number Theory Network vom 4. Februar 1999.
Siehe auch unter http://www.rsasecurity.com/rsalabs/html/status.html
[51] http://www.rsasecurity.com/rsalabs/html/factoring.html
[52] MIPS = **M**ega **I**nstructions **P**er **S**econd, Angabe für die Geschwindigkeit eines Rechners. Ein Rechner arbeitet mit 1 MIPS, wenn er pro Sekunde 700.000 Additionen und 300.000 Multiplikationen ausführen kann.

wurde zum ersten Mal die magische Schwelle von 512 Bit überschritten, die über viele Jahre hinweg als ausreichend sichere Schlüssellänge gegolten hat.

Die Frage, welche Schlüssellängen für das RSA-Verfahren denn zukünftig als ausreichend zu betrachten sind, stellt sich nach jedem Fortschritt bei der Faktorisierung aufs Neue. Konkrete Hinweise hierzu gibt eine Arbeit von A. K. Lenstra und Eric R. Verheul, die ein Modell für die Ermittlung von empfehlenswerten Schlüssellängen für viele Arten von Kryptosystemen beschreiben (vgl. [LEVE]). Ausgehend von einer Reihe wohlfundierter, gleichwohl vorsichtiger Annahmen, kombiniert mit aktuellen Erkenntnissen, werden Prognosen über zukünftig zu empfehlende Mindestlängen von Schlüsseln berechnet und tabellarisch zusammengefasst. Die folgenden Angaben für asymmetrische Verfahren wie RSA, El-Gamal oder Diffie-Hellman sind ein Auszug aus diesen Ergebnissen:

Jahr	Schlüssellängen (in Bit)
2001	990
2005	1149
2010	1369
2015	1613
2020	1881
2025	2174

Tab. 28: Empfohlene Schlüssellängen nach Lenstra und Verheul

Somit ist festzuhalten, dass ein RSA-Schlüssel kaum weniger als 1024 Binärstellen besitzen sollte, um noch einen beruhigenden „Sicherheitsabstand" für kritische Anwendungen zu gewähren, dass aber die Faktorisierungserfolge und die Entwicklung insgesamt kritisch zu beobachten sind. Indes ist es ohnehin sinnvoll, hinsichtlich des Verwendungszwecks zu differenzieren und für besonders langfristige oder hochsensitive Anwendungen 2048 oder mehr Binärstellen in Erwägung zu ziehen[53] (vgl. auch [SCHN], Kap. 7, sowie [REGT], Anh. 1.4); mit dem FLINT/C-Paket sind wir für derartige Schlüssellängen bestens gerüstet. Grund zur Aufregung besteht jedenfalls so lange nicht, wie die Faktorisierungserfolge sich im Wesentlichen proportional zur Rechenleistung der verwendeten Hardware entwickeln, denn eben dieser Leistungszuwachs der Hardware gestattet es, im erforderlichen Maße auch größere Schlüssel zu verarbeiten. Der Sicherheit des RSA-Verfahrens kann so stets ein ausreichender Vorsprung bewahrt werden.

Wie viele solcher Schlüssel gibt nun? Reicht deren Anzahl überhaupt aus, um jeden Menschen mit einem oder mehreren RSA-Schlüsseln auszustatten? Hierauf gibt uns der Primzahlsatz die passende Antwort, wonach die Anzahl der Primzahlen unterhalb einer Zahl x durch den Wert $x/\ln x$ angenähert wird (vgl. S. 198): Moduli der Länge von 1024 Bit werden als Produkte von jeweils zwei Primzahlen der Länge von etwa 512 Bit erzeugt. Davon gibt es ungefähr $2^{512}/512$ viele, das sind umgerechnet etwa 10^{151}, die jeweils paarweise einen Modulus bilden. Von solchen Paaren existieren wiederum $N \cdot (N-1)/2$, wobei wir für $N = 10^{151}$ einset-

---

[53] Die Konfektionierung der Binärstellenzahl von RSA-Schlüsseln auf Vielfache von 8 ist zweckmäßig und entspricht der Konvention, da solche Schlüssel genau auf Byte-Grenzen enden.

zen, das entspricht etwa 10^{300} verschiedenen Moduli, für die darüber hinaus jeweils noch einmal so viele unterschiedliche geheime Schlüsselkomponenten gewählt werden können. Diese überwältigende Vielfalt ist nicht einmal annähernd zu begreifen, man kann jedoch als Vergleich dagegen halten, dass das gesamte beobachtbare Universum „nur" ungefähr 10^{80} Elementarteilchen enthält (vgl. [SAGA], Kap. 9). Oder: Würde man jeden Menschen auf der Erde täglich mit zehn neuen Moduli ausstatten, so könnte man dies etwa 10^{287} Jahre lang tun – ohne je einen Modulus mehrfach zu verwenden. Die Erde als Himmelskörper existiert allerdings „erst" seit etwa vier Milliarden Jahren ...

Dass sich schließlich eine beliebige Nachricht als positive Zahl ausdrücken lässt, ist selbstverständlich: Durch die Zuordnung von Zahlwerten zu den Buchstaben eines Alphabetes können Nachrichten auf vielfältige Weisen als Zahlen interpretiert werden. Ein gängiges Beispiel ist die numerische Darstellung von Zeichen durch den ASCII[54]-Code. Eine ASCII-codierte Nachricht kann als Zahl aufgefasst werden, indem die Codewerte der einzelnen Zeichen als Stellen zur Basis 256 betrachtet werden. Die Wahrscheinlichkeit, dass man hierbei eine Zahl M mit $\text{ggT}(M, n) > 1$ erhält, die also einen der Faktoren p oder q von n als Faktor enthält, ist vernachlässigbar klein. Ist M zu groß für den Modulus n eines RSA-Schlüssels, nämlich größer als $n - 1$, so kann die Nachricht in Blöcke unterteilt werden, deren Zahlwerte $M_1, M_2, M_3, \ldots$ unterhalb von n liegen; diese Blöcke müssen dann einzeln verschlüsselt werden.

Für längere Nachrichten ist dies etwas langwierig, daher verwendet man das RSA-Verfahren in der Regel nicht zur Verschlüsselung von längeren Texten. Hierzu sind symmetrische Verschlüsselungsverfahren (beispielsweise Triple-DES, IDEA oder Rijndael, vgl. Kap. 19 u. [SCHN], Kap. 12, 13, 14) bekannt, mit denen dies viel schneller und gleichermaßen sicher geht. Für die verschlüsselte Übertragung der hierzu benötigten Schlüssel, die ja bei symmetrischen Verfahren geheim gehalten werden müssen, eignet sich das RSA-Verfahren allerdings hervorragend.

16.3 Digitale RSA-Signaturen

> *'Please, your Majesty,' said the Knave, 'I didn't write it, and they can't prove that I did: there's no name signed at the end.'*
>
> LEWIS CARROLL: Alice's Adventures in Wonderland

Zur Veranschaulichung, wie das RSA-Verfahren für die Erzeugung digitaler Signaturen eingesetzt wird, betrachten wir den folgenden Ablauf, bei dem ein Teilnehmer $\mathcal{A}$ eine Nachricht M mit seiner auf dem RSA-Verfahren basierenden digitalen Signatur versieht und an einen Teilnehmer $\mathcal{B}$ sendet, wonach $\mathcal{B}$ die Echtheit der Signatur prüft:

---

[54] ASCII - American Standard Code for Information Interchange

Erzeugung einer digitalen Signatur mit dem RSA-Verfahren

Was tut $\mathcal{A}$?	Was tut $\mathcal{B}$?
① $\mathcal{A}$ erzeugt seinen RSA-Schlüssel mit Komponenten n_A, e_A und v_A. Den öffentlichen Schlüssel $\langle v_A, n_A \rangle$ gibt sie oder er an $\mathcal{B}$.	③ $\mathcal{B}$ besitzt den öffentlichen Schlüssel $\langle v_A, n_A \rangle$ von $\mathcal{A}$. Nachdem $\mathcal{B}$ die Nachricht M und die Signatur S von $\mathcal{A}$ erhalten hat, berechnet $\mathcal{B}$ $$R = \mu(M)$$ $$R' = S^{v_A} \bmod n_A$$ mit dem öffentlichen Schlüssel $\langle v_A, n_A \rangle$ von $\mathcal{A}$.
② $\mathcal{A}$ möchte eine Nachricht M mit ihrer bzw. seiner digitalen Signatur versehen an $\mathcal{B}$ senden. Dazu erzeugt $\mathcal{A}$ die Redundanz $R = \mu(M)$ mit $R < n_A$ mittels einer *Redundanz-Funktion* μ (s. u.), berechnet die Signatur $$S = R^{e_A} \bmod n_A$$ und sendet (M, S) an $\mathcal{B}$.	④ $\mathcal{B}$ prüft nun, ob $$R' = R$$ gilt. Ist dies der Fall, so wird $\mathcal{B}$ die digitale Signatur von $\mathcal{A}$ akzeptieren, andernfalls wird $\mathcal{B}$ diese ablehnen.

Digitale Signaturen, für deren Überprüfung wie im obigen Ablauf dargestellt die separate Übermittlung der signierten Nachricht M erforderlich ist, werden auch als *digitale Signaturen mit Appendix* bezeichnet.

Die Signaturverfahren mit *Appendix* werden überwiegend für die Signierung von Nachrichten unterschiedlicher Längen verwendet, deren Zahldarstellung den Modulus übersteigen, so dass $M \geq n$ gilt. Im Prinzip könnte man solche Nachrichten wie oben zur Verschlüsselung in Blöcke $M_1, M_2, M_3, \ldots$ passender Länge mit $M_i < n$ unterteilen und jeden Block einzeln signieren. Abgesehen davon jedoch, dass in diesem Fall ein Fälschungsproblem durch die Möglichkeit der Umsortierung von Nachrichtenblöcken und der zu diesen Blöcken gebildeten Signaturen besteht, gibt es zwei weitere triftige Gründe, anstelle einer Blockbildung die als *Redundanz-Funktion* bezeichnete Funktion μ in den obigen Ablauf der Berechnung einer digitalen Signatur einzubeziehen:

Eine Redundanz-Funktion $\mu: \mathfrak{M} \to \mathbb{Z}_n$ bildet beliebige Nachrichten M aus einem Nachrichtenraum $\mathfrak{M}$ in den Restklassenring $\mathbb{Z}_n$ ab, wobei Nachrichten typischerweise durch die Anwendung so genannter *Hash-Funktionen* (vgl. S. 313) auf Werte $\lesssim 2^{160}$ reduziert werden, die dann zusätzlich mit vordefinierten Zeichenfolgen verkettet werden. Da lediglich das Bild von M unter μ in einem RSA-Schritt signiert wird und Hash-Funktionen ihrem Design zufolge sehr schnell zu berech-

16.3 Digitale RSA-Signaturen

nen sind, bedeutet die Anwendung eines solchen Verfahrens einen großen Zeitvorteil gegenüber der ansonsten für M notwendigen Anzahl blockweise auszuführender RSA-Schritte.

Der andere Grund ist, dass das RSA-Verfahren eine für die Signaturbildung unerwünschte Eigenschaft hat: Für zwei Nachrichten M_1 und M_2 gilt die multiplikative Beziehung

$$(M_1 \cdot M_2)^e \bmod n = (M_1^e \cdot M_2^e) \bmod n, \qquad (16.4)$$

die eine Fälschung von Signaturen unterstützt, falls keine Maßnahmen dagegen getroffen werden. Aufgrund dieser als *Homomorphie* bezeichneten Eigenschaft der RSA-Funktion wäre es ohne die Einbeziehung der Redundanz R möglich, Nachrichten „verdeckt" digital signieren zu lassen. Dazu könnte man eine geheime Nachricht M und eine unverfängliche Nachricht M_1 auswählen, aus denen durch $M_2 := M \cdot M_1 \bmod n_A$ eine weitere Nachricht M_2 gebildet wird. Wenn es gelänge, M_1 und M_2 von einer Person oder Instanz A digital signieren zu lassen, so erhielte man Signaturen $S_1 = M_1^{e_A} \bmod n_A$ und $S_2 = M_2^{e_A} \bmod n_A$, aus denen durch Berechnung von $S_2 \cdot S_1^{-1} \bmod n_A$ die Signatur zu M gebildet werden könnte, was wahrscheinlich nicht im Sinne von A wäre, jedoch von A beim Erzeugen der Signaturen S_1 und S_2 möglicherweise nicht bemerkt würde: Die Nachricht M würde in diesem Fall *verdeckt* signiert.

Man kann natürlich entgegenhalten, dass M_2 mit hoher Wahrscheinlichkeit keine sinnvolle Nachricht darstellt und dass A ohnehin nicht gut beraten wäre, M_1 oder M_2 auf fremde Veranlassung und ohne genaue Prüfung der Inhalte zu signieren. Derartige Vernunfterwägungen bezüglich menschlicher Verhaltensweisen sollten jedoch nicht herangezogen werden, um Schwächen eines kryptographischen Protokolls zu rechtfertigen, die, wie in diesem Fall durch die Einbeziehung von Redundanz, behebbar sind. Um dieses leisten zu können, muss die Redundanz-Funktion μ für alle $M_1, M_2 \in \mathfrak{M}$ die Eigenschaft

$$\mu(M_1 \cdot M_2) \neq \mu(M_1) \cdot \mu(M_2) \qquad (16.5)$$

besitzen und so dafür sorgen, dass die Signaturfunktion selbst nicht die unerwünschte Homomorphieeigenschaft besitzt.

Ergänzend zu den Signaturverfahren mit Appendix sind Methoden bekannt, die es ermöglichen, die signierte Nachricht der Signatur selbst zu entnehmen, so genannte *digitale Signaturen mit Message Recovery* (vgl. [MOV], Kap. 11, [ISO2] und [ISO3]). Digitale Signaturen mit Message Recovery auf der Basis des RSA-Verfahrens eignen sich insbesondere für kurze Nachrichten mit einer Binärlänge, welche die Hälfte der Binärlänge des Modulus nicht übersteigt.

In jedem Falle sind allerdings die Sicherheitseigenschaften von Redundanz-Funktionen sehr kritisch zu untersuchen, wie das 1999 von Coron, Naccache und Stern veröffentlichte Verfahren zum Angriff auf derartige Schemata zeigt. Der

Angriff setzt voraus, dass ein Angreifer über eine Menge von RSA-Signaturen zu solchen Nachrichten verfügt, deren ganzzahlige Darstellungen ausschließlich durch kleine Primzahlen teilbar sind. Aufgrund dieser Beschaffenheit der Nachrichten ist es unter günstigen Voraussetzungen möglich, ohne Kenntnis des Signaturschlüssels Signaturen zu weiteren Nachrichten zu konstruieren, was einer Fälschung dieser Signaturen gleichkäme (vgl. [CORO]). Die ISO hat auf diese Entwicklung reagiert: Im Oktober 1999 hat die Arbeitsgruppe SC 27 den Standard [ISO2] aus dem Verkehr gezogen und hierzu folgende Meldung veröffentlicht:

> „*Based on various attacks on RSA digital signature schemes (...), it is the consensus of ISO/IEC JTC 1/SC 27 that IS 9796:1991 no longer provides sufficient security for application-independent digital signatures and is recommended to be withdrawn.*"[55]

Die zurückgezogene Norm bezieht sich auf solche digitale Signaturen, bei denen die RSA-Funktion unmittelbar auf eine kurze Nachricht angewendet wird. Signaturen mit Appendix, die durch die Einbeziehung einer Hash-Funktion zustande kommen, fallen nicht hierunter.

Ein weit verbreitetes Redundanzschema, für das der Angriff von Coron, Naccache und Stern allenfalls eine theoretische Bedeutung hat und keine reale Bedrohung darstellt, ist durch das PKCS #1-Format von RSA Laboratories festgelegt (vgl. [RDS1], [CORO], S. 11–13, und [RDS2]). Das PKCS #1-Format spezifiziert, wie ein so genannter *Encryption Block EB* als Eingabewert für eine Verschlüsselungs- oder Signieroperation auszusehen hat:

$$EB = BT \| PS_1 \| \ldots \| PS_l \| 00 \| D_1 \| \ldots \| D_n \ .$$

Voran steht ein Byte, das den Blocktyp beschreibt (01 für *Private Key* Operationen, d. h. Signierung, 02 für *Public Key* Operationen, d. h. Verschlüsselung) und danach mindestens acht Füllbytes $PS_1 \ldots PS_l$ ($l \geq 8$) vom Wert FF (hex) bei der Signierung bzw. von Null verschiedene Zufallswerte bei der Verschlüsselung. Weiter folgt 00 als Trennbyte und dann kommen endlich die Datenbytes $D_1 \ldots D_n$, sozusagen als *Payload*. Die Anzahl l der Füllbytes PS_i richtet sich nach der Größe des Modulus m und der Anzahl n der Datenbytes: Ist

$$2^{8(k-1)} \leq m < 2^{8k} \ , \qquad (16.6)$$

so gilt

$$l = k - 2 - n \ . \qquad (16.7)$$

Die Mindestanzahl $8 \leq l$ der Füllbytes wird für die Verschlüsselung aus Sicherheitsgründen gefordert: Auch bei kurzen Nachrichten wird so verhindert, dass ein Angreifer alle möglichen Werte verschlüsselt und mit einem gegebenen Schlüsseltext vergleicht, um so den Klartext zu ermitteln ohne den zugehörigen geheimen Schlüssel zu kennen. Hierzu ist es allerdings wichtig, dass die PS_i Zufalls-

---

[55] ISO/IEC JTC 1/SC27: *Recommendation on the withdrawal of IS 9796:1991*, 6th October 1991.

16.3 Digitale RSA-Signaturen

werte sind, die für jede Kryptooperation neu bestimmt werden. Vereinfachend wird auch für die Signierung die Mindestanzahl der Füllbytes beibehalten, aus der für die Anzahl n der Datenbytes folgt

$$n \leq k - 10 \ . \tag{16.8}$$

Im Falle der Signierung werden die Datenbytes D_i typischerweise aus einer Kennung für eine Hash-Funktion H und dem Wert $H(M)$ dieser Hash-Funktion (bezeichnet als *Hash-Wert*) gebildet, der die zu signierende Nachricht M repräsentiert. Die entstehende Datenstruktur wird als *DigestInfo* bezeichnet. Die Anzahl der Datenbytes richtet sich in diesem Falle nach der konstanten Länge des Hash-Wertes, unabhängig von der Länge der Nachricht. Dies ist besonders vorteilhaft, wenn M sehr viel länger ist als $H(M)$. Auf das genaue Verfahren zur Bildung dieser Datenstruktur *DigestInfo* werden wir hier nicht eingehen, sondern vereinfachend annehmen, dass die Datenbytes dem Wert $H(M)$ entsprechen (vgl. hierzu aber [RDS1].

Aus kryptographischer Sicht sind einige wesentliche Anforderungen an Hash-Funktionen zu stellen, um die Sicherheit eines hierauf basierenden Redundanzschemas und damit des gesamten Signaturverfahrens nicht zu beeinträchtigen. Wenn wir über die Verwendung von Hash- bzw. Redundanz-Funktionen im Zusammenhang mit digitalen Signaturen und über eventuelle Manipulationsmöglichkeiten nachdenken, die sich hieraus ergeben können, erkennen wir folgendes:

Entsprechend den vorangegangenen Betrachtungen gehen wir davon aus, dass sich eine digitale Signatur mit Appendix auf eine Redundanz $R = \mu(M)$ bezieht, deren wesentlicher Bestandteil der Hash-Wert der zu signierenden Nachricht ist. Zwei Nachrichten M und M', für die $H(M) = H(M')$ und demzufolge auch $\mu(M) = \mu(M')$ ist, besitzen beide die Signatur $S = R^e = \mu(M)^e = \mu(M')^e \mod n$. Der Empfänger einer Signatur zur Nachricht M könnte nun behaupten, dass sich die Signatur tatsächlich auf die Nachricht M' bezieht, was im allgemeinen der Intention des Absenders entgegenstehen dürfte. Ebenso könnte der Absender behaupten, in Wahrheit die Nachricht M' signiert zu haben. Der springende Punkt ist nun, dass Nachrichten $M \neq M'$ mit $H(M) = H(M')$ stets existieren, was daran liegt, dass unendlich viele Nachrichten auf eine endliche Menge von Hash-Werten abgebildet werden – dies ist der Preis für den bequemen Umgang mit Hash-Werten fester Länge[56].

Da wir also von der Existenz von Nachrichten ausgehen müssen, die in Verbindung mit einer bestimmten Hash- bzw. Redundanzfunktion gleiche Signaturen besitzen (wobei wir davon ausgehen, dass der gleiche Signaturschlüssel verwendet wird), so ist es entscheidend, dass derartige Nachrichten nicht leicht gefunden oder konstruiert werden können.

Fassen wir also zusammen: Eine Hash-Funktion soll leicht zu berechnen sein, für ihre Umkehrabbildung darf dies jedoch nicht gelten. Zu einem vorgegebenen

---

[56] In mathematischer Sprechweise heißt dies, dass Hash-Funktionen $H: \mathfrak{M} \to \mathbb{Z}_n$, die Nachrichten beliebiger Länge auf Werte in $\mathbb{Z}_n$ abbilden, nicht *injektiv* sind.

Wert einer Hash-Funktion H darf also nicht leicht ein Urbild gefunden werden können, das unter H auf diesen Hash-Wert abgebildet wird. Funktionen mit dieser Eigenschaft werden als *Einwegfunktionen* bezeichnet. Des Weiteren muss eine Hash-Funktion *kollisionsfrei* sein, wonach es nicht leicht möglich sein darf, zwei verschiedene Urbilder zu einem vorgegebenen Hash-Wert zu finden. Als in diesem Sinne starke Hash-Funktionen gelten derzeit beispielsweise die weithin verwendeten Funktionen RIPEMD-160 (vgl. [DOBP]) und Secure Hash Algorithm (SHA-1, vgl. [ISO1]).

Auf weitere Details zu diesem für die Kryptographie sehr wichtigen Thema wollen wir hier nun nicht weiter eingehen, dazu sei auf [PREN] oder [MOV], Kapitel 9 sowie auf die dort zitierte Literatur verwiesen. Algorithmen zur Umwandlung von Nachrichten bzw. von Hashwerten in natürliche Zahlen sind in [IEEE], Kap. 12: *Encoding Methods*, angegeben (entsprechende Funktionen stehen uns mit `clint2byte_l()` und `byte2clint_l()` bereits zur Verfügung, vgl. dazu S. 135). Eine Implementierung von RIPEMD-160 findet man in `ripemd.c` auf der CD-ROM zum Buch.

Bei der Betrachtung des obigen Signaturprotokolls drängt sich unmittelbar die folgende Frage auf: Wie kann $\mathcal{B}$ wissen, ob sie oder er im Besitz des *authentischen* öffentlichen Schlüssels von $\mathcal{A}$ ist? Ohne hierüber Gewissheit zu haben, kann $\mathcal{B}$ der Unterschrift nicht trauen, auch dann nicht, wenn sie sich wie beschrieben verifizieren lässt. Dies wird erst recht kritisch, wenn $\mathcal{A}$ und $\mathcal{B}$ sich nicht persönlich kennen oder ein persönlicher Austausch der öffentlichen Schlüssel nicht in Frage kommt – der Normalfall bei der Kommunikation über das Internet.

Um es $\mathcal{B}$ zu ermöglichen, trotzdem in die Echtheit der digitalen Signatur von $\mathcal{A}$ zu vertrauen, kann $\mathcal{A}$ dem Kommunikationspartner ein so genanntes *Zertifikat* einer Zertifizierungsinstanz (*Certification Authority*) präsentieren, das die Echtheit des öffentlichen Schlüssels von $\mathcal{A}$ bestätigt. Eine informelle „Bescheinigung", der man glauben kann oder auch nicht, reicht hierfür natürlich nicht aus. Ein Zertifikat ist vielmehr ein nach einem Standard[57] formatierter Datensatz, der unter anderem Angaben über die Identität von $\mathcal{A}$ sowie deren bzw. dessen öffentlichen Schlüssel enthält, und der selbst durch die Zertifizierungsinstanz digital signiert wurde.

Die Echtheit des Schlüssels eines Teilnehmers ist anhand der im Zertifikat enthaltenen Angaben überprüfbar. Anwendungen, die solche Prüfungen durch Software unterstützen, existieren bereits. Die zukünftige Vielfalt derartiger Anwendungen, deren technische und organisatorische Basis durch sogenannte *Public Key Infrastrukturen* (PKI) gebildet werden, lässt sich heute nur erahnen. Konkrete Einsatzmöglichkeiten zeichnen sich in der digitalen Signierung von E-Mails, der Absicherung geschäftlicher Transaktionen, im E- bzw. M-Commerce, beim Electronic Banking, im Dokumentenmanagement oder im Rahmen von Verwaltungsabläufen ab.

---

[57] Weit verbreitet ist ISO 9594-8, gleich bedeutend mit der ITU-T (früher CCITT) Empfehlung X.509v3.

16.3 Digitale RSA-Signaturen

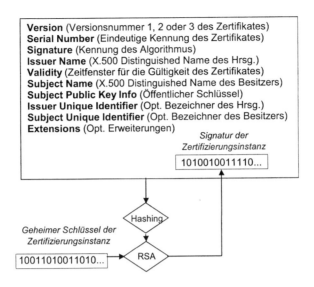

Abb. 6: Beispielhafter Aufbau eines Zertifikates

Unter der Voraussetzung, dass $\mathcal{B}$ der öffentliche Schlüssel der Zertifizierungsinstanz bekannt ist, kann $\mathcal{B}$ nun zunächst das von $\mathcal{A}$ vorgelegte Zertifikat und danach die Signatur von $\mathcal{A}$ prüfen, um sich von der Authentizität der Information zu überzeugen.

Im folgenden Beispiel, das einen digital signierten Kontoauszug eines Kunden einer fiktiven Bank zusammen mit dem von einer Zertifizierungsinstanz ausgestellten Zertifikat der Bank zeigt, ist diese Vorgehensweise veranschaulicht:

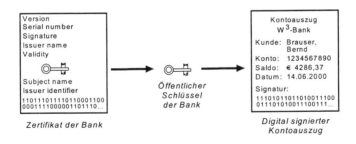

$\mathcal{B}$ prüft das von der Bank vorgelegte Zertifikat, entnimmt daraus den öffentlichen Schlüssel der Bank und verifiziert damit die digitale Signatur der Bank.

Abb. 7: Prüfung einer digitalen Signatur

Ein derartiger Kontoauszug hätte den Vorteil, dass er den Kunden über beliebige elektronische Übertragungswege erreichen kann, etwa als E-Mail, die dann zusätzlich zu verschlüsseln wäre, um die Vertraulichkeit der Information zu wahren.

Das Vertrauensproblem hat sich hierdurch allerdings nicht wunderbarerweise in Wohlgefallen aufgelöst, sondern lediglich verlagert: $\mathcal{B}$ muss nun zwar nicht mehr unmittelbar an die Echtheit des Schlüssels von $\mathcal{A}$ (im obigen Beispiel: des Schlüssels der Bank) glauben, dafür aber die Echtheit des von $\mathcal{A}$ vorgelegten Zertifikates überprüfen. Um auch hierzu Gewissheit zu erhalten, muss die Gültigkeit von Zertifikaten für jeden Vorgang aufs Neue bei der Zertifizierungsstelle nachgefragt werden, die das Zertifikat ausgegeben hat, oder bei einer Stellvertreterinstanz. Ein solches Verfahren kann nur dann Bestand haben, wenn

* der öffentliche Schlüssel der Zertifizierungsinstanz zweifelsfrei bekannt ist und wenn
* die Zertifizierungsinstanz allergrößte Sorgfalt bei der Identifizierung der Bezieher von Zertifikaten und bei der Geheimhaltung ihres privaten Zertifizierungsschlüssels walten lässt.

Um Ersteres zu erreichen, kann der öffentliche Schlüssel der Zertifizierungsinstanz durch eine weitere, übergeordnete Instanz zertifiziert werden und so fort, wodurch eine Hierarchie von Zertifizierungsinstanzen und Zertifikaten entsteht. Die Prüfung entlang einer solchen Hierarchie setzt dennoch voraus, dass der öffentliche Schlüssel der obersten Zertifizierungsinstanz, der so genannten *Wurzelinstanz (Root CA)*, bekannt ist und als authentisch angenommen werden kann. Das Vertrauen in diesen Schlüssel muss also auf einem anderen Wege durch geeignete technische oder organisatorische Maßnahmen hergestellt werden.

Die Zweite der obigen Bedingungen gilt natürlich für alle Instanzen einer Zertifizierungshierarchie. Eine Zertifizierungsinstanz im Sinne des Signaturgesetzes hat dazu Nachweise über die organisatorischen und technischen Abläufe zu führen, an die im Signaturgesetz beziehungsweise in der zugehörigen Durchführungsverordnung detaillierte Anforderungen gestellt werden (vgl. [BMBF]).

Ende 1999 wurde eine EU-Richtlinie zu diesem Thema verabschiedet, die den Rahmen für die Verwendung digitaler Signaturen in Europa bilden wird (vgl. [EU99]). Eine Durchführungsverordnung auf europäischer Ebene, die auch die verschiedenen nationalen Regelungen berücksichtigt und im Sinne einer europäischen Harmonisierung vereinheitlicht, wird es ebenfalls geben. Diese Regelungen, die natürlich wiederum in nationales Recht zu überführen sind, lassen die Zukunftsperspektive greifbar werden, dass digitale Signaturen über den gesetzlichen Rahmen einzelner EU-Staaten hinaus europaweit rechtswirksam ausgetauscht und verlässlich verifiziert werden können. Eine entsprechende Neufassung des deutschen Signaturgesetzes wurde im ersten Quartal 2001 verabschiedet (vgl. [SIGG]), die Anpassung der Signaturverordnung dürfte noch etwas Zeit in Anspruch nehmen, wird jedoch ebenfalls für das Jahr 2001 erwartet.

Wir verlassen nun auch dieses interessante Thema, für dessen weitere Erörterung etwa auf [MIED], [BIES], [GLAD], [ADAM] und [FEGH] verwiesen wird, und wenden uns schließlich der beispielhaften Implementierung von C++-Klassen zu, die RSA-Funktionen für die Verschlüsselung und für die Erzeugung digitaler Signaturen bereitstellen.

16.4 RSA-Klassen in C++

Wir entwickeln im Folgenden eine C++-Klasse RSAkey, welche die Funktionen

- RSAkey::RSAkey() zur RSA-Schlüsselerzeugung,
- RSAkey::export() zum Export des öffentlichen Schlüssels,
- RSAkey::decrypt() zur Entschlüsselung und
- RSAkey::sign() zur digitalen Signierung unter Verwendung der Hash-Funktion RIPEMD-160

enthält, sowie eine Klasse RSApub zur Speicherung und Anwendung nur des öffentlichen Schlüssels mit den Funktionen

- RSApub::RSApub() zum Import eines öffentlichen Schlüssels aus einem Objekt der Klasse RSAkey,
- RSApub::crypt() zur Verschlüsselung einer Nachricht und
- RSApub::authenticate() zur Prüfung einer digitalen Signatur.

Die Idee dabei ist, in kryptographischen Schlüsseln nicht nur Zahlen mit bestimmten kryptographischen Eigenschaften zu sehen, sondern diese als Objekte aufzufassen, welche die Methoden zu ihrer Anwendung bereits mitbringen und nach außen zur Verfügung stellen, die jedoch restriktiv den unvermittelten Zugriff auf private Schlüsseldaten verhindern. Objekte der Klasse RSAkey enthalten also nach der Schlüsselerzeugung eine öffentliche und eine geheime RSA-Schlüsselkomponente als private Elemente, sowie die öffentlichen Funktionen zur Entschlüsselung und Signierung. Die Konstruktorfunktionen ermöglichen alternativ die Erzeugung von Schlüsseln

- mit fixer Länge und interner Initialisierung des BBS-Zufallszahlengenerators,
- mit wählbarer Länge und interner Initialisierung des BBS-Generators sowie
- mit wählbarer Länge und Übergabe eines LINT-Initialisierungswertes für den BBS-Zufallszahlengenerator durch das aufrufende Programm.

Objekte der Klasse RSApub enthalten nur den öffentlichen Schlüssel, den sie von einem RSAkey-Objekt importieren müssen, und die öffentlichen Funktionen zur Verschlüsselung und Prüfung einer Signatur. Um ein Objekt der RSApub-

Klasse zu erzeugen muss also bereits ein initialisiertes RSAkey-Objekt existieren. Im Gegensatz zu Objekten vom Typ RSAkey müssen RSApub-Objekte nicht als vertraulich gelten und können freier behandelt werden als RSAkey-Objekte, die in ernsthaften Anwendungen nur verschlüsselt übertragen oder auf Datenträgern gespeichert werden dürften.

Bevor wir die Beispielklassen realisieren, wollen wir uns einige Rahmenbedingungen setzen, um den Implementierungsaufwand in für ein Beispiel angemessenen Grenzen zu halten: Vereinfachend werden als Eingabewerte für die RSA-Verschlüsselung nur Nachrichten akzeptiert, die kleiner als der Modulus sind; eine Einteilung von längeren Texten in Blöcke erfolgt nicht. Des Weiteren sehen wir von den aufwendigeren funktionalen und sicherheitsrelevanten Merkmalen ab, die für einen ernsthaften Einsatz der RSA-Klassen unerlässlich wären (vgl. hierzu die Hinweise auf Seite 299).

Auf eine wirkungsvolle Möglichkeit zur Beschleunigung des Rechenvorgangs für die Entschlüsselung oder Signierung wollen wir jedoch nicht verzichten. Durch Anwendung des Chinesischen Restsatzes (vgl. S. 181) können die RSA-Operationen mit dem geheimen Schlüssel e etwa viermal schneller als auf die herkömmliche Weise durch die Berechnung einer einzelnen Potenz ausgeführt werden: Zu einem vorgegebenem geheimen Schlüssel $\langle e, n \rangle$ mit $n = p \cdot q$ bilden wir $e_p := e \bmod (p - 1)$ und $e_q := e \bmod (q - 1)$ und berechnen mittels des Erweiterten Euklidischen Algorithmus die Darstellung $1 = r \cdot p + s \cdot q$, der wir den Wert r als das multiplikative Inverse von p modulo q entnehmen (vgl. Abschn. 10.2). Mit Hilfe der Komponenten p, q, e_p, e_q und r berechnen wir dann

$$c = m^e \bmod n$$

wie folgt:

1. Berechne $a_1 \leftarrow m^{e_p} \bmod p$ und $a_2 \leftarrow m^{e_q} \bmod q$.

2. Berechne $c \leftarrow a_1 + p \cdot ((a_2 - a_1) \cdot r \bmod q)$.

Nach Schritt 1 gilt $a_1 \equiv m^{e_p} \equiv m^e \bmod p$ und $a_2 \equiv m^{e_q} \equiv m^e \bmod q$. Um dies einzusehen, reicht der kleine Satz von Fermat (vgl. S. 157), wonach $m^{p-1} \equiv 1 \bmod p$ bzw. $m^{q-1} \equiv 1 \bmod q$ ist. Aus $e = l \cdot (p - 1) + e_p$ mit einem ganzzahligen l folgt somit

$$m^e \equiv m^{l \cdot (p-1) + e_p} \equiv (m^{p-1})^l \cdot m^{e_p} \equiv m^{e_p} \bmod p, \tag{16.9}$$

und analog gilt dies auch für $m^e \bmod q$. Durch Anwendung des Garner-Algorithmus von Seite 184 mit $m_1 := p$, $m_2 := q$ und $r := 2$ sehen wir sofort, dass c in Schritt 2 die gesuchte Lösung darstellt. Die schnelle Entschlüsselung ist in der Hilfsfunktion RSAkey::fastdecrypt() implementiert; alle Potenzen modulo p, q oder n werden unter Anwendung der Montgomery-Potenzierung mit der LINT-Funktion LINT::mexpkm() berechnet (vgl. S. 400 u. 261).

16.4 RSA-Klassen in C++

```cpp
// Ausschnitt aus der Include-Datei rsakey.h

#include "flintpp.h"
#include "ripemd.h"

#define BLOCKTYPE_SIGN 01
#define BLOCKTYPE_ENCR 02

// Die RSA-Schluesselstruktur mit allen Schluesselkomponenten
typedef struct
{
    LINT pubexp, prvexp, mod, p, q, ep, eq, r;
    USHORT bitlen_mod;    // Binaerlaenge Modulus
    USHORT bytelen_mod;   // Laenge Modulus in Byte
} KEYSTRUCT;

// Die Struktur mit den oeffentlichen Schluesselkomponenten
typedef struct
{
    LINT pubexp, mod;
    USHORT bitlen_mod;    // Binaerlaenge Modulus
    USHORT bytelen_mod;   // Laenge Modulus in Byte
} PKEYSTRUCT;

class RSAkey
{
  public:
    inline RSAkey (void) {};
    RSAkey (const int);
    RSAkey (const int, const LINT&);
    PKEYSTRUCT export_public (void) const;
    UCHAR* decrypt (const LINT&, int*);
    LINT sign (const UCHAR* const, const int);

  private:
    KEYSTRUCT key;

    // Hilfsfunktionen
    int makekey (const int, const LINT& = 1);
    int testkey (void);
    LINT fastdecrypt (const LINT&);
};

class RSApub
{
  public:
    inline RSApub (void) {};
    RSApub (const RSAkey&);
    LINT crypt (const UCHAR* const, const int);
    int verify (const UCHAR* const, const int, const LINT&);

  private:
    PKEYSTRUCT pkey;
};
```

```
// Ausschnitt aus Modul rsakey.cpp

#include "rsakey.h"

///////////////////////////////////////////////////////////////////////
// Member-Funktionen der Klasse RSAkey

// Konstruktor, erzeugt RSA-Schluessel vorgegebener Binaerlaenge
RSAkey::RSAkey (const int bitlen)
{
  int done;
  seedBBS ((unsigned long)time (NULL));
  do
    {
      done = RSAkey::makekey (bitlen);
    }
  while (!done);
}

// Konstruktor, erzeugt RSA-Schluessel vorgegebener Binaerlaenge, zu
// optionalem oeffentlichem Exponenten PubExp. Die Initialisierung des
// Zufallszahlengenerators randBBS() erfolgt mit vorgegebenem LINT-
// Argument rnd. Falls PubExp == 1 oder fehlend wird der oeffentliche
// Exponent zufaellig bestimmt. Falls PubExp gerade ist, wird durch
// makekey() ein Fehlerstatus generiert, der durch try() und catch()
// abgefangen werden kann, wenn die Fehlerbehandlung mittels Exceptions
// aktiviert ist.
RSAkey::RSAkey(const int bitlen, const LINT& rand, const LINT& PubExp)
{
  int done;
  seedBBS (rand);
  do
    {
      done = RSAkey::makekey (bitlen, PubExp);
    }
  while (!done);
}

// Export-Funktion fuer oeffentliche Schluesselkomponenten
PKEYSTRUCT RSAkey::export_public (void) const
{
  PKEYSTRUCT pktmp;
  pktmp.pubexp = key.pubexp;
  pktmp.mod = key.mod;
  pktmp.bitlen_mod = key.bitlen_mod;
  pktmp.bytelen_mod = key.bytelen_mod;
  return pktmp;
}

// RSA-Entschluesselung
UCHAR* RSAkey::decrypt (const LINT& Ciph, int* LenMess)
{
```

16.4 RSA-Klassen in C++

```cpp
  // Entschluesselung und Umwandlung des Klartextes in Bytevektor
  UCHAR* Mess = lint2byte (fastdecrypt (Ciph), LenMess);

  // Entnehme entschluesselte Daten aus PKCS#1-Encryption Block
  return parse_pkcs1 (Mess, LenMess);
}

// RSA-Signierung
LINT RSAkey::sign (const UCHAR* const Mess, const int LenMess)
{
  int LenEncryptionBlock = key.bytelen_mod - 1;
  UCHAR HashRes[RMDVER>>3];
  UCHAR* EncryptionBlock = new UCHAR[LenEncryptionBlock];

  ripemd160 (HashRes, (UCHAR*)Mess, (ULONG)LenMess);

  if (NULL == format_pkcs1 (EncryptionBlock, LenEncryptionBLock,
                            BLOCKTYPE_SIGN, HashRes, RMDVER >> 3))
    {
      delete [] EncryptionBlock;
      return LINT (0);    // Fehler bei Formatierung: Message zu lang
    }

  // Wandle Encryption Block in LINT-Zahl (Konstruktor 3)
  LINT m = LINT (EncryptionBlock, LenEncryptionBlock);
  delete [] EncryptionBlock;

  return fastdecrypt (m);
}
////////////////////////////////////////////////////////////////////////
// Private Hilfsfunktionen der Klasse RSAkey
//
// ... unter anderem: RSA-Schluesselerzeugung nach IEEE P1363, Annex A
// Falls Parameter PubExp -- 1 oder fehlend wird ein oeffentlicher
// Exponent der halben Moduluslaenge zufaellig bestimmt.
int RSAkey::makekey (const int length, const LINT& PubExp)
{
  // Erzeuge Primzahl p mit 2^(m - r - 1) <= p < 2^(m - r), wobei
  // m = ⌊(length + 1)/2⌋ und r zufaellig im Intervall 2 <= r < 15
  USHORT m = ((length + 1) >> 1) - 2 - usrandBBS_l () % 13;
  key.p = findprime (m, PubExp);

  // Bestimme Intervallgrenzen qmin und qmax fuer Primzahl q
  // Setze qmin = ⌊(2^(length - 1))/p + 1⌋
  LINT qmin = LINT(0).setbit (length - 1)/key.p + 1;
  // Setze qmax = ⌊(2^length)/p)⌋
  LINT qmax = LINT(0).setbit (length)/key.p;

  // Erzeuge Primzahl q > p mit Laenge qmin <= q <= qmax
  key.q = findprime (qmin, qmax, PubExp);

  // Erzeuge Modulus mod = p*q mit 2^(length - 1) <= mod < 2^length
  key.mod = key.p * key.q;
```

```
  // Berechne Euler'sche Φ-Funktion
  LINT phi_n = key.mod - key.p - key.q + 1;

  // Erzeuge oeffentlichen Exponenten, falls nicht in PubExp vorgegeben
  if (1 == PubExp)
     {
       key.pubexp = randBBS (length/2) | 1;   // Halbe Laenge des Modulus
       while (gcd (key.pubexp, phi_n) != 1)
          {
            ++key.pubexp;
            ++key.pubexp;
          }
     }
  else
     {
       key.pubexp = PubExp;
     }

  // Erzeuge geheimen Exponenten
  key.prvexp = key.pubexp.inv (phi_n);

  // Erzeuge geheime Komponenten fuer die schnelle Entschluesselung
  key.ep = key.prvexp % (key.p - 1);
  key.eq = key.prvexp % (key.q - 1);
  key.r = inv (key.p, key.q);
  return testkey();
}

// Testfunktion fuer RSA-Schluesselsatz
int RSAkey::testkey (void)
{
  LINT mess = randBBS (ld (key.mod) >> 1);
  return (mess == fastdecrypt (mexpkm (mess, key.pubexp, key.mod)));
}

// Schnelle RSA-Entschluesselung
LINT RSAkey::fastdecrypt (const LINT& mess)
{
  LINT m, w;
  m = mexpkm (mess, key.ep, key.p);
  w = mexpkm (mess, key.eq, key.q);
  w.msub (m, key.q);
  w = w.mmul (key.r, key.q) * key.p;
  return (w + m);
}

////////////////////////////////////////////////////////////////////
// Member-Funktionen der Klasse RSApub

// Konstruktor RSApub()
RSApub::RSApub (const RSAkey& k)
{
  pkey = k.export();   // Importiere oeffentlichen Schluessel von k
}
```

16.4 RSA-Klassen in C++

```cpp
// RSA-Verschluesselung
LINT RSApub::crypt (const UCHAR* const Mess, const int LenMess)
{
  int LenEncryptionBlock = key.bytelen_mod - 1;
  UCHAR* EncryptionBlock = new UCHAR[LenEncryptionBlock];

  // Formatierung des Encryption Block nach PKCS#1
  if (NULL == format_pkcs1 (EncryptionBlock, LenEncryptionBlock,
                      BLOCKTYPE_ENCR, Mess, (ULONG)LenMess))
    {
      delete [] EncryptionBlock;
      return LINT (0);       // Fehler bei Formatierung: Message zu lang
    }

  // Wandle Encryption Block in LINT-Zahl (Konstruktor 3)
  LINT m = LINT (EncryptionBlock, LenEncryptionBlock);
  delete [] EncryptionBlock;

  return (mexpkm (m, pkey.pubexp, pkey.mod));
}

// Pruefung der RSA-Signatur
int RSApub::verify (const UCHAR* const Mess, const int LenMess,
                                    const LINT& Signature)
{
  int l, verification = 0;
  UCHAR H1[RMDVER>>3];
  UCHAR* H2 = lint2byte (mexpkm (Signature, pkey.pubexp, pkey.mod), &l);
  ripemd160 (H1, (UCHAR*)Mess, (ULONG)LenMess);

  // Entnehme Daten aus entschluesseltem PKCS#1-Encryption Block
  m = parse_pkcs1 (H2, &l);

  // Vergleiche Laenge und Werte der entschluesselten Daten mit Hashwert
  if (l == (RMDVER >> 3))
    {
      verification = !memcmp ((char*)H1, (char*)H2, RMDVER >> 3);
    }

  return verification;
}
```

Die Klassenimplementierungen RSAkey und RSApub enthalten weiterhin die hier nicht dargestellten Operatoren

```cpp
RSAkey& operator= (const RSAkey&);

friend int operator== (const RSAkey&, const RSAkey&);
friend int operator!= (const RSAkey&, const RSAkey&);
friend fstream& operator<< (fstream&, const RSAkey&);
friend fstream& operator>> (fstream&, RSAkey&);
```

und

```
RSApub& operator= (const RSApub&);

friend int operator== (const RSApub&, const RSApub&);
friend int operator!= (const RSApub&, const RSApub&);
friend fstream& operator<< (fstream&, const RSApub&);
friend fstream& operator>> (fstream&, RSApub&);
```

für die elementweise Zuweisung, die Tests auf Gleichheit und Ungleichheit sowie zum Schreiben und Lesen von Schlüsseln auf bzw. von Massenspeichern. Dabei ist allerdings zu beachten, dass die privaten Schlüsselkomponenten ebenso im Klartext gespeichert werden wie der öffentliche Schlüssel; für eine wirkliche Anwendung müssten die geheimen Schlüssel verschlüsselt bzw. in einer sicheren Umgebung gespeichert werden.

Ebenfalls enthalten sind *member*-Funktionen

```
RSAkey::purge (void) und
RSApub::purge (void),
```

die Schlüssel löschen, indem sie deren LINT-Komponenten mit 0 überschreiben. Die Formatierung von Nachrichtenblöcken zur Verschlüsselung oder Signierung entsprechend der PKCS #1-Spezifikation übernimmt die Funktion

```
UCHAR* format_pkcs1 (const UCHAR* EB, const int LenEB,
    const UCHAR BlockType, const UCHAR* Data, const int LenData);
```

Die Analyse entschlüsselter Nachrichtenblöcke zur Prüfung des Formates und zur Entnahme der Nutzdaten leistet die Funktion

```
UCHAR* parse_pkcs1 (const UCHAR* EB, int* LenData);
```

Die Klassen RSAkey und RSApub sind in vielerlei Hinsicht erweiterbar. Beispielsweise ist ein Konstruktor denkbar, der einen öffentlichen Schlüssel als Parameter akzeptiert und einen dazu passenden Modulus und geheimen Schlüssel erzeugt. Für den praktischen Einsatz kann die Einbeziehung von weiteren Hash-Funktionen erforderlich werden, Message Blocking wird benötigt; die Liste sinnvoller Erweiterungen ist lang und ihre Diskussion würde unseren Rahmen völlig sprengen.

Eine exemplarische Testanwendung der Klassen RSAkey und RSApub ist das im FLINT/C-Paket enthaltene Modul rsademo.cpp. Das Programm wird übersetzt mit

```
gcc -O2 -DFLINT_ASM -o rsademo rsademo.cpp rsakey.cpp
    flintpp.cpp flint.c ripemd.c -lflint -lstdc++
```

wenn man beispielsweise den GNU C/C++-Compiler gcc unter Linux einsetzt und die Assembler-Funktionen in libflint.a verwendet.

17 Do it yourself: Test LINT

> *90% of the time is spent in 10% of the code.*
>
> ROBERT SEDGEWICK: Algorithms

Mit dem Thema „Testen" haben wir uns bereits in Kapitel 12 beschäftigt, wo wir die arithmetischen Grundfunktionen des ersten Teils ausführlichen statischen und dynamischen Tests unterworfen haben. Entsprechende Schritte sind nun für die Validierung der C++-Klasse LINT erforderlich, und des Weiteren stehen noch die Tests der zahlentheoretischen C-Funktionen aus.

Die Gesichtspunkte der statischen Tests lassen sich unmittelbar auf die LINT-Klasse übertragen, wobei das für die statische Analyse der C-Funktionen verwendete Werkzeug PC-lint [GIMP] uns auch hier gute Dienste leisten kann, indem wir es zur Überprüfung der syntaktischen Korrektheit und (innerhalb gewisser Grenzen) der semantischen Plausibilität der LINT-Klasse und ihrer Elemente einsetzen.

Ansonsten interessieren wir uns für die funktionalen Aspekte unserer Klassenimplementierung: Es ist nachzuweisen, dass die in LINT enthaltenen Methoden korrekte Ergebnisse liefern. Die bereits früher verwendete Vorgehensweise, wobei die Ergebnisse äquivalenter oder zueinander inverser Rechenoperationen zu Aussagen über deren Korrektheit herangezogen werden, ist natürlich auch auf die C++-Funktionen anwendbar. Im folgenden Beispiel wird diese Vorgehensweise durch die Funktion testdist() verkörpert, welche Addition und Multiplikation durch das Distributivgesetz miteinander verknüpft. Auch hier ist erkennbar, wie viel weniger an syntaktischem Aufwand im Vergleich zur entsprechenden Testfunktion in C erforderlich ist: Die Testfunktion besteht im Wesentlichen aus zwei Zeilen Code!

```
#include <stdio.h>
#include <stdlib.h>
#include "flintpp.h"

void report_error (LINT&, LINT&, LINT&, int);
void testdist (int);

#define MAXTESTLEN CLINTMAXBIT
#define CLINTRNDLN (ulrand64_l()% (MAXTESTLEN + 1))

main()
{
  testdist (1000000);
}
```

```
void testdist (int nooftests)
{
  LINT a;
  LINT b;
  LINT c;
  int i;

  for (i = 1; i < nooftests; i++)
    {
      a = randl (CLINTRNDLN);
      b = randl (CLINTRNDLN);
      c = randl (CLINTRNDLN);

      // Test von + und * durch Anwendung des Distributivgesetzes
      if ((a + b)*c != (a*c + b*c))
        report_error (a, b, c, __LINE__);
    }
}

void report_error (LINT& a, LINT& b, LINT& c, int line)
{
  LINT d = (a + b) * c;
  LINT e = a * c + b * c;
  cerr << "Fehler bei Distributivtest vor Zeile" << line << endl;
  cerr << "a = " << a << endl;
  cerr << "b = " << b << endl;
  cerr << "(a + b) * c = " << d << endl;
  cerr << "a * c + b * c = " << e << endl;
  abort();
}
```

Nun wird es der Leserin und dem Leser als Übungsaufgabe angetragen, alle LINT-Operatoren auf diese oder eine ähnliche Weise zu testen. Als Orientierung können die Testroutinen für die C-Funktionen herangezogen werden, jedoch gilt es auch einige neue Aspekte zu berücksichtigen, wie die Prä- und Postfix-Operatoren ++ und --, sowie die Tatsache, dass auch == ein Operator ist, den es zu testen gilt. Als weitere Programmpunkte kommen

- Tests der Fehlerroutine panic() mit allen definierten Fehlern, ohne und mit *Exceptions*,

hinzu, sowie

- Tests der I/O-Funktionen, Stream-Operatoren und Manipulatoren

und schließlich die

- Tests der arithmetischen und zahlentheoretischen Funktionen.

Die zahlentheoretischen Funktionen können nach den gleichen Prinzipien getestet werden, wie die Arithmetik: Zur Überprüfung der zu testenden Funktionen verwendet man möglichst Umkehrfunktionen, äquivalente Funktionen oder unterschiedliche, möglichst unabhängige Implementierungen derselben Funktion. Beispiele finden wir für jede dieser Varianten:

- Falls das Jacobi-Symbol anzeigt, dass ein Element eines endlichen Ringes ein Quadrat ist, kann dies durch Berechnung der Quadratwurzel bestätigt werden. Eine berechnete Quadratwurzel wiederum kann durch eine einfache modulare Quadrierung als solche verifiziert werden.

- Die Funktion inv() zur Berechnung des multiplikativen Inversen i einer Zahl a modulo n lässt sich durch Prüfung der Bedingung $a \cdot i \equiv 1 \mod n$ testen.

- Zur Berechnung des ggT zweier Zahlen kann auf die beiden FLINT/C-Funktionen gcd_l() und xgcd_l() zurückgegriffen werden, wobei Letztere die Darstellung des ggT als Linearkombination der Argumente mitliefert. Die Ergebnisse können miteinander verglichen werden, und es kann die Linearkombination gebildet werden, die wiederum mit dem ggT übereinstimmen muss.

- Redundanz ergibt sich auch aus der Beziehung von ggT und kgV: Für ganze Zahlen a, b gilt $\text{kgV}(a, b) = \dfrac{|a \cdot b|}{\text{ggT}(a,b)}$, eine aussagekräftige Bedingung, die ebenfalls leicht nachprüfbar ist; weitere testbare Formeln, die ggT und kgV miteinander verknüpfen, sind in Abschnitt 10.1 aufgeführt.

- Zum Testen des Primzahltests schließlich kann das RSA-Verfahren herangezogen werden: Sind p oder q keine Primzahlen, dann ist $\Phi(n) \neq (p-1)(q-1)$ und das RSA-Verfahren wird nicht funktionieren, wenn der Fermat-Test von p oder q die Zusammengesetztheit von p oder q anzeigen würde (vgl. S. 198). Dies ist daran zu erkennen, dass ein Schlüsselpaar modulo pq keine zu einander inversen RSA-Operationen ermöglicht.

Es gibt also genügend Ansätze, die zu wirkungsvollen Tests der LINT-Funktionen führen. Der Leserin oder dem Leser wird empfohlen, für jede der LINT-Funktionen mindestens einen derartigen Test zu entwickeln und zu implementieren. Als Test und als Übung ist dies gleichermaßen effektiv und führt dazu, mit der Wirkungsweise und den Einsatzmöglichkeiten der LINT-Klasse vertraut werden.

18 Ansätze zum weiteren Ausbau

Obwohl wir nun über ein Softwarepaket mit einem bereits recht fundierten Umfang an Funktionen verfügen, muss natürlich die Frage gestellt werden, in welche Richtungen die bisher geleistete Arbeit fortgesetzt werden kann. Ausbaumöglichkeiten ergeben sich in den Bereichen Funktionalität und Performanz.

Hinsichtlich der Funktionalität ist die Anwendung der in FLINT/C enthaltenen Basisfunktionen auf Bereiche vorstellbar, die bisher nur gestreift oder gar nicht erwähnt wurden. Hierzu zählen etwa die Faktorisierung oder die elliptischen Kurven, die aufgrund ihrer Eigenschaften zunehmendes Interesse im Hinblick auf Anwendungen in der Kryptographie finden. Wer sich für diese Themen stärker interessiert, findet detaillierte Darstellungen bei [BRES], [KOBL] oder [MENE], aber auch in den bereits häufig erwähnten Standardwerken [COHE], [SCHN] und [MOV] mit vielen weiteren Literaturhinweisen.

Als zweite Entwicklungsrichtung kommen Maßnahmen zur weiteren Steigerung des Durchsatzes in Frage, allen voran die Verbreiterung der Stellenlänge von 16 auf 32 Bit ($B = 2^{32}$) sowohl durch den Einsatz von Assembler-Funktionen als auch – für Plattformen, die dieses unterstützen – in der C/C++-Implementierung.

Die Entwicklungs- und Testarbeiten für den letzteren Ansatz wären unabhängig von einer solchen Plattform beispielsweise mit Hilfe des GNU-Compilers `gcc` durchführbar, unter Verwendung des `gcc`-Typs `unsigned long long`: Der Typ `CLINT` wäre dazu durch `typedef ULONG CLINT[CLINTMAXLONG];` zu definieren. Des Weiteren müssten einige Konstanten angepasst werden, die sich auf die Basis der internen Zahldarstellung beziehen.

In den Funktionen des FLINT/C-Pakets müssten alle expliziten *casts* und andere Bezüge auf `USHORT` durch `ULONG` und solche auf `ULONG` durch `unsigned long long` (oder nach einem entsprechenden `typedef` etwa durch `ULLONG`) ersetzt werden. Einige wenige Funktionen, denen Annahmen über die Stellenlängen der verwendeten Datentypen zugrunde liegen, müssten portiert werden. Nach einer ausführlichen Test- und Debugging-Phase, einschließlich der statischen Syntaxprüfungen (vgl. Kap. 12), sollte dann das FLINT/C-Paket auf CPUs mit 64 Bit Wortbreite einsatzfähig sein und zu großer Form auflaufen.

Der Einsatz von Assembler-Funktionen ermöglicht es ebenfalls, mit Stellen von 32 und Ergebnissen von 64 Bit Länge zu operieren, und das auf Prozessoren, die selbst nur eine Wortbreite von 32 Bit aufweisen, die jedoch die Darstellung eines 64-Bit Ergebnisses einer arithmetischen Operation unterstützen.

Da wir mit der Verwendung von Assembler-Funktionen die bisherige Strategie der Unabhängigkeit von einer speziellen Plattform aufgeben, ist es sinnvoll, solche Funktionen nur sehr gezielt in geringem Umfang einzusetzen. Wir müssen also diejenigen FLINT/C-Funktionen finden, die von einer Assembler-Unterstützung zeitlich am meisten profitieren. Es ist nicht schwer zu erkennen, um welche es sich hier im einzeln handelt, nämlich um diejenigen arithmetischen Funktionen mit quadratischem Laufzeitverhalten: Multiplikation, Quadrierung und

Division. Da die Grundrechenarten wesentlichen Anteil auch an der Rechenzeit der meisten zahlentheoretischen Algorithmen haben, wirken sich Verringerungen der Rechenzeit dort linear aus, ohne dass direkt in die Implementierungen dieser Algorithmen eingegriffen wird. Um dieses Potential nutzen zu können, wurden für das FLINT/C-Paket die Funktionen

- ☺ mult(),
- ☺ umul(),
- ☺ sqr() und
- ☺ div_l()

in 80x86-Assembler erstellt; mult(), umul() und sqr() bilden jeweils den Kern der Funktionen mul_l(), umul_l() bzw. sqr_l() (vgl. S. 62). Die Funktionen unterstützen Argumente bis zur Länge 4096 Binärstellen, das sind 256 (= MAX_B) Stellen einer CLINT-Zahl, und Ergebnisse bis zur doppelten Länge. Die Assembler-Funktionen sind wie die entsprechenden C-Funktionen nach den in Kapitel 4 angegebenen Algorithmen implementiert, wobei der Zugriff auf die CPU-Register die Verarbeitung von 32-Bit Argumenten und 64-Bit Ergebnissen mit den arithmetischen Maschinenbefehlen erlaubt (vgl. Kap. 2).

Die Assembler-Module mult.asm, umul.asm, sqr.asm und div.asm sind als Quellcode im FLINT/C-Paket enthalten. Sie können mittels Microsoft MASM (Aufruf: ml /Cx /c /Gd <Dateinamen>) oder Watcom WASM[58] assembliert werden und ersetzen die entsprechenden C-Funktionen, wenn das Modul flint.c mit -DFLINT_ASM übersetzt wird[59]. Die in Anhang D wiedergegebenen Rechenzeiten erlauben einen direkten Vergleich einiger wichtiger Funktionen ohne und mit Assembler-Unterstützung.

Die Montgomery-Potenzierung (vgl. Kap. 6) bietet darüber hinaus ebenfalls Einsparungspotential, und auch die beiden Hilfsfunktionen mulmon_l() und sqrmon_l() (vgl. S. 98) können lohnend als Assembler-Funktionen mit 32-Bit Stellen implementiert werden; eine Ausgangsbasis hierzu bieten die Module mul.asm und sqr.asm. Für interessierte Leserinnen und Leser liegt hier ein reizvolles Betätigungsfeld.

---

[58] Je nach verwendetem Compiler sind die Bezeichner mult, umul, sqr und div_l der Assembler-Prozeduren mit Unterstrichen (_mult, _umul, _sqr und _div_l) zu versehen, da WASM diese nicht erzeugt.

[59] Mit den Modulen mult.asm, sqr.asm, umul.asm und div.asm funktioniert dies auf 80x86-kompatiblen Plattformen. Für andere Plattformen sind die entsprechenden Implementierungen durchzuführen.

19 *Rijndael* – Nachfolger für den DES

> *„Ich weiß nicht, ob wir wirklich eine Chance haben. Er kann multiplizieren, und wir nur addieren. Er ist der Fortschritt und ich die Renitenz."*
>
> STEN NADOLNY: Ein Gott der Frechheit

Das amerikanische *National Institute of Standards and Technology* (NIST) hat 1997 einen Wettbewerb ausgeschrieben, mit dem Ziel, unter der Bezeichnung *Advanced Encryption Standard* (AES) einen neuen nationalen Standard (*Federal Information Processing Standard*, FIPS) für die Verschlüsselung mit einem symmetrischem Algorithmus zu schaffen. Obwohl wir uns in diesem Buch auf die Grundlagen der asymmetrischen Kryptographie konzentriert haben, ist diese Entwicklung wichtig genug, dass wir uns wenigstens kursorisch damit befassen. Durch den neuen Standard soll nämlich ein Verschlüsselungsalgorithmus festgelegt werden, der allen heutigen Sicherheitsanforderungen genügt und der in allen Design- und Implementierungsaspekten öffentlich bekannt und weltweit kostenfrei nutzbar ist. Er soll den betagten *Data Encryption Standard* (DES) ablösen, der allerdings als *Triple DES* zunächst noch für den Einsatz im U.S.-Behördenbereich zugelassen bleiben soll. Zukünftig jedoch soll der AES die kryptographische Basis der amerikanischen Administration für den Schutz sensitiver Daten sein.

Der AES-Wettbewerb hat auch außerhalb der USA große Aufmerksamkeit hervorgerufen, nicht nur, weil alles, was sich in den USA in Sachen Verschlüsselung tut, weltweit eine starke Signalwirkung entfaltet, sondern weil ausdrücklich zu internationaler Beteiligung an der Entwicklung des neuen Blockverschlüsselungsverfahrens aufgerufen wurde.

Von ursprünglich fünfzehn Kandidaten, die 1998 ins Rennen gingen, wurden unter internationaler fachlicher Beteiligung bis 1999 zehn aussortiert. Als Kandidaten waren danach noch die Algorithmen *MARS* von IBM, *RC6* von RSA Laboratories, *Rijndael* von Joan Daemen und Vincent Rijmen, *Serpent* von Ross Anderson, Eli Biham und Lars Knudson sowie *Twofish* von Bruce Schneier et al. im Rennen. Schließlich stand im Oktober 2000 der Sieger des Auswahlprozesses fest: Der Algorithmus mit dem Namen *Rijndael*[60] von J. Daemen und V. Rijmen aus Belgien wurde zum zukünftigen Advanced Encryption Standard bestimmt (vgl. [NIST]). Rijndael ist ein Nachfolger der bereits früher veröffentlichten Blockchiffre *Square* derselben Autoren (vgl. [SQUA]), der sich jedoch als weniger stark herausgestellt hatte. Rijndael wurde speziell gegen die für *Square* entdeckten An-

---

[60] Der Name Rijndael ist aus einer Zusammenziehung der Namen der Autoren entstanden. Je nach Quelle wird die Aussprache von Rijndael in die Nähe von „*Rain-Doll*" oder „*Rhine-Dahl*" gestellt. Vielleicht sollte NIST die Aussprache mit internationaler Lautschrift in die Standardisierung einbeziehen.

griffsmöglichkeiten gestärkt. Der AES-Report von NIST gibt folgende Gründe für die Entscheidung an:

Sicherheit:

Alle Kandidaten erfüllen die Anforderungen hinsichtlich der Sicherheit gegenüber allen bekannten Angriffen. Implementierungen von Serpent und Rijndael können im Vergleich zu den übrigen Kandidaten mit dem geringsten Aufwand gegen Angriffe geschützt werden, die auf Messungen des zeitlichen Verhaltens der Hardware (sogenannte Timing-Attacken) oder von Änderungen der Stromaufnahme (sogenannte Power bzw. Differential Power Analysis-Attacken[61]) beruhen. Die notwendigerweise mit derartigen Schutzmaßnahmen verbundenen Einbußen an Performanz wirken sich bei Rijndael, Serpent und Twofish nur gering aus, mit größeren Vorteilen für Rijndael.

Geschwindigkeit:

Rijndael gehört zu den Kandidaten, die die schnellsten Implementierungen erlauben und zeichnet sich insbesondere durch eine gleichmäßig gute Performanz über alle betrachteten Plattformen aus, wie z. B. 32-Bit-Prozessoren, 8-Bit Microcontroller, wie sie derzeit weitverbreitet in Chipkarten eingesetzt werden, und Implementierungen in Hardware (s. unten). Rijndael erlaubt unter allen Kandidaten die schnellste Erzeugung von Rundenschlüsseln.

Speicherbedarf:

Rijndael benötigt sehr geringe Ressourcen an RAM- und ROM-Speicher und ist damit hervorragend für den Einsatz in Umgebungen mit beschränkten Ressourcen geeignet. Der Algorithmus bietet insbesondere die Möglichkeit, die Rundenschlüssel für jede Runde separat zu berechnen („on-the-fly"). Diese Eigenschaften sind insgesamt äußerst günstig für Anwendungen in Chipkarten.

Aufgrund der Struktur des Algorithmus sind die Anforderungen an ROM-Speicher geringer, wenn nur eine Richtung, also entweder Ver- oder Entschlüsselung realisiert werden und erhöhen sich, wenn beide Funktionen benötigt werden. Hinsichtlich des Ressourcenbedarfs muss sich Rijndael dennoch keinem der vier anderen Konkurrenten geschlagen geben.

Implementierung in Hardware:

Rijndael und Serpent sind diejenigen Kandidaten mit der besten Performanz in Hardware-Ausführungen, Rijndael mit einem leichten Vorteil aufgrund besserer Ergebnisse in Output- und Cipher-Feedback-Modus.

---

[61] Power Analysis Attacken (Simple PA/Differential PA) basieren auf der Feststellung von Korrelationen zwischen einzelnen oder Gruppen von geheimen Schlüssel-Bits und der mittleren Stromaufnahme für die Ausführung von einzelnen Instruktionen oder Code-Sequenzen (vgl. u. a. [KOJJ], [CHAR], [GOPA] und [MESS]).

Der Report führt noch weitere Kriterien an, die zum Gesamtergebnis beitragen, das in einer abschließenden Bewertung zusammengefasst wird ([NIST], Abschn. 7):

> *„There are many unknowns regarding future computing platforms and the wide range of environments in which the AES will be implemented. However, when considered together, Rijndael's combination of security, performance, efficiency, implementability, and flexibility make it an appropriate selection for the AES for use in the technology of today and in the future."*

Angesichts der Transparenz des Auswahlprozesses und der politisch interessanten Tatsache, dass mit Rijndael ein Algorithmus europäischer Provenienz ausgewählt wurde, dürfte sich künftig jede Spekulation über geheimgehaltene Eigenschaften, verborgene Falltüren und absichtlich eingebaute Schwachstellen verbieten, wie sie im Zusammenhang mit dem DES nie gänzlich verstummt sind.

Bevor wir uns mit der Funktionsweise von Rijndael befassen, werden wir uns als Vorbereitung auf einen kurzen Exkurs zur Arithmetik mit Polynomen über endlichen Körpern begeben, der eng an die Darstellung in [DARI], Abschnitt 2 angelehnt ist.

19.1 Arithmetik mit Polynomen

Uns soll es zunächst um die Arithmetik im Körper $\mathbb{F}_{2^n}$ gehen, wozu Darstellungen von Elementen aus $\mathbb{F}_{2^n}$ als Polynome $f(x) = a_{n-1}x^{n-1} + a_{n-2}x^{n-2} + \ldots + a_1 x + a_0$ mit Koeffizienten a_i aus $\mathbb{F}_2 \simeq \mathbb{Z}_2$ bzw. als n-Tupel der Polynomkoeffizienten unterschiedliche Vorteile mitbringen: Die Polynomdarstellung eignet sich gut zum Rechnen, die Darstellung als Tupel der Polynomkoeffizienten entspricht der Binärdarstellung von Zahlen des Computers. Um dies zu demonstrieren, notieren wir $\mathbb{F}_{2^3}$ als eine Reihe von 8 Polynomen aus dem Polynomring über $\mathbb{F}_2$ sowie als 8 3-Tupel und deren zugehörige Zahlwerte:

Polynome in $\mathbb{F}_{2^3}$	3-Tupel in $\mathbb{F}_{2^3}$			Zahlwerte
0	0	0	0	'00'
1	0	0	1	'01'
x	0	1	0	'02'
$x + 1$	0	1	1	'03'
x^2	1	0	0	'04'
$x^2 + 1$	1	0	1	'05'
$x^2 + x$	1	1	0	'06'
$x^2 + x + 1$	1	1	1	'07'

Tab. 29: Elemente in $\mathbb{F}_{2^3}$

Die Addition von Polynomen erfolgt durch Addition der Koeffizienten über $\mathbb{F}_2$: Ist $f(x) := x^2 + x$ und $g(x) := x^2 + x + 1$, so ist $f(x) + g(x) = 2x^2 + 2x + 1 = 1$. Die entsprechende Addition der 3-Tupel in $\mathbb{F}_{2^3}$ können wir spaltenweise erledigen: Die Summe von 110 und 111 ist gleich 001:

$$\begin{array}{r} 1\ 1\ 0 \\ \oplus\ 1\ 1\ 1 \\ \hline 0\ 0\ 1 \end{array}$$

Die Addition der Stellen erfolgt in $\mathbb{Z}_2$ und darf daher nicht mit der binären Addition verwechselt werden, die ja mit Überträgen erfolgt. Dies erinnert an unsere XOR-Funktion aus Abschnitt 7.2, die exakt die gleiche Operation in $\mathbb{Z}_n$ für große n ausführt.

Die Multiplikation in $\mathbb{F}_{2^3}$ erfolgt, indem alle Summanden der Polynome miteinander multipliziert und die Teilprodukte aufsummiert werden. Die Summe wird modulo eines irreduziblen Polynoms[62] vom Grad 3 reduziert (hier im Beispiel modulo $m(x) := x^3 + x + 1$):

$$\begin{aligned} f(x) \cdot g(x) &= (x^2 + x) \cdot (x^2 + x + 1) \bmod x^3 + x + 1 \\ &= x^4 + 2x^3 + 2x^2 + x \bmod x^3 + x + 1 \\ &= x^4 + x \bmod x^3 + x + 1 \\ &= x^2 + 1 \, . \end{aligned}$$

Dies entspricht dem Produkt der 3-Tupel $(1\ 1\ 0) \bullet (1\ 1\ 1) = (1\ 0\ 1)$ oder, ausgedrückt in (hexadezimalen) Zahlwerten, '06'$\bullet$'07' = '05'.

In $\mathbb{F}_{2^3}$ gelten bezüglich der Addition und in $\mathbb{F}_{2^3}/\{0\}$ bezüglich der Multiplikation die Rechengesetze einer abel'schen Gruppe (vgl. Kap. 5), zusätzlich gilt das Distributivgesetz.

Die Struktur und die Arithmetik von $\mathbb{F}_{2^3}$ lässt sich direkt auf den Körper $\mathbb{F}_{2^8}$ übertragen, dem zum Verständnis von Rijndael unser eigentliches Interesse gilt. Addition und Multiplikation erfolgen analog zum obigen Beispiel, die einzigen Unterschiede sind, dass $\mathbb{F}_{2^8}$ 256 Elemente hat und dass zum Reduzieren ein irreduzibles Polynom vom Grad 8 verwendet wird. Für Rijndael ist dies $m(x) := x^8 + x^4 + x^3 + x + 1$, in der Darstellung als Tupel (1 0 0 0 1 1 0 1 1), als hexadezimaler Zahlwert '011B'.

Die Multiplikation eines Polynoms $f(x) = a_7 x^7 + a_6 x^6 + a_5 x^5 + a_4 x^4 + a_3 x^3 + a_2 x^2 + a_1 x + a_0$ mit x (entsprechend der Multiplikation $\bullet$ '02') ist besonders einfach: $f(x) \cdot x = a_7 x^8 + a_6 x^7 + a_5 x^6 + a_4 x^5 + a_3 x^4 + a_2 x^3 + a_1 x^2 + a_0 x \bmod m(x)$, wobei die Reduktion modulo $m(x)$ nur erforderlich ist, falls $a_7 \neq 0$ ist, und dann kann sie durch Subtraktion von $m(x)$ erledigt werden, d. h. durch ein einfaches XOR der Koeffizienten.

---

[62] Ein Polynom heißt irreduzibel, wenn es außer durch 1 und durch sich selbst durch kein anderes Polynom ohne Rest teilbar ist.

19.1 Arithmetik mit Polynomen

Für die Programmierung fasst man also die Koeffizienten von Polynomen als Binärstellen von Zahlwerten auf und führt die Multiplikation mit x durch eine Verschiebung nach links um ein Bit aus, der, falls $a_7 = 1$ ist, die Reduzierung durch eine XOR-Operation mit den 8 niederwertigen Stellen '1B' des zu $m(x)$ gehörenden Zahlwerts '011B' folgt (a_7 wird dabei einfach „vergessen"). Die Operation $a \bullet$ '02' für ein Polynom f bzw. für dessen Zahlwert a wird von Daemen und Rijmen durch $b =$ xtime (a) bezeichnet. Multiplikationen mit Potenzen von x können durch mehrmalige Hintereinanderausführung von xtime() stattfinden.

Die Multiplikation von $f(x)$ mit $x + 1$ (bzw. '03') erfolgt, indem die Binärstellen des Zahlwertes a von f um eine Stelle nach links geschoben mit a XORiert werden. Die Reduzierung modulo $m(x)$ erfolgt genau wie bei xtime. Zwei Zeilen in C veranschaulichen die Vorgehensweise:

```
f ^= f << 1; /* Multiplikation von f mit (x + 1) */
if (f & 0x100) f ^= 0x11B; /* Reduzierung modulo m(x) */
```

Die Multiplikation zweier Polynome f und h aus $\mathbb{F}_{2^8}\backslash\{0\}$ lässt sich über deren Logarithmen beschleunigen: Sei $g(x)$ ein erzeugendes Polynom[63] von $\mathbb{F}_{2^8}\backslash\{0\}$, dann existieren m und n mit $f \equiv g^m$ und $h \equiv g^n$. Damit gilt $f \cdot h \equiv g^{m+n}$ mod $m(x)$.

Programmtechnisch lässt sich dies mit Hilfe zweier Tabellen (vgl. Tab. 30 u. 31) umsetzen, in die zum einen die 255 Potenzen des Generatorpolynoms $g(x) := x + 1$ und zum anderen die Logarithmen zur Basis $g(x)$ eingetragen werden. Das Produkt $f \cdot h$ wird nun durch 3 Zugriffe auf diese Tabellen bestimmt: Aus der Logarithmentabelle werden Werte m und n entnommen mit $g^m = f$ und $g^n = h$, der Tabelle mit den Potenzen wird der Wert g^{n+m} mod 255 entnommen (es gilt $g^{\text{ord}(g)} = 1$)[64].

01	03	05	0F	11	33	55	FF	1A	2E	72	96	A1	F8	13	35
5F	E1	38	48	D8	73	95	A4	F7	02	06	0A	1E	22	66	AA
E5	34	5C	E4	37	59	EB	26	6A	BE	D9	70	90	AB	E6	31
53	F5	04	0C	14	3C	44	CC	4F	D1	68	B8	D3	6F	B2	CD
4C	D4	67	A9	E0	3B	4D	D7	62	A6	F1	08	18	28	78	88
83	9E	B9	D0	6B	BD	DC	7F	81	98	B3	CE	49	DB	76	9A
B5	C4	57	F9	10	30	50	F0	0B	1D	27	69	BB	D6	61	A3
FE	19	2B	7D	87	92	AD	EC	2F	71	93	AE	E9	20	60	A0
FB	16	3A	4E	D2	6D	B7	C2	5D	E7	32	56	FA	15	3F	41
C3	5E	E2	3D	47	C9	40	C0	5B	ED	2C	74	9C	BF	DA	75
9F	BA	D5	64	AC	EF	2A	7E	82	9D	BC	DF	7A	8E	89	80
9B	B6	C1	58	E8	23	65	AF	EA	25	6F	B1	C8	43	C5	54
FC	1F	21	63	A5	F4	07	09	1B	2D	77	99	B0	CB	46	CA
45	CF	4A	DE	79	8B	86	91	A8	E3	3E	42	C6	51	F3	0E
12	36	5A	EE	29	7B	8D	8C	8F	8A	85	94	A7	F2	0D	17
39	4B	DD	7C	84	97	A2	FD	1C	24	6C	B4	C7	52	F6	01
03	05	0F	11	33	55	FF	1A	2E	72	...	...	...	F6		

Tab. 30: Die Potenzen von $g(x) := x + 1$, zeilenweise von links nach rechts ansteigend.

---

[63] g erzeugt $\mathbb{F}_{2^8}\backslash\{0\}$, wenn g die Ordnung 255 hat, d. h. die Potenzen von g alle Elemente von $\mathbb{F}_{2^8}\backslash\{0\}$ durchlaufen.

[64] Bei Wiederholung der Werte in der Tabelle kann auf die Reduzierung mod 255 des Exponenten von g^{n+m} verzichtet werden.

00	19	01	32	02	1A	C6	4B	C7	1B	68	33	EE	DF	03	
64	04	E0	0E	34	8D	81	EF	4C	71	08	C8	F8	69	1C	C1
7D	C2	1D	B5	F9	B9	27	6A	4D	E4	A6	72	9A	C9	09	78
65	2F	8A	05	21	0F	E1	24	12	F0	82	45	35	93	DA	8E
96	8F	DB	BD	36	D0	CE	94	13	5C	D2	F1	40	46	83	38
66	DD	FD	30	BF	06	8B	62	B3	25	E2	98	22	88	91	10
7E	6E	48	C3	A3	B6	1E	42	3A	6B	28	54	FA	85	3D	BA
2B	79	0A	15	9B	9F	5E	CA	4E	D4	AC	E5	F3	73	A7	57
AF	58	A8	50	F4	EA	D6	74	4F	AE	E9	D5	E7	E6	AD	E8
2C	D7	75	7A	EB	16	0B	F5	59	CB	5F	B0	9C	A9	51	A0
7F	0C	F6	6F	17	C4	49	EC	D8	43	1F	2D	A4	76	7B	B7
CC	BB	3E	5A	FB	60	B1	86	3B	52	A1	6C	AA	55	29	9D
97	B2	87	90	61	BE	DC	FC	BC	95	CF	CD	37	3F	5B	D1
53	39	84	3C	41	A2	6D	47	14	2A	9E	5D	56	F2	D3	AB
44	11	92	D9	23	20	2E	89	B4	7C	B8	26	77	99	E3	A5
67	4A	ED	DE	C5	31	FE	18	0D	63	8C	80	C0	F7	70	07

Tab. 31: Die Logarithmen zur Basis $g(x) := x + 1$ (Bspl: $\log_{g(x)} 2 = 25$, $\log_{g(x)} 255 = 7$)

Mit Hilfe dieses Mechanismus kann übrigens auch die Polynomdivision in $\mathbb{F}_{2^8}$ erledigt werden: Für $f, g \in \mathbb{F}_{2^8} \setminus \{0\}$ gilt

$$f/h = f \cdot h^{-1} = g^m \cdot (g^n)^{-1} = g^m \cdot g^{-n} = g^{m-n} = g^{m-n} \bmod 255 \ .$$

Wir begeben uns nun noch eine Komplexitätsstufe höher und betrachten die Arithmetik mit Polynomen der Form $f(x) = f_3 x^3 + f_2 x^2 + f_1 x + f_0$ mit Koeffizienten f_i aus $\mathbb{F}_{2^8}$, Koeffizienten, die also selber wieder Polynome sind. Die Koeffizienten solcher Polynome lassen sich durch Felder von jeweils 4 Bytes repräsentieren. Jetzt wird es interessant: Während die Addition zweier solcher Polynome $f(x)$ und $g(x)$ wieder auf eine bitweise XOR-Verknüpfung der Koeffizienten hinausläuft, berechnet sich deren Produkt $h(x) = f(x) \cdot g(x)$ zu

$$h(x) = h_6 x^6 + h_5 x^5 + h_4 x^4 + h_3 x^3 + h_2 x^2 + h_1 x + h_0,$$

mit Koeffizienten $h_k := \sum_{i+j=0}^{k} f_i \bullet g_j$ (die Summe steht für die Addition $\oplus$ in $\mathbb{F}_{2^8}$).
Durch Reduzierung von $h(x)$ mit einem Polynom vom Grad 4 erhält man wieder ein Polynom vom Grad 3 über $\mathbb{F}_{2^8}$. Rijndael verwendet hierzu das Polynom $M(x) := x^4 + 1$. Praktischerweise gilt $x^j \bmod M(x) = x^{j \bmod 4}$, so dass $h(x) \bmod M(x)$ sich leicht ausrechnen lässt zu

$$d(x) := f(x) \otimes g(x) := h(x) \bmod M(x) = d_3 x^3 + d_2 x^2 + d_1 x + d_0,$$

mit

$$d_0 = a_0 \bullet b_0 \oplus a_3 \bullet b_1 \oplus a_2 \bullet b_2 \oplus a_1 \bullet b_3$$
$$d_1 = a_1 \bullet b_0 \oplus a_0 \bullet b_1 \oplus a_3 \bullet b_2 \oplus a_2 \bullet b_3$$
$$d_2 = a_2 \bullet b_0 \oplus a_1 \bullet b_1 \oplus a_0 \bullet b_2 \oplus a_3 \bullet b_3$$
$$d_3 = a_3 \bullet b_0 \oplus a_2 \bullet b_1 \oplus a_1 \bullet b_2 \oplus a_0 \bullet b_3 \ .$$

Dieser Anordnung entnimmt man, dass sich die Koeffizienten d_i mittels einer Matrixmultiplikation über $\mathbb{F}_{2^8}$ ausrechnen lassen:

$$\begin{bmatrix} d_0 \\ d_1 \\ d_2 \\ d_3 \end{bmatrix} = \begin{bmatrix} a_0 & a_3 & a_2 & a_1 \\ a_1 & a_0 & a_3 & a_2 \\ a_2 & a_1 & a_0 & a_3 \\ a_3 & a_2 & a_1 & a_0 \end{bmatrix} \begin{bmatrix} b_0 \\ b_1 \\ b_2 \\ b_3 \end{bmatrix}$$

Genau diese Operation mit dem konstanten, modulo $M(x)$ invertierbaren Polynom $a(x) := a_3 x^3 + a_2 x^2 + a_1 x + a_0$ über $\mathbb{F}_{2^8}$ mit Koeffizienten $a_0(x) = x$, $a_1(x) = 1$, $a_2(x) = 1$ und $a_3(x) = x + 1$ wird in der sogenannten *MixColumns*-Transformation ausgeführt, die einen Hauptbestandteil der Rundenoperationen von Rijndael ausmacht.

19.2 Der Rijndael-Algorithmus

Rijndael ist ein symmetrischer Blockverschlüsselungsalgorithmus mit variabler Block- und Schlüssellänge: Er kann Blöcke zu 128, 192 und 256 Bit und ebensolche Schlüssellängen verarbeiten, wobei alle Kombinationen von Block- und Schlüssellängen möglich sind. Die akzeptierten Schlüssellängen entsprechen den Vorgaben für AES, die „offizielle" Blocklänge beträgt jedoch nur 128 Bit. Jeder Klartextblock wird zur Verschlüsselung mehrere Male mit einer sich wiederholenden Abfolge verschiedener Funktionen behandelt, in sogenannten *Runden*. Die Anzahl der Runden ist von der Block- und der Schlüssellänge abhängig:

Anzahl Runden L_r	Blocklänge in Bit		
Schlüssellänge in Bit	128	192	256
128	10	12	14
192	12	12	14
256	14	14	14

Tab. 32: Anzahl der Rijndael-Runden in Abhängigkeit von Block- und Schlüssellängen

Bei Rijndael handelt es sich nicht um einen sogenannten Feistel-Algorithmus, dessen wesentliches Charakteristikum darin besteht, dass Blöcke jeweils in linke und rechte Hälften geteilt werden, die Rundenfunktion auf die eine Hälfte angewendet und das Ergebnis zu der anderen Hälfte XORiert wird. Danach werden die beiden Hälften vertauscht. Der DES ist der bekannteste Blockalgorithmus nach diesem Prinzip. Rijndael hingegen ist aus einzelnen Schichten aufgebaut, die nacheinander unterschiedliche Wirkungen auf jeweils einen gesamten Block ausüben. Für die Verschlüsselung eines Blocks wird dieser nacheinander den folgenden Transformationen unterworfen:

1. Der erste Rundenschlüssel wird durch eine XOR-Operation mit dem Block verknüpft.
2. Es werden $L_r - 1$ reguläre Runden durchlaufen.
3. Eine abschließende Runde wird ausgeführt, in der die MixColumns-Transformation der regulären Runden ausgelassen wird.

Jede reguläre Runde des Schrittes 2 besteht aus 4 Einzelschritten, die wir im folgenden betrachten wollen:

1. **Substitution:** Jedes Byte eines Blocks wird durch eine S-Box-Anwendung ersetzt.
2. **Permutation:** Die Bytes des Blocks werden in der sogenannten *ShiftRows*-Transformation permutiert.
3. **Diffusion:** Die sogenannte *MixColumns*-Transformation wird ausgeführt.
4. **Verknüpfung mit dem Schlüssel:** Der jeweilige Rundenschlüssel wird mit dem Block durch eine XOR-Operation verknüpft.

Die Schichtung von Transformationen innerhalb einer Runde wird schematisch durch die folgende Abbildung veranschaulicht.

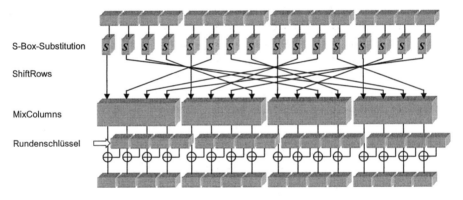

Abb. 8: Schichtung von Transformationen der Rijndael-Runden

Jede dieser Schichten übt eine bestimmte Wirkung innerhalb einer Runde und damit auf jeden Klartextblock aus:

Einfluss des Schlüssels: Durch die Verknüpfung mit dem Rundenschlüssel vor der ersten Runde und als letzter Schritt innerhalb jeder Runde wirkt sich dieser auf jedes Bit der Rundenergebnisse aus. Es gibt im Verlauf der Verschlüsselung eines Blocks keinen Schritt, dessen Ergebnis nicht in jedem Bit abhängig vom Schlüssel wäre.

Nichtlineare Schicht: Die S-Box-Substitution ist eine nichtlineare Operation. Die Konstruktion der S-Box sorgt für nahezu idealen Schutz vor differentieller und linearer Kryptoanalyse (vgl. [BISH] und [NIST]).

Lineare Schicht: Die ShiftRows- und MixColumns-Transformationen sorgen für eine optimale Durchmischung der Bits eines Blocks.

In den folgenden Darstellungen der internen Rijndael Funktionen bezeichnen L_b die Blocklänge in 4-Byte-Wörtern, L_k die Länge des Anwenderschlüssels in 4-Byte Wörtern (d. h. L_b, L_k = 4, 6 oder 8) und L_r die Anzahl von Runden entsprechend der obigen Tabelle 32.

Klartext und Chiffretext werden jeweils als Felder von Bytes ein- bzw. ausgegeben. Ein Klartextblock, übergeben als Feld $m_0,\ldots, m_{4\cdot L_b-1}$ von Bytes, wird in den folgenden Funktionen als zweidimensionale Struktur $\mathcal{B}$ der Gestalt

$$\begin{vmatrix} b_{0,0} & b_{0,1} & b_{0,2} & b_{0,3} & b_{0,4} & \ldots & b_{0,L_b-1} \\ b_{1,0} & b_{1,1} & b_{1,2} & b_{1,3} & b_{1,4} & \ldots & b_{1,L_b-1} \\ b_{2,0} & b_{2,1} & b_{2,2} & b_{2,3} & b_{2,4} & \ldots & b_{2,L_b-1} \\ b_{3,0} & b_{3,1} & b_{3,2} & b_{3,3} & b_{3,4} & \ldots & b_{3,L_b-1} \end{vmatrix}$$

Tab. 33: Repräsentierung von Nachrichtenblöcken

aufgefasst, wohin die Klartextbytes durch folgende Zuordnung einsortiert werden:

$m_0 \rightarrow b_{0,0}, m_1 \rightarrow b_{1,0}, m_2 \rightarrow b_{2,0}, m_3 \rightarrow b_{3,0}, m_4 \rightarrow b_{0,1}, m_5 \rightarrow b_{1,1}, \ldots, m_n \rightarrow b_{i,j}, \ldots$

mit $i = n \bmod 4$ und $j = \lfloor n/4 \rfloor$. Der Zugriff auf $\mathcal{B}$ innerhalb der Rijndael-Funktionen gestaltet sich je nach Operation unterschiedlich. Die S-Box-Substitution operiert byteweise, ShiftRows operiert auf den Zeilen $(b_{i,0}, b_{i,1}, b_{i,2}, \ldots, b_{i,L_b-1})$ von $\mathcal{B}$ und die Funktionen AddRoundKey und MixColumns schließlich operieren auf 4-Byte-Wörtern und greifen dazu spaltenweise $(b_{0,j}, b_{1,j}, b_{2,j}, b_{3,j})$ auf die Werte von $\mathcal{B}$ zu.

19.3 Berechnung der Rundenschlüssel

Ver- und Entschlüsselung erfordern die Erzeugung von jeweils L_r-vielen Rundenschlüsseln, dem sogenannten *Key Schedule*. Dies erfolgt durch eine Expandierung des geheimen Anwenderschlüssels, indem rekursiv abgeleitete 4-Byte-Wörter $k_i = (k_{0,i}, k_{1,i}, k_{2,i}, k_{3,i})$ an den Anwenderschlüssel angehängt werden.

Die ersten L_k Wörter $k_0,\ldots, k_{L_k-1}$ des Key Schedule werden durch den geheimen Anwenderschlüssel selbst gebildet. Für $L_k = 4$ oder 6 wird das jeweils nächste 4-Byte-Wort k_i durch eine XOR-Verknüpfung des vorhergehenden Wortes k_{i-1} mit k_{i-L_k} bestimmt wird. Falls $i \equiv 0 \bmod L_k$ ist, wird auf das Wort k_{i-1} vor der XOR-Verknüpfung eine Funktion $F_{L_k}(k, i)$ angewendet, die zusammengesetzt ist aus einer zyklischen Links-Verschiebung (Links-Rotation) $r(k)$ von k um ein Byte, einer Ersetzung $S(r(k))$ aus der Rijndael S-Box (dazu kommen wir weiter unten) und einer XOR-Verknüpfung mit einer Konstanten $c(\lfloor i/L_k \rfloor)$, so dass sich die Funktion F insgesamt zu $F_{L_k}(k, i) := S(r(k)) \oplus c(\lfloor i/L_k \rfloor)$ ergibt.

Die Konstanten $c(j)$ sind definiert durch $c(j) := (rc(j), 0, 0, 0)$, wobei $rc(j)$ rekursiv bestimmte Elemente aus $\mathbb{F}_{2^8}$ sind: Es ist $rc(1) := 1$, $rc(j) := rc(j-1) \cdot x = x^{j-1}$. Ausgedrückt in Zahlwerten heißt dies: $rc(1) := $ '01', $rc(j) := rc(j-1) \bullet$ '02'. Aus Sicht der Programmierung wird $rc(j)$ durch die $(j-1)$-fache Ausführung der oben skizzierten Funktion xtime berechnet, beginnend mit dem Argument 1, oder schneller durch den Zugriff auf eine Tabelle bestimmt:

'01'	'02'	'04'	'08'	'10'	'20'	'40'	'80'	'1B'	'36'
'6C'	'D8'	'AB'	'4D'	'9A'	'2F'	'5E'	'BC'	'63'	'C6'
'97'	'35'	'6A'	'D4'	'B3'	'7D'	'FA'	'EF'	'C5'	'91'

Tab. 34: Konstanten $rc(j)$

Für Schlüssel der Länge von 256 Bit (d. h. $L_k = 8$) wird eine zusätzliche S-Box-Operation zwischengeschaltet: Falls $i \equiv 4 \bmod L_k$ wird vor der XOR-Operation k_{i-1} durch $S(k_{i-1})$ ersetzt.

So werden als Key Schedule insgesamt $L_b \cdot (L_r + 1)$ 4-Byte-Wörter gebildet, einschließlich des geheimen Benutzerschlüssels. Für jede Runde $i = 0,\ldots, L_r-1$ werden dem Key Schedule die jeweils nächsten L_b 4-Byte-Wörter $k_{L_b \cdot i}$ bis $k_{L_b \cdot (i+1)}$ als Rundenschlüssel entnommen. Die Rundenschlüssel werden in Analogie zur Strukturierung der Nachrichtenblöcke als zweidimensionale Struktur der folgenden Form aufgefasst:

$$\begin{bmatrix} k_{0,0} & k_{0,1} & k_{0,2} & k_{0,3} & k_{0,4} & \ldots & k_{0,L_b-1} \\ k_{1,0} & k_{1,1} & k_{1,2} & k_{1,3} & k_{1,4} & \ldots & k_{1,L_b-1} \\ k_{2,0} & k_{2,1} & k_{2,2} & k_{2,3} & k_{2,4} & \ldots & k_{2,L_b-1} \\ k_{3,0} & k_{3,1} & k_{3,2} & k_{3,3} & k_{3,4} & \ldots & k_{3,L_b-1} \end{bmatrix}$$

Tab. 35: Repräsentierung von Rundenschlüsseln

Für die Schlüssellänge von 128 Bit wird die Schlüsselerzeugung durch das folgende Schema veranschaulicht:

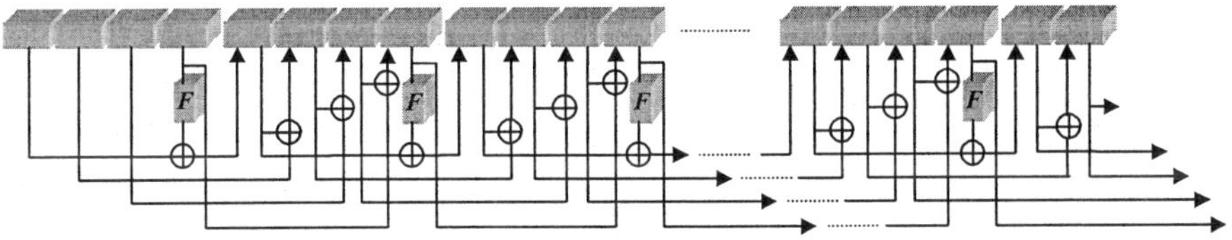

Abb. 9: Ableitungsschema für die Rundenschlüssel bei $L_k = 4$

Es sind keine sogenannten schwachen Schlüssel bekannt, deren Verwendung das Verfahren schwächen würde.

19.4 Die S-Box

Die Substitutionsbox oder S-Box des Rijndael-Algorithmus gibt an, wie in jeder Runde jedes Byte eines Blocks durch einen anderen Wert zu ersetzen ist. Die S-Box besteht aus einer Liste von 256 Bytes, die konstruiert werden, indem zunächst jedes Byte außer der Null, aufgefasst als Vertreter von $\mathbb{F}_{2^8}$, durch sein multiplikatives Inverses ersetzt wird (die Null bleibt am Platz). Danach wird eine affine Abbildung über $\mathbb{F}_2$ als Matrixmultiplikation und Addition von (1 1 0 0 0 1 1 0) berechnet:

$$\begin{bmatrix} y_0 \\ y_1 \\ y_2 \\ y_3 \\ y_4 \\ y_5 \\ y_6 \\ y_7 \end{bmatrix} = \begin{bmatrix} 1 & 0 & 0 & 0 & 1 & 1 & 1 & 1 \\ 1 & 1 & 0 & 0 & 0 & 1 & 1 & 1 \\ 1 & 1 & 1 & 0 & 0 & 0 & 1 & 1 \\ 1 & 1 & 1 & 1 & 0 & 0 & 0 & 1 \\ 1 & 1 & 1 & 1 & 1 & 0 & 0 & 0 \\ 0 & 1 & 1 & 1 & 1 & 1 & 0 & 0 \\ 0 & 0 & 1 & 1 & 1 & 1 & 1 & 0 \\ 0 & 0 & 0 & 1 & 1 & 1 & 1 & 1 \end{bmatrix} \begin{bmatrix} x_0 \\ x_1 \\ x_2 \\ x_3 \\ x_4 \\ x_5 \\ x_6 \\ x_7 \end{bmatrix} + \begin{bmatrix} 1 \\ 1 \\ 0 \\ 0 \\ 0 \\ 1 \\ 1 \\ 0 \end{bmatrix}$$

In dieser Darstellung bezeichnet x_0 bzw. y_0 das jeweils niedrigstwertige und x_7 bzw. y_7 das jeweils höchstwertige Bit eines Byte, dem 8-Tupel (1 1 0 0 0 1 1 0) entspricht somit der Hexadezimalwert '63'.

Der Konstruktion der S-Box liegen Designkriterien zugrunde, wonach die Anfälligkeit für die Methoden der linearen und der differentiellen Kryptoanalyse sowie für algebraische Attacken minimiert werden. Die S-Box-Funktion muss invertierbar sein, sie soll eine hohe algebraische Komplexität in $\mathbb{F}_{2^8}$ besitzen und keine Fixpunkte $S(a) = a$ oder komplementäre Fixpunkte $S(a) = \bar{a}$ aufweisen. Dies alles wird erreicht durch die Kombination von multiplikativer Invertierung in $\mathbb{F}_{2^8}$ und der obigen affinen Abbildung von $\mathbb{F}_{2^8}$ nach $\mathbb{F}_{2^8}$.

Die Konstruktionsvorschrift nacheinander angewendet auf die Werte von 0 bis 255 führt zu folgender Tabelle (Darstellung hexadezimal, zeilenweise von links nach rechts):

63	7C	77	7B	F2	6B	6F	C5	30	01	67	2B	FE	D7	AB	76
CA	82	C9	7D	FA	59	47	F0	AD	D4	A2	AF	9C	A4	72	C0
B7	FD	93	26	36	3F	F7	CC	34	A5	E5	F1	71	D8	31	15
04	C7	23	C3	18	96	05	9A	07	12	80	E2	EB	27	B2	75
09	83	2C	1A	1B	6E	5A	A0	52	3B	D6	B3	29	E3	2F	84
53	D1	00	ED	20	FC	B1	5B	6A	CB	BE	39	4A	4C	58	CF
D0	EF	AA	FB	43	4D	33	85	45	F9	02	7F	50	3C	9F	A8
51	A3	40	8F	92	9D	38	F5	BC	B6	DA	21	10	FF	F3	D2
CD	0C	13	EC	5F	97	44	17	C4	A7	7E	3D	64	5D	19	73
60	81	4F	DC	22	2A	90	88	46	EE	B8	14	DE	5E	0B	DB
E0	32	3A	0A	49	06	24	5C	C2	D3	AC	62	91	95	E4	79
E7	C8	37	6D	8D	D5	4E	A9	6C	56	F4	EA	65	7A	AE	08
BA	78	25	2E	1C	A6	B4	C6	E8	DD	74	1F	4B	BD	8B	8A
70	3E	B5	66	48	03	F6	0E	61	35	57	B9	86	C1	1D	9E
E1	F8	98	11	69	D9	8E	94	9B	1E	87	E9	CE	55	28	DF
8C	A1	89	0D	BF	E6	42	68	41	99	2D	0F	B0	54	BB	16

Tab. 36: Die Werte der S-Box

Für die Entschlüsselung muss die S-Box rückwärts angewendet werden: Die affine Umkehrabbildung wird angewendet, gefolgt von der multiplikativen Invertierung in $\mathbb{F}_{2^8}$. Die invertierte S-Box ist in der folgenden Tabelle angegeben:

52	09	6A	D5	30	36	A5	38	BF	40	A3	9E	81	F3	D7	FB
7C	E3	39	82	9B	2F	FF	87	34	8E	43	44	C4	DE	E9	CB
54	7B	94	32	A6	C2	23	3D	EE	4C	95	0B	42	FA	C3	4E
08	2E	A1	66	28	D9	24	B2	76	5B	A2	49	6D	8B	D1	25
72	F8	F6	64	86	68	98	16	D4	A4	5C	CC	5D	65	B6	92
6C	70	48	50	FD	ED	B9	DA	5E	15	46	57	A7	8D	9D	84
90	D8	AB	00	8C	BC	D3	0A	F7	E4	58	05	B8	B3	45	06
D0	2C	1E	8F	CA	3F	0F	02	C1	AF	BD	03	01	13	8A	6B
3A	91	11	41	4F	67	DC	EA	97	F2	CF	CE	F0	B4	E6	73
96	AC	74	22	E7	AD	35	85	E2	F9	37	E8	1C	75	DF	6E
47	F1	1A	71	1D	29	C5	89	6F	B7	62	0E	AA	18	BE	1B
FC	56	3E	4B	C6	D2	79	20	9A	DB	C0	FE	78	CD	5A	F4
1F	DD	A8	33	88	07	C7	31	B1	12	10	59	27	80	EC	5F
60	51	7F	A9	19	B5	4A	0D	2D	E5	7A	9F	93	C9	9C	EF
A0	E0	3B	4D	AE	2A	F5	B0	C8	EB	BB	3C	83	53	99	61
17	2B	04	7E	BA	77	D6	26	E1	69	14	63	55	21	0C	7D

Tab. 37: Die Werte der invertierten S-Box

19.5 Die ShiftRows-Transformation

Der nächste Schritt in der Abfolge einer Runde besteht in der Permutation eines Blocks auf Byteebene. Dazu werden die Bytes innerhalb der einzelnen Zeilen $(b_{i,0}, b_{i,1}, b_{i,2}, \ldots, b_{i,L_b-1})$ eines Blocks entsprechend den folgenden Schemata vertauscht:

vor ShiftRows				nach ShiftRows			
0	4	8	12	0	4	8	12
1	5	9	13	5	9	13	1
2	6	10	14	10	14	2	6
3	7	11	15	15	3	7	11

Tab. 38: ShiftRows für Blöcke der Länge 128 Bit, d. h. $L_b = 4$

vor ShiftRows						nach ShiftRows					
0	4	8	12	16	20	0	4	8	12	16	20
1	5	9	13	17	21	5	9	13	17	21	1
2	6	10	14	18	22	10	14	18	22	2	6
3	7	11	15	19	23	15	19	23	3	7	11

Tab. 39: ShiftRows für Blöcke der Länge 192 Bit, d. h. $L_b = 6$

vor ShiftRows								nach ShiftRows							
0	4	8	12	16	20	24	28	0	4	8	12	16	20	24	28
1	5	9	13	17	21	25	29	5	9	13	17	21	25	29	1
2	6	10	14	18	22	26	30	14	18	22	26	30	2	6	10
3	7	11	15	19	23	27	31	19	23	27	31	3	7	11	15

Tab. 40: ShiftRows für Blöcke der Länge 256 Bit, d. h. $L_b = 8$

In der jeweils ersten Zeile findet keine Vertauschung statt. Innerhalb der Zeilen $i = 2, 3, 4$ werden die Bytes jeweils um $c_{L_b, i}$ Positionen nach links rotiert, von Position j auf Position $j - c_{L_b, i} \mod L_b$, wobei $c_{L_b, i}$ der folgenden Tabelle zu entnehmen ist:

L_b	$c_{L_b, 1}$	$c_{L_b, 2}$	$c_{L_b, 3}$
4	1	2	3
6	1	2	3
8	1	3	4

Tab. 41: Distanzen der Zeilenrotationen in ShiftRows

Zur Invertierung dieses Schrittes werden die Positionen j der Zeilen $i = 2, 3, 4$ auf die Positionen $j + c_{L_b, i} \bmod L_b$ verschoben.

19.6 Die MixColumns-Transformation

Nach der zeilenweisen Permutation im vorhergehenden Schritt wird in diesem Schritt jede Spalte $(b_{i,j})_{i = 0,...,3;\ j = 0,...,L_b}$ eines Blocks als Polynom über $\mathbb{F}_{2^8}$ aufgefasst und mit dem konstanten Polynom $a(x) := a_3 x^3 + a_2 x^2 + a_1 x + a_0$ mit Koeffizienten $a_0(x) = x$, $a_1(x) = 1$, $a_2(x) = 1$ und $a_3(x) = x + 1$ multipliziert und modulo $M(x) := x^4 + 1$ reduziert. Jedes Byte einer Spalte tritt so in Wechselwirkung mit jedem anderen Byte der Spalte. Die zeilenweise operierende ShiftRows-Transformation bewirkt, dass in jeder Runde andere Bytes miteinander vermischt werden, wodurch insgesamt eine sehr starke Diffusionswirkung erreicht wird.

Wir haben bereits oben gesehen (vgl. S. 337), wie dieser Schritt auf die Matrixmultiplikation

$$\begin{bmatrix} b_{0,j} \\ b_{1,j} \\ b_{2,j} \\ b_{3,j} \end{bmatrix} \leftarrow \begin{bmatrix} '02' & '03' & '01' & '01' \\ '01' & '02' & '03' & '01' \\ '01' & '01' & '02' & '03' \\ '03' & '01' & '01' & '02' \end{bmatrix} \begin{bmatrix} b_{0,j} \\ b_{1,j} \\ b_{2,j} \\ b_{3,j} \end{bmatrix}$$

mit Multiplikation und Addition über $\mathbb{F}_{2^8}$ zurückgeführt wird. Für die Multiplikation mit '02' (bzw. x) wurde bereits die Funktion xtime() definiert, die Multiplikation mit '03' (bzw. $x + 1$) wurde ebenfalls bereits behandelt (vgl. S. 335).

Zur Invertierung der MixColumns-Transformation wird jede Spalte $(b_{i,j})$ eines Blocks mit dem Polynom $r(x) := r_3 x^3 + r_2 x^2 + r_1 x + r_0$ mit Koeffizienten $r_0(x) = x^3 + x^2 + x$, $r_1(x) = x^3 + 1$, $r_2(x) = x^3 + x^2 + 1$ und $r_3(x) = x^3 + x + 1$ multipliziert und modulo $M(x) := x^4 + 1$ reduziert. Die korrespondierende Matrix lautet

$$\begin{bmatrix} '0E' & '0B' & '0D' & '09' \\ '09' & '0E' & '0B' & '0D' \\ '0D' & '09' & '0E' & '0B' \\ '0B' & '0D' & '09' & '0E' \end{bmatrix}$$

19.7 Der AddRoundKey-Schritt

Als letzter Schritt einer Runde wird der jeweilige Rundenschlüssel mit dem Textblock durch eine XOR-Operation verknüpft:

$(b_{0,j}, b_{1,j}, b_{2,j}, b_{3,j}) \leftarrow (b_{0,j}, b_{1,j}, b_{2,j}, b_{3,j}) \oplus (k_{0,j}, k_{1,j}, k_{2,j}, k_{3,j})$ für $j = 0,..., L_b - 1$.

19.8 Die Verschlüsselung im Gesamtablauf

Die Verschlüsselung eines Textblocks mit Rijndael wird durch den folgenden Pseudocode nach [DARI], Abschn. 4.2, 4.4 veranschaulicht. Die Argumente werden als Zeiger auf Felder von Bytes oder von 4-Byte-Wörtern übergeben. Die Bedeutung der im Pseudocode verwendeten Felder, Variablen und Funktionen ist in den folgenden Tabelle zusammengefasst:

Variablen	Bedeutung
Nk	Länge L_k des geheimen Anwenderschlüssels in 4-Byte-Wörtern
Nb	Blocklänge L_b in 4-Byte-Wörtern
Nr	Rundenzahl L_r laut obiger Tabelle

Felder	Größe in Bytes	Bedeutung
CipherKey	4*Nk	Geheimer Anwenderschlüssel
ExpandedKey	4*Nb * (Nr+1)	Feld von 4-Byte-Wörtern zur Aufnahme der Rundenschlüssel
Rcon	⌈4*Nb * (Nr+1)/Nk⌉	Feld von 4-Byte-Wörtern als Konstanten $c(j) := (rc(j), 0, 0, 0)$[65]
State	4*Nb	Feld für die Ein- und Ausgabe von Klar- und Chiffreblöcken
RoundKey	4*Nb	Rundenschlüssel, Abschnitt von ExpandedKey

Funktion	Bedeutung
KeyExpansion	Erzeugung der Rundenschlüssel
RotBytes	Linksrotation eines 4-Byte-Wortes um 1 Byte: (abcd) → (bcda)
SubBytes	S-Box-Substitution S aller Bytes des übergebenen Feldes
Round	Reguläre Runde
FinalRound	Letzte Runde ohne MixColumns
ShiftRows	ShiftRows-Transformation
MixColumns	MixColum-Transformation
AddRoundKey	Addition eines Rundenschlüssels

Tab. 42–44: Variablen- und Funktionsbezeichnungen

---

[65] Es reicht, die Konstanten $rc(j)$ in einem Feld von ⌈Nb * (Nr+1)/Nk⌉ ≤ 30 Byte zu speichern. Beginnt das Feld bei 0, bleibt dieses Byte unbelegt, da der Index j bei 1 startet. Das Feld hat dann eine Länge von 31 Bytes.

Schlüsselerzeugung:

```
KeyExpansion (byte CipherKey, word ExpandedKey)
{
  for (i = 0; i < Nk; i++)
    ExpandedKey[i] = (CipherKey[4*i], CipherKey[4*i + 1],
               CipherKey[4*i + 2], CipherKey[4*i + 3]);
  for (i = Nk; i < Nb * (Nr + 1); i++)
  {
    temp = ExpandedKey[i - 1];
    if (i % Nk == 0)
      temp = SubBytes (RotBytes (temp)) ^ Rcon[i/Nk];
    else if ((Nk == 8) && (i % Nk == 4))
      temp = SubBytes (temp);
    ExpandedKey[i] = ExpandedKey[i - Nk] ^ temp;
  }
}
```

Rundenfunktionen:

```
Round (word State, word RoundKey)
{
  SubBytes (State);
  ShiftRows (State);
  MixColumns (State);
  AddRoundKey (State, RoundKey);
}

FinalRound (word State, word RoundKey)
{
  SubBytes (State);
  ShiftRows (State);
  AddRoundKey (State, RoundKey);
}
```

Die Gesamtoperation zur Verschlüsselung eines Blocks lautet:

```
Rijndael (byte State, byte CipherKey)
{
  KeyExpansion (CipherKey, ExpandedKey);
  AddRoundKey (State, ExpandedKey);
  for (i = 1; i < Nr; i++)
    Round (State, ExpandedKey + Nb*i);
  FinalRound (State, ExpandedKey + Nb*Nr);
}
```

Es besteht die Möglichkeit, die Erzeugung der Rundenschlüssel außerhalb der Funktion `Rijndael` vorzubereiten und den Key Schedule `ExpandedKey` anstelle des Anwenderschlüssels `CipherKey` zu übergeben. Dies ist vorteilhaft, wenn für die Verschlüsselung von Nachrichten, die länger als ein Block sind,

19.8 Die Verschlüsselung im Gesamtablauf

mehrere Aufrufe von Rijndael mit dem gleichen Anwenderschlüssel erforderlich werden.

```
Rijndael (byte State, byte ExpandedKey)
{
  AddRoundKey (State, ExpandedKey);
  for (i = 1; i < Nr; i++)
    Round (State, ExpandedKey + Nb*i);
  FinalRound (State, ExpandedKey + Nb*Nr);
}
```

Insbesondere für 32-Bit-Prozessoren ist es günstig, die Ergebnisse der Rundentransformationen vorzuberechnen und als Tabellen zu speichern. Das Ersetzen der Permutations- und Matrixoperationen durch Zugriffe auf Tabellen erspart einen beträchtlichen Rechenaufwand und wirkt sich dementsprechend günstig auf den Durchsatz der Verschlüsselung und, wie wir sehen werden, auch der Entschlüsselung aus. Mit Hilfe von 4 Tabellen von je 256 4-Byte-Wörtern der Form

$$T_0[w] := \begin{bmatrix} S[w]\cdot\text{'02'} \\ S[w] \\ S[w] \\ S[w]\cdot\text{'03'} \end{bmatrix}, \quad T_1[w] := \begin{bmatrix} S[w]\cdot\text{'03'} \\ S[w]\cdot\text{'02'} \\ S[w] \\ S[w] \end{bmatrix}$$

$$T_2[w] := \begin{bmatrix} S[w] \\ S[w]\cdot\text{'03'} \\ S[w]\cdot\text{'02'} \\ S[w] \end{bmatrix}, \quad T_3[w] := \begin{bmatrix} S[w] \\ S[w] \\ S[w]\cdot\text{'03'} \\ S[w]\cdot\text{'02'} \end{bmatrix}$$

(für $w = 0,\ldots, 255$; $S(w)$ bezeichnet wie oben die S-Box-Ersetzung) kann die Transformation eines Blocks $b = (b_{0,j}, b_{1,j}, b_{2,j}, b_{3,j}), j = 0,\ldots, L_b-1 =$ einer Runde schnell durch eine Ersetzung

$$(b_{0,j}, b_{1,j}, b_{2,j}, b_{3,j}) \leftarrow T_0[b_{0,j}] \oplus T_1[b_{1,d(1,j)}] \oplus T_2[b_{2,d(2,j)}] \oplus T_3[b_{3,d(3,j)}] \oplus k_j$$

ausgeführt werden, mit $d(i,j) := j - c_{L_b,i} \mod L_b$ (vgl. ShiftRows, Tab. 41) und $k_j = (k_{0,j}, k_{1,j}, k_{2,j}, k_{3,j})$ als j-te Spalte des Rundenschlüssels. Zur Herleitung dieses Ergebnisses vgl. [DARI], Abschn. 5.2.1. In der jeweils letzten Runde entfällt die MixColumns-Transformation, das Ergebnis wird daher durch

$$b_j := (b_{0,j}, b_{1,j}, b_{2,j}, b_{3,j}) \leftarrow (S(b_{0,j}), S(b_{1,d(1,j)}), S(b_{2,d(2,j)}), S(b_{3,d(3,j)})) \oplus k_j$$

bestimmt.

Es ist offensichtlich möglich, auch mit einer Tabelle von 256 4-Byte-Wörtern auszukommen, indem

$$b_j \leftarrow T_0[b_{0,j}] \oplus r(T_0[b_{1,\,d(1,j)}] \oplus r(T_0[b_{2,\,d(2,j)}] \oplus r(T_0[b_{0,\,d(3,j)}]))) \oplus k_j$$

gesetzt wird, mit der Links-Rotation $r(a, b, c, d) = (b, c, d, a)$ um ein Byte. Für Umgebungen mit beschränktem Speicherplatz kann dies ein lohnender Kompromiss sein, der Preis ist eine nur geringfügig längere Rechenzeit für die drei Rotationen.

19.9 Die Entschlüsselung

Für die Rijndael-Entschlüsselung ist die Verschlüsselung in umgekehrter Reihenfolge mit den inversen Transformationen zu durchlaufen. Wir haben bereits oben die Umkehrungen der Transformationen *SubBytes*, *ShiftRows* und *MixColumns* betrachtet, die im folgenden Pseudocode als Funktionen *InvSubBytes*, *InvShiftRows* und *InvMixColumns* bezeichnet sind. Die invertierte S-Box, die Distanzen für die Invertierung der ShiftRows-Transformation und die invertierte Matrix für die Umkehrung der MixColumns-Transformation sind auf den Seiten 342–343 angegeben. Hiermit lauten die inversen Rundenfunktionen

```
InvFinalRound (word State, word RoundKey)
{
  AddRoundKey (State, RoundKey);
  InvShiftRows (State);
  InvSubBytes (State);
}

InvRound (word State, word RoundKey)
{
  AddRoundKey (State, RoundKey);
  InvMixColumns (State);
  InvShiftRows (State);
  InvSubBytes (State);
}
```

Die Gesamtoperation zur Entschlüsselung eines Blocks lautet:

```
InvRijndael (byte State, byte CipherKey)
{
  KeyExpansion (CipherKey, ExpandedKey);
  InvFinalRound (State, ExpandedKey + Nb*Nr);
  for (i = Nr - 1; i > 0; i--)
    InvRound (State, ExpandedKey + Nb*i);
  AddRoundKey (State, ExpandedKey);
}
```

19.9 Die Entschlüsselung

Die algebraische Struktur von Rijndael gestattet es, die Transformationen für die Entschlüsselung so zu arrangieren, dass in der gleichen Weise wie bei der Verschlüsselung mit Tabellen gearbeitet werden kann. Hierzu ist zu beobachten, dass die Substitution S und die InvShiftRows-Transformation kommutativ sind, dass also innerhalb einer Runde deren Reihenfolge vertauschbar ist. Aufgrund der Homomorphieeigenschaft $f(x+y) = f(x) + f(y)$ linearer Abbildungen können auch die InvMixColumns-Transformation und die Addition des Rundenschlüssels vertauscht werden, wenn InvMixColumns vorher auf den Rundenschlüssel angewendet wurde. Innerhalb einer Runde ergibt sich der folgende Ablauf:

```
InvFinalRound (word State, word RoundKey)
{
  AddRoundKey (State, RoundKey);
  InvSubBytes (State);
  InvShiftRows (State);
}

InvRound (word State, word RoundKey)
{
  InvMixColumns (State);
  AddRoundKey (State, InvMixColumns (RoundKey));
  InvSubBytes (State);
  InvShiftRows (State);
}
```

Ohne die Abfolge von Transformationen über beide nacheinander angeordneten Funktionen hinweg zu ändern, können diese umdefiniert werden zu

```
AddRoundKey (State, RoundKey);

InvRound (word State, word RoundKey)
{
  InvSubBytes (State);
  InvShiftRows (State);
  InvMixColumns (State);
  AddRoundKey (State, InvMixColumns (RoundKey));
}

InvFinalRound (word State, word RoundKey)
{
  InvSubBytes (State);
  InvShiftRows (State);
  AddRoundKey (State, RoundKey);
}
```

Hiermit ist die zur Verschlüsselung analoge Struktur hergestellt. Aus Effizienzgründen wird die Anwendung von InvMixColumns auf die Rundenschlüssel aus `InvRound()` in die Schlüsselexpansion verlegt, wobei der erste und der letzte

Rundenschlüssel von InvMixColumns unberührt bleiben. Die „inversen" Rundenschlüssel werden erzeugt mit

```
InvKeyExpansion (byte CipherKey, word InvEpandedKey)
{
    KeyExpansion (CipherKey, InvExpandedKey);
    for (i = 1; i < Nr; i++)
        InvMixColumns (InvExpandedKey + Nb*i);
}
```

Die Gesamtoperation zur Entschlüsselung eines Blocks lautet nun:

```
InvRijndael (byte State, byte CipherKey)
{
    InvKeyExpansion (CipherKey, InvExpandedKey);
    AddRoundKey (State, InvExpandedKey + Nb*Nr);
    for (i = Nr - 1; i > 0; i--)
        InvRound (State, InvExpandedKey + Nb*i);
    InvFinalRound (State, InvExpandedKey);
}
```

Für diese Form der Entschlüsselung können nun analog zur Verschlüsselung ebenfalls Tabellen vorberechnet werden: Mit

$$T_0^{-1}[w] := \begin{bmatrix} S^{-1}[w]\cdot\text{'0E'} \\ S^{-1}[w]\cdot\text{'09'} \\ S^{-1}[w]\cdot\text{'0D'} \\ S^{-1}[w]\cdot\text{'0B'} \end{bmatrix}, \quad T_1^{-1}[w] := \begin{bmatrix} S^{-1}[w]\cdot\text{'0B'} \\ S^{-1}[w]\cdot\text{'0E'} \\ S^{-1}[w]\cdot\text{'09'} \\ S^{-1}[w]\cdot\text{'0D'} \end{bmatrix}$$

$$T_2^{-1}[w] := \begin{bmatrix} S^{-1}[w]\cdot\text{'0D'} \\ S^{-1}[w]\cdot\text{'0B'} \\ S^{-1}[w]\cdot\text{'0E'} \\ S^{-1}[w]\cdot\text{'09'} \end{bmatrix}, \quad T_3^{-1}[w] := \begin{bmatrix} S^{-1}[w]\cdot\text{'09'} \\ S^{-1}[w]\cdot\text{'0D'} \\ S^{-1}[w]\cdot\text{'0B'} \\ S^{-1}[w]\cdot\text{'0E'} \end{bmatrix}$$

(für $w = 0,\ldots, 255$; $S^{-1}(w)$ bezeichnet die inverse S-Box-Ersetzung) kann das Ergebnis einer inversen Rundenoperation auf einem Block $b = (b_{0,j}, b_{1,j}, b_{2,j}, b_{3,j})$, $j = 0,\ldots, L_b-1$, bestimmt werden durch

$$b_j \leftarrow T_0^{-1}[b_{0,j}] \oplus T_1^{-1}[b_{1, d^{-1}(1,j)}] \oplus T_2^{-1}[b_{2, d^{-1}(2,j)}] \oplus T_3^{-1}[b_{3, d^{-1}(3,j)}] \oplus k_j^{-1}$$

für $j = 0,\ldots, L_b-1$ mit $d^{-1}(i,j) := j + c_{L_b, i} \bmod L_b$ (vgl. S. 344) und der j-ten Spalte k_j^{-1} des „inversen" Rundenschlüssels.

Wiederum entfällt in der jeweils letzten Runde die MixColumns-Transformation, das Ergebnis der letzten Runde wird daher durch

$$b_j \leftarrow (S^{-1}(b_{0,j}), S^{-1}(b_{1,d^{-1}(1,j)}), S^{-1}(b_{2,d^{-1}(2,j)}), S^{-1}(b_{3,d^{-1}(3,j)})) \oplus k_j^{-1}$$

für $j = 0, \ldots, L_b - 1$ bestimmt.

Um Speicherplatz einzusparen, kann man auch bei der Entschlüsselung mit lediglich einer Tabelle von 256 4-Byte-Wörtern auskommen, indem

$$b_j \leftarrow T_0^{-1}[b_{0,j}] \oplus r(T_0^{-1}[b_{1,d^{-1}(1,j)}] \oplus r(T_0^{-1}[b_{2,d^{-1}(2,j)}] \oplus r(T_0^{-1}[b_{3,d^{-1}(3,j)}]))) \oplus k_j^{-1}$$

gesetzt wird, mit der Links-Rotation $r(a, b, c, d) = (b, c, d, a)$ um ein Byte.

19.10 Performanz

Implementierungen für verschiedene Plattformen haben die überragende Performanz von Rijndael bestätigt. Die Bandbreite reicht dabei von Realisierungen für kleine 8-Bit-Controller mit wenig Speicher und Schlüsselerzeugung on-the-fly bis hin zu den aktuellen 32-Bit-Prozessoren. Zum Vergleich sind in der folgenden Tabelle Verschlüsselungsraten der Kandidaten RC6, Rijndael und Twofish sowohl für den betagten 8051-Controller als auch für die Advanced Risc Machine (ARM) als modernen 32-Bit-Chipkartencontroller angegeben:

	8051 (3,57 MHz)	ARM (28,56 MHz)
RC6	165	151.260
Rijndael	3.005	311.492
Twofish	525	56.289

Tab. 45: Rijndael-Performance in Byte/sec im Vergleich nach [KOEU]

Aufgrund der komplexeren InvMixColumns-Operation können je nach Implementierung die Rechenzeiten für die Ver- und Entschlüsselung divergieren, wobei dieser Effekt durch den oben beschriebenen Einsatz von Tabellen gänzlich kompensiert werden kann. Natürlich hängen die Rechenzeiten neben der jeweiligen Schlüssellänge auch von der Blocklänge bzw. von der zu durchlaufenden Anzahl von Runden ab (vgl. Tab. 32). Zum Vergleich: Auf einem Pentium III/200 MHz ist für Schlüssel der Länge von 128 Bit ein Durchsatz von etwa 8 MByte, für 192-Bit-Schlüssel von ca. 7 MByte und für 256-Bit-Schlüssel von ca. 6 MByte pro Sekunde für Blöcke der Länge von 128 Bit jeweils in beiden Richtungen erzielbar. Der DES in C kann auf der gleichen Plattform etwa 3,8 MByte in der Sekunde ver- und entschlüsseln (vgl. [GLDM], http://fp.gladman.plus.com/cryptography_technology/rijndael/table.htm).

19.11 Betriebsarten

Neben den klassischen Betriebsarten für Blockchiffren, wie etwa Electronic Code Book (ECB), Cipher Block Chaining (CBC), Cipher Feedback (CFB), Output Feedback (OFB) (vgl. [FI81]) oder Message Authentication Codes (MAC), werden zur Zeit einige neue Vorschläge für weitere Betriebsarten unter den Gesichtspunkten Sicherheit, Fehlertoleranz und Implementierung diskutiert. Neue Vorschläge bieten zusätzlichen Integritätsschutz oder verwenden AES als Schlüsselstromgenerator. Ebenfalls in die Diskussion einbezogen wird die Verwendung der Betriebsarten in der Internet-Kommunikation, etwa im Rahmen von IPSEC und IKE (Internet Key Exchange-Protocol).

Im weiteren Vorgehen wird NIST wohl erst einmal einige der Standardbetriebsarten (u.a. ECB, CBC, CFB) im Rahmen eines Federal Information Processing Standards (FIPS) für AES-Betriebsarten festlegen, zusätzliche Modi werden möglicherweise später dazukommen.

Für weitere Einzelheiten, Untersuchungen zur Sicherheit und zur Kryptoanalyse, Rechenzeiten und aktuelle Information zu AES und Rijndael wird auf die oben zitierte Literatur sowie auf die Internetseiten von NIST und von Vincent Rijmen verwiesen, die jeweils viele Links zu weiteren Informationsquellen anbieten:

```
http://csrc.nist.gov/encryption/aes/aes_home.htm
http://www.esat.kuleuven.ac.be/~rijmen/rijndael
```

Auf der dem Buch beiliegenden CD-ROM sind drei Implementierungen von Rijndael enthalten, die zu Rate gezogen werden können, um das Verständnis des Verfahrens zu vertiefen und eigene Versuche anzustellen. Die Programme beinhalten auch Anwendungsschnittstellen mit Funktionen für die Betriebsmodi *Cipher Feedback Mode* (CFB) und *Output Feedback Mode* (OFB). Allen Autoren sei noch einmal herzlich für die Erlaubnis gedankt, den Quellcode auf die dem Buch beiliegende CD-ROM mit aufnehmen zu dürfen. Die Quelldateien befinden sich in den folgenden Verzeichnissen:

Verzeichnis	*Implementierung*
`rijndael\c_ref`	C-Referenzimplementierung mit Testsuite von Vincent Rijmen und Paulo Barreto
`rijndael\c_opt`	Optimierte Implementierung in C von Vincent Rijmen, Antoon Bosselaers und Paulo Barreto
`rijndael\c_cpp`	Optimierte C/C++-Implementierung von Brian Gladman

For now, this is all we know.

JON HISEMAN, Colosseum,
1997 im Kölner E-Werk

20 Nachwort

> *When cryptography is outlawed, only*
> *outlaws will have cryptography.*

Zur Zeit der Erstellung des Manuskripts für dieses Buch ist die öffentliche Debatte um eine staatliche Kryptoregulierung in vollem Gange. Es geht darum, die bisher für alle Bürger und Institutionen freie Verwendung kryptographischer Verfahren einzuschränken und die Datenverschlüsselung zumindest teilweise unter staatliche Aufsicht zu stellen. Mit der Aussicht auf den Wegfall eines Bereichs freiheitlicher Selbstbestimmung, der seine Bedeutung insbesondere aus der zunehmenden Notwendigkeit zur Kommunikation über unsichere Netze und dem daraus resultierenden Schutzbedürfnis erfährt, sind eine Reihe gesellschaftspolitischer und wirtschaftlicher Aspekte verknüpft, die dafür sorgen, dass die Diskussion mit Leidenschaft geführt wird.

Ohne diese Debatte hier in ihrer ganzen Breite aufgreifen zu wollen, macht dieses Buch besonders einen Aspekt deutlich, der der Durchsetzbarkeit einer solchen Regelung widerspricht: Das Wissen um kryptographische Mechanismen, deren Funktionsweise und Einsatzmöglichkeiten ist nach jahrzehntelanger öffentlicher Diskussion so breit gestreut, dass es als allgemein zugängliches Kulturgut zu betrachten ist. Das kryptographische Instrumentarium befindet sich in den Büchern und Köpfen der Bürger, mit dessen Verwendung in guter Absicht sich keine moralischen Bedenken verbinden.

Würden alle Passagen dieses Buches gestrichen, in denen explizit von Kryptographie die Rede ist, so würden dennoch die einschlägigen mathematischen Zusammenhänge stehen bleiben, deren Betrachtung sich ohnehin jeder Gesetzgebung entzieht. Wo also sollen die Grenzen zwischen der Mathematik und der Kryptographie gezogen werden? Wird künftig die Arithmetik in endlichen Körpern verboten sein? Oder macht man sich mit der Berechnung von Potenzen wegen „versuchter Verschlüsselung" strafbar? Vielleicht ist es ja der *Zweck*, der den Unterschied zwischen einer mathematischen Berechnung und einer kryptographischen Operation ausmacht. Wie sollte aber beispielsweise die RSA-Verschlüsselung von der durch das Signaturgesetz sanktionierten Berechnung digitaler Signaturen unterschieden werden, wenn in beiden Fällen nur Potenzen mit ein und demselben Schlüsselpaar zu bilden sind? Wie soll grundsätzlich der Nachweis darüber zu führen sein, dass eine Information verschlüsselt präsentiert wird, obwohl dies aus mathematischer Sicht prinzipiell als unentscheidbar gilt und die Informationstechnik Mittel bereitstellt, um dies auch im Einzelfall wirksam zu verbergen?

Bei aller Polemik kann kein Zweifel daran bestehen, dass es letztlich völlig irrelevant wäre, ob der brave Bürger sich an eine gesetzliche Regelung der Kryptographie hielte oder nicht, dass aber die Verschlüsselung in böser Absicht im Allgemeinen noch nicht einmal aufzudecken, geschweige denn nachweisbar ist. Der Besitz kryptographischer Verfahren als abstraktes Gedankengut ist ebenso wenig zu verbieten oder zu verhindern, wie deren Anwendung, weshalb auch diesbezügliche Einschränkungen – man stelle sich eine Art „Waffenschein für Kryptoverfahren" vor – sinnlos wären.

Der Spielraum für präventive Maßnahmen würde somit verzweifelt eng; in Anbetracht dessen, dass in der Bundesrepublik Deutschland die Anwendung von Verschlüsselungsverfahren jedem Bürger freigestellt ist und es eine andere Regelung bisher nicht gab, ist weder erkennbar, auf welche Weise ein dem heutigen völlig entgegengesetztes Rechtsbewusstsein geschaffen werden kann, noch welche organisatorischen Rahmenbedingungen die Verankerung eines staatliches Kryptomonopols zukünftig ermöglichen könnten. Die Realisierung solcher Forderungen wie die nach einer Hinterlegung von Schlüsseln, um in Verdachtsfällen auf verschlüsselte Information zugreifen zu können, würde letztlich das Vertrauen in jede Art von staatlich sanktionierter Sicherheitstechnik untergraben – betroffen wäre nicht zuletzt die digitale Signatur, die durch das Signaturgesetz doch gerade entscheidend gestärkt werden soll. Alle gemeinsamen Bemühungen von Behörden und Industrie, Infrastrukturen im Sinne des Signaturgesetzes zu schaffen, würden durch derartige Maßnahmen konterkariert, was in Anbetracht der enormen Höhe der hierfür zu leistenden Aufwände völlig inakzeptabel wäre.

Übrigens ist es bemerkenswert, dass das durch die US-Administration propagierte Key Recovery nicht primär auf die Verschlüsselung innerhalb der USA abzielt, sondern als eine Rahmenbedingung für den Export der eigenen Kryptotechnik gemeint ist – wie bereitwillig muss man denn als Staat, der als Importeur im weiten Umfang hiervon betroffen ist, einem solchen Ansinnen Vorschub leisten? Reicht es nicht, dass wir uns schon an Software alles vorsetzen lassen – möchten wir wirklich alles aus einer Hand, schlüsselfertig, im doppelten Sinne des Wortes? Oder glaubt man hierzulande, dass die Kriminellen alle außerhalb der USA wohnen?

Aus all diesen Betrachtungen heraus – und weitere Gründe ließen sich unschwer finden – ist dafür zu plädieren, dass die Rahmenbedingungen für die Verschlüsselung von Daten auch zukünftig eher durch mathematische Sätze als durch staatliche Gesetze vorgegeben werden. Das vorliegende Buch mag dazu einen Teil beitragen.

Teil 3
Anhänge

Harry watched, astounded, as Dumbledore placed the third, fourth, fifth and sixth keys in their respective locks, reopening the trunk each time, and revealing different contents each time.

JOANNE K. ROWLING: Harry Potter and the Goblet of Fire

Anhang A: Verzeichnis der C-Funktionen

Tab. 46: Eingabe/Ausgabe, Zuweisung, Konvertierungen, Vergleiche

Funktion	Erläuterung
void cpy_l (CLINT dest_l, CLINT src_l);	Zuweisung von src_l an dest_l
void fswap_l (CLINT a_l, CLINT b_l);	Vertauschung von a_l und b_l
int equ_l (CLINT a_l, CLINT b_l);	Test auf Gleichheit von a_l und b_l
int cmp_l (CLINT a_l, CLINT b_l);	Größenvergleich von a_l und b_l
void u2clint_l (CLINT num_l, USHORT ul);	Konvertierung USHORT nach CLINT
void ul2clint_l (CLINT num_l, ULONG ul);	Konvertierung ULONG nach CLINT
UCHAR* clint2byte_l (CLINT n_l, int *len);	Konvertierung von CLINT in einen Byte-Vektor (nach IEEE, P1363, 5.5.1)
int byte2clint_l (CLINT n_l, char *bytes, int len);	Konvertierung eines Byte-Vektors nach CLINT (nach IEEE, P1363, 5.5.1)
char* xclint2str_l (CLINT n_l, USHORT base, int showbase);	Konvertierung von CLINT in eine Zeichenkette zur Basis base, mit oder ohne Präfix
int str2clint_l (CLINT n_l, char *N, USHORT b);	Konvertierung einer Zeichenkette zur Basis b nach CLINT
clint * setmax_l(CLINT n_l);	Setzen von n_l auf die größte als Typ CLINT darstellbare Zahl N_{max}
unsigned int vcheck_l (CLINT n_l);	CLINT-Formatprüfung
char* verstr_l ();	Ausgabe der Version der FLINT/C-Bibliothek in einer Zeichenkette, mit Kennungen 'a' für Assembler-Unterstützung und 's' für den FLINT/C-Sicherheitsmodus

Tab. 47: Grundrechenarten

Funktion	Erläuterung
int **add_l** (CLINT a_l, CLINT b_l, CLINT s_l)	Addition: Summe von a_l und b_l, Ausgabe in s_l
int **uadd_l** (CLINT a_l, USHORT b, CLINT s_l)	Gemischte Addition: Summe von a_l und b, Ausgabe in s_l
int **inc_l** (CLINT a_l)	Inkrementierung von a_l
int **sub_l** (CLINT a_l, CLINT b_l, CLINT s_l)	Subtraktion: Differenz von a_l und b_l, Ausgabe in s_l
int **usub_l** (CLINT a_l, USHORT b, CLINT c_l)	Gemischte Subtraktion: Differenz von a_l und b, Ausgabe in s_l
int **dec_l** (CLINT a_l)	Dekrementierung von a_l
int **mul_l** (CLINT a_l, CLINT b_l, CLINT p_l)	Multiplikation: Produkt von a_l und b_l, Ausgabe in p_l
int **umul_l** (CLINT a_l, USHORT b, CLINT p_l)	Gemischte Multiplikation: Produkt von a_l und b, Ausgabe in p_l
int **sqr_l** (CLINT a_l, CLINT p_l)	Quadrierung von a_l, Ausgabe in p_l
int **div_l** (CLINT a_l, CLINT b_l, CLINT q_l, CLINT r_l)	Division mit Rest: Division von a_l durch b_l, Quotient in q_l, Rest in r_l
int **udiv_l** (CLINT a_l, USHORT b, CLINT q_l, CLINT r_l)	Gemischte Division mit Rest: Division von a_l durch b, Quotient in q_l, Rest in r_l

Tab. 48: Modulare Arithmetik

Funktion	Erläuterung
int **mod_l** (CLINT d_l, CLINT n_l, CLINT r_l);	Restbildung von d_l mod n_l, Ausgabe in r_l
USHORT **umod_l** (CLINT d_l, USHORT n);	Restbildung d_l mod n

Tab. 48: Modulare Arithmetik

Funktion	Erläuterung
int mod2_l (CLINT d_l, ULONG k, CLINT r_l);	Restbildung d_l mod 2^k
int mequ_l (CLINT a_l, CLINT b_l, CLINT m_l);	Test auf Gleichheit von a_l und b_l modulo m_l
int madd_l (CLINT a_l, CLINT b_l, CLINT c_l, CLINT m_l);	Modulare Addition: Addition von a_l und b_l modulo m_l, Ausgabe in c_l
int umadd_l (CLINT a_l, USHORT b, CLINT c_l, CLINT m_l);	Gemischte modulare Addition: Addition von a_l und b mod m_l, Ausgabe in c_l
int msub_l (CLINT a_l, CLINT b_l, CLINT c_l, CLINT m_l);	Modulare Subtraktion: Subtraktion von a_l und b_l mod m_l, Ausgabe in c_l
int umsub_l (CLINT a_l, USHORT b, CLINT c_l, CLINT m_l);	Gemischte modulare Subtraktion: Subtraktion von a_l und b mod m_l, Ausgabe in c_l
int mmul_l (CLINT a_l, CLINT b_l, CLINT c_l, CLINT m_l);	Modulare Multiplikation: Multiplikation von a_l und b_l mod m_l, Ausgabe in c_l

void
mulmon_l (CLINT a_l, CLINT b_l,
    CLINT n_l, USHORT nprime,
    USHORT logB_r, CLINT p_l);
	Modulare Multiplikation von a_l und b_l mod n_l, Produkt in p_l (Montgomery-Methode, $B^{\log B_r-1} \leq $ n_l $ < B^{\log B_r}$)

void
sqrmon_l (CLINT a_l, CLINT n_l,
    USHORT nprime, USHORT logB_r,
    CLINT p_l);
	Modulare Quadrierung von a_l mod n_l, Quadrat in p_l (Montgomery-Methode, $B^{\log B_r-1} \leq $ n_l $ < B^{\log B_r}$)

int ummul_l (CLINT a_l, USHORT b, CLINT p_l, CLINT m_l);	Gemischte modulare Multiplikation von a_l und b_l mod n_l, Produkt in p_l
int msqr_l (CLINT a_l, CLINT c_l, CLINT m_l);	Modulare Quadrierung von a_l mod n_l, Quadrat in p_l
int mexp5_l (CLINT bas_l, CLINT exp_l, CLINT p_l, CLINT m_l);	Modulare Potenzierung, 2^5-äre Methode
int mexpk_l (CLINT bas_l, CLINT exp_l, CLINT p_l, CLINT m_l);	Modulare Potenzierung, 2^k-äre Methode, dynamischer Speicher mit malloc()

Tab. 48: Modulare Arithmetik

Funktion	Erläuterung
int **mexp5m_l** (CLINT bas_l, CLINT exp_l, 　　CLINT p_l, CLINT m_l);	Montgomery-Potenzierung, 2^5-äre Methode, ungerader Modulus
int **mexpkm_l** (CLINT bas_l, CLINT exp_l, 　　CLINT p_l, CLINT m_l);	Montgomery-Potenzierung, 2^5-äre Methode, ungerader Modulus
int **umexp_l** (CLINT bas_l, USHORT e, 　　CLINT p_l, CLINT m_l);	Modulare Potenzierung, USHORT-Exponent
int **umexpm_l** (CLINT bas_l, USHORT e, 　　CLINT p_l, CLINT m_l);	Montgomery-Potenzierung mit ungeradem Modulus, USHORT-Exponent
int **wmexp_l** (USHORT bas, CLINT e_l, 　　CLINT p_l, CLINT m_l);	Modulare Potenzierung, USHORT-Basis
int **wmexpm_l** (USHORT bas, CLINT e_l, 　　CLINT p_l, CLINT m_l);	Montgomery-Potenzierung mit ungeradem Modulus, USHORT-Basis
int **mexp2_l** (CLINT bas_l, USHORT e, 　　CLINT p_l, CLINT m_l);	Modulare Potenzierung, Zweierpotenz-Exponent e
int **mexp_l** (CLINT bas_l, CLINT e_l, 　　CLINT p_l, CLINT m_l);	Modulare Potenzierung, **automatische** Verwendung von mexpkm_l() falls Modulus ungerade, ansonsten von mexpk_l()

Tab. 49: Bitweise Operationen

Funktion	Erläuterung
int **setbit_l** (CLINT a_l, 　　unsigned int pos)	Testen und Setzen des Bit in Position pos von a_l
int **testbit_l** (CLINT a_l, 　　unsigned int pos)	Testen des Bit in Position pos von a_l
int **clearbit_l** (CLINT a_l, 　　unsigned int pos)	Testen und Löschen des Bit in Position pos von a_l

Tab. 49: Bitweise Operationen

Funktion	Erläuterung
void and_l (CLINT a_l, CLINT b_l, CLINT c_l)	Bitweises UND von a_l und b_l, Ausgabe in c_l
void or_l (CLINT a_l, CLINT b_l, CLINT c_l)	Bitweises ODER von a_l und b_l, Ausgabe in c_l
void xor_l (CLINT a_l, CLINT b_l, CLINT c_l)	Bitweises exklusives ODER (XOR) von a_l und b_l, Ausgabe in c_l
int shr_l (CLINT a_l)	Linksschieben von a_l um 1 Bit
int shl_l (CLINT a_l)	Rechtsschieben von a_l um 1 Bit
int shift_l (CLINT a_l, long int noofbits)	Links/Rechtsschieben von a_l um die Anzahl von noofbits Bit

Tab. 50: Zahlentheoretische Funktionen

Funktion	Erläuterung
unsigned issqr_l (CLINT a_l, CLINT b_l)	Test auf Quadrateigenschaft von a_l, ggf. Ausgabe der Quadratwurzel in b_l
unsigned iroot_l (CLINT a_l, CLINT b_l)	Ganzzahliger Anteil der Quadratwurzel von a_l, Ausgabe in b_l
void gcd_l (CLINT a_l, CLINT b_l, CLINT g_l)	Größter gemeinsamer Teiler von a_l und b_l, Ausgabe in g_l

void
xgcd_l (CLINT a_l, CLINT b_l,
   CLINT g_l,
   CLINT u_l, int *sign_u,
   CLINT v_l, int *sign_v)
	Größter gemeinsamer Teiler von a_l und
	b_l und Darstellung des ggT in u_l und
	v_l mit Vorzeichen in sign_u
	und sign_v

void inv_l (CLINT a_l, CLINT n_l, CLINT g_l, CLINT i_l)	ggT von a_l mod n_l und Inverses von a_l mod n_l
void lcm_l (CLINT a_l, CLINT b_l, CLINT v_l)	Kleinstes gemeinsames Vielfaches von a_l und b_l, Ausgabe in v_l

Tab. 50: Zahlentheoretische Funktionen

Funktion	Erläuterung
int **chinrem_l** (unsigned noofeq, clint** koeff_l, CLINT x_l)	Lösung simultaner linearer Kongruenzen, Ausgabe in x_l
int **jacobi_l** (CLINT a_l, CLINT b_l)	Legendre-/Jacobi-Symbol von a_l über b_l
int **proot_l** (CLINT a_l, CLINT p_l, CLINT x_l)	Quadratwurzel von a_l mod p_l, Ausgabe in x_l
int **root_l** (CLINT a_l, CLINT p_l, CLINT q_l, CLINT x_l)	Quadratwurzel von a_l mod p_l*q_l, Ausgabe in x_l

int
primroot_l (CLINT x_l,
    unsigned noofprimes,
    clint** primes_l)
	Bestimmung einer Primitivwurzel
	modulo n, Ausgabe in x_l

USHORT **sieve_l** (CLINT a_l, unsigned noofsmallprimes)	Divisionssieb, Division von a_l durch kleine Primzahlen

int
prime_l (CLINT n_l,
    unsigned noofsmallprimes,
    unsigned iterations)
	Miller-Rabin-Primzahltest von n_l mit
	Divisionssieb

Tab. 51: Erzeugung von Pseudozufallszahlen

Funktion	Erläuterung
clint* **rand64_l** (void)	64-Bit Zufallszahlengenerator
void **rand_l** (CLINT r_l, int l)	CLINT-Zufallszahlen mit l Binärstellen, lineare Kongruenzen
UCHAR **ucrand64_l** (void)	Generator für Zufallszahlen vom Typ UCHAR
USHORT **usrand64_l** (void)	Generator für Zufallszahlen vom Typ USHORT
ULONG **ulrand64_l** (void)	Generator für Zufallszahlen vom Typ ULONG

Anhang A: Verzeichnis der C-Funktionen

Tab. 51: Erzeugung von Pseudozufallszahlen

Funktion	Erläuterung
clint* seed64_l (CLINT seed_l)	Initialisierung von rand64_l() mit CLINT-Wert
clint* ulseed64_l (ULONG seed)	Initialisierung von rand64_l() mit ULONG-Wert
int randbit_l (void)	BBS-Bitgenerator
clint* randBBS_l (void)	CLINT-Zufallszahlen mit l Binärstellen mittels des BBS-Bitgenerator
UCHAR ucrandBBS_l (void)	BBS-Generator für Zufallszahlen vom Typ UCHAR
USHORT usrandBBS_l (void)	BBS-Generator für Zufallszahlen vom Typ USHORT
ULONG ulrandBBS_l (void)	BBS-Generator für Zufallszahlen vom Typ ULONG
void seedBBS_l (CLINT seed_l)	Initialisierung von randbit_l() mit CLINT-Wert
void ulseedBBS_l (ULONG seed)	Initialisierung von randbit_l() mit ULONG-Wert

Tab. 52: Register-Verwaltung

Funktion	Erläuterung
void set_noofregs_l (unsigned int nregs)	Setzen der Registerzahl
int create_reg_l (void)	Erzeugen der CLINT-Registerbank
clint* get_reg_l (unsigned int reg)	Erzeugen einer Referenz auf Register reg der Registerbank
int purge_reg_l (unsigned int reg)	Löschen eines Registers der Registerbank durch Überschreiben
int purgeall_reg_l (void)	Löschen aller Registers der Registerbank durch Überschreiben

Tab. 52: Register-Verwaltung

Funktion	Erläuterung
`void` **`free_reg_l`** `(void)`	Löschen aller Registers der Registerbank durch Überschreiben, danach Rückgabe des Speichers
`clint*` **`create_l`** `(void)`	Erzeugen eines `CLINT`-Registers
`void` **`purge_l`** `(CLINT n_l)`	Löschen eines `CLINT`-Objekts durch Überschreiben
`void` **`free_l`** `(CLINT n_l);`	Löschen eines Registers durch Überschreiben und Rückgabe des Speichers

Anhang B: Verzeichnis der C++-Funktionen

Tab. 53: Eingabe/Ausgabe, Konvertierungen, Vergleiche: *member*-Funktionen

Funktion	Erläuterung
`LINT (void);`	**Konstruktor 1**: Es wird ein nicht initialisiertes LINT-Objekt erzeugt
`LINT (const char* const str, const int base);`	**Konstruktor 2**: LINT wird konstruiert aus String-Zahldarstellung zur Basis base
`LINT (const UCHAR* const byte, const int len);`	**Konstruktor 3**: LINT wird konstruiert aus Byte-Vektor mit Stellen zur Basis 2^8 entsprechend IEEE P1363, Wertigkeit der Bytes aufsteigend von links nach rechts
`LINT (const char* const str);`	**Konstruktor 4**: LINT wird konstruiert aus ASCII-String mit C-Syntax
`LINT (const LINT&);`	**Konstruktor 5**: LINT wird konstruiert aus LINT (Copy-Konstruktor)
`LINT (const signed int);`	**Konstruktor 6**: LINT wird konstruiert aus Zahl vom Typ int
`LINT (const signed long);`	**Konstruktor 7**: LINT wird konstruiert aus Zahl vom Typ long
`LINT (const unsigned char);`	**Konstruktor 8**: LINT wird konstruiert aus Zahl vom Typ unsigned char
`LINT (const USHORT);`	**Konstruktor 9**: LINT wird konstruiert aus Zahl vom Typ unsigned short
`LINT (const unsigned int);`	**Konstruktor 10**: LINT wird konstruiert aus Zahl vom Typ unsigned int
`LINT (const unsigned long);`	**Konstruktor 11**: LINT wird konstruiert aus Zahl vom Typ unsigned long
`LINT (const CLINT);`	**Konstruktor 12**: LINT wird konstruiert aus Zahl vom Typ CLINT
`const LINT&` `operator = (const LINT& b);`	Zuweisung $a \leftarrow b$
`inline void` `disp (char* str);`	Anzeige einer LINT-Zahl, mit vorheriger Ausgabe von `str`

Tab. 53: Eingabe/Ausgabe, Konvertierungen, Vergleiche: *member*-Funktionen

Funktion	Erläuterung
`inline char*` `hexstr (void) const;`	Darstellung einer `LINT`-Zahl als Hexadezimalzahl
`inline char*` `decstr (void) const;`	Darstellung einer `LINT`-Zahl als Dezimalzahl
`inline char*` `octstr (void) const;`	Darstellung einer `LINT`-Zahl als Oktalzahl
`inline char*` `binstr (void) const;`	Darstellung einer `LINT`-Zahl als Binärzahl

`char*`
`lint2str (const USHORT base,`
`    const int showbase = 0) const;`
	Darstellung einer `LINT`-Zahl als Zeichenkette zur Basis `base`, mit Präfix `0x` bzw. `0b` falls `showbase > 0`

`UCHAR*` `lint2byte (int* len) const;`	Umwandlung einer `LINT`-Zahl in einen Bytevektor, Ausgabe der Länge in `len`, entsprechend IEEE P1363, Wertigkeit der Bytes aufsteigend von links nach rechts
`LINT&` `fswap (LINT& b);`	Vertauschung des impliziten Arguments a mit Argument b
`void` `purge (void);`	Löschen des impliziten Arguments a durch Überschreiben
`Static long` `flags (ostream& s);`	Lesen der zu `ostream` s gehörenden `LINT`-Status-Variablen
`static long` `flags (void);`	Lesen der zu `ostream cout` gehörenden `LINT`-Status-Variablen
`static long` `setf (ostream& s, long int flags);`	Einschalten der in `flags` angegebenen Statusbits in der zu `ostream` s gehörenden `LINT`-Status-Variablen
`static long` `setf (long int flags);`	Einschalten der in `flags` angegebenen Statusbits in der zu `ostream cout` gehörenden `LINT`-Status-Variablen
`static long` `unsetf (ostream& s, long int flags);`	Ausschalten der in `flags` angegebenen Statusbits in der zu `ostream` s gehörenden `LINT`-Status-Variablen
`static long` `unsetf (long int flags);`	Ausschalten der in `flags` angegebenen Statusbits in der zu `ostream cout` gehörenden `LINT`-Status-Variablen

Tab. 53: Eingabe/Ausgabe, Konvertierungen, Vergleiche: *member*-Funktionen

Funktion	Erläuterung

`static long`
`restoref (ostream& s,`
`    long int flags);`
	Zurücksetzen der `LINT`-Status-Variablen zu `ostream` s auf den Wert `flags`

`static long` `restoref (long int flags);`	Zurücksetzen der `LINT`-Status-Variablen zu `ostream` `cout` auf den Wert `flags`

Tab. 54: Eingabe/Ausgabe, Konvertierungen, Vergleiche: *friend*-Funktionen

Funktion	Erläuterung

`const int`
`operator == (const LINT& a,`
`    const LINT& b);`
	Test a == b

`const int`
`operator != (const LINT& a,`
`    const LINT& b);`
	Test a != b

`const int`
`operator < (const LINT& a,`
`    const LINT& b);`
	Vergleich a < b

`const int`
`operator > (const LINT& a,`
`    const LINT& b);`
	Vergleich a > b

`const int`
`operator <= (const LINT& a,`
`    const LINT& b);`
	Vergleich a <= b

`const int`
`operator >= (const LINT& a,`
`    const LINT& b);`
	Vergleich a >= b

`void` `fswap (LINT& a, LINT& b);`	Vertauschung von a und b
`void` `purge (LINT& a);`	Löschen von a durch Überschreiben

Tab. 54: Eingabe/Ausgabe, Konvertierungen, Vergleiche: *friend*-Funktionen

Funktion	Erläuterung
`char* lint2str (const LINT& a, const USHORT base, const int showbase);`	Darstellung von a als Zeichenkette zur Basis base, mit Präfix 0x bzw. 0b falls showbase > 0
`UCHAR* lint2byte (const LINT& a, int* len);`	Umwandlung von a in einen Bytevektor, Ausgabe der Länge in len, entsprechend IEEE P1363, Wertigkeit der Bytes aufsteigend von links nach rechts
`ostream& LintHex (ostream& s);`	ostream-Manipulator für die Hex-Darstellung von LINT-Zahlen
`ostream& LintDec (ostream& s);`	ostream-Manipulator für die Dezimal-Darstellung von LINT-Zahlen
`ostream& LintOct (ostream& s);`	ostream-Manipulator für die Oktal-Darstellung von LINT-Zahlen
`ostream& LintBin (ostream& s);`	ostream-Manipulator für die Binär-Darstellung von LINT-Zahlen
`ostream& LintUpr (ostream& s);`	ostream-Manipulator für die Verwendung von Großbuchstaben bei der Hex-Darstellung von LINT-Zahlen
`ostream& LintLwr (ostream& s);`	ostream-Manipulator für die Verwendung von Kleinbuchstaben bei der Hex-Darstellung von LINT-Zahlen
`ostream& LintShowbase (ostream& s);`	ostream-Manipulator für die Anzeige eines Präfixes 0x bzw. 0b bei der Hex- bzw. Binär-Darstellung von LINT-Zahlen
`ostream& LintNobase (ostream& s);`	ostream-Manipulator für das Weglassen eines Präfixes 0x bzw. 0b bei der Hex- bzw. Binär-Darstellung von LINT-Zahlen
`ostream& LintShowlength (ostream& s);`	ostream-Manipulator für die Anzeige der Binärlänge bei der Ausgabe von LINT-Zahlen
`ostream& LintNolength (ostream& s);`	Manipulator für das Weglassen der Binärlänge bei der Ausgabe von LINT-Zahlen
`LINT_omanip<int> SetLintFlags (int flag);`	Manipulator zum Setzen von Statusbits des Wertes flag in der LINT-Status-Variablen

Tab. 54: Eingabe/Ausgabe, Konvertierungen, Vergleiche: *friend*-Funktionen

Funktion	Erläuterung
`LINT_omanip<int>` `ResetLintFlags (int flag);`	Manipulator zum Ausschalten von Statusbits des Wertes `flag` in der LINT-Status-Variablen

`ostream&`
`operator << (ostream& s,`
`    const LINT& ln);`
	Zur Ausgabe von LINT-Zahlen überladener *insert*-Operator, Ausgabestrom vom Typ `ostream`

`ofstream&`
`operator << (ofstream& s,`
`    const LINT& ln);`
	Für das Schreiben von LINT-Zahlen in Dateien überladener *insert*-Operator, Ausgabestrom vom Typ `ofstream`

`fstream&`
`operator << (fstream& s,`
`    const LINT& ln);`
	Für das Schreiben von LINT-Zahlen in Dateien überladener *insert*-Operator, Ein-/Ausgabestrom vom Typ `fstream`

`ifstream&` `operator >> (ifstream& s, LINT& ln);`	Für das Lesen von LINT-Zahlen aus Dateien überladener *extract*-Operator, Eingabestrom vom Typ `ifstream`
`fstream&` `operator >> (fstream& s, LINT& ln);`	Für das Lesen von LINT-Zahlen aus Dateien überladener *extract*-Operator, Ein-/Ausgabestrom vom Typ `fstream`

Tab. 55: Grundrechenarten: *member*-Funktionen

Funktion	Erläuterung
`const LINT&` `operator ++ (void);`	Inkrement-Operator (Präfix) `++a;`
`const LINT` `operator ++ (int);`	Inkrement-Operator (Postfix) `a++;`
`const LINT&` `operator -- (void);`	Dekrement-Operator (Präfix) `--a;`
`const LINT` `operator -- (int);`	Dekrement-Operator (Postfix) `a--;`
`const LINT&` `operator += (const LINT& b);`	Addition und Zuweisung `a += b;`
`const LINT&` `operator -= (const LINT& b);`	Subtraktion und Zuweisung `a -= b;`

Tab. 55: Grundrechenarten: *member*-Funktionen

Funktion	Erläuterung
`const LINT&` **`operator *=`** `(const LINT& b);`	Multiplikation und Zuweisung `a *= b;`
`const LINT&` **`operator /=`** `(const LINT& b);`	Division und Zuweisung `a /= b;`
`const LINT&` **`operator %=`** `(const LINT& b);`	Restbildung und Zuweisung `a %= b;`
`const LINT&` **`add`** `(const LINT& b);`	Addition `c = a.add(b);`
`const LINT&` **`sub`** `(const LINT& b);`	Subtraktion `c = a.sub(b);`
`const LINT&` **`mul`** `(const LINT& b);`	Multiplikation `c = a.mul(b);`
`const LINT&` **`sqr`** `(void);`	Quadrierung `c = a.sqr(b);`
`const LINT&` **`divr`** `(const LINT& d, LINT& r);`	Division mit Rest `quotient = dividend.div(divisor, rest);`

Tab. 56: Grundrechenarten: *friend*-Funktionen

Funktion	Erläuterung

`const LINT`
`operator +` `(const LINT& a,`
` const LINT& b);`
	Addition `c = a + b;`

`const LINT`
`operator -` `(const LINT& a,`
` const LINT& b);`
	Subtraktion `c = a - b;`

`const LINT`
`operator *` `(const LINT& a,`
` const LINT& b);`
	Multiplikation `c = a * b;`

`const LINT`
`operator /` `(const LINT& a,`
` const LINT& b);`
	Division `c = a / b;`

Tab. 56: Grundrechenarten: *friend*-Funktionen

Funktion	Erläuterung

`const LINT`
`operator % (const LINT& a,`
`    const LINT& b);`
	Restbildung c = a % b;

`const LINT` `add (const LINT& a, const LINT& b);`	Addition c = add (a, b);
`const LINT` `sub (const LINT& a, const LINT& b);`	Subtraktion c = sub (a, b);
`const LINT` `mul (const LINT& a, const LINT& b);`	Multiplikation c = mul (a, b);
`const LINT` `sqr (const LINT& a);`	Quadrierung b = sqr (a);

`const LINT`
`divr (const LINT& a,`
`    const LINT& b, LINT& r);`
	Division mit Rest Quotient =
	div (dividend, divisor, rest);

Tab. 57: Modulare Arithmetik: *member*-Funktionen

Funktion	Erläuterung
`const LINT&` `mod (const LINT& m);`	Restbildung b = a.mod (m);
`const LINT&` `mod2 (const USHORT u);`	Restbildung modulo Zweierpotenz 2^u b = a.mod (u);

`const int`
`mequ (const LINT& b, const LINT& m)`
`    const;`
	Vergleich von a und b modulo m
	if (a.mequ (b, m)) { ... }

`const LINT&` `madd (const LINT& b, const LINT& m);`	Modulare Addition c = a.madd (b, m);
`const LINT&` `msub (const LINT& b, const LINT& m);`	Modulare Subtraktion c = a.msub (b, m);
`const LINT&` `mmul (const LINT& b, const LINT& m);`	Modulare Multiplikation c = a.mmul (b, m);
`const LINT&` `msqr (const LINT& m);`	Modulare Quadrierung c = a.msqr (m);

Tab. 57: Modulare Arithmetik: *member*-Funktionen

Funktion	Erläuterung
`const LINT&` `mexp (const LINT& e, const LINT& m);`	Modulare Potenzierung mit Montgomery-Reduktion bei ungeradem Modulus m `c = a.mexp (e, m);`
`const LINT&` `mexp (const USHORT u, const LINT& m);`	Modulare Potenzierung mit USHORT-Exponenten, Montgomery-Reduktion bei ungeradem Modulus m `c = a.mexp (u, m);`
`const LINT&` `mexp5m (const LINT& e, const LINT& m);`	Modulare Potenzierung mit Montgomery-Reduktion bei ungeradem Modulus m `c = a.mexp5m (e, m);`
`const LINT&` `mexpkm (const LINT& e, const LINT& m);`	Modulare Potenzierung mit Montgomery-Reduktion bei ungeradem Modulus m `c = a.mexpkm (e, m);`
`const LINT&` `mexp2 (const USHORT u, const LINT& m);`	Modulare Potenzierung mit Zweierpotenz-Exponenten 2^u `c = a.mexp2 (u, m);`

Tab. 58: Modulare Arithmetik: *friend*-Funktionen

Funktion	Erläuterung

`const LINT`
`mod (const LINT& a,`
`     const LINT& m);`
	Restbildung `b = mod (a, m);`

`const LINT`
`mod2 (const LINT& a,`
`      const USHORT u);`
	Restbildung modulo Zweierpotenz 2^u
	`b = mod (a, u);`

`const int`
`mequ (const LINT& a,`
`      const LINT& b, const LINT& m);`
	Vergleich von a und b modulo m
	`if (mequ (a, b, m)) { ... }`

`const LINT`
`madd (const LINT& a,`
`      const LINT& b, const LINT& m);`
	Modulare Addition
	`c = madd (a, b, m);`

`const LINT`
`msub (const LINT& a,`
`      const LINT& b, const LINT& m);`
	Modulare Subtraktion
	`c = msub (a, b, m);`

Tab. 58: Modulare Arithmetik: *friend*-Funktionen

Funktion	Erläuterung

`const LINT`
`mmul (const LINT& a,`
`    const LINT& b, const LINT& m);`
	Modulare Multiplikation
	`c = mmul (a, b, m);`

`const LINT` `msqr (const LINT& a, const LINT& m);`	Modulare Quadrierung `c = msqr (a, m);`

`const LINT`
`mexp (const LINT& a,`
`    const LINT& e, const LINT& m);`
	Modulare Potenzierung mit Montgomery bei ungeradem Modulus
	`c = mexp (a, e, m);`

`const LINT`
`mexp (const USHORT u,`
`    const LINT& e, const LINT& m);`
	Modulare Potenzierung mit USHORT-Basis; Montgomery-Reduktion bei ungeradem Modulus m
	`c = mexp (u, e, m);`

`const LINT`
`mexp (const LINT& a,`
`    const USHORT u, const LINT& m);`
	Modulare Potenzierung mit USHORT-Exponenten; Montgomery-Reduktion bei ungeradem Modulus m
	`c = mexp (a, u, m);`

`const LINT`
`mexp5m (const LINT& a,`
`    const LINT& e, const LINT& m);`
	Modulare Potenzierung mit Montgomery-Reduktion, nur für ungeraden Modulus m
	`c = mexp5m (a, e, m);`

`const LINT`
`mexpkm (const LINT& a,`
`    const LINT& b, const LINT& m);`
	Modulare Potenzierung mit Montgomery-Reduktion, nur für ungeraden Modulus m
	`c = mexpkm (a, e, m);`

`const LINT`
`mexp2 (const LINT& a,`
`    const USHORT u, const LINT& m);`
	Modulare Potenzierung mit Zweierpotenz-Exponenten 2^u
	`c = mexp2 (a, u, m);`

Tab. 59: Bitweise Operationen: *member*-Funktionen

Funktion	Erläuterung
`const LINT&` `operator ^= (const LINT& b);`	XOR und Zuweisung `a ^= b;`
`const LINT&` `operator |= (const LINT& b);`	OR und Zuweisung `a |= b;`
`const LINT&` `operator &= (const LINT& b);`	AND und Zuweisung `a &= b;`

Tab. 59: Bitweise Operationen: *member*-Funktionen

Funktion	Erläuterung
const LINT& operator <<= (const int i);	Linksschieben und Zuweisung a <<= i;
const LINT& operator >>= (const int i);	Rechtsschieben und Zuweisung a <<= i;
const LINT& shift (const int i);	Schieben (Links und Rechts) um i Bitpositionen a.shift(i);
const LINT& setbit (const unsigned int i);	Setzen eines Bit an Position i a.setbit(i);
const LINT& clearbit (const unsigned int i);	Löschen eines Bit an Position i a.clearbit(i);
const int testbit (const unsigned int i) const;	Testen eines Bit an Position i a.testbit(i);

Tab. 60: Bitweise Operationen: *friend*-Funktionen

Funktion	Erläuterung
const LINT operator ^ (const LINT& a, const LINT& b);	XOR c = a ^ b;
const LINT operator | (const LINT& a, const LINT& b);	OR c = a | b;
const LINT operator & (const LINT& a, const LINT& b);	AND c = a & b;
const LINT operator << (const LINT& a, const int i);	Linksschieben b = a << i;
const LINT operator >> (const LINT& a, const int i);	Rechtsschieben b = a >> i;
const LINT shift (const LINT& a, const int i);	Schieben (Links und Rechts) um i Bitpositionen b = shift(a, i);

Anhang B: Verzeichnis der C++-Funktionen

Tab. 61: Zahlentheoretische *member*-Funktionen

Funktion	Erläuterung
`const unsigned int` `ld (void) const;`	Rückgabe von $\lfloor \log_2(a) \rfloor$
`const int` `iseven (void) const;`	Test von a auf Teilbarkeit durch 2: Wahr falls a gerade
`const int` `isodd (void) const;`	Test von a auf Teilbarkeit durch 2: Wahr, falls a ungerade
`const LINT` `issqr (void) const;`	Test von a auf Quadrateigenschaft
`const int` `isprime (void) const;`	Test von a auf Primzahleigenschaft
`const LINT` `gcd (const LINT& b);`	Rückgabe des ggT von a und b

`const LINT`
`xgcd (const LINT& b,`
`    LINT& u, int& sign_u,`
`    LINT& v, int& sign_v) const;`
	Erweiterter Euklidischer Algorithmus mit Rückgabe des ggT g von a und b, u und v enthalten die Beträge der Faktoren der Linearkombination
	$g = \text{sign\_u}*u*a + \text{sign\_v}*v*b$

`const LINT` `inv (const LINT& b) const;`	Rückgabe des multiplikativen Inversen von a mod b
`const LINT` `lcm (const LINT& b) const;`	Rückgabe des kgV von a und b
`const int` `jacobi (const LINT& b) const;`	Rückgabe des Jacobi-Symbols $(\frac{a}{b})$
`const LINT` `root (void) const;`	Rückgabe des ganzzahligen Anteils der Quadratwurzel von a
`const LINT` `root (const LINT& p) const;`	Rückgabe der Quadratwurzel von a modulo einer ungeraden Primzahl p

`const LINT`
`root (const LINT& p, const LINT& q)`
`    const;`
	Rückgabe der Quadratwurzel von a modulo p*q mit ungeraden Primzahlen p und q

`const int` `twofact (LINT& odd) const;`	Rückgabe des geraden Anteils von a, odd enthält den ungeraden Anteil von a

`const LINT`
`chinrem (const LINT& m,`
`    const LINT& b, const LINT& n)`
`    const;`
	Rückgabe einer Lösung x eines simultanen Kongruenzensystems
	$x \equiv a \bmod m$ und $x \equiv b \bmod n$, falls eine Lösung existiert

Tab. 62: Zahlentheoretische *friend*-Funktionen

Funktion	Erläuterung
`const unsigned` `ld (const LINT& a);`	Rückgabe von $\lfloor \log_2(a) \rfloor$
`const int` `iseven (const LINT& a);`	Test von a auf Teilbarkeit durch 2: Wahr, falls a gerade
`const int` `isodd (const LINT& a);`	Test von a auf Teilbarkeit durch 2: Wahr, falls a ungerade
`const LINT` `issqr (const LINT& a);`	Test von a auf Quadrateigenschaft
`const int` `isprime (const LINT& a);`	Test von a auf Primzahleigenschaft

`const LINT`
`gcd (const LINT& a,`
`     const LINT& b);`
	Rückgabe des ggT von a und b

`const LINT`
`xgcd (const LINT& a,`
`      const LINT& b,`
`      LINT& u, int& sign_u,`
`      LINT& v, int& sign_v);`
	Erweiterter Euklidischer Algorithmus mit Rückgabe des ggT g von a und b, u und v enthalten die Beträge der Faktoren der Linearkombination
	$g = \text{sign\_u} \ast u \ast a + \text{sign\_v} \ast v \ast b$

`const LINT`
`inv (const LINT& a,`
`     const LINT& b);`
	Rückgabe des multiplikativen Inversen von a mod b

`const LINT`
`lcm (const LINT& a,`
`     const LINT& b);`
	Rückgabe des kgV von a und b

`const int`
`jacobi (const LINT& a,`
`        const LINT& b);`
	Rückgabe des Jacobi-Symbols $\left(\frac{a}{b}\right)$

`const LINT` `root (const LINT& a);`	Rückgabe des ganzzahligen Anteils der Quadratwurzel von a

`const LINT`
`root (const LINT& a,`
`      const LINT& p);`
	Rückgabe der Quadratwurzel von a modulo einer ungeraden Primzahl p

`const LINT`
`root (const LINT& a,`
`      const LINT& p,`
`      const LINT& q);`
	Rückgabe der Quadratwurzel von a modulo p*q mit ungeraden Primzahlen p und q

Tab. 62: Zahlentheoretische *friend*-Funktionen

Funktion	Erläuterung
const LINT chinrem (const unsigned noofeq, LINT** koeff);	Rückgabe einer Lösung eines simultanen Kongruenzensystems. In koeff wird ein Vektor von Zeigern auf LINT-Objekte als Koeffizienten $a_1, m_1, a_2, m_2, a_3, m_3,...$ des Kongruenzensystems mit noofeq vielen Gleichungen $x \equiv a_i \bmod m_i$ übergeben.
const LINT primroot (const unsigned noofprimes, LINT** primes);	Rückgabe einer Primitivwurzel modulo p. In noofprimes wird die Anzahl verschiedener Primfaktoren der Gruppenordnung $p-1$ übergeben, in primes ein Vektor von Zeigern auf LINT -Objekte, beginnend mit $p-1$, danach folgen die Primteiler $p_1,...,p_k$ der Gruppenordnung $$p-1 = p_1^{e_1}\cdot...\cdot p_k^{e_k} \text{ mit } k = \text{noofprimes}$$
const int twofact (const LINT& even, LINT& odd);	Rückgabe des geraden Anteils von a, odd enthält den ungeraden Anteil von a
const LINT findprime (const USHORT l);	Rückgabe einer Primzahl p der Länge l Bit, d. h. $2^{l-1} \leq p < 2^l$
const LINT findprime (const USHORT l, const LINT& f);	Rückgabe einer Primzahl p der Länge l Bit, d. h. $2^{l-1} \leq p < 2^l$ und ggT (p 1, f) – 1, f ungerade

const LINT
findprime (const LINT& pmin,
    const LINT& pmax,
    const LINT& f);
	Rückgabe einer Primzahl p mit pmin $\leq p \leq$ pmax und ggT $(p-1, f) = 1$, f ungerade

const LINT nextprime (const LINT& a, const LINT& f);	Rückgabe der kleinsten Primzahl p oberhalb von a mit ggT $(p-1, f) = 1$, f ungerade

const LINT
extendprime (const USHORT l,
    const LINT& a,
    const LINT& q,
    const LINT& f);
	Rückgabe einer Primzahl p der Länge l Bit, d. h. $2^{l-1} \leq p < 2^l$, mit $p \equiv a \bmod q$ und ggT $(p-1, f) = 1$, f ungerade

Tab. 62: Zahlentheoretische *friend*-Funktionen

Funktion	Erläuterung

`const LINT`
`extendprime (const LINT& pmin,`
`    const LINT& pmax,`
`    const LINT& a,`
`    const LINT& q,`
`    const LINT& f);`
	Rückgabe einer Primzahl p mit
	$\text{pmin} \leq p \leq \text{pmax}$, mit
	$p \equiv a \bmod q$ und
	ggT $(p-1, f) = 1$, f ungerade

`const LINT` `strongprime (const USHORT l);`	Rückgabe einer starken Primzahl p der Länge l Bit, d. h. $2^{l-1} \leq p < 2^l$

`const LINT`
`strongprime (const USHORT l,`
`    const LINT& f);`
	Rückgabe einer starken Primzahl p der
	Länge l Bit, d. h. $2^{l-1} \leq p < 2^l$,
	mit ggT $(p-1, f) = 1$, f ungerade

`const LINT`
`strongprime (const USHORT l,`
`    const USHORT lt,`
`    const USHORT lr,`
`    const USHORT ls,`
`    const LINT& f);`
	Rückgabe einer starken Primzahl p der
	Länge l Bit, d. h. $2^{l-1} \leq p < 2^l$,
	mit ggT $(p-1, f) = 1$, f ungerade
	lt $\lesssim$ ¼, ls ≈ lr $\lesssim$ ½ der Länge von p

`const LINT`
`strongprime (const LINT& pmin,`
`    const LINT& pmax,`
`    const LINT& f);`
	Rückgabe einer starken Primzahl p mit
	$\text{pmin} \leq p \leq \text{pmax}$,
	ggT $(p-1, f) = 1$, f ungerade
	Vorgabe Längen lr, lt, ls der Primteiler r von $p-1$, t von $r-1$, s von $p+1$:
	lt $\lesssim$ ¼, ls ≈ lr $\lesssim$ ½ der Binärlänge von pmin

`const LINT`
`strongprime (const LINT& pmin,`
`    const LINT& pmax,`
`    const USHORT lt,`
`    const USHORT lr,`
`    const USHORT ls,`
`    const LINT& f);`
	Rückgabe einer starken Primzahl p mit
	$\text{pmin} \leq p \leq \text{pmax}$,
	ggT $(p-1, f) = 1$, f ungerade,
	Längen lr, lt, ls der Primteiler r von
	$p-1$, t von $r-1$, s von $p+1$

Tab. 63: Erzeugung von Pseudozufallszahlen

Funktion	Erläuterung
`void` `seedl (const LINT& seed);`	Initialisierung des 64-Bit Pseudozufallszahlengenerators auf der Basis linearer Kongruenzen mit einem Startwert `seed`
`LINT` `randl (const int l);`	Rückgabe einer `LINT`-Pseudozufallszahl der Länge l Bit

`LINT`
`randl (const LINT& rmin,`
`    const LINT& rmax);`
	Rückgabe einer `LINT`-Pseudozufallszahl r mit `rmin` ≤ r ≤ `rmax`

`int` `seedBBS (const LINT& seed);`	Initialisierung des BBS-Pseudozufallszahlengenerators mit einem Startwert `seed`
`LINT` `randBBS (const int l);`	Rückgabe einer `LINT`-Pseudozufallszahl der Länge l Bit

`LINT`
`randBBS (const LINT& rmin,`
`    const LINT& rmax);`
	Rückgabe einer `LINT`-Pseudozufallszahl r mit `rmin` ≤ r ≤ `rmax`

Tab. 64: Sonstige Funktionen

Funktion	Erläuterung
`LINT_ERRORS` `Get_Warning_Status (void);`	Abfrage des Fehlerzustandes eines `LINT`-Objektes

`static void`
`Set_LINT_Error_Handler`
`    (void (*)(LINT_ERRORS err,`
`    const char* const,`
`    const int, const int));`
	Anmeldung einer Benutzer-Routine zur Behandlung von Fehlern bei `LINT`-Operationen. Die angemeldete Routine ersetzt den `LINT`-Standard Error Handler `panic()`. Abmeldung der Benutzer-Routine und gleichzeitige Reaktivierung von `panic()` erfolgen durch den Aufruf `Set_LINT_Error_Handler(NULL);`

Anhang C: Die Makros

Tab. 65: Fehlercodes und Statuswerte

Makrobezeichner	Definition	Beschreibung
E_CLINT_DBZ	−1	Division durch Null
E_CLINT_OFL	−2	Überlauf
E_CLINT_UFL	−3	Unterlauf
E_CLINT_MAL	−4	Fehler bei Memory Allocation
E_CLINT_NOR	−5	Register nicht vorhanden
E_CLINT_BOR	−6	Ungültige Basis in str2clint_l()
E_CLINT_MOD	−7	Gerader Modulus bei Montgomery-Reduzierung
E_CLINT_NPT	−8	Null-Pointer als Argument übergeben
E_VCHECK_OFL	1	vcheck_l()-Warnung: Zahl zu lang
E_VCHECK_LDZ	2	vcheck_l()-Warnung: Führende Nullen
E_VCHECK_MEM	−1	vcheck_l()-Fehler: Null-Pointer

Tab. 66: Weitere Konstanten

Makrobezeichner	Definition	Beschreibung
`BASE`	`0x10000`	Basis $B = 2^{16}$ des `CLINT`-Zahlformats
`BASEMINONE`	`0xffffU`	$B - 1$
`DBASEMINONE`	`0xffffffffUL`	$B^2 - 1$
`BASEDIV2`	`0x8000U`	$\lfloor B/2 \rfloor$
`NOOFREGS`	`16U`	Standard-Anzahl der Register in Registerbank
`BITPERDGT`	`16UL`	Anzahl der Binärstellen pro `CLINT`-Stelle
`LDBITPERDGT`	`4U`	Logarithmus von `BITPERDGT` zur Basis 2
`CLINTMAXDIGIT`	`256U`	Maximale Anzahl der Stellen zur Basis B eines `CLINT`-Objekts
`CLINTMAXSHORT`	`(CLINTMAXDIGIT + 1)`	Anzahl der für ein `CLINT`-Objekt zu allokierenden `USHORT`s
`CLINTMAXBYTE`	`(CLINTMAXSHORT << 1)`	Anzahl der für ein `CLINT`-Objekt allokierten Bytes
`CLINTMAXBIT`	`(CLINTMAXDIGIT << 4)`	Maximale Anzahl der Binärstellen eines `CLINT`-Objekts
`r0_l,..., r15_l`	`get_reg_l(0),...,` `get_reg_l(15)`	Zeiger auf `CLINT`-Register 0,..., 15
`FLINT_VERMAJ`		Höhere Versionsnummer der FLINT/C-Bibliothek
`FLINT_VERMIN`		Niedere Versionsnummer der FLINT/C-Bibliothek
`FLINT_VERSION`	`((FLINT_VERMAJ << 8)\` `+ FLINT_VERMIN)`	Versionsnummer der FLINT/C-Bibliothek
`FLINT_SECURE`	`{0x73, 0}`	Kennung 's' bzw. '' für den FLINT/C-Sicherheitsmodus

Tab. 67: Makros mit Parametern

Syntax	Definition	Beschreibung
`clint2str_l` (n_l, base) `CLINT2STR_L` (n_l, base)	`xclint2str_l((n_l),(base),0)`	Darstellung eines CLINT-Objektes als Zeichenkette ohne Präfix
`DISP_L` (S, A)	`printf("%s%s\n%u bit\n\n",\` `(S), HEXSTR_L(A), ld_l(A))`	Standard-Ausgabe eines CLINT-Objekts
`HEXSTR_L` (n_l)	`xclint2str_l((n_l), 16, 0)`	Konvertierung eines CLINT-Objekts in Hex-Darstellung
`DECSTR_L` (n)	`xclint2str_l((n), 10, 0)`	Konvertierung eines CLINT-Objekts in Dezimal-Darstellung
`OCTSTR_L` (n_l)	`xclint2str_l((n_l), 8, 0)`	Konvertierung eines CLINT-Objekts in Oktal-Darstellung
`BINSTR_L` (n_l)	`xclint2str_l((n_l), 2, 0)`	Konvertierung eines CLINT-Objekts in Binär-Darstellung
`SET_L` (n_l, ul)	`u2clint_l((n_l), (ul))`	Zuweisung n_l ← ULONG ul
`SETZERO_L` (n_l)	`(*(n_l) = 0)`	Setze n_l zu 0
`SETONE_L` (n_l)	`u2clint_l((n_l), 1U)`	Setze n_l zu 1
`SETTWO_L` (n_l)	`u2clint_l((n_l), 2U)`	Setze n_l zu 2
`ASSIGN_L` (a_l, b_l)	`cpy_l((a_l), (b_l))`	Zuweisung a_l ← b_l
`ANDMAX_L` (a_l)	`SETDIGITS_L((a_l),` `\` `(MIN(DIGITS_L(a_l),` `\` `(USHORT)CLINTMAXDIGIT));\` `RMLDZRS_L((a_l))`	Reduktion modulo (N_{max}+1)
`DIGITS_L` (n_l)	`(*(n_l))`	Lesen der Stellenzahl von n_l zur Basis B

Tab. 67: Makros mit Parametern

Syntax	Definition	Beschreibung
`SETDIGITS_L (n_l, l)`	`(*(n_l) = (USHORT)(l))`	Setzen der Stellenzahl von n_l auf den Wert l
`INCDIGITS_L (n_l)`	`(++*(n_l))`	Erhöhung der Stellenzahl um 1
`DECDIGITS_L (n_l)`	`(--*(n_l))`	Verringerung der Stellenzahl um 1
`LSDPTR_L (n_l)`	`((n_l) + 1)`	Zeiger auf niedrigstwertige Stelle eines CLINT-Objekts
`MSDPTR_L (n_l)`	`((n_l) + DIGITS_L(n_l))`	Zeiger auf höchstwertige Stelle eines CLINT-Objekts

`RMLDZRS_L (n_l)`	`while((DIGITS_L(n_l) > 0) && \`
	 `(*MSDPTR_L(n_l) == 0)) \`
	 `{DECDIGITS_L(n_l);}`
		Entfernung führender Nullen von CLINT-Objekt

`SWAP (a, b)`	`((a)^=(b),(b)^=(a),(a)^=(b))`	Vertauschung

`SWAP_L (a_l, b_l)`	`(xor_l((a_l),(b_l),(a_l)), \`
	 `xor_l((b_l),(a_l),(b_l)),\`
	 `xor_l((a_l),(b_l),(a_l)))`
		Vertauschung zweier CLINT-Werte

`LT_L (a_l, b_l)`	`(cmp_l((a_l), (b_l))) == -1)`	Vergleich $a\_l < b\_l$
`LE_L (a_l, b_l)`	`(cmp_l((a_l), (b_l))) < 1)`	Vergleich $a\_l \leq b\_l$
`GT_L (a_l, b_l)`	`(cmp_l((a_l), (b_l))) == 1)`	Vergleich $a\_l > b\_l$
`GE_L (a_l, b_l)`	`(cmp_l((a_l), (b_l))) > -1)`	Vergleich $a\_l \geq b\_l$
`GTZ_L (a_l)`	`(cmp_l((a_l), nul_l) == 1)`	Vergleich $a\_l > 0$

Tab. 67: Makros mit Parametern

Syntax	Definition	Beschreibung
EQZ_L (a_l)	(equ_l((a_l), nul_l) == 1)	Vergleich a_l == 0
EQONE_L (a_l)	(equ_l((a_l), one_l) == 1)	Vergleich a_l == 1
MIN_L (a_l, b_l)	(LT_L((a_l), (b_l)) ? (a_l) :\ (b_l))	Minimum zweier CLINT-Werte
MAX_L (a_l, b_l)	(GT_L((a_l), (b_l)) ? (a_l) :\ (b_l))	Maximum zweier CLINT-Werte
ISEVEN_L (n_l)	(DIGITS_L(n_l) == 0 || \ (DIGITS_L(n_l) > 0 && \ (*(LSDPTR_L(n_l)) & 1U) \ == 0))	Test, ob n_l gerade ist
ISODD_L (n_l)	(DIGITS_L(n_l) > 0 && \ (*(LSDPTR_L(n_l)) & 1U) \ == 1)	Test, ob n_l ungerade ist
MEXP_L (a_l, e_l, p_l, n_l)	mexpk_l((a_l), (e_l),\ (p_l), (n_l))	Potenzierung
MEXP_L (a_l, e_l, p_l, n_l)	mexp5_l((a_l), (e_l),\ (p_l), (n_l))	Potenzierung, alternativ
	mexpkm_l((a_l), (e_l),\ (p_l), (n_l))	
	mexp5m_l((a_l), (e_l),\ (p_l), (n_l))	
INITRAND64_LT()	seed64_l((unsigned long)\ time(NULL))	Initialisierung des Zufallszahlengenerators rand64_l() mit der Systemzeit
INITRANDBBS_Lt()	seedBBS_l((unsigned long)\ time(NULL))	Initialisierung des Zufalls-Bitgenerators randbit_l() mit der Systemzeit

Tab. 67: Makros mit Parametern

Syntax	Definition	Beschreibung
ISPRIME_L (n_l)	prime_l((n_l), 302, 0)	Primzahltest mit optimierten Parametern
ZEROCLINT_L (n_l)	memset((A), 0, sizeof(A))	Löschen einer CLINT-Variablen durch Überschreiben

Anhang D: Rechenzeiten

Die folgenden beiden Tabellen geben Rechenzeiten für einige FLINT/C-Funktionen an, die mit einem Pentium III-Prozessor mit 500 MHz Taktfrequenz und 64 MByte Hauptspeicher ermittelt wurden. Die Zeiten für jeweils n Operationen wurden gemessen und durch die Anzahl n dividiert; n beträgt je nach Funktion zwischen 100 und 5.000.000.

Eine weitere Tabelle zeigt zum Vergleich Rechenzeiten, die für einige Funktionen der *GNU Multi Precision Arithmetic Library* (GMP, Version 2.0.2, vgl. S. 393) gemessen wurden.

Funktionen ohne 80x86-Assembler-Unterstützung	Binärstellen der Argumente, Angaben der Rechenzeiten in sec					
	128	256	512	768	1024	2048
add_l	$3{,}8 \cdot 10^{-7}$	$5{,}5 \cdot 10^{-7}$	$8{,}8 \cdot 10^{-7}$	$1{,}2 \cdot 10^{-6}$	$1{,}5 \cdot 10^{-6}$	$2{,}2 \cdot 10^{-6}$
mul_l	$1{,}9 \cdot 10^{-6}$	$5{,}1 \cdot 10^{-6}$	$1{,}6 \cdot 10^{-5}$	$3{,}3 \cdot 10^{-5}$	$5{,}6 \cdot 10^{-5}$	$2{,}1 \cdot 10^{-4}$
sqr_l	$1{,}5 \cdot 10^{-6}$	$3{,}7 \cdot 10^{-6}$	$1{,}1 \cdot 10^{-5}$	$2{,}1 \cdot 10^{-5}$	$3{,}5 \cdot 10^{-5}$	$1{,}3 \cdot 10^{-4}$
div_l*	$2{,}6 \cdot 10^{-6}$	$5{,}8 \cdot 10^{-6}$	$7{,}6 \cdot 10^{-5}$	$2{,}7 \cdot 10^{-5}$	$5{,}1 \cdot 10^{-5}$	$7{,}8 \cdot 10^{-4}$
mmul_l	$7{,}5 \cdot 10^{-6}$	$2{,}1 \cdot 10^{-5}$	$6{,}6 \cdot 10^{-5}$	$1{,}4 \cdot 10^{-4}$	$2{,}3 \cdot 10^{-4}$	$8{,}9 \cdot 10^{-4}$
msqr_l	$7{,}3 \cdot 10^{-6}$	$1{,}9 \cdot 10^{-5}$	$6{,}1 \cdot 10^{-5}$	$1{,}2 \cdot 10^{-4}$	$2{,}1 \cdot 10^{-4}$	$8{,}1 \cdot 10^{-4}$
mexpk_l	$1{,}2 \cdot 10^{-3}$	$6{,}4 \cdot 10^{-3}$	$3{,}8 \cdot 10^{-2}$	$1{,}2 \cdot 10^{-1}$	$2{,}1 \cdot 10^{-1}$	$1{,}9$
mexpkm_l	$5{,}4 \cdot 10^{-4}$	$2{,}9 \cdot 10^{-3}$	$1{,}7 \cdot 10^{-2}$	$5{,}2 \cdot 10^{-2}$	$1{,}2 \cdot 10^{-1}$	$8{,}6 \cdot 10^{-1}$

Tab. 68: Typische Rechenzeiten einiger C-Funktionen

Deutlich ist zu erkennen, welche Einsparungen sich durch Verwendung der Quadrierung gegenüber der Multiplikation erzielen lassen. Auch die Überlegenheit der in mexpkm_l() realisierten Montgomery-Potenzierung ist abzulesen, die weniger als die Hälfte der Zeit für die Potenzierung mittels mexpk_l() benötigt. Ein RSA-Schritt mit einem 2048 Bit-Schlüssel kann damit – unter Anwendung des Chinesischen Restsatzes, vgl. S. 181 – in einer ¼ Sekunde berechnet werden.

Funktionen mit 80x86-Assembler-Unterstützung	Binärstellen der Argumente, Angaben der Rechenzeiten in sec					
	128	256	512	768	1024	2048
mul_l	$4{,}3 \cdot 10^{-6}$	$6{,}9 \cdot 10^{-6}$	$1{,}5 \cdot 10^{-5}$	$2{,}9 \cdot 10^{-5}$	$4{,}7 \cdot 10^{-5}$	$1{,}6 \cdot 10^{-4}$
sqr_l	$2{,}5 \cdot 10^{-6}$	$4{,}6 \cdot 10^{-6}$	$1{,}0 \cdot 10^{-5}$	$1{,}8 \cdot 10^{-5}$	$2{,}9 \cdot 10^{-5}$	$9{,}5 \cdot 10^{-5}$
div_l*	$2{,}7 \cdot 10^{-6}$	$3{,}5 \cdot 10^{-6}$	$7{,}7 \cdot 10^{-6}$	$1{,}0 \cdot 10^{-5}$	$1{,}9 \cdot 10^{-5}$	$6{,}0 \cdot 10^{-5}$
mmul_l	$8{,}0 \cdot 10^{-6}$	$1{,}3 \cdot 10^{-5}$	$3{,}3 \cdot 10^{-5}$	$6{,}4 \cdot 10^{-5}$	$1{,}0 \cdot 10^{-4}$	$3{,}8 \cdot 10^{-4}$
msqr_l	$7{,}2 \cdot 10^{-6}$	$1{,}1 \cdot 10^{-5}$	$2{,}9 \cdot 10^{-5}$	$5{,}6 \cdot 10^{-5}$	$9{,}0 \cdot 10^{-5}$	$3{,}1 \cdot 10^{-4}$
mexpk_l	$1{,}3 \cdot 10^{-3}$	$4{,}3 \cdot 10^{-3}$	$1{,}9 \cdot 10^{-2}$	$5{,}3 \cdot 10^{-2}$	$1{,}1 \cdot 10^{-1}$	$8{,}7 \cdot 10^{-1}$
mexpkm_l	$7{,}6 \cdot 10^{-4}$	$3{,}3 \cdot 10^{-3}$	$1{,}7 \cdot 10^{-2}$	$4{,}9 \cdot 10^{-2}$	$1{,}1 \cdot 10^{-1}$	$7{,}8 \cdot 10^{-1}$

Tab. 69: Rechenzeiten mit Assembler-Unterstützung

* Für die Funktion div_l() beziehen sich die Stellenzahlen auf die Dividenden, während die Divisoren jeweils halb so viele Stellen haben.

Die zweite Tabelle weist den zeitlichen Unterschied nach, der sich aus der Einbeziehung der Assembler-Routinen ergibt. Aus der Assembler-Unterstützung resultiert ein Geschwindigkeitsvorteil um die 70% für die modularen Funktionen. Der Abstand zwischen Multiplikation und Quadrierung bleibt annähernd stabil bei etwa 50%.

Da die beiden Funktionen mulmon_l() und sqrmon_l() nicht als Assembler-Routinen vorliegen, kann die Potenzierungsfunktion mexpk_l() in diesem Vergleich gegenüber der Montgomery-Potenzierung mexpm_l() deutlich aufholen, beide Funktionen sind etwa gleich schnell. Hier besteht ein interessantes Potential für weitere Verbesserung der Performanz (vgl. Kap. 18) durch entsprechende Assembler-Erweiterungen.

Anhang D: Rechenzeiten

GMP mit 80x86-Assembler-Unterstützung	Binärstellen der Argumente, Angaben der Rechenzeiten in sec					
	128	256	512	768	1024	2048
mpz_add	$2{,}4 \cdot 10^{-7}$	$3{,}2 \cdot 10^{-7}$	$3{,}6 \cdot 10^{-7}$	$4{,}2 \cdot 10^{-7}$	$4{,}5 \cdot 10^{-7}$	$6{,}9 \cdot 10^{-7}$
mpz_mul	$9{,}8 \cdot 10^{-7}$	$3{,}0 \cdot 10^{-6}$	$1{,}1 \cdot 10^{-5}$	$2{,}2 \cdot 10^{-5}$	$4{,}1 \cdot 10^{-5}$	$4{,}8 \cdot 10^{-5}$
mpz_mod*	$5{,}2 \cdot 10^{-7}$	$1{,}8 \cdot 10^{-6}$	$5{,}0 \cdot 10^{-6}$	$6{,}4 \cdot 10^{-6}$	$1{,}6 \cdot 10^{-5}$	$4{,}0 \cdot 10^{-5}$
mpz_powm	$4{,}5 \cdot 10^{-4}$	$2{,}6 \cdot 10^{-3}$	$1{,}7 \cdot 10^{-2}$	$5{,}2 \cdot 10^{-2}$	$1{,}7 \cdot 10^{-1}$	$7{,}8 \cdot 10^{-1}$

Tab. 70: Rechenzeiten einiger GMP-Funktionen

* Für die Funktion mpz_mod() beziehen sich die Stellenzahlen auf die Dividenden, während die Divisoren jeweils halb so viele Stellen haben.

Im Vergleich zwischen den FLINT/C- und den GMP-Funktionen ist festzustellen, dass die GMP-Multiplikation und -Division 30% bis 40% schneller sind als die entsprechenden FLINT/C-Funktionen. Bei der „Königsdisziplin" jedoch, der modularen Potenzierung, liegen die Funktionen beider Bibliotheken gleichauf, was sich auch für Argumente mit 4096 Binärstellen nicht anders darstellt. Da die GMP weithin als die schnellste unter den verfügbaren Bibliotheken für Langzahl-Arithmetik gilt, brauchen wir mit diesem Ergebnis nicht unzufrieden zu sein.

Anhang E: Notationen

Die folgenden mathematischen Zeichen und Schreibweisen werden verwendet:

$\mathbb{N}$	Die Menge der natürlichen Zahlen (einschließlich der Null)
$\mathbb{N}^+$	Die Menge der positiven natürlichen Zahlen
$\mathbb{Z}$	Die Menge der ganzen Zahlen
$\mathbb{Z}_n$	Restklassenring modulo n über den ganzen Zahlen (vgl. Kap. 5)
$\mathbb{Z}_n^\times$	Reduziertes Restsystem modulo n
$\mathbb{F}_{p^n}$	Endlicher Körper mit p^n Elementen
$\bar{a}$	Restklasse $a + n\mathbb{Z}$, Element eines Restklassenringes modulo n
$a \approx b$	a nahe bei b
$a \lesssim b$	a kleiner als, aber nahe bei b
$a \leftarrow b$	Zuweisung: Belegung von a mit dem Wert von b
$\|a\|$	Betrag von a
$a\|b$	a teilt b ohne Rest
$a \nmid b$	a ist kein Teiler von b
$a \equiv b \bmod n$	Kongruenz modulo n: $a \equiv b \bmod n :\Leftrightarrow n \mid (a-b)$
$a \not\equiv b \bmod n$	a und b sind inkongruent modulo m: $a \not\equiv b \bmod n \Leftrightarrow n \nmid (a-b)$
ggT (a, b)	Größter gemeinsamer Teiler von a und b (vgl. Abschn. 10.1)
kgV (a, b)	Kleinstes gemeinsames Vielfaches von a und b (vgl. Abschn. 10.1)
$\Phi()$	Euler'sche Phi-Funktion (vgl. Abschn. 10.2)
$O()$	Groß-O (Landau'sches O-Symbol): Für zwei reellwertige Funktionen f und g mit $g(x) \geq 0$ schreibt man $f = O(g)$ und sagt „f ist Groß-O von g", wenn es eine Konstante C gibt, so dass $f(x) \leq C \cdot g(x)$ für alle hinreichend große Argumente x ist.
$\left(\dfrac{a}{b}\right)$	Das Jacobi-Symbol a über b (vgl. Abschn. 10.4.1)

$\lfloor x \rfloor$	Größte ganze Zahl kleiner oder gleich x
$\lceil x \rceil$	Kleinste ganze Zahl größer oder gleich x
P	Menge der in Polynomzeit deterministisch lösbaren Probleme
NP	Menge der Polynomzeit nichtdeterministisch lösbaren Probleme
$\log_b x$	Logarithmus von x zur Basis b
B	$B = 2^{16}$, die Basis der Zahldarstellung für Objekte vom Typ CLINT
MAX_B	Maximale Stellenzahl eines CLINT-Objektes zur Basis B
MAX_2	Maximale Stellenzahl eines CLINT-Objektes zur Basis 2
N_{max}	Größte natürliche Zahl, die durch ein CLINT-Objekt darstellbar ist

Anhang F: Arithmetik- und Zahlentheoriepakete

Daran, dass die algorithmische Zahlentheorie ein sehr attraktives Wissens- und Betätigungsgebiet ist, kann spätestens dann kein Zweifel mehr bestehen, wenn man die Vielzahl der Websites betrachtet, die zu diesem Thema unterhalten werden. Die Eingabe „Number Theory" in eine der bekannten Suchmaschinen führt zu buchstäblich Tausenden von Beiträgen, von denen einige wenige bereits zitiert wurden. Viele dieser Webseiten enthalten Links auf verfügbare Softwarepakete oder ermöglichen das Herunterladen solcher Pakete. Das Angebot beinhaltet eine große Bandbreite an Funktionen für Arithmetik mit großen Zahlen, für Algebra, Gruppentheorie und Zahlentheorie, in denen der Fleiß vieler begeisterter Entwickler steckt.

Eine umfängliche Liste mit Bezugsquellen für solche Softwarepakete ist auf der *Number Theory Web Page* aufgeführt, die von Keith Matthews (University of Queensland, Brisbane, Australia) unterhalten wird. Die Webseite ist unter

> http://www.math.uq.edu.au/~krm/web.html
> http://www.dpmms.cam.ac.uk/Number-Theory-Web/web.html[66]

erreichbar. Sie enthält außerdem Links zu Universitäten und Forschungszentren sowie zahlreiche Hinweise auf Publikationen zum Thema – insgesamt eine wahre Fundgrube. Die folgende Übersicht ist ein kurzer Auszug aus der Liste verfügbarer Softwarepakete:

ARIBAS ist ein Interpreter, der Arithmetik- und Zahlentheoriefunktionen für große Zahlen ausführt. ARIBAS implementiert die Algorithmen aus [FORS] in Pascal. ARIBAS ist als Anlage zum Buch, per anonymous ftp aus dem Verzeichnis pub/forster/aribas unter ftp.mathematik.uni-muenchen.de oder von http://www.mathematik.uni-muenchen.de/~forster erhältlich.

CALC von Keith Matthews ist ein Rechenprogramm für beliebig große Zahlen, das Rechenbefehle über eine Kommandozeile entgegennimmt, diese ausführt und das Ergebnis anzeigt. CALC verfügt über etwa 60 zahlentheoretische Funktionen. Das Paket ist implementiert in ANSI C und verwendet die Parsergeneratoren YACC oder BISON für das Parsing der Kommandozeile. Bezogen werden kann CALC von ftp://www.maths.uq.edu.au/pub/krm/calc/

GNU MP des GNU-Projekts ist eine portable C-Bibliothek für Arithmetik mit beliebig großen ganzen, rationalen und reellen Zahlen. GMP erreicht eine hohe Performanz durch den Einsatz von Assembler-Code für eine beeindruckende Reihe von CPUs. GMP kann per ftp bezogen werden von www.gnu.org,

---

[66] UK Mirror-Site

prep.ai.mit.edu, www.leo.org sowie den anderen Sites, die Software des GNU-Projektes spiegeln.

LIDIA ist eine an der TU Darmstadt entwickelte Software-Bibliothek für zahlentheoretische Berechnungen. LIDIA enthält eine umfangreiche Sammlung hochoptimierter Funktionen zum Rechnen in $\mathbb{Z}$, $\mathbb{Q}$, $\mathbb{R}$, $\mathbb{C}$, $\mathbb{F}_{2^n}$, $\mathbb{F}_{p^n}$ sowie für Intervallarithmetik. Aktuelle Faktorisierungsverfahren sind ebenso implementiert wie Algorithmen zur Gitterbasisreduktion, Verfahren der Linearen Algebra, Berechnungsmethoden für Zahlkörper, Polynome u. a. LIDIA unterhält Schnittstellen zu anderen Arithmetik-Paketen, unter anderen zum GMP-Paket. Die interpretierte LIDIA-eigene Sprache LC begünstigt durch ihre Anlehnung an C++ den Übergang zu übersetzten Programmen. Es werden alle Plattformen unterstützt, die die Verwendung langer Dateinamen erlauben und für die ein geeigneter C++-Compiler verfügbar ist, namentlich Linux 2.0.x, Windows NT 4.0, OS/2 Warp 4.0, HPUX-10.20, Sun Solaris 2.5.1/2.6. Eine Portierung für den Apple Macintosh ist ebenfalls verfügbar.

LIDIA ist unter http://www.informatik.tu-darmstadt.de/TI/LiDIA erhältlich.

NUMBERS von Ivo Düntsch ist eine Bibliothek von Objektdateien, die zahlentheoretische Grundfunktionen für Zahlen mit bis zu 150 Dezimalstellen zur Verfügung stellt. Die in Pascal geschriebenen Funktionen und der ebenfalls im Paket enthaltene Interpreter wurden mit dem Ziel entwickelt, Studenten des Fachgebietes das Rechnen nichttrivialer Beispiele und Experimente zu ermöglichen. Bezugsquelle für NUMBERS ist die Adresse http://archives.math.utk.edu/software/msdos/number.theory/num202d/.html

PARI ist das Zahlentheorie-Paket von Henri Cohen et al., das die in [COHE] angegebenen Algorithmen implementiert. PARI ist einsetzbar als Interpreter und als Funktionsbibliothek, die zu Programmen dazugelinkt werden kann. Durch Einbeziehung von Assembler-Code für verschiedene Plattformen (UNIX, Macintosh, PC und andere) wird eine hohe Performanz erzielt. PARI ist zu beziehen von www.parigp-home.de

Literaturverzeichnis

[ADAM] Adams, Carlisle, Steve Lloyd: *Understanding Public Key Infrastructure Concepts, Standards & Deployment*, Macmillan Technical Publishing, Indianapolis, 1999.

[BASH] Bach, Eric, Jeffrey Shallit: *Algorithmic Number Theory*, Vol. 1, *Efficient Algorithms*, MIT Press, Cambridge (MA), London, 1996.

[BCGP] Beauchemin, Pierre, Gilles Brassard, Claude Crépeau, Claude Goutier, Carl Pomerance: *The Generation of Random Numbers that are Probably Prime*, Journal of Cryptology, Vol. 1, No. 1, pp. 53–64, 1988.

[BEUT] Beutelspacher, Albrecht: *Kryptologie*, 2. Auflage, Vieweg, 1991.

[BIES] Bieser, Wendelin, Heinrich Kersten: *Elektronisch unterschreiben – die digitale Signatur in der Praxis*, 2. Auflage, Hüthig, 1999.

[BISH] Biham, Eli, Adi Shamir: *Differential cryptanalysis of DES-like cryptosystems*, Journal of Cryptology, Vol. 4, No. 1, 1991, S. 3–72.

[BLUM] Blum, L., M. Blum, M. Shub: *A Simple Unpredictable Pseudo-Random Number Generator*, SIAM Journal on Computing, Vol. 15, No. 2, 1986, S. 364–383.

[BMBF] Bundesministerium für Bildung, Wissenschaft, Forschung und Technologie (Hrsg.): *IuKDG – Informations- und Kommunikationsdienste-Gesetz –Umsetzung und Evaluierung–*, Bonn, 1997.

[BMWT] Bundesministerium für Wirtschaft und Technologie: *Entwurf eines Gesetzes über Rahmenbedingungen für elektronische Signaturen – Diskussionsentwurf zur Anhörung und Unterrichtung der beteiligten Fachkreise und Verbände*, April 2000.

[BONE] Boneh, Dan: *Twenty Years of Attacks on the RSA-Cryptosystem*, Proc. ECC 1998.

[BOS1] Bosch, Karl: *Elementare Einführung in die Wahrscheinlichkeitsrechnung*, Vieweg, 1984.

[BOS2] Bosch, Karl: *Elementare Einführung in die angewandte Statistik*, Vieweg, 1984.

[BOSS] Bosselaers, Antoon, René Govaerts, Joos Vandewalle: *Comparison of three modular reduction functions*, in: Advances in Cryptology, CRYPTO 93, Lecture Notes in Computer Science 773, S. 175–186, Springer-Verlag, New York, 1994.

[BRES] Bressoud, David M.: *Factorization and Primality Testing*, Springer-Verlag, New York, 1989.

[BURT] Burthe, R. J. Jr.: *Further Investigations with the Strong Probable Prime Test*, Mathematics of Computation, Volume 65, pp. 373–381, 1996.

[BUND] Bundschuh, Peter: *Einführung in die Zahlentheorie*, 3. Auflage, Springer-Verlag, Berlin, Heidelberg, 1996.

[BUZI] Burnikel, Christoph, Joachim Ziegler: *Fast recursive Division*, Forschungsbericht MPI-I-98-1-022, Max-Planck-Institut für Informatik, Saarbrücken, 1998.

[CHAR] Chari, Suresh, Charanjit Jutla, Josyula R. Rao, Pankaj Rohatgi: *A Cautionary Note Regarding Evaluation of AES Candidates on Smart Cards*, http://csrc.nist.gov/encryption/aes/round1/conf2/papers/chari.pdf, 1999.

[COHE] Cohen, Henri: *A Course in Computational Algebraic Number Theory*, Springer-Verlag, Berlin, Heidelberg, 1993.

[CORO] Coron, Jean-Sebastien, David Naccache, Julien P. Stern: *On the Security of RSA Padding*, in M. Wiener (Ed.), Advances in Cryptology, CRYPTO '99, Lecture Notes in Computer Science No. 1666, S. 1–17, Springer-Verlag, New York, 1999.

[COWI] Cowie, James, Bruce Dodson, R.-Marije Elkenbracht-Huizing, Arjen K. Lenstra, Peter L. Montgomery, Joerg Zayer: *A world wide number field sieve factoring record: on to 512 bits*, in K. Kim and T. Matsumoto (Ed.) Advances in Cryptology, ASIACRYPT '96, Lecture Notes in Computer Science No. 1163, pp. 382–394, Springer-Verlag, Berlin 1996.

[DALP] Damgard, Ivan, Peter Landrock, Carl Pomerance: *Average Case Error Estimates for the Strong Probable Prime Test*, Mathematics of Computation, Volume 61, pp. 177–194, 1993.

[DARI] Daemen, Joan, Vincent Rijmen: *AES-Proposal: Rijndael*, Doc. Vers. 2.0, http://www.nist.gov/encryption/aes, Sept. 1999.

[DEIT] Deitel, H. M., P. J. Deitel: *C++ How To Program*, Prentice Hall, 1994.

[DENE] Denert, Ernst: *Software-Engineering*, Springer-Verlag, Heidelberg, 1991.

[DEWE] de Weger, Benne: *Cryptanalysis of RSA with small prime difference*, Cryptology ePrint Archive, Report 2000/016, 2000.

[DIFF] Diffie, Whitfield, Martin E. Hellman: *New Directions in Cryptography*, IEEE Trans. Information Theory, S. 644–654, Vol. IT-22, 1976.

[DOBP] Dobbertin, Hans, Antoon Bosselaers, Bart Preneel: *RIPEMD-160, a strengthened version of RIPEMD*, in D. Gollman (Hrsg.): Fast Software Encryption, Third International Workshop, Lecture Notes in Computer Science 1039, S. 71–82, Springer-Verlag, Berlin, Heidelberg, 1996.

[DUKA] Dussé, Stephen R., Burton. S. Kaliski: *A Cryptographic Library for the Motorola DSP56000*, in: Advances in Cryptology, EUROCRYPT '90, Lecture Notes in Computer Science No. 473, S. 230–244, Springer-Verlag, New York, 1990.

[DUNC] Duncan, Ray: Advanced OS/2-Programming: *The Microsoft Guide to the OS/2-kernel for assembly language and C programmers*, Microsoft Press, Redmond, Washington, 1981.

[EAST] Eastlake, D., S. Crocker, J. Schiller: *Randomness Recommendations for Security*, RFC1750, 1994.

[ELLI] Ellis, James H.: *The Possibility of Secure Non-Secret Digital Encryption*, 1970, http://www.cesg.gov.uk/about/nsecret/home.htm

[ELST] Ellis, Margaret A., Bjarne Stroustrup: *The Annotated C++ Reference Manual*, Addison-Wesley, Reading, MA, 1990.

[ENDL] Endl, Kurth, Wolfgang Luh: *Analysis I*, Akademische Verlagsgesellschaft Wiesbaden, 1977.

[ENGE] Engel-Flechsig, Stefan, Alexander Roßnagel (Hrsg.): *Multimedia-Recht*, C. H. Beck, München, 1998.

[EESSI] European Electronic Signature Standardisation Initiative: *Algorithms and Parameters for Secure Electronic Signatures*, V.1.44 DRAFT, 2001.

[EU99] Richtlinie 1999/93/EG des Europäischen Parlaments und des Rates vom 13. Dezember 1999 über *gemeinschaftliche Rahmenbedingungen für elektronische Signaturen*.

[EVAN] Evans, David: *LCLint Users Guide*, Version 2.4, MIT Laboratory for Computer Science, April 1998.

[FEGH] Feghhi, Jalal, Jalil Feghhi, Peter Williams: *Digital Certificates: Applied Internet Security*, Addison-Wesley, Reading, MA, 1999.

[FIAT] Fiat, Amos, Adi Shamir: *How to prove yourself: Practical Solutions to Identification and Signature Problems*, in: Advances in Cryptology, CRYPTO '86, Lecture Notes in Computer Science 263, S. 186–194, Springer-Verlag, New York, 1987.

[FIPS] Federal Information Processing Standard Publication 140 - 1: *Security requirements for cryptographic modules*, US Department of Commerce/ National Institute of Standards and Technology (NIST), 1992.

[FI81] National Institute of Standards and Technology: *DES Modes of Operation*, Federal Information Processing Standard 81, NIST, 1980.

[FISC] Fischer, Gerd, Reinhard Sacher: *Einführung in die Algebra*, Teubner, 1974.

[FORS] Forster, Otto: *Algorithmische Zahlenthorie*, Vieweg, Braunschweig, 1996.

[FUMY] Fumy, Walter, Hans Peter Rieß: *Kryptographie*, 2. Auflage, Oldenbourg, 1994.

[GIMP] Gimpel Software: *PC-lint, A Diagnostic Facility for C and C++*.

[GLAD] Glade, Albert, Helmut Reimer, Bruno Struif (Hrsg.): *Digitale Signatur & Sicherheitssensitive Anwendungen*, DuD-Fachbeiträge, Vieweg, 1995.

[GLDM] Gladman, Brian: *A Specification for Rijndael, the AES Algorithm*, http://fp.gladman.plus.com/cryptography_technology/rijndael, 2001.

[GOPA] Goubin, Louis, Jacques Patarin: *DES and Differential Power Analysis*, in Proceedings of CHES '99, Lecture Notes in Computer Science, Vol. 1717, Springer-Verlag, 1999.

[GORD] Gordon, J. A.: *Strong Primes are Easy to Find*, Advances in Cryptology, Proceedings of Eurocrypt '84, S. 216–223, Springer-Verlag, Berlin, Heidelberg, 1985.

[HALM] Halmos, Paul, R.: *Naive Mengenlehre*, 3. Auflage, Vandenhoeck & Ruprecht, Göttingen, 1972.

[HARB] Harbison, Samuel P, Guy L. Steele jr.: *C, a reference manual*, 4th Edition, Prentice Hall, Englewood Cliffs, 1995.

[HATT] Hatton, Les: Safer C: *Developing Software for High-integrity and Safety-critical Systems*, McGraw-Hill, London, 1995.

[HENR] Henricson, Mats, Erik Nyquist: *Industrial Strength C++*, Prentice Hall, New Jersey, 1997.

[HEID] Heider, Franz-Peter: *Quadratische Kongruenzen*, unveröffentlichtes Manuskript, Köln, 1997.

[HEQU] Heise, Werner, Pasquale Quattrocchi: *Informations- und Codierungstheorie*, Springer-Verlag, Berlin, Heidelberg, 1983.

[HKW] Heider, Franz-Peter, Detlef Kraus, Michael Welschenbach: *Mathematische Methoden der Kryptoanalyse*, DuD-Fachbeiträge, Vieweg, Braunschweig, 1985.

[HERK] Herkommer, Mark: *Number Theory, A Programmers Guide*, McGraw-Hill, 1999.

[IEEE] IEEE P1363 / D13: *Standard Specifications For Public Key Cryptography*, Draft Version 13, November 1999.

[ISO1] ISO/IEC 10118-3: *Information Technology – Security Techniques – Hash-functions-Part 3: Dedicated hash-functions*, CD, 1996.

[ISO2] ISO/IEC 9796: *Information Technology – Security Techniques – Digital signature scheme giving message recovery*, 1991.

[ISO3] ISO/IEC 9796-2: *Information Technology – Security Techniques – Digital signature scheme giving message recovery, Part 2: Mechanisms using a hash-function*, 1997.

[KOEU] Koeune, F., G. Hachez, J.-J. Quisquater : *Implementation of Four AES Candidates on Two Smart Cards*, UCL Crypto Group, 2000.

[KNUT] Knuth, Donald Ervin: *The Art of Computer Programming, Vol. 2: Seminumerical Algorithms*, 3rd Edition, Addison-Wesley, Reading, MA, 1998.

[KOBL] Koblitz, Neal: *A course in number theory and cryptography*, Springer-Verlag, New York, 2nd Edition 1994.

[KOB2] Koblitz, Neal: *Algebraic Aspects of cryptography*, Springer-Verlag, Berlin, Heidelberg, 1998.

[KOJJ] Kocher, Paul, Joshua Jaffe, Benjamin Jun: *Introduction to Differential Power Analysis and Related Attacks*, 1998, http://www.cryptography.com/dpa/technical/

[KRAN] Kranakis, Evangelos: *Primality and Cryptography*, Wiley-Teubner Series in Computer Science, 1986.

[KSCH] Kuhlins, Stefan, Martin Schader: *Die C++-Standardbibliothek*, Springer-Verlag, Berlin, 1999.

[LEVE] Lenstra, Arjen K., Eric R. Verheul: *Selecting Cryptographic Key Sizes*, www.cryptosavvy.com, 1999.

[LIND] van der Linden, Peter: *Expert C Programming*, SunSoft/Prentice Hall, Mountain View, CA, 1994.

[LIPP] Lippman, Stanley, B.: *C++ Primer*, 2nd Edition, Addison-Wesley, Reading, MA, 1993.

[MAGU] Maguire, Stephen A.: *Writing Solid Code*, Microsoft Press, Redmond, Washington, 1993.

[MATT] Matthews, Tim: *Suggestions for Random Number Generation in Software*, RSA Data Security Engineering Report, December 1995.

[MENE] Menezes, Alfred J.: *Elliptic Curve Public Key Cryptosystems*, Kluwer Academic Publishers, 1993.

[MESS] Messerges, Thomas S.: *Securing the AES Finalists Against Power Analysis Attacks*, Fast Software Encryption Workshop 2000, Lecture Notes in Computer Science, Springer-Verlag.

[MEY1] Meyers, Scott D.: *Effective C++*, 2nd Edition, Addison-Wesley, Reading, Mass., 1998.

[MEY2] Meyers, Scott D.: *More Effective C++*, 2nd Edition, Addison-Wesley, Reading, Mass., 1998.

[MIED] Miedbrodt, Anja: *Signaturregulierung im Rechtsvergleich. Ein Vergleich der Regulierungskonzepte in Deutschland, Europa und den Vereinigten Staaten von Amerika*, Der Elektronische Rechtsverkehr 1, Nomos Verlagsgesellschaft, Baden-Baden, 2000.

[MOV] Menezes, Alfred J., Paul van Oorschot, Scott A. Vanstone, *Handbook of Applied Cryptography*, CRC Press, 1997.

[MONT] Montgomery, Peter L.: *Modular Multiplication without Trial Division*, Mathematics of Computation, S. 519–521, 44 (170), 1985.

[MURP] Murphy, Mark L.: *C/C++ Software Quality Tools*, Prentice Hall, New Jersey, 1996.

[NIED] Niederreiter, Harald: *Random Number Generation and Quasi-Monte Carlo Methods*, SIAM, Philadelphia, 1992.

[NIST] Nechvatal, James, Elaine Barker, Lawrence Bassham, William Burr, Morris Dworkin, James Foti, Edward Roback: *Report on the Development of the Advanced Encryption Standard*, National Institute of Standards and Technology, 2000.

[NIVE] Niven, Ivan, Herbert S. Zuckerman: *Einführung in die Zahlentheorie* Bd. I und II, Bibliographisches Institut, Mannheim, 1972.

[ODLY] Odlyzko, Andrew: *Discrete logarithms: The past and the future*, AT&T Labs Research, 1999.

[PETZ] Petzold, Charles: *Programming Windows: The Microsoft Guide to Writing Applications for Windows 3.1*, Microsoft Press, Redmond, Washington, 1992.

[PLA1] Plauger, P. J.: *The Standard C Library*, Prentice-Hall, Englewood Cliffs, New Jersey, 1992.

[PLA2] Plauger, P. J.: *The Draft Standard C++ Library*, Prentice-Hall, Englewood Cliffs, New Jersey, 1995.

[PREN] Preneel, Bart: *Analysis and Design of Cryptographic Hash Functions*, Dissertation an der Katholieke Universiteit Leuven, 1993.

[RABI] Rabin, Michael, O.: *Digital Signatures and Public-Key Functions as Intractable as Factorization*, MIT Laboratory for Computer Science, Technical Report, MIT/LCS/TR-212, 1979.

[RDS1] RSA Data Security, Inc.: *Public Key Cryptography Standards, PKCS #1: RSA Encryption*, RSA Laboratories Technical Note, Version 2.0, 1998.

[RDS2] RSA Security, Inc.: *Recent Results on Signature Forgery*, RSA Laboratories Bulletin, 1999, http://www.rsasecurity.com/rsalabs/html/sigforge.html .

[REGT] Regulierungsbehörde für Telekommunikation und Post (RegTP): *Bekanntmachung zur digitalen Signatur nach Signaturgesetz und Signaturverordnung*, Bundesanzeiger Nr. 31, 14.02.1998.

[REIN] Reinhold, Arnold: *P=?NP Doesn't Affect Cryptography*, http://world.std.com/~reinhold/p=np.txt, Mai 1996.

[RIES] Riesel, Hans: *Prime Numbers and Computer Methods for Factorization*, Birkhäuser, Boston, 1994.

[RIVE] Rivest, Ronald, Adi Shamir, Leonard Adleman: *A Method for Obtaining Digital Signatures*, Communications of the ACM 21, S. 120–126, 1978.

[ROSE] Rose, H: E.: *A course in number theory*, 2nd Edition, Oxford University Press, Oxford, 1994.

[SAGA] Sagan, Carl: *Cosmos*, Random House, New York, 1980.

[SALO] Salomaa, Arto: *Public-Key Cryptography*, 2nd Edition, Springer-Verlag, Berlin, Heidelberg, 1996.

[SCHN] Schneier, Bruce: *Applied Cryptography*, 2nd Edition, John Wiley & sons, New York, 1996.

[SCHÖ] Schönhage, Arnold: *A Lower Bound on the Length of Addition Chains, Theoretical Computer Science*, S. 229–242, Vol. 1, 1975.

[SCHR] Schröder, Manfred R.: *Number Theory in Science and Communications*, 3rd ed., Springer-Verlag, Berlin, Heidelberg, 1997.

[SIGG] *Gesetz über Rahmenbedingungen für elektronische Signaturen und zur Änderung weiterer Vorschriften*, unter http://www.iid.de/iukdg, 2001.

[SKAL] Skaller, John Maxwell: *Multiple Precision Arithmetic in C*, in: Schumacher, Dale (Editor): Software Solutions in C, Academic Press, S. 343–454, 1994.

[SPUL] Spuler, David A.: *C++ and C Debugging*, Testing and Reliability, Prentice Hall, New Jersey, 1994.

[SQUA] Daemen, Joan, Lars Knudsen, Vincent Rijmen: *The Block Cipher Square*, Fast Software Encryption, Lecture Notes in Computer Science 1267, Springer-Verlag, 1997, S. 149–165.

[STAL] Stallings, William.: *Cryptography and Network Security*, 2nd Edition, Prentice Hall, New Jersey, 1999.

[STIN] Stinson, Douglas R.: *Cryptography – Theory and Practice*, Prentice Hall, New Jersey, 1995.

[STLM] Stallman, Richard M.: *Using and Porting GNU CC*, Free Software Foundation.

[STR1]   Stroustrup, Bjarne: *The C++ Programming Language*, 3rd Edition, Addison-Wesley, Reading, MA, 1997.

[STR2]   Stroustrup, Bjarne: *The Design and Evolution of C++*, Addison-Wesley, Reading, MA, 1994.

[TEAL]   Teale, Steve: *C++ IOStreams Handbook*, Addison-Wesley, Reading, MA, 1993.

[WIEN]   Wiener, Michael: *Cryptanalysis of short RSA secret exponents*, in: IEEE Transactions on Information Theory, 36(3): S. 553–558, 1990.

[YACO]   Yacobi, Y.: *Exponentiating faster with Addition Chains*, in: Advances in Cryptology, EUROCRYPT '90, Lecture Notes in Computer Science 473, S. 222–229, Springer-Verlag, New York, 1990.

[ZIEG]   Ziegler, Joachim: Persönliche Kommunikation 1998, 1999.

Index

A

Abgeschlossenheit 59
  einer Gruppe 157
add 62
add_l 19, 62
Addition 15, 18, 21
  modulare 61
  von Restklassen 58, 59
Additionsketten 88
Advanced Encryption Standard 331
AES *Siehe* Advanced Encryption Standard
Algorithmus
  Addition 18
  Bestimmung von Primitivwurzeln
    modulo m 107
  Binäre Potenzierung modulo m 70
  Binärer Euklidischer 150
  Division mit Rest 46
  Erweiterter Euklidischer 158, 160
  Euklidischer 149
  Fenster-Methode zur Potenzierung 92
  Ganzzahliger Anteil der Quadratwurzel
    164
  Inverses modulo 2^n 100
  Jacobi-Symbol 172
  Legendre-Symbol 170
  Lösung linearer Kongruenzen 184, 186
  M-äre Potenzierung modulo m 74, 76
  Montgomery-Produkt 95
  Montgomery-Produkt nach Dussé und
    Kaliski 97
  Multiplikation 29
  Multiplikation mit Montgomery-Produkt
    95
  Periodenlängen von Folgen 214
  Potenzierung mit Montgomery-Produkt
    96
  Primzahlerzeugung 304
  Quadratwurzel modulo p 178
  Quadrierung 34, 35
  Schlüsselerzeugung nach Fiat-Shamir
    190
  Schlüsselerzeugung nach Rabin 189
  Sieb des Eratosthenes 195
  Subtraktion 22
  zur Erkennung von Quadraten 166
Alphabet 61
and_l 118
ANDMAX_L 383
Anordnung
  von Stellen einer Zahl 13
Äquivalenzrelation 57
Assembler 329
ASSIGN_L 383
Assoziativgesetz 6, 59
Ausgabe
  einer Funktion 15
Authentisierung 295

B

big-endian 278
Binomialverteilung 215
Binomische Formel 233
BINSTR_L 134, 383
Biprime Cryptography 293
Brent-Algorithmus 214
byte2clint_l 135

C

Caesar, Gaius Julius (100–44 v. Chr.) 61
Carmichael, Robert Daniel (1879–1967)
  Carmichael-Zahlen 199
catch-Block 287
Certification Authority 314
Chi^2-Test 215
Chinesischer Restsatz 181, 184, 186, 318
chinrem_l 187
clearbit_l 123
CLINT 14
clint2byte_l 135
clint2str_l 134, 383

cmp_l 124
copy-Konstruktor 244, 250
cpy_l 129
create_l 145
create_reg_l 141

D

Data Encryption Standard 331
Dateien
    Schreiben von LINT-Objekten 278
dec_l 26
DECDIGITS_L 384
DECSTR_L 134, 383
Dekrement 26
DES *Siehe* Data Encryption Standard
Differential Power Analysis 332
Diffie-Hellman
    Schlüsselaustausch 105
Diffie-Hellman-Problem 106
DigestInfo 313
Digitale Signatur *Siehe* Signatur
digits_l 16
DIGITS_L 13, 20, 383
Distributivgesetz 6, 59
    für ggT und kgV 154
div_l 47
Division
    kurze 53
    mit Rest 43, 57, 62, 112, 114
DPA *Siehe* Differential Power Analysis
Dynamic Link Library (DLL) 9

E

Einselement 59
Element
    inverses 59
    neutrales 59
ElGamal, Taher
    Verschlüsselungsverfahren von 109
Encryption Block 312
equ_l 126
EQZ_L 385
Eratosthenes (276–195 v. Chr.) 3
    Sieb des Eratosthenes 194

Euklid (ca. 300 v. Chr.) 3, 193
    Erweiterter Euklidischer Algorithmus 158
    Euklidischer Algorithmus 100, 149, 150
Euler, Leonhard (1707–1783) 3
    Euler'sche Phi-Funktion 157, 296
    Euler'sches Kriterium 170, 199
    Euler-Pseudoprimzahlen 200
    Satz von 157
Exceptions 287

F

Faktorisierung 181, 194, 297, 303, 306
Fehlerbehandlung 286
Fermat, Pierre de (1601–1665) 3
    Faktorisierung nach 299
    -Test 198
    Kleiner Satz von 157, 198
Fiat, Amos 190
findprime 305, 306
free 232
free_l 146
free_reg_l 144
friend-Funktionen 255
fstream 278, 280
fswap_l 130
Funktion
    gemischte 24
Funktionskopf 15

G

Garner-Algorithmus 184
Gauß, Carl Friedrich (1777–1855) 4, 57, 170
gcc 8, 226, 324
gcd_l 150
GE_L 384
genprimes 196
Gesetz zur digitalen Signatur 295
get_reg_l 142
ggT 148, 149, 153, 327
GNU 8, 226
Gruppe
    abelsche 59

Gruppengesetze 60
GT_L 384
GTZ_L 384

H

Halbgruppe 60, 155
Hash-Funktion 310
Hash-Wert 313
Heap 80
HEXSTR_L 134, 383

I

Identifikation 190, 295
Identifikationsschema
   nach Fiat-Shamir 190
ifstream 280
inc_l 25
INCDIGITS_L 384
Induktion
   vollständige 5
Information-Hiding 237
Inkrement 25
Internet 193, 295
inv_l 161
Inverses modulo einer Zweierpotenz 100
invmon_l 101
IPSec 105
IPv6 105
iroot_l 165
ISEVEN_L 385
ISODD_L 385
ISPRIME_L 205, 386
issqr_l 167

J

Jacobi, Carl Gustav Jacob (1804–1851)
   Jacobi-Symbol 171, 172, 174, 201, 265, 327
jacobi_l 174

K

Karatsuba, A.
   Verfahren zur Multiplikation 27, 38, 40

Kernfunktionen 39, 62, 63
kgV 153, 154, 327
Klasse
   LINT 239
   RSAkey 317
   RSApub 317
kmul_l 40, 42
Kommutativgesetz 6, 59
Kongruenz 57
   lineare 212
Konstruktion
   starker Primzahlen 304
Konstruktor 240, 243, 246
Kronecker, Leopold (1823–1891)
   Kronecker-Symbol 171
Kryptoverfahren *Siehe*
   Verschlüsselungsverfahren
Kurven
   elliptische 329

L

LCLint 227
lcm_l 153
ld_l 163
LE_L 384
Legendre, Adrien Marie (1752–1833) 4
   Legendre-Symbol 169, 170, 172
limits.h 12
LINT 239
   add 257
   chinrem 264
   clearbit 262
   divr 258
   fswap 262
   gcd 263
   Get_Warning_Status 284
   inv 263
   iseven 261
   isprime 266
   issqr 266
   jacobi 265
   lcm 264
   ld 263
   lint2byte 320, 323

```
lint2str 273
madd 259
mequ 259
mexp 256, 257
mexp2 260
mexp5m 261
mexpkm 261, 318
mmul 260
mod 258
mod2 259
msqr 260
msub 260
mul 258
restoref 273
root 265
Set_LINT_Error_Handler 285
setbit 262
setf 271
shift 261
sqr 258
sub 257
testbit 262
twofact 266
unsetf 272
xgcd 264
```
LINT_omanip<int> 276
LINT-Fehlercodes 206, 285, 308
LINT-Formatflags 277
LINT-Manipulatoren 276
LINT-Operatoren 248
little-endian 278
Logarithmus 162
LSDPTR_L 13, 20, 384
LT_L 384

M

```
madd_l 64
malloc 232
```
Man-in-the-middle-Attacke 106
Manipulator 275, 276
MAX_L 385
member-Funktionen 255
Menge, leere 4
```
mequ_l 68
```

Mersenne, Marin (1588–1648)
    Mersenne-Primzahlen 193
MEXP_L 385
```
mexp2_l 87
mexp5m_l 101
mexpk_l 81
```
Miller-Rabin-Test 202
MIN_L 385
```
mmul_l 66
mod_l 54
mod2_l 55
```
Modulus 296, 318
Monte Carlo-Methoden 211
Montgomery-Potenzierung 101, 318
Montgomery-Produkt 94
Montgomery-Quadrierung 100
Montgomery-Reduktion 93
    Zeitverhalten 104
MSDPTR_L 13, 20, 384
```
msqr_l 67
msub_l 65
mul 62
mul_l 30, 62, 63
mulmon_l 98, 100, 101
```
Multiplikation 27, 62, 112, 113
    modulare 61
    von Restklassen 58

N

Nachfolger 4
Nachfolgermenge 4
Newton
    Methode von 163
Nichtrest
    quadratischer 168
NP 89, 168, 181
NP-vollständig 89
```
nul_l 14
```
Null 13
Nullen
    führende 16
Number Theory Web Page 393

O

Objekt 237
OCTSTR_L 134, 383
ofstream 278
one_l 14
or_l 119

P

P 89
Padding
    Auffüllen von Nachrichten 298
panic 284, 286
Partialprodukt 28, 35, 44
PC-lint 227
Peano, Giuseppe (1858–1932)
    Peano-Axiome 5
Periode einer Pseudozufallsfolge 213
Periodenlänge
    maximale 213
PGP (Pretty Good Privacy) 109
Phi-Funktion 157
PKCS #1
    Format 312
    Spezifikation 324
PKI *Siehe* Public Key Infrastruktur
Polynom 334
    irreduzibles 334
Potenz 6
Potenzierung
    Fenster-Methoden 90
    modulare 69, 110, 198
    Montgomery- 101
Potenzregeln 69, 233
Power Analysis 332
prime_l 207
Primitivwurzel modulo p 107
primwurz_l 107
Primzahl(en) 192, 296
    Erkennung von 194
    größte bekannte 193
    starke 303
Primzahlen
    gespeichert in smallprimes 203
Primzahlsatz 198

Primzahltest
    deterministischer 209
    nach Miller-Rabin 202
    von Solovay-Strassen 201
Produkt 5
Programmierung
    objektorientierte 239
proot_l 179
Protokoll
    Authentisierung nach Fiat-Shamir 191
    Diffie-Hellman-Schlüsselaustausch 105
    digitale Signatur mit RSA 310
    ElGamal-Verschlüsselung 109
    Rabin-Verschlüsselung 189
    RSA-Verschlüsselung 297
Pseudoprimzahl 199
    starke 201
Pseudozufallszahlen 211
Public Key Infrastruktur 314
purge_l 145
purge_reg_l 143
purgeall_reg_l 144

Q

Quadrateigenschaft 165
Quadratwurzel 166
    ganzzahliger Anteil 162
Quadrierung 33, 34, 35, 38
    modulare 61
Quotient 43, 45, 114

R

Rabin, Michael O. 189
Rabin-Verschlüsselung 189
rand_l 220
rand64_l 217
randbit_l 221
Raphson
    Methode von Newton-Raphson 164
Redundanz 298
Redundanz-Funktion 310
Redundanzschema
    PKCS #1 312
Reduzierung modulo m 61, 62

```
ResetLintFlags 276
```
Rest 44, 45, 58, 61
   quadratischer 168
Restklasse 58
Restklassengruppe
   prime 157
Restklassenring 61
ResTrack 232
Restsystem
   absolut kleinstes vollständiges 60
   reduziertes 60
   vollständiges 60
Reziprozitätsgesetz 170
Riemann, G. F. Bernhard (1826–1866)
   Riemann'sche Hypothese 178
Rijndael *Siehe* Advanced Encryption Standard
Ring 58, 59
   kommutativer 58
```
RMLDZRS_L 384
```
Root CA 316
```
root_l 183
```
RSA-Entschlüsselung
   schnelle 318
RSA-Klasse 318
RSA-Schlüssellänge 308
RSA-Schlüsselpaar 296
RSA-Verfahren 104, 194, 293
   Angriffe 298
Rückgabe
   einer Funktion 15

S

S-Box 303
Schlüsselaustausch
   nach Diffie-Hellman 105
Schlüsselkomponente
   geheime 296
   öffentliche 296
Schlüssellängen für RSA 306
Secure Socket Layer 107
```
seed64_l 218
seedBBS_l 221
```
Semaphor 142

```
SET_L 383
set_noofregs_l 142
setbit_l 122
SETDIGITS_L 13, 20, 384
SetLintFlags 276
setmax_l 23
SETZERO_L 383
SFACTOR_L 205
```
Shamir, Adi 190
```
shift_l 114
shl_l 113
shr_l 114
```
Sicherheitsmodus xii, 9, 299, 357
Sieb des Eratosthenes 194, 196
```
sieve_l 203
```
Signatur
   digitale 104, 294, 295
   mit Appendix 310
   mit Message Recovery 311
   verdeckte 311
Signaturgesetz 295
```
smallprimes 203
sqr 62
sqr_l 36, 62
sqrmon_l 100, 101
```
SSL *Siehe* Secure Socket Layer
Stack 8, 80
Stapelspeicher 8
```
str2clint_l 131
```
Stroustrup, Bjarne 237
```
sub 62
sub_l 22, 62
```
Subsystem 136
Subtraktion 21, 44
   modulare 61
   von Restklassen 59
Summe 5
```
SWAP_L 384
```

T

Teiler
   größter gemeinsamer 148, 149, 153, 327
template
   omanip<T> 276

testbit_l 123
Testplan 229
Testsuite 234
throw 287
Trojanisches Pferd 302
try-Block 287
two_l 14
twofact_l 174

U

uadd_l 24
Überlauf
   arithmetischer 16, 22, 25, 62
Übertrag 19
udiv_l 54
ul2clint_l 135
ulrand64_l 219
ulrandBBS_l 222
ulseed64_l 218
umadd_l 67
umexp_l 71
umexpm_l 103
umod_l 56
umul 62
umul_l 32
Unendlichkeitsaxiom 4
Unterlauf
   arithmetischer 16, 22, 25, 62, 113
usub_l 25

V

vcheck_l 137
Verknüpfungstabellen 61

Verschlüsselung 61
Verschlüsselungsverfahren
   asymmetrische 105, 294
   Public-Key 105
   RSA 293
Vertreter
   einer Restklasse 58
Vielfaches
   kleinstes gemeinsames 153, 154, 327
Vorgänger 4
Vorperiode einer Pseudozufallsfolge 213

W

wmexp_l 72
wmexpm_l 103
Wurzelinstanz 316

X

xclint2str_l 133
xgcd_l 159
xor_l 120

Z

Zahl(en)
   ganze 60, 391
   natürliche 5, 391
   rationale 60
ZEROCLINT_L 386
Zero-Knowledge-Verfahren 192
Zertifikat 314
Zertifizierungsinstanz 314
Zweianteil einer Zahl 173
Zykel einer Pseudozufallsfolge 213

Druck: Strauss Offsetdruck, Mörlenbach
Verarbeitung: Schäffer, Grünstadt

Microsoft, MS-DOS, Windows 95, Windows 98, Windows NT, Windows 2000 und Visual C/ C++ sind Handelsnamen bzw. eingetragene Warenzeichen der Microsoft Corporation. UNIX ist ein eingetragenes Warenzeichen von X/Open Company Ltd. SunOS und Solaris sind eingetragene Warenzeichen von Sun Microsystems, Inc. IBM, OS/2 und VisualAge sind Handelsnamen bzw. eingetragene Warenzeichen von International Business Machines Corp. WATCOM ist eingetragenes Warenzeichen von Sybase, Inc. PC-lint ist ein Handelsnamen von Gimpel-Software. Die Ziffernkombinationen 80x86, sowie Pentium sind Handelsnamen der Intel Corporation. RSA ist ein Handelsnamen von RSA Security, Inc. Die Wiedergabe weiterer Gebrauchsnamen, Handelsnamen, Warenbezeichnungen usw. in diesem Buch berechtigt auch ohne besondere Kennzeichnung nicht zu der Annahme, dass solche Namen im Sinne der Warenzeichen- und Markenschutz-Gesetzgebung als frei zu betrachten wären und daher von jedermann benutzt werden dürften.

Zur Beachtung: Vor der Verwendung der in diesem Buch enthaltenen Programme ziehen Sie bitte die technischen Anleitungen und Handbücher der jeweiligen Computer- und Softwarehersteller zu Rate. Weder der Autor noch der Verlag übernehmen eine Haftung für Schäden durch 1. unsachgemäße Ausführung der in diesem Buch enthaltenen Anweisungen und Programme, 2. Fehler, die trotz sorgfältiger und umfassender Prüfung im Text oder in den Programmen verblieben sein sollten.

Die Programme auf der beigefügten CD-ROM sind urheberrechtlich geschützt und dürfen ohne schriftliche Genehmigung des Springer-Verlages nicht vervielfältigt werden.

Hinweis: In diesem Buch wird an verschiedenen Stellen der Terminus „führende Nullen" verwendet. Eine Anspielung auf lebende oder verstorbene Personen ist hiermit keinesfalls beabsichtigt und jede diesbezügliche Übereinstimmung wäre als reiner Zufall anzusehen.